EWALD RITSCHL

Mein rätselhaftes Kind

WIE WIR UNSERE ALLERKLEINSTEN
BESSER VERSTEHEN KÖNNEN

styria premium

Zur Begrüßung

Eltern wollen alles richtig machen. Doch just das machen die Allerkleinsten ihnen oft schwer – ohne Absicht, aber trotzdem schwer. Schwer, weil ihre stummen, großen Augen meist nur teilweise sagen, was sie sagen wollen. Mühsam! Für beide Seiten mühsam.

Allerdings wissen Eltern, dass sie an den oft rätselhaften Gesichtern ihrer Allerkleinsten dennoch einiges ablesen können: Jede Mutter weiß, wie ihr elf Tage Altes tut, falls es argen Hunger hat oder einfach seine Mami spüren möchte. Jeder Vater ahnt, was sein Dreijähriges will, falls es sich lautlos anschmiegt – einen Ball oder ein Bilderbuch in der Hand. Alle Eltern wissen, wieso bei ihren Allerkleinsten die Tränen so locker sitzen: Weil sie eben Kinder sind. Ja, sicher. Doch das geht genauer.

Mit derart alltäglichen Beobachtungen werden wir uns überwiegend befassen – und längst Bekanntes tiefer ausleuchten. Auch Selbstverständliches werden wir ansprechen, denn manches scheint nicht mehr selbstverständlich zu sein.

Was das alles soll? Das soll »Fragezeichen« klären, die Eltern in den Gesichtern ihrer Allerkleinsten täglich sehen können, einige Fragezeichen wenigstens. Auch nachdenklich soll machen, was wir an den stummen Gesichtern ablesen oder erahnen können. Ob wir alles enträtseln und dabei auch keine Fehler machen bei dem, was uns die wortkargen Gesichter unserer Kleinen hinhalten? Wir werden sehen.

Willkommen!

Franz Xaver, der uns am Buchcover anguckt, ist fünf Tage alt –
und scheint uns etwas sagen zu wollen.

Inhalt

ELTERN MÜSSEN …

Vorwort

Ob es ein Buch über Erziehung ist, das Sie vor sich haben? Jein. Was ist es dann? Es ist eine Skizze, die Angedachtes, teils auch emsig Durchdachtes enthält: Skizzenhaftes, das mehr Grundsätzliches enthält als handfeste Tipps. Teils ist diese Skizze ein Mosaik mit wenigen Steinchen und mit vielen freien Stellen dazwischen. Diese müssen die Eltern auffüllen, weil sie den Stärken, Schwächen und Möglichkeiten ihrer Kinder näher sind. Eltern wissen daher eher, *was* sie ihren Allerkleinsten bereits zutrauen können. Eltern wissen außerdem am ehesten, *wie* sie ihren Kleinen erklären müssen, warum sie zu einem offenen Kanalgitter nicht hingehen sollen. Weil Mütter und Väter also Umstände und andere Einzelheiten kennen, um das Richtige auch richtig zu tun: Deshalb die vielen freien Stellen in dem »Mosaik«, das Sie jetzt in Händen halten.

Um zu wissen, was richtig oder falsch ist, brauchen Eltern keinen Ratgeber aus Graz. Viel heikler ist jedoch: Das Richtige immer auch *richtig tun*. Da mag es hilfreich sein, die Meinung anderer zu hören. Vor einem offenen Kanalgitter einem Kleinen das Richtige richtig erklären? Das wird für einen »Krabbler«, ein Kind im Krabbelalter, anders tönen als für denselben Kleinen drei Jahre später. Das Richtige *richtig* tun: Ist das einfach? Das Richtige *immer* richtig tun: ein Klacks? Außerdem: *Was* ist für mein Kleines das Richtige – hier und jetzt?

Auch Trost wollen diese Seiten zutragen! Etwa den Trost, dass sich die Mühe lohnt, die sich Eltern oft scheinbar umsonst antun. Und Mut! Etwa den Mut, Druck wegzunehmen, wo dieser keinen Sinn macht, gar schadet. Druck, den wir uns gerne antun, ohne dass dieses druckvolle Zuviel einen angemessenen Nutzen brächte. Das Richtige richtig tun, es beispielsweise *rechtzeitig* tun: Dieser Zwei-Schritt begleitet bekanntlich nicht nur elterliche Entscheidungen.

Für unsere Allerkleinsten das Richtige finden und dieses dann auch richtig tun: Das ist das erste Kernanliegen dieser Seiten. Doch *was* können Eltern *wie* tun, um an die Botschaft der oft rätselhaften »wortlosen Schweiger« näher heranzukommen? Es sind ja just die Allerkleinsten, die ihren Eltern täglich Dutzende Fragezeichen hinhalten. Deshalb wird in diesem Buch vorwiegend von dieser Altersgruppe die Reise sein: von Kindern im Vorschulalter. An diese Kleinen näher heranzukommen, um eine richtige elterliche Diagnose zu schaffen, das also wird uns auf diesen Seiten nachhaltig beschäftigen. Die richtige Diagnose: Bekanntlich die erste Voraussetzung dafür, das Richtige möglichst immer auch richtig zu tun.

> Das Richtige und die richtige Diagnose: Wie finden wir beides? Eine erste Andeutung dazu folgt in der Einleitung. Hier nur so viel: Wir schauen »unter die stumme Oberfläche« unserer Kinder. Denn hier finden wir, was wir bei uns allen finden: Wir sind vollgestopft mit Angeborenem, mit »Vorgegebenem«. Mit Vorgaben, nach denen wir funktionieren. Vorgaben, denen wir ähnlich gehorchen müssen, wie ein Kreis kreisrund sein muss, weil er sonst kein Kreis ist.

Vieles auf den folgenden Seiten ist uns allen bekannt, etwa, dass Krabbler überall »dran« sind. Doch just dieses längst Bekannte schauen wir uns näher an. Denn darunter mag sich einiges finden, das wir allesamt zwar gesehen, aber noch nicht bedacht oder ergründet haben. Manches daran wird uns staunen lassen: etwa *was* Neugeborene bereits können oder *wozu* sie einiges bereits Monate vor der Geburt beherrschen. Manches wird uns verstehen lassen, warum sich Dreijährige hinter einem Vorhang verstecken und sich dort offenbar unentdeckbar glauben, obwohl ihre Zehen unten hervorschauen oder sie am Vorhang herumzupfen. Oder warum Vierjährige keine Erwachsenenwitze verstehen, sie über jede Lustigkeit aber endlos kichern. All das ist nicht sonderlich wichtig, dennoch interessant. Auch deshalb interessant, weil es uns ahnen lässt, wie Kinder dieses Alters denken. Manches wird uns allerdings etwas Gewichtiges erkennen lassen: Dass wir in Führung und Formung unserer Kleinen umdenken und einiges dem Erkannten anpassen müssen, wenn wir für sie das Richtige auch richtig tun wollen.

> Freilich finden Eltern auf diesen Seiten Angedachtes zu Fragen, wie sie ihre Kleinen besser führen, sie besser formen können. Doch zuvorderst beschäftigt uns hier die Frage, wie Eltern *besser* an ihre Kleinkinder *herankommen*. Wie Eltern an die richtige »Diagnose« näher herankommen, sie die Botschaft ihres stummen Gegenübers eher enträtseln können. An die Wünsche und Sorgen der oft wortkargen Kleinen besser herankommen: Das ist das erste Kernanliegen dieser Seiten!

Kinder besser zu verstehen, ihrem Wollen, ihrem Sollen, ihrem Müssen eher zu entsprechen, ihnen den Weg zum Richtigen hin aufzutun: All das ist also das erste Anliegen dieser Seiten. Ja doch, auch die Kleinen *müssen*, obwohl sie davon noch nichts wissen – und auch ihnen das Müssen offenbar nicht »schmeckt«. Können wir Große das verstehen?

An die Kleinen besser »rankommen«. Um das zu schaffen, schauen wir genauer hin auf das, was wir besser verstehen wollen. Dabei bedienen wir uns dreier Strategien, um das Gesehene möglichst wahrheitsgetreu zu erfassen: Wir beobachten unsere Kinder lautlos. Wir befragen unsere eigene Erfahrung und die Erfahrung anderer. Und drittens horchen wir auf die Forschungsergebnisse jener, die das Verhalten unserer Allerkleinsten tiefer ausgeleuchtet haben. Dafür hat sich das *Handbuch der Kleinkindforschung* (2011) als besonders hilfreich erwiesen.[1]

Kinder beobachtend verstehen! Dabei werden wir manches verstehen, was wir bislang bloß »festgestellt« haben: Kleine *wollen*, was sie *sollen*. Ein Wollen, das eher ein Müssen ist: Kleine sind von innen her »Getriebene«, von ihren Vorgaben Getriebene – was auch jeder sehen kann.

Bei der Suche nach dem Richtigen werden wir miteinander reden. In jedem Fall biete ich jenen einen Dialog an, die diesen wünschen.

Was Eltern sagen ...

Zudem reden hier einige »Assistenzeltern« mit, denen ich – geraume Zeit vor Drucklegung – die gleichen Fragen vorgelegt habe, denen auch Sie auf diesen Seiten begegnen. Was das Mitreden der Assistenzeltern soll? Das soll Vielfalt bieten sowie Ihren elterlichen Dialog entzünden – und bei Laune halten. Es wird uns auch zeigen: Vielfalt ist möglich! Vielfalt kann mit der Richtigkeit zusammengehen! Das ist eine heikle Sache. Aber wir werden sehen. Die Antworten der Assistenzeltern habe ich erst in den Text eingefügt, als meine Antworten bereits feststanden. Das sollte eine vorzeitige Beeinflussung verhindern. Umgekehrt habe ich über diese Fragen nicht mit den Assistenzeltern gesprochen – aus demselben Grund.

Manches von dem, was wir hier erörtern, wird im Suchen, im Tasten, auch im Versuchen steckenbleiben. Doch jeder Ver*such* ist bekanntlich eine Art von Suchen. Jedenfalls dürfen wir sicher sein, dass wir ein Stück weiterkommen werden. Denn am Verhalten unserer Kinder *kennen* wir vieles längst, haben manches aber noch nicht *erkannt*. Zwischen Sehen und Erkennen gibt es offenbar einen Unterschied.

Auch die Kleinen reden hier eifrig mit! Mit dem reden sie mit, was wir an ihnen sehen, was wir von ihnen hören, was wir an ihrem Verhalten »riechen« oder was sie uns spüren lassen, wenn sie leise kommen und sich anschmiegen.

Der Titel *Mein rätselhaftes Kind* deutet an, wem das hier Vorgelegte in besonderem Maße dienen will: den Eltern (und Großeltern). Es will aber auch jenen dienen, die mit Kindern des Vorschulalters beruflich zu tun haben: Kinderärzten, in Kindergärten Tätigen, Ministern … Auch Grundschullehrern mag manches davon eine Erklärung dafür bieten, was sie mit Schulanfängern erleben. Ich selbst verstehe mich dabei als Sprachrohr für jene, denen ich als Kinderarzt helfen konnte und teils noch kann. Gelegenheit dafür hatte ich vor allem auf den Intensivstationen der Universitätsklinik für Kinder- und Jugendheilkunde in Graz. Sprachrohr möchte ich im Besonderen für jene sein, die für sich selbst oft nur mit Stummheit reden können: unsere Allerkleinsten. Ich verstehe mich aber auch als Begleiter und Sprachrohr jener, denen ich zur Seite gestanden habe, wenn sie mir ihr krankes Kind hingehalten haben – hilflos, ratlos, wortlos: Eltern.

Dieses Buch versteht sich auch als eine Art »Reisebericht«. Als Bericht über einen diagnostischen Rundgang durch einige Gebiete der Betreuungslandschaft unserer Kinder im Vorschulalter. Bei Reisen öffnen sich Einblicke in Neues, Kostbares, Wundersames, Geahntes, auch in längst Bekanntes. So wird auf diesen Seiten davon berichtet, wie hervorragend viele Eltern ihre Allerkleinsten führen und formen, und davon, welch stille Größe uns darin oftmals begegnet! Dabei wird angesprochen, was auf Optimierung wartet – und warum. Mag sein, dass Tätige in Kindergärten, Schulen oder Betrieben auf die Optimierung der Entfaltungsbedingungen aller Kinder im Vorschulalter bereits warten. Diese Optimierung der Entfaltungsbedingungen ist das zweite

Kernanliegen dieser Seiten, das hier jedoch bloß eine punktuelle Beachtung erfährt. Alles in allem ein Reisebericht also, der zugleich auf die zurückliegende und auf die bevorstehende Reise blickt: Zukunft.

Ein Weiser hat mir vor Drucklegung geraten: Vorwürfe rausnehmen! Akzeptiert. Doch was, wenn wir bei unserem gemeinsamen diagnostischen Rundgang durch die Betreuungslandschaft unserer Kleinsten auf Beobachtungen und Befunde stoßen, die Schweigsamkeit verbieten? Was darf eine Diagnose verschweigen? Auch deshalb schreibe ich mit Leidenschaft, die manchmal deutlich redet. An der Seite von Todkranken habe ich auch *das* niemals verheimlichen dürfen: Arges steht bevor. Auch vor arg Falschem gilt es, Sprachrohr zu sein!

Zwischen den Kapiteln werden Sie gelegentlich ein *Zwischenwort* finden. Was ein »Zwischenwort« ist, was es enthält, was es soll? Das wird im Anschluss an das Kapitel *Kinder wollen ernst genommen werden* erörtert.

Einleitung

Mein rätselhaftes Kind. Wie wir unsere Allerkleinsten besser verstehen können. Der Untertitel könnte auch lauten: *Kinder wollen. Kinder sollen. Eltern müssen.* Die inhaltliche Aufarbeitung folgt dieser Gliederung. Denn es geht um die im Vorwort bereits angesprochene Sorge aller Eltern: Das für ihre Kleinen Richtige besser zu treffen und das für sie Richtige auch stets richtig zu tun.

Eltern wissen, dass ihnen das – allen besten Absichten zum Trotz – nicht immer gelingt! Denn sie können nicht immer ganz ausleuchten, was hier und jetzt das Richtige wäre. Sie können das auch deshalb nicht, weil sie in ihr Kleines nicht immer ganz hineinschauen können und auch in die Zukunft nicht immer hinreichend Einblick erhalten. Hier treffen wir außerdem auf etwas, das Eltern oft zusätzlichen Kummer macht: die Angst, bei der Formung, Führung, Begleitung der ihnen Anvertrauten Fehler zu machen. Fehler, die manchmal erst im »Rückspiegel« sichtbar werden. Muss diese Angst zur Sprache kommen? Ja.

Das »Wollen-Sollen-Müssen« ist also der rote Faden, dem wir auf diesen Seiten folgen. Ihm sollten auch die Eltern folgen, wenn sie ihre Kleinen besser verstehen, ihnen das Richtige auch richtig tun wollen. Denn das Richtige immer richtig zu tun, das ist vermutlich kniffliger, als das theoretisch Richtige zu finden: Jenes Richtige, das am »grünen Tisch« oft kein Problem ist. Theorie? Unverzichtbar! Doch sie ist nicht das *eigentlich* Wichtige, worauf der Alltag, das drängende Jetzt, das fordernde Sofort warten. Kann jemand das Richtige überhaupt finden und dazu raten, wenn er weit weg ist von den vielen Fragezeichen, die Kleine ihren Eltern täglich hinhalten?

> Aus der Entfernung kann, darf jeder sagen, dass Eltern ihrem Kind immer die Wahrheit sagen müssen. Doch das wissen Eltern ohnehin. *Wie* aber vorgehen, wenn das Kleine eine Wahrheit noch nicht versteht oder die volle Wahrheit ihm gar wehtun könnte?

Dieses Buch will Ihnen Ideen zutragen, die Ihnen helfen, das jeweils Richtige leichter zu treffen. Doch was im *Einzelfall* das Richtige ist, *wie, was, wann* Eltern im Einzelfall *müssen,* damit sie das Richtige auch richtig tun, das müssen Eltern – wie bereits erwähnt – selbst herausfinden.

Richtig ist bald etwas – etwa an die frische Luft zu gehen. Doch beinahe überall heben Einwände dazu ihre Hand, Einwände, die sagen: Spaziergang – gerade während des Mittagessens?

Die ersten sechs Jahre sind in mancher Hinsicht die wichtigsten Jahre unseres Lebensgebäudes. Sie sind ähnlich wichtig, wie die Grundmauern für die Standfestigkeit eines Hauses das Wichtigste sind. Alle Bauarbeiten beginnen dort. Am Ende wird sich zeigen, ob auch zwischen den Grundmauern und dem Blitzableiter alles richtig gewesen ist, die Hütte also überhaupt was taugt.

Das Richtige will richtig getan werden, das Richtige muss also rundum richtig sein. Rundum! Diese Wiederholung ist beabsichtigt (so wie Sie – durchaus beabsichtigt – auch weiterhin immer wieder auf Wiederholungen treffen werden). Genauer: Das Richtige ist ja sowieso richtig. Doch im Fall einer Zurechtrückung von Misslungenem wollen dafür auch der Zeitpunkt, Wortwahl, »Tonart« und Ort richtig gewählt sein. Das Richtige richtig tun!

Klartext: Eine Rüge? Normalerweise unter vier Augen. Und üblicherweise erst, wenn die »Glut« bereits so weit abgekühlt ist, dass etwas »G'scheites« dabei rauskommt – also nicht bloß die Fetzen fliegen und Tränen spritzen (und all das womöglich vor der ganzen Familie, im Supermarkt oder im Klo vom Kindergarten).

Das Richtige immer richtig zu tun ist bekanntlich mühsam. Doch die Mühsal zahlt gut! Muss sie wohl, sonst täten sich Eltern diesen Aufwand gar nicht erst an. Alles kommt zurück! Darum lohnt es sich, am Richtigen, am Bewährten festzuhalten, dranzubleiben, solange das Bewährte Sinn macht: Damit auch die Kleinen sich daran anhalten können, Orientierung, Halt, Sicherheit finden und schließlich Gesichertheit spüren können. Kinder können sich am Bewährten den Grund, den »Beweg-Grund« holen für das viele Neue, das sich vor ihnen auftut. So werden sie es allmählich schaffen, Sinn von Unsinn zu trennen. Sie müssen dann auch üben, was gilt – sonst sitzt das Richtige nicht richtig.

Welcher Ideologie wir hier folgen? Wir folgen der gleichen »Ideologie«, der jeder Hausmeister, der jeder Forscher folgt: Wir schauen hin auf das, was wir *entdecken*, was wir *aufdecken*, was wir *durchschauen* möchten. Kinder beobachtend verstehen! Wir schauen und lauschen, was sie uns mit ihren Augen, mit ihren Gesten, mit ihrem Schweigen, mit ihren wenigen Worten sagen.

Wir schauen auch darauf, was wir unter ihrer »Oberfläche« finden: das viele Angeborene und Mitgegebene, etwa ihre Talente, Neigungen und die vielen anderen Vorgaben.

Die rätselhaften Augen unserer Allerkleinsten: Wieso diese oft mit Stummheit oder nur mit Tränen reden? Das sind die ersten beiden Fragen, die an Sie gehen, geschätzte Leser!

> Wir beobachten und achten auch auf das, was wir von unseren Kleinen *nicht* hören. Was wir deshalb nicht hören, weil sie sich wortlos umdrehen, mit gesenktem Gesicht auf ihre Finger starren, die sie ineinander verknoten. Sie schweigen, weil sie sich eben eine Abfuhr geholt haben: »Lass mich in Ruh! Geh weg da! Hab jetzt keine Zeit!« Kleine gehen tonlos weg, wenn ihnen etwas wehtut. Weh! Das kennen sie von Geburt an: Blähungen, womöglich Sodbrennen, vielleicht sogar Wespenstiche …
> Wir gehen also auf das Kind zu, um zu erfahren, was es uns mit seinem ganzen kleinen Körper »sagt«: mit seinen Augen, seinem Schweigen, seinem hüpfenden Juchzen oder auch seinen Tränen.

Auf die Kinder gehen wir beobachtend zu. Dabei versuchen wir, sie zu verstehen und *ihre* Welt mit *ihren* Fühlern zu sehen, zu ertasten und tastend auszuloten. Denn die »Welt der Kinder« nimmt sich mit Kinderaugen anders aus, als wir Große sie sehen. Kinder sehen anfangs nur bis zur »Oberfläche« dessen, was sie vor sich sehen. Noch durchschauen sie nicht, was sich unter dieser Oberfläche tut – und warum. Kann es wichtig sein, das zu beachten?!
Wir versuchen also, uns Große samt *unserem* Wollen, Sollen und Müssen, samt *unseren* Zwängen mit den Augen der Kleinen zu sehen. Wichtig! Wir versuchen ferner, das an den Kleinen Gehörte, das an ihnen Gesehene mit *ihrem* »Wortschatz« zu erfassen und zu sagen. Wir versuchen, das dabei Wahrgenommene mit der Auffassungskraft unserer Allerkleinsten zu verstehen.
Wir versuchen, das an ihnen Gesehene, das von ihnen Gehörte, Erlebte, Gefühlte mit ihrer Haut zu fühlen – so, wie sie das eben erst schaffen. Einfach mag das nicht sein, aber es ist von Gewicht, *was* wir an ihnen hören oder *wie* sie »denken«. Offenbar denken Kleinkinder anfangs »fühlend«, weil sie es anders noch nicht schaffen! All das hüpft scheinbar genauso raus, wie es sich in ihnen zusammentut. Korrektheit schaffen Kleine nicht. Stattdessen treffen sie oft die Wirklichkeit – und lassen die dann so auch raus: Wahrheit – ungeschönt, unverhöflicht, direkt.

»Mami, warum hat der Mann so große Ohren!?« Laut. Im Bus. Ohne rot zu werden. Direkt. Beim Mund genauso rausgelassen wie mit den Augen eingesaugt. Ungeschminkt. Gradheraus. Wie es Kleine machen dürfen, weil sie es anders noch nicht schaffen. Erfrischend! Erfrischend peinlich.

Sind Kleine albern, kindisch, gar dumm? So dürften jene denken, die Kleine nicht verstehen, womöglich nicht einmal verstehen wollen. Kinder sind *kindlich*. Kindisch, albern? Das sind andere. Kinder sind einfach Kinder. Sie *können* vieles noch nicht wissen, was Erwachsene längst wissen sollten. Dumm sind andere.
Also, wir schauen auf das Kind! Und tasten wir uns entlang dessen behutsam vor, was Eltern *selbst* dutzendfach sehen, an ihren eigenen Kindern selbst dutzendfach hören. Das ausdrücklich zu sagen ist deshalb sinnvoll, weil Eltern weder Bücher noch Ratgeber dafür brauchen, was sie an ihren Kindern selbst sehen und ihnen Bücher bestenfalls bestätigen. Apropos Ratgeber: Kann es sein, dass Eltern hin und wieder doch einen Ratgeber bräuchten? Dass »Elternbildung« sowohl Eltern als auch deren Kindern guttäte?

Näher an die Botschaft der rätselhaften Augen unserer Kleinen herankommen: Was wir Große da tun könnten? Im Vorwort haben Sie dazu eine erste Andeutung gefunden: Kleine funktionieren nach Vorgaben, die ihnen *angeboren* sind. Was Eltern *selbst* an ihren Kindern ablesen können, das muss ihnen niemand buchstabieren! Doch mag es Müttern und Vätern guttun, Vertrautes, Bekanntes wieder einmal zu hören: als Bekräftigung, als Bestätigung, als Ermunterung, was richtig ist. Richtig, weil die Kleinen Vorgaben haben, denen sie gehorchen müssen. Kann Vorgegebenes falsch sein? Zehn Finger – falsch? Zwei Augen – unnütz? Von Vorgaben wird hier viel die Rede sein: Von Angeborenem, das Eltern kennen müssen! Kleine werden beispielsweise ihre Muttersprache niemals lernen können, wenn sie taub sind. Gehör – eine Vorgabe. Doch das Kind muss diese Muttersprache auch hören, damit sie eine solche wird: Muttersprache. Mutter, Vater – ebenso »Vorgabe«.

Vorgaben dienen uns als »Leitlinie«, an der sich nicht nur die Kleinen, sondern auch ihre Eltern entlangtasten können, um ihren Schatz besser zu verstehen. Vorgaben, die Eltern in diversen Ratgebern nachlesen können. Vorgaben, die sie allerdings ebenso finden, wenn sie in ihre Kinder tiefer hineinschauen.

Auch *damit* werden wir uns befassen, was jene ernsthaft interessieren muss, die mit behinderten Kindern und ihren Bedürfnissen zu tun haben: Die Rede ist von den Helfern in Sozial- oder Finanzämtern. Auf sie greifen die Eltern zurück, von ihnen müssen die Eltern sich verstanden fühlen und prompte Unterstützung kriegen. Auch Helfer müssen tiefer blicken, um zu erahnen, wer sich vor uns auftut, falls ein Kind hüpfend unsere Wege kreuzt, stumm auf seine Finger starrt, wortlos weggeht oder gar nicht kommt, weil es im Rollstuhl sitzt.

Bei diesem Schauen, Riechen, Hören, Deuten werden wir Fehler machen. Na und? Die rätselhaften Schweiger sind oftmals schwer bis gar nicht zu verstehen, da sind Fehldeutungen unvermeidlich. Vermutlich werden wir aber keine groben Fehler machen, wenn wir behutsam vorgehen und uns von den Kleinen etwas sagen lassen. Das Richtige werden wir uns von ihnen – von ihren Vorgaben – sagen lassen! Wohin muss jemand schauen, der finden will, was für unsere Kinder richtig ist?

Wir werden uns also von unseren Kleinen sagen lassen, was sie *wollen* – was sie aus guten Gründen wollen. Was sie ihrer Vorgaben wegen wollen – müssen! Wir werden uns von unseren Kleinen auch »erklären« lassen, warum sie ihr *Wollen* nicht bloß tun dürfen, sondern sie all das auch üben *sollen*: Etwa, warum Krabbler überall »ranmüssen«. Kinder *müssen* alles ausprobieren, was sie noch nicht kennen. Das dort schadlos Machbare? Das müssen sie auch tun, probieren, üben: Laden, Druckknöpfe, Treppen, Sandkiste … Überall müssen sie Erfahrung sammeln. Hoffentlich bloß solche, die ihnen kein Weh zufügen. Doch ein bisschen Schmerz – wer *kann*, wer *muss* ihn immer verhindern? Sind doch unter den Kleinen schon handfeste Dickschädel zu finden. Erfahrung als stabilste, nachhaltigste Form des Lernens hat bekanntlich ihre Grenzen. Kleine müssen also alles Harmlose anfassen, abtasten, abschlecken, riechen, sonst bleiben sie »blank« und bleiben zurück. Schlusslicht. Kulturelle Emmentaler: Mögliches verpasst, stattdessen »vollgestopft mit Löchern«.

Auch Fehler dürfen unsere Kinder machen, finden sie sich doch grad darin in guter Gesellschaft. Oder darf das niemand so sagen? Ja, doch: Wir Großen werden uns von unseren Kleinen viel sagen lassen müssen!

Kinder wollen ...

Kinder wollen wahrgenommen werden

Dem hier nun Folgenden werden einige Fragen vorangestellt, die skizzieren, wovon in diesem Kapitel die Rede ist. Fragen, die teils unbeantwortet bleiben werden. Denn sie wollen nachdenklich machen und den Leser dazu anregen, bislang Nichtbedachtes selbstständig zu vertiefen. Fragen, die es Ihnen auch erleichtern sollen, dem »roten Faden« dieses Kapitels mit mehr Nutzen zu folgen. Sie alle, geschätzte Leser, sind außerdem eingeladen, vorweg diese Fragen im Alleingang zu beantworten.

1. Was nennen wir Wahrnehmung? Reiz, Empfindung, Wahrnehmung, Tun, Erfahrung: So haben wir das alle gelernt. Ab wann macht ein Kind »Erfahrung«? Woran wäre das erkennbar? Welcher unserer fünf Sinne ist bei der Geburt bereits hinreichend leistungsfähig – und zu welchem Zweck?

2. Vierjährige verschwinden gelegentlich blitzartig unter dem Tisch oder verstecken sich, wenn Besuch kommt: Was mag hinter einem solchen Verhalten stecken?

3. In diesem Kapitel wird oft von »Signalen« die Rede sein, die Kleine senden oder die wir Große an unsere Kinder senden. Welche Signale fallen Ihnen ein? Signale warum? Signale wozu?

4. Wenn ein Vater sein Kind aus dem Werkzeugraum wegschickt, harsch womöglich: Was »signalisiert« ihm sein Kleines, wenn es lautlos verduftet, stumm auf seine verknoteten Finger schaut und zum Papa nicht mehr zurückkehrt?

5. Warum und wozu müssen Mutter, Vater, Großeltern »eine Sprache« sprechen – etwa zum Thema naschen oder dazu, was bei Tisch ausgemacht ist?

6. Ein Kind ist nie zu jung, um ein Signal zu verstehen oder zu senden. Was daran ist richtig? Anders gefragt: Wie will diese Behauptung verstanden sein?

7. Zehn Vierzehnjährige, die sich auf die Firmung vorbereiten, werden von der Betreuerin gebeten, anonym Fragen zusammenzustellen, die sie ihren Eltern immer schon haben stellen wollen. Welche Frage meinen Sie, geschätzte Leser, haben die Jugendlichen einhellig an die Spitze gestellt?

8. Der in Berlin geborene Psychologe William Stern bezeichnete 1923 das Neugeborene als ein »hirnrindenloses Reflexwesen«. das weder sehen noch hören kann.[2] Was daran ist richtig? Was daran ist falsch? Diese Fragen richten sich vornehmlich an Kinderärzte.

9. Eltern können gelegentlich etwas Köstliches beobachten: Ihr krabbelnder Forscher wirft bei seinem neuerlichen Anlauf zur Lade oder zur Steckdose seiner Mutter einen flüchtigen Blick zu, lässt sich durch ihr »Nein!« aber so gut wie nie von seinem Vorhaben abbringen. Was soll der flüchtige Blick?

Zur ersten Frage: Jemanden oder etwas wahrnehmen – wie das geht? Bei der Flugsicherung müssen die Beauftragten darauf achten, was ihnen das Radar zuträgt. Diese Signale müssen sie sehen, kennen und richtig deuten. Ab wann wir Erfahrung machen, Erfahrungen sammeln? Woran das »Erfahrene« erkennbar ist? Jede Mutter kann uns das erklären! Sie kann uns etwa erklären, warum sich ein Neugeborenes meist schneller beruhigen lässt, wenn wir es hin- und herwiegen.

Welcher unserer fünf Sinne ist bei der Geburt bereits hinreichend leistungsfähig – und zu welchem Zweck? Das kommt in den folgenden Kapiteln (etwa in *Kinder wollen, was sie müssen*). Vorläufig nur so viel: Am weitesten hinten? Die Augen! Am weitesten vorne? Die »Antennen« in der Haut und jene in der Tiefe unseres Körpers: jene, die über die Lage im Raum und über die Lage der »beweglichen« Körperteile zueinander informieren. Denn nach der Geburt ist »oben« und »unten« ein Thema, auch »links« und »rechts«. Schon 25-Wochen-Frühgeborene zeigen beispielsweise eine prompte »Schreckreaktion«! Kinderärzte wissen, was es dazu braucht, um ein solches blitzartiges Strecken und Auseinanderreißen von Armen und Beinen zu schaffen.

Das uns Erwachsenen von Kindern Zugetragene? Das müssen wir mit unseren »Antennen« einfangen. Das an unseren Kleinen Gesehene, das von ihnen Gesagte, was ihre Gesichter »riechen«

lassen, was sie uns an Erlebtem, an Gespürtem, an »Geschmeck-
tem« zutragen wollen: Das müssen wir wahrnehmen, registrieren, unseren Kleinen abnehmen. Das müssen wir ernst nehmen
und darauf müssen wir angemessen reagieren. Diesen Ernst müssen wir unsere Kinder spüren lassen!

> Wenn Besuch kommt – was Vierjährige da bisweilen tun? Blitzartig ver-
> schwinden sie unter dem Tisch oder verstecken sich anderswo (siehe
> Frage 2). Warum? Liebe Eltern, Sie sind am Wort. Nein, Angst ist es
> nicht. Denn Kinder, die Angst haben, rennen zu ihrer Mutter hin, nicht
> von ihr weg. Was also soll das Theater?

Was sehen, hören, ahnen wir, falls wir auf die Signale unserer
Kleinen achten (siehe Frage 3 und 1)? Wir sehen, wie sich hinter ihren angespannten Augen und Lippen Erinnerungen stauen;
wie das dort Angestaute stolpernd rausplatzt, falls sie – nach einem Besuch im Tiergarten – ihrer Mutter erzählen, was sie dort
alles gesehen und erlebt haben.
Signale – wozu? Um nicht verloren zu gehen! Wenigstens aber, um
Beachtung zu finden. War das jetzt wichtig? Kinder wollen wahrgenommen werden. Angestautes müssen sie in lauschenden Ohren loswerden. Lauschen! Weshalb Kleine manchmal das Gesicht
ihrer Mutter ungeduldig zu sich hindrehen, falls diese anderswo
hinschaut, während sie ihr etwas Wichtiges sagen müssen! Kleine
senden schier pausenlos »Signale«. Diese haben einen ähnlichen
Auftrag, wie jedes »Gelb« auf einer Kreuzung eine Botschaft hat.
Die Signale unserer Kleinen müssen wir Große sehen. Dazu müssen wir in ihrer Nähe sein. Ihre Signale verschlafen, überhören,
auf später vertrösten oder sonst wie unterschätzen, an uns vorü-
berlassen – was das bewirkt? Das kann Löcher reißen in die »stets
ernsten« Sehnsüchte oder Nöte eines Kindes. Die Signale unserer
Kleinen müssen wir Große kennen. Wenigstens müssen wir sie
registrieren, wahrnehmen. Wahrnehmung nennen wir, was wir
aus dem machen, was die fünf Sinne uns zutragen: »Gelb.« – Los
geht's! Oder: Verdammt – wieder zu langsam: bremsen!
Die Signale unserer Kleinen müssen wir Große richtig deuten
– etwa das Signal, Nähe zu wollen. Darauf müssen wir angemessen reagieren. Ist das irgendjemandem neu? Ist das manchem
womöglich gar lästig? Wir befragen hierzu erstmals unsere Assistenzeltern.

- **Wieso sind die Signale der Kleinen immer von Bedeutung?**

»Weil es eine wichtige Art ist, sich der Außenwelt mitzuteilen.« (WL und AL, Steiermark)

»Die Bedeutung der Signale der Kinder? Die ersten Signale geben die Kinder durch Weinen. Sobald sie sprechen können, sagen sie dann, ob und wann sie essen wollen, spielen wollen, spazieren gehen. Aber es gibt auch andere Signale: Wenn sie schmeicheln, signalisieren sie, dass sie Zuneigung, Liebe wollen oder sie nur einfach liebevoll gedrückt werden möchten. Daher finden wir es schön, wenn die Mutter selbst die ersten Jahre für die Kinder da ist. Auch Krankheiten können Signale sein, zum Beispiel Bauchweh oder Kopfschmerzen. Wenn es den Eltern nicht gut geht, das Umfeld angespannt ist oder einfach viel Unruhe und Lärm zu einer Belastung werden: Da werden Kinder unruhig, zappelig, frech. Also negative Signale.« (JW und JW, Steiermark)

- **Zusätzliche Bitte: Berichten Sie von solchen Signalen, die Sie bei Ihren Kleinen haben sehen können oder Sie noch immer sehen.**

»Falls ein Arztbesuch ansteht: Da fällt ihnen alles Mögliche ein: Bauchweh! Keine Lust! Ich muss noch alles wegräumen … Alles, was sonst nicht der Fall ist!«
(WL und AL, Steiermark)

Und die Erwachsenen? Auch wir Großen senden Signale an unsere Kleinen, auch an uns gegenseitig: Kann es sein, dass uns unsere Signale an unsere Kinder oft gar nicht bewusst sind? Etwa das Signal, Zeit für sie zu haben, Interesse zu zeigen und Anteil zu nehmen an dem, was sie fasziniert oder was sie an Kummer mit sich herumschleppen. Die anfangs wortlosen Signale können leicht überhört werden. Doch just das darf uns nicht passieren! Diese Signale sind wortlos, weil Kleine bekanntlich viele ihrer Wünsche noch nicht in Worte fassen können. Notfalls plärren sie!

Das erst recht fällt vielen auf den Kopf – warum wohl? Außerdem sind ihre Wünsche immer einfache Wünsche, die jeder an ihren durchsichtigen Signalen erkennen kann: an dem Bilderbuch, das sie mitbringen, am Ball, an einer Zeichnung oder an den Puppen, die sie wortlos in ihren Händen halten. Die Schwierigkeit auf unserer Seite – auf der Seite der Gebetenen? Dass wir oft nicht wollen! Ja – genau so: Dass wir nicht wollen. Denn wer will, aber nicht kann? Der schnauzt sein Kind nicht an oder schickt es weg.

> Dass wir nicht wollen, das darf niemand so sagen, gar zugeben. Dass wir vielleicht auch deshalb nicht wollen, weil es zu läppisch, zu komisch ist, mit Kindern am Boden im Anzug herumzurutschen.

Was von den Signalen wird sich das Kleine merken? Die Rede ist auch von Signalen, die *wir* ihnen senden.

> Wenn ein Kind mit einem Ball vor einem Besucher steht und diesen wortlos anguckt, (in auffallender Nähe) mit dem Ball herumdribbelt oder diesen gegen eine Wand wirft: Was will es mit seiner wortlosen Auffälligkeit »signalisieren«? Oder wenn es dasteht mit seinem Teddy oder einer Zeichnung? Und wenn der Besucher darauf eingeht: Was wird sich das Kleine davon merken? Strahlend wird es beim nächsten Besuch auf denselben Besucher zugehen ... Zwanzig Jahre später: Was wird das einstmals Kleine dann tun? Oder sechzig Jahre später, falls die Hüften noch mitspielen?
> Wenn ein Kind hüpfend-summend in die Küche kommt: Was »signalisiert« es damit – vermutlich? Vielleicht nur, dass es sich darüber freut, dass seine Mama da ist.
> Wenn, wie in Frage 4 angesprochen, ein Kleines vom Werkzeugraum seines Vaters harsch weggeschickt wird: Was »signalisiert« es, wenn es dorthin nicht mehr zurückhüpft? Was ist da passiert? Was ist in dem jetzt wortlos davonschleichenden Kleinen passiert, das nicht mehr in die Küche, ins Wohnzimmer, in den Werkzeugraum seines Vaters hüpft? Was passiert da immer noch, solange es nicht wieder hüpft? »Wegweisung« ist passiert: »Weg! Raus! Hab keine Zeit für dich!« Ein Stück Heimatlosigkeit mag das Kleine spüren – oder gar den ersten Mief von Ablehnung riechen. Wunschkind? ...
> Wenn ein Kind wieder einmal juchzend hüpft, während der Vater den Rasenmäher putzt oder unter seinem Auto liegt: Was »signalisiert« es damit vermutlich?
> Wenn es dem Papa beim Tragen eines dicken, schweren Schlauches hilft, dabei aber mehr »stört«, als es von Nutzen ist, und deswegen an-

geschnauzt wird: Was »signalisiert« das Kind, wenn es daraufhin stumm verduftet? Was mag es signalisieren, wenn es sich womöglich irgendwann gar nicht mehr dafür interessiert, was der Papa macht, wo er ist oder nicht ist? Und was, wenn dieser kein »Danke!« sagt dafür, dass sein Kleines ihm geholfen hat, den schweren Schlauch zu schleppen? *Einmal* wird sein Kleines das Danke-Loch vermutlich »überhören«. Zweimal auch ... Bald aber mag es sich merken, dass ein »Danke« kein Muss ist. Wenn ein Kleines sich anschmiegt an den Papa, wortlos anschmiegt: Was »signalisiert« es damit?

Was sagt ein Kleines mit seinen fragenden Augen, wenn ihm die Mama ein Bussi auf die Wange drückt, sich umdreht, es in der Krabbelstube oder Kinderkrippe zurücklässt und zur Arbeit geht? Was sagen die großen, stummen Augen, wenn sie der Mama lange nachblicken – stumm, regungslos, an der Kippe zu Tränen? ... Eine Mutter hat mir gesagt: »Zuerst heult die Kleine. Draußen vor der Tür? Dort heul dann ich.« Wer stellt sich Mutterschaft so vor?

Wenn ein Kleines seinen Papa fragt: »Was tust du?« Und der Vater antwortet: »Das verstehst du nicht!« Wie hilfreich! Was das Kleine sich vermutlich nicht denkt, aber vermutlich spürt? Wie lange wird das Kleine spüren, was es nicht denkt, doch aber spürt? Acht Minuten?

Das dabei Gespürte – wo wird das gespeichert, wo wird das endgelagert? Und wie lange rumort es dort vielleicht und flüstert von dort her jedem Heute, jedem Jetzt seinen Frust zu? Womöglich sind ein Leben lang Frust, Unsicherheit, Ängstlichkeit die Folge. Oder aber wankelmütige Unentschlossenheit, Leistungsunwilligkeit, teigig-widerwillige »Wurschtigkeit«, sinnleere Fruchtlosigkeit. *Wo* hat dieses Minus werden können? *Wann* hat dieses Minus werden können? *Wieso* hat dieses Minus werden müssen?

Wie lang wird das Kleine sich »merken«, was wir Erwachsene längst vergessen haben: Was wir Unachtsamen, Abgestumpften, wir mit unserer »dicken Haut« womöglich nicht einmal bemerkt haben? Das Kleine speichert das »Gespürte«, das Erlebte dort, wo Psychologen zehn, zwanzig, vierzig Jahre später »hingucken«. Und *was* finden sie dort oder was finden sie dort *nicht*? Was können sie dort *nicht* sehen, weil mehrfach verschüttet, mit anderem negativem Nichts verflochten, sodass das ehemals Kleine jetzt an sich zweifelt oder unbekümmert über andere drüberfährt? Es ein grantiger Dauernörgler oder ein ekelhafter Besserwisser ist, den niemand aushält, et cetera, et cetera?

Was wird sich das Kleine »merken«, falls der Papa urplötzlich ganz laut niesen muss, er sich aber sofort für den Krawall entschuldigt – bei seinem Kleinen, auch bei der Mama?

Wie lang wird sich das Kleine merken, wenn es der Papa anrempelt, weil er eine schwere Kiste schleppt, und unwirsch faucht: »Geh weg da!«? Wie lang wird es sich das »merken«, weil das ja nicht das erste Mal war?

Sein Vater nimmt den etwa Sechsjährigen zum Elf-Uhr-Gottesdienst in die Stadtpfarrkirche mit – auch zur Kommunion. Der Priester macht ihm ein Kreuzzeichen auf die Stirn und sagt offenbar etwas Freundliches. Strahlend hüpft der Kleine vor seinem Vater zu seinem Platz zurück. Warum strahlend, hüpfend, dankend? Warum?

Der Papa ist heute grantig. Oft ist der Papa grantig. Ganz ordentlich sogar. Auch ordentlich oft! Das Kleine spielt im Hof. Der Ball rollt auf die Straße. Zum Papa geht es nicht mehr. Selbst rennt es ihm nach, dem Ball. Und … Das war es dann: Rollstuhl, Anfallsleiden, auch Harn und Stuhl kann es nicht mehr halten. Grantiger, was hast du falsch gemacht!? Vater, sag nicht: »Das ist extrem!« Gar vieles ist extrem – und passiert ja doch. Schau in die Zeitung oder frag unsere Kinderchirurgen.

Wie lange wird sich das Kleine das »merken«, wenn es vom Papa möchte, dass er ihm einen Luftballon aufbläst, der aber knurrt: »Hab jetzt keine Zeit! Luftballon! Lächerlich! Hab wohl Ernsteres zu tun.« Kann das mit dem »Lächerlich!« ein Irrtum sein?

Oder wie lange wird es sich »merken«, wenn sich der Vater mit ihm in ein Boot setzt und es auch rudern lässt? Wie lange wird es brauchen, bis es seiner Mutter erzählt, was es heute erstmals hat tun dürfen?

Wenn das Fünfjährige heute den ersten Kuchen hat backen dürfen und ihn dem Papa ganz stolz zeigt, der kurz hinguckt, dann weiter in der Zeitung liest und sagt: »Gut. Klasse.« Was sich das Kleine davon womöglich merkt? Es mag sich merken, dass irgendetwas nicht stimmt, wenn zehn Jahre später der Vater zu ihm sagt: »Mit allem kannst du jederzeit und gerne zu mir kommen, mein Kind! Jederzeit. Immer hab ich für dich Zeit. Ich werde dir immer gerne zuhören!«

Was wird es sich lange merken, falls es die Mama auf ein Pony hebt und nebenhergeht? Es mag sich merken, dass sich die Mama beim Pony dann bedankt und seinem Kleinen sagt: »Du musst es streicheln.« Das wird es sich merken, das Kleine. Was wird es von selbst der Streicheleinheit hinzusetzen? Von selbst! Und womöglich wird es ab jetzt keine Ameise mehr absichtlich zertreten, auch keiner Fliege mehr Flügel oder Beine ausreißen.

Was, wenn dem Papa ein »Fürzli« auskommt, dieser aber sich bei seiner Tochter entschuldigt: »Ups, tut mir leid! Entschuldige, bitte!« Was wird die Kleine tun? »Mami, der Papi hat ein Fürzli lassen – hihi!« Was aber wird sich die Kleine eigentlich gemerkt haben – vermutlich?

Was wird die Vierjährige tun, wenn alle mit dem Mittagessen fertig sind und der Papa – wie immer – beim Abräumen mithilft? Die Vierjährige tut, was der heute Zweijährige täglich sieht, in zwei Jahren ziemlich sicher aber nicht von selbst tut. Was wird sein Papa tun, falls der Rabauke immer türmt, bevor er mitgeholfen hat? Weiterhin wird er abräumen helfen, weil er das ja nicht nur der Kleinen wegen tut. Doch wenn der Vierjährige dann kommt: »Papi, das Rad vom Bagger ist runter!« »Und, was soll ich?« »Wieder rauf!« »Nein! Du hast heute nicht mitgeholfen beim Tischabräumen. Nein. Du sollst sehen, wie das ist, wenn einer nicht will! Leider!« »Hm –?« »Was kannst du tun, Mario, um das wiedergutzumachen?« »Hm –?« »Du kannst zur Mama gehen und ihr sagen: ›Mami, heute helf ich dir beim Aufdecken und beim Abräumen am Abend.‹« Was wird sein Papa tun, wenn der Rabauke bereits im Bett ist?

Die Mama hat heute ganz starkes Kopfweh mit großer Übelkeit. Sie muss im Bett bleiben, die Arme! Was der Rabauke sieht? Er sieht, dass der Papa ganz leise ins Schlafzimmer geht ... Ganz leise! Wie lange sich der Rabauke das merken wird? Und was er ab jetzt ebenfalls tun wird – hoffentlich?

Signale! Kleine senden Signale – oft lautlos! Kleine empfangen Signale – ebenso oft lautlos! Sie können diese deshalb empfangen, weil ihre Antennen *immer* empfangsbereit sind. Lautlos nehmen sie manche Signale zur Kenntnis – und wachsen innerlich oder bluten innerlich. So kann in den Kleinen Größe werden – oder Narben. Kann es sein, dass wir Erwachsene übersehen, dass uns die Kleinen ständig belauschen, dass sie uns mit ihren Augen und mit ihren Ohren ständig »belauschen«?

Heute hat die Mama hohes Fieber! Ganz kaputt ist die Arme. Der Papa geht leise ins Zimmer. Vorher sagt er seinem Rabauken: »Bitte, Sebastian, geh in den Garten und hol ein Büschel Löwenzahn, einen gelben Löwenzahn. Eine ganze Handvoll – für die Mami. Was braucht der Löwenzahn, damit er bis morgen hält? Und was noch, damit kein Wassertropfen das Nachtkästchen bekleckert. Was?« Was wird sich Sebastian davon merken!? Und ab wann?

Alles wird er sich merken. Haarscharf alles. Ab sofort. Ab dem allerersten Mal. Vermutlich. Das nächste Mal wird er vielleicht von selbst gehen und gelben Löwenzahn samt Vase und Wasser holen – ohne

Tropfen, mit Unterteller! Einen gelben. Denn der schon weiße ...? Fotografisch genau ist das Gedächtnis des Kleinen. Falls er will. Falls er »geformt« ist (siehe Foto S. 49 sowie *Kinder wollen Erfolge*). Fotografisch genau hält das dann die nächsten rund hundert Jahre. Hoffentlich. Der Rabauke hat eine Schwester – wie erwähnt. Er ist jetzt schon drei und von schneller, arger Schlagkraft. Auch das ist ein Signal, eines an seine Schwester. Was ihm der Papa sagen wird, wenn er wieder einmal auf seine Schwester hinhaut? »Einmal noch, und das rote Auto ist weg!« Signal! Und ... es *ist* weg! Signal. Blöd, wenn es nicht weg ist, der Vater nachgegeben hat. Eins zu null für den Rabauken. Unterm Strich aber was? Verwirrung: Was gilt? Nach dem zweiten Mal? Auch das blaue Auto weg. Dann sogar der Bagger: Uff, das bedeutet Tränen. Arge Zornestränen.

Wenn er sich bei der Schwester laut und deutlich entschuldigt (»Es tut mir leid! Ich will das nimmer tun!«), ganz so, wie unsere Mutter bei mir, dem Ältesten von vier Rabauken, darauf bestanden hat, und er ihr dann auch noch ein Bussi gibt, weil Mädchen viel von solchen Zeichen halten: Dann kommt der Bagger wieder retour. Wie lange sich der Kleine das merkt? Bis zur nächsten Rangelei. Doch irgendwann sitzt das.

Auf die Schwester hinschlagen ... Die 72-Jährige hat den 19-Jährigen wegen Rauchens im Stiegenhaus zur Rede gestellt (er ist dort zu Gast). Er ist ihr dann in ihre Wohnung nachgegangen. Dort hat er ihr »mit verschiedenen Gegenständen den Schädel eingeschlagen; als sie noch röchelte, soll er ihr in Gesicht, Hals und Oberkörper gestochen haben – eine Stunde lang«.[3] Kann es sein, dass dem 19-Jährigen seinerzeit kein Bagger weggenommen worden ist? Wer hat da wann was verabsäumt?

Formung braucht eindeutige Signale! In der gleichen Sache immer die gleichen: Warum müssen da alle »eine Sprache« reden – und wozu (siehe Frage 5)? Weil Kleine sonst nicht wissen, was gilt. Mutter, Vater, Oma, Opa müssen »eine Sprache« sprechen: etwa zum Thema naschen oder dazu, was bei Tisch ausgemacht ist.

Ein simples Bild kann das Gemeinte verdeutlichen: Ein gebürtiger Wiener, der Japanisch lernen will – was der muss? Der muss langsam und deutlich vorgesagt bekommen, wie *zousjou*, »Finanzminister«, tatsächlich ausgesprochen wird. Ähnlich punktgenau muss er sehen können, wie sich der auf Japanisch schreibt: 相 im einfachen und 蔵 im »komplizierteren« Japanisch. Punktgenau, sonst kann er die Unterschiede nicht ausmachen, das Richtige nicht erfassen.

Macht das deutlich, wieso auch Kleine zu Gleichem – etwa zum Thema Naschen – stets punktgenau immer das Gleiche hören müssen, falls das Gleiche gemeint ist? Auch deshalb, weil sie sonst nicht wissen, ob vom Finanzminister die Rede ist oder von einem Hai, falls Hai auf Japanisch ähnlich tönt?

Kann es sein, dass »Verwirrtheit« hier bereits beginnt: Weil das Kleine täglich zur Nascherei zwei, drei unterschiedliche Kommentare, Ansichten, Ratschläge hört – auch Unterschiedliches sieht? Das ist bloß ein erster Anlauf zu einem Thema, das noch genauer behandelt wird (etwa im Kapitel *Eltern müssen an einem Strang ziehen*).

Kleine müssen auf die Reihe kriegen, was sie sehen, hören, spüren. Sie müssen klarkommen mit dem, was wir ihnen sagen oder zeigen: Klarheit, Orientierung, Sicherheit, Zuverlässigkeit. Formung formt unsere Kleinen. Was dabei herauskommt? Was das zeigt? Das zeigt, von welcher Art die Formung gewesen ist: Zur Unbrauchbarkeit verformte Kinder haben die falsche Kost gekriegt!

Formung: Jede Freundschaft braucht Zuverlässigkeit. Jede Ehe, jede Firma, jede Seilschaft lebt von stabiler Zuverlässigkeit. Zuverlässige Stabilität braucht jeder Tormann von seiner Verteidigung und jedes Ich vor sich selbst. Sonst geht mancher Termin, manche Einreichfrist, manches Ziel den Bach hinunter. Signale haben Langzeitwirkung! Eine, die auch dem Kleinen dient.

Kleine wollen wahrgenommen werden. Offenbar wollen sie ebenso, dass auch ihre Signale wahrgenommen werden. Was sonst sollen Signale signalisieren?

> Die Mami ist heute im Spital. Warum? Weil bald das Baby kommt! Nein, es ist schon da! Es heißt Jonathan. Der Fünfjährige muss deshalb heute das Frühstück herrichten. Ja, selbstverständlich. Auch für den Schnurli muss er sorgen. Er hat ja oft schon sehen können, was der Schnurli zum Frühstück möchte, auch zu Mittag – eh immer das Gleiche. Aber auf einem sauberen Katzenteller, denn Katzen sind immer sauber. Seine Schwester Mimi sorgt für Ordnung im Bad und im Schlafzimmer. Papa kauft ein.
> Aufräumen im Bubenzimmer, auch das tut der Rabauke. Ordentlich, okay!? So halbwegs wenigstens. Denn Jonathan möchte Ordnung haben, wenn er nach Hause kommt. Aber nicht so, wie das im Mädchenzimmer immer ausschaut. Nein, ordentlich, wie das Buben ausnahmsweise von selbst sind. Jeden Tag Ordnung im Bubenzimmer. Auch lüften, während die Mutter den Jonathan badet. Vieles muss jetzt der

Rabauke übernehmen, damit Mama Zeit hat für Jonathan. Ja, freilich! *Was* schafft das außerdem – beim Rabauken? Kameraleute können erklären, was sie mit »Weitwinkel-Blick« meinen: Sie meinen den »Du-Blick«. Vielen Studenten – ein Fremdwort.

Du-Blick! Was sonst?! Denn die Mutter muss für Jonathan auch in der Nacht auf, deshalb muss sie am Nachmittag zusammen mit dem Baby ein Nickerchen machen. Alles klar, Kinder!? Also leise, wenn die Mama das Nickerchen macht. Leise!

An einem Samstagnachmittag war ich bei einer befreundeten Familie eingeladen. Die Hausfrau stellte mir einen Liegestuhl unter einen Baum, weil ich zuvor Nachtdienst gehabt hatte, einen mühsamen. Und Elisabeth als Arztgattin weiß, was Nachdiensttuenden nach einem Nachtdienst nachmittags guttut ... Ich döste vor mich hin und bemerkte, wie sich die Kinder anschlichen – die vier zwischen zwei und neun. Mit scheuer, flüsternder Stimme pfiff die Älteste die drei Kleinen schließlich zurück ... Formung. Baby Jonathan braucht Ruhe! Sonst wird er grantig. Und wenn der Jonathan einmal grantig ist, dann ist Feierabend! Denn Blähungen haben Buben ohnehin mehr. Da geht's ordentlich rund: Im Bauch des Jonathan – und außerhalb dann auch. Also, Ohren steif, Rabauke! Und lüften! Notstand ist ausgerufen, bis die Mama wieder voll für uns alle da ist. »Maaammiii, wie lange dauert der blöde Noootstaaand nooooch!?«

Aus einem Brief, der mir in die Hände gekommen ist – das darin Geschriebene ist an eine Kollegin gerichtet: »Wir danken dir dafür, dass du uns gezeigt hast, was uns die ganz Kleinen sagen wollen, wann wir uns die Zeit nehmen, sie zu beobachten.« Kinder beobachtend verstehen.

Zu den Signalen, die an Kleine gerichtet sind (siehe Frage 6). Zu jung? Ein Kind ist nie zu jung, um ein Signal zu kapieren oder eine Not zu signalisieren. Am Kind liegt es nicht. Kann das reichen? Ja, reicht. Ein Kind ist nie zu jung, um ein Signal zu senden oder eines zu erfassen. Wieso das nie am Kind liegt? Weil ein Kind immer »versteht«, was es (seinem Alter entsprechend) verstehen und signalisieren *muss*: Hunger! Volle Hose! Wo seid ihr denn alle?! Das schafft schon jedes 1200-Gramm kleine Frühgeborene, das keine echten Sorgen mehr hat und dem im Brutkasten langweilig wird: Wo seid ihr denn alle? Jedes Kind muss sich »verständigen« *können*, weil es sonst womöglich durch den Rost fällt. Vom Start weg versteht ein Kind, dass es nicht gern al-

leine ist, dass es wenigstens nicht auf Dauer allein sein will. Und
… falls es sich alleine fühlt? Dann wetzt und meckert es herum
oder schreit auf: »Wo seid ihr denn alle?!« (Dies mit Blick auf
das »hirnrindenlose Reflexwesen«, das weder sehen noch hören
kann, siehe Punkt 8.)

> Richard Michaelis zitiert im *Handbuch der Kleinkindforschung* Heinz
> Friedrich Rudolf Prechtl. Es scheint, dass Prechtl den gleichen Gedan-
> ken bloß anders ausdrückt: Er hält fest, dass Kindheit nicht mehr nur
> als »unreife Durchgangsphase« definiert wird, »(...) die zu einem Zu-
> stand führt, der irgendwann als ›reif‹ oder ›gelungen‹ bezeichnet wer-
> den kann. Ein Kind ist damit zu jedem Zeitpunkt seiner Existenz zu den
> notwendigen adaptiven Leistungen befähigt, die ihm schon im frühen
> Alter sein Überleben ermöglichen«.[4]

Wahrnehmung, auch Anerkennung. Dazu fragen wir neuerlich
einige Assistenzeltern.

Was Eltern sagen ...

• Wieso brauchen Kinder Anerkennung?

»›Wichtig‹ sein, Erfolg haben, gut oder besser sein. Um ihr
Selbstvertrauen zu stärken.« (WL und AL, Steiermark)

»Anerkennung ist ein wichtiger Punkt der Zuwendung.
Anerkennung ist ein menschliches Grundbedürfnis. An
unserer Reaktion können Kinder erkennen, ob ihr Verhalten richtig oder falsch ist. Anerkennung bringt Freude und
Spaß.« (JW und JW, Steiermark)

• Wozu brauchen Kinder Anerkennung?

»Weil es guttut und Motivation stärkt.« (WL und AL, Steiermark)

»Motivation zum Weiterlernen, noch besser zu werden.
Das ist wichtig, damit sie als Erwachsene ein ausgeprägtes
Selbstwertgefühl haben.« (JW und JW, Steiermark)

Wahrnehmung. Von wegen »Einsamkeit«, die jedes Frischge-schlüpfte spürt: Rund neun Monate lang hat es in seiner finsteren Ein-Zimmer-Wohnung spüren können, dass da immer *jemand* ist! Nicht nur die Wand der Gebärmutter, denn die lacht ja nicht, die redet auch nicht und singt nicht. Jemand!

> Frühgeborene, auch die Ultrakleinen, die mit 1200 Gramm ihr Geburts-gewicht ohnehin bereits verdoppelt, die also keine echten Sorgen mehr haben, sondern nur mehr »paktfähig« werden, das Trinken lernen, die Temperatur halten und wachsen müssen: Was diese Kleinen beinahe täglich zeigen, falls weder ihre Eltern (etwa anderer Geschwister we-gen) da sein noch die Krankenschwestern sie herumschleppen können? Was die so Winzigen schon zeigen? Sie meckern herum im Brutkas-ten, weil ihnen scheinbar fad ist. »Fad« wird in ihrem Fall heißen: »Ist denn da niemand?!« Oft habe ich einem solchen Quälgeist durch die geöffnete Luke hindurch Kopf und Hände gestreichelt, den aktuellen Wetterbericht angesagt, ihn noch anders gelagert und die Kiste wieder zugemacht: Ruhe war im Stall – oft! Ruhe, offenbar deshalb, weil das Kleine verstanden hat, dass da ja *doch* jemand ist.

Kinder wollen wahrgenommen werden. Das wollen sie offenbar auch deshalb, weil ihnen der Kontakt mit ihren Eltern zeigt: Du bist nicht allein! Nicht allein wollen sie sein, denn das riecht nach Verlorenheit! Was sollte einem Kind Schlimmeres passieren, als dass es verloren geht? Anwesenheitsbestätigung fordern sie. Schriftlich wollen sie die, auf *ihre* Weise schriftlich, also ernsthaft: Spürbar.
Warum sie nicht allein sein wollen? Weil sie anderes gewohnt sind. Lieber Leser, können wir uns in ein so Kleines hineinver-setzen? Dann können wir erahnen, warum es Einsamkeit nicht ertragen will: Hilflose Alleingelassene ahnen scheinbar, dass sie schnell verloren gehen könnten! Just diese Befürchtung müssen Kleine signalisieren können.

> Das hat auch das eben Geborene in der Restmülltonne in Klagenfurt ge-tan (Jänner 2016): Es hat geweint! Was also soll das Weinen von Kleinen?

Ein vor zwanzig Minuten geborenes Baby – was versteht es schon längst? Wenn es die Hebamme endlich in Ruhe lässt, was zeigt das erschöpfte Kleine, wenn es seine Mutter erstmals in ihre Arme hüllt? Es zeigt, dass es verstanden hat, wer da endlich wieder da ist: Meine Mami! Schauen wir dem Erschöpften ins Gesicht! Denn die Augen zeigt es uns noch selten. Doch sein Gesicht sagt alles Nötige: *Meine* Mama! *Da* bin ich zu Hause! Hunger! Mehr? Vorläufig nicht nötig. Ja, doch: Ruhe und eine trockene Hose. Eigentlich komm ich mit meiner Mama allein über die Runden, denn sie besorgt den Rest. Den Vater braucht die Mutter jetzt eher als das Kind. Das Gespürte, das Gehörte, alles Wahrgenommene lotst das Kleine! Die Nase sagt ihm: He, diesen Duft, den kennst du schon! Der Duft der Hebamme ist mir nicht geläufig, *dieser* schon.

> Untersuchungen zeigen: Zwei Wochen alte Babys können den Achselduft ihrer Mutter von dem anderer unterscheiden, zu erkennen an der bevorzugten Hinwendung zu jenem Geruch, den sie längst schon kennen! Auch können eben Geborene das eigene Fruchtwasser vom Geruch eines fremden unterscheiden. Zudem reagieren sie prompt und positiv auf den Geruch von Anis, falls ihre Mutter in der Schwangerschaft regelmäßig Anis zu sich genommen hat: Duftstoffe der Mutter landen offenbar über die Plazenta, kindliche Niere, Harn, Fruchtwasser schließlich in der Nase des Schwimmenden.[5] Aus demselben Grund zeigt der Warzenhof der mütterlichen Brust etwa ein Dutzend stecknadelkopfgroße Erhebungen: Duftdrüsen, ein Knäuel schlauchartiger Gebilde. Diese sondern eine Flüssigkeit ab, die auch zusätzliche Duftstoffe enthalten kann, welche die Mutter zu sich nimmt – etwa den Geruch von Anis.
>
> »Stallgeruch« können alle Neugeborenen also wahrnehmen: den Geruch, der ihnen sagt, wo sie hingehören, wem sie zugehören. Stall! Ein Grund, warum unsere Schwestern auf der Neonatologischen Intensivstation manchmal den Müttern sagen: »Legen Sie zarte Tücher ein in beide Cups, tragen Sie die dort einige Stunden und bringen Sie uns diese. Die legen wir Ihrem Kleinen in den Brutkasten, neben seinem Kopf. So kann es Ihren Duft spüren, Ihren Duft atmen, bis Sie wiederkommen und Ihr Baby dann auch Ihre Stimme hören und Ihre weichen, zarten Finger spüren kann.« Anwesenheitsbestätigung!

Vom Start weg »versteht« und zeigt jedes Kind, dass es nicht gern alleine ist. Das ist uns offenbar angeboren. Angeboren – wozu? Eben deshalb: Falls es sich alleine fühlt, quengelt es. Mit diesem simplen »Wortschatz« kommt das Kleine eine satte Weile aus – fast das ganze erste Lebensjahr. Doch das muss gehört werden. Das muss erhört werden. Stallgeruch! Der ist nicht überall!

Nicht lange dauert es und das Kleine – jetzt schon auf allen vieren – liefert einen weiteren Beweis, dass es ziemlich alles versteht, was es altersgemäß verstehen muss. Das zu Frage 9 nach dem Zweck dieses schnellen, prüfenden Blicks: Ein Kind ist nie zu jung, um ein Signal zu »kapieren«. Altersgemäßes kann es verstehen, altersgemäß kann es auch signalisieren, was ihm wichtig ist. Das *muss* so sein, damit es nicht verloren geht! Ein Kind ist nie zu jung, um zu erfassen, dass es wahrgenommen wird. Oder dass es »übersehen« wird – und ihm droht, dass es jetzt womöglich verloren geht.

Und auch später, wenn sie größer sind, möchten Kinder wahrgenommen werden, wie das Beispiel zu Frage 7 zeigt:

> Österreich, Graz, Herbst 2014. Zehn Vierzehnjährige werden auf die Firmung vorbereitet. Deren Betreuerin – Mutter von vier Kindern – schlägt den Jugendlichen vor, einen Fragebogen zu erstellen, mit Fragen, die sie immer schon ihre Eltern haben fragen wollen. In den beiden ersten Stunden reden die Jungen, lassen ihren Ideen freien Lauf und formulieren das Geäußerte in ihrem Sinn. Der Fragebogen soll ja ihre eigenen Ansichten, Sorgen, Fragen widerspiegeln. Die Betreuerin hat den zehn auch gesagt, sie werde die Fragen mit allen Eltern gemeinsam besprechen, allerdings *nicht* in Anwesenheit ihrer Kinder. Hier die Fragen, gereiht nach der »Wichtigkeit«, wie sie die Vierzehnjährigen diktiert haben:

> Was ich schon immer mal fragen wollte!
> - Bin ich »gewollt«?
> - Warum sind die Erwartungen an mich so hoch?
> - Glaubt ihr an Gott?
> - Und wenn, was hat euch zu Gott gebracht?
> - Wie sollen wir an etwas glauben, das wir nicht sehen können?
> - Liebt ihr mich – so wie Gott mich liebt?
> - Wie wart ihr als Jugendliche?
> - Warum sollte ich gefirmt werden?
>
> Reihenfolge! Bin ich gewollt?

Kinder wollen wahrgenommen und ernst genommen werden. Jeder kann also sagen, was Kinder wirklich wollen – nebst all dem vielen, das sie ebenfalls wollen.

Liebe kommt zurück. Geliebt werden – das auch. Alles kommt zurück. Solches und solches kommt zurück. Wahrgenommenes, Eingebranntes, Investiertes: Alles kommt zurück.

Kinder wollen ernst genommen werden

Zur Einführung wieder einige Fragen und Andeutungen, die zugleich auch den Inhalt des Folgenden skizzieren. Es folgt Vielerlei und teils Dichtes. Ernstes.

1. Was »wollen« Krabbler, das sie eigentlich müssen? Warum und wozu müssen Kleine wollen, was sie eigentlich müssen?

2. Was ist das Ernste an ihrem »Wollen«, das sie derart emsig, hartnäckig und auch ausdauernd tun?

3. Das volle Dutzend »Warum!?« am Vormittag. Das zweite Dutzend »Warum!?« am Nachmittag. Und dann auch noch die Grenzen. Wozu sind die blöden Grenzen überhaupt gut?

4. Ist es denkbar, dass Kleine Sorgen haben? Oder dass sie die »Unausgeglichenheit« ihrer Mutter spüren? Kann es passieren, dass Kinder Spannungen zwischen Mutter und Vater schneller registrieren, als ihre Eltern das bemerken? Dass sie dann womöglich wegen »Bauchi-Weh« in der Klinik vorgestellt werden, alles Gefundene »ohne krankhaften Befund« ist, die Siebenjährige aber trotzdem voll aus dem Lot ist? Ist es vorstellbar, dass schon Monate vor der Geburt das Kleine von der Unrast seiner Mutter gezeichnet, geprägt wird und diese Prägung nachher fortbesteht? Wie kann so etwas nachgewiesen werden?

5. Was könnten »Glucken« tun, um diesen mütterlichen Ego-Fehler loszuwerden?

6. Warum schreien wir unsere Kinder manchmal an?

7. Was unterscheidet Güte und Gutmütigkeit?

8. Außerfamiliäre Betreuungsplätze: Pro? Kontra? Miteinander? Und was sagen die Kleinen dazu?

9. Warum ist Mutter-Kind-Bindung eine tragende Sache für jedes Kleine? Wie und spätestens wann muss die Mutter-Kind-Achse entstehen – und zwar aus der Sicht des Kindes? Was braucht es, damit ihm diese »Gesichertheit« spürbar, dienlich und von Dauer ist?

10. Welche Ziele erachten Sie für die wichtigsten bei der Formung von Kindern im Vorschulalter?

11. Woran ist der Nutzen einer stabilen Mutter-Kind-Bindung sichtbar, beinahe messbar?

Was Kinder wollen? Was die ganz Kleinen wollen – jene, die noch nicht frei gehen oder das gerade erst ausprobieren? Das wissen sie vermutlich selbst nicht, sie tun es einfach. Dem Sollen, dem Gesollten folgen sie. Auch dem folgen sie, das sie bereits können – krabbeln.

Was die etwas Älteren wollen? Jene, die ihre Mutter mit dem öden »Mami, warum?!« bombardieren, die Genervte beinahe im Minutentakt damit nerven? Was diese Kleinen *eigentlich* wollen?

> *Dem* gehen sie nach, was ihnen neu ist oder sie noch nicht ganz erforscht haben; auch dem, das sie noch nicht sehen oder sie noch nicht »ein-sehen«. Und das steht am Stundenplan. Das haben sie auch vor! Da lassen sie auch nicht locker. Dutzendfach täglich: »Mami, warum?!« Dieses »Warum!?« tönt manchmal ehrlich fragend, oft aber auch zornig-widerspenstig. Nervig!
>
> Krabbler sind anders anstrengend: Nervig ist ihre wortlose Unermüdlichkeit. Jede Menge haben auch sie vor oder vor sich: Stiegen, Dosen, Steckdosen, Laden, Fäden, Knöpfe, Schnüre, Türen, Vorhänge, Schachteln. Alles Geschlossene oder Finstere, auch das Stille. Ziemlich alles ist ihnen unbekannt, neu. Just auf das Unbekannte, auf das Neue zielen sie hin. Denn *das* müssen sie erforschen. Dort müssen sie hin, wie immer das gerade geht: rollen, robben, krabbeln oder herziehen – die Lade etwa oder die Katze am Schwanz. Oder eine Tür aufschieben, die eh schon einen Spalt Einblick schenkt und den Forschertrieb erst recht beflügelt. Und dort: »Ruhe bitte! Muss mich konzentrieren!« (Siehe auch Foto S. 50.)

Just also das, was jede Mutter prompt in helle Aufregung versetzt: Wenn es ruhig wird, nebenan! Rottet sich dort Unheil zusammen? Denn die zwei kleinen schwarzen Löcher da, die bergen sicher Geheimnisse: Da muss mein Finger ran, wozu sonst ist er so schlank!? Wie gut, dass der Papa diese Löcher nicht verblendet hat, ist ja spannend da drinnen, ist auch Spannung drauf. Cool, Papi – ich sehe, du hältst zu mir. Wie gut auch, dass Steckdosen immer so weit unten montiert sind: Da muss auch ich mich nicht bücken.

> Einmal erforscht, ist alles einstmals Spannende kaum mehr interessant, weil bereits bekannt. Abgehakt. Enter. Festplatte. Für immer gespeichert. Auch bei jeder Pfütze ist das so. Allerdings tut sich da mehr, deshalb sind Wasserpfützen so anhaltend spannend. Besonders mit den neuen Schuhen und den frischen weißen Socken: Da können alle gleich sehen, was ich heute unternommen, was ich heute studiert habe.

Just auf das Unbekannte, auf das Neue zielen die Kleinen hin. Denn *das* müssen sie erforschen. Macht auch Sinn. Oder soll das bloß die Großen ärgern – von wegen weißen Socken?

»Entdecken, forschen, Grenzen ausloten. Der Mensch und seine Sehnsucht, immer noch einen Schritt weiterzugehen: Sie verführt ihn, sie treibt ihn und sie quält ihn bis zur Höchstleistung (...)« So steht das in der Zeitung unter dem Titel: *Mars – Das letzte große Abenteuer.* »Bereits 2025 soll mit der Besiedelung des Mars begonnen werden. Für die Mission ohne Rückflugticket haben sich 200.000 Menschen beworben (...)«[6] Mars. Und ... was dann, ohne Rückfahrkarte? Da gibt es immer noch einige, die Kinder für kindisch halten (siehe *Kinder sollen Kinder sein dürfen*).

Zu Frage 2: Was ist das Ernste an ihrem »Wollen«, das sie derart emsig, hartnäckig und auch ausdauernd tun? Was »wollen« Krabbler mit ihrer bisweilen emsigen Nervigkeit? Warum und wozu wollen sie, was sie eigentlich müssen?

Was die ganz Kleinen *wollen*? Wer kann das immer wissen? Was sie *sollen*? Spätestens jetzt wissen das alle: Das noch Unbekannte sollen, müssen sie erforschen. Sonst bleiben »Löcher«.

Ein Jahr später – so um die zwei oder drei: Wer auf ihre Augen achtet, wenn sie lautlos kommen, sich anschmiegen mit einem Bilderbuch in der Hand oder mit einem Ball: Völlig klar, was die schon etwas Größeren wollen. Und wie sie förmlich zusammenklappen, falls niemand für sie Zeit hat. Oder wie sie stampfen, schimpfen, protestieren, falls sie ungerecht behandelt werden. Woher wissen sie, was Unrecht ist? Ja, doch – alle gesunden Kinder wollen ernst genommen werden, weil ihre Anliegen wichtig sind. Warum? Zukunft!

> Das mit der Zukunft: Das wissen Kleine zwar noch nicht, wenigstens sagen sie das nie. Scheinbar aber wissen sie, dass sie da nicht lockerlassen dürfen. Daran halten sie sich auch. Aber woher wissen sie das? Alle Kleinen wissen das, auch die auf Sri Lanka, in Rio de Janeiro oder in Wien-Ottakring.

Das Nicht-Lockerlassen ist von Gewicht, weil Kleinkinder vieles reizt! Warum sie vieles reizt? Weil sie vieles in dem vielen Gesehenen, Gehörten, Getasteten, Vermuteten noch nicht kennen. Just diese »Reizbarkeit« ist uns mitgegeben, ist uns allen angeboren: Wieder eine Vorgabe, wie sich auch an dem Mars-Beispiel erkennen lässt. Just diese unersättliche Wissbegier müssen Eltern und wir *alle* auffangen, stillen. Ein Wollen, das sie auch sollen, eigentlich müssen: Zukunft!

> Dutzende Fragen prasseln im Alter um die vier täglich auf die Mutter ein: »Warum hab ich nur eine Nase, aber zwei Augen?« Fragen, die köstlich-originell, nicht aber simpel sind: »Mami, warum ist das Licht immer hell? Warum ist die Sonne immer rund, der Mond aber nicht?« Auch Fragen, die kaum einer beantworten oder so erklären kann, dass es das Kleine auch versteht! *Verständlich* muss die Antwort sein, weil sonst ein Stau von Lücken entsteht, die ständig bohren: »Mami, warum!?« Erst recht bei Konflikten: »Warum immer ich?«

Ernst nehmen: Das täglich zweimal volle Dutzend an »Warum!?« ernst nehmen. Dieses öde, schier pausenlose »Warum???« braucht eine Antwort, mit der das Vierjährige etwas anfangen kann, sonst kommt das gleiche Warum morgen wieder. Wahrscheinlich kommt es am nächsten Tag sowieso, doch da kann die Mama auf gestern verweisen. Nein, vergesslich sind Kleine nicht. Sie wollen bloß, was sie müssen: An alles müssen sie ran, auch an Grenzen müssen sie rühren. Sie wissen ja noch nicht, dass wir das »Grenzen« nennen. So viel zu Frage 3, mehr dazu folgt auch im Kapitel *Eltern müssen alles richtig machen*.
Und die Grenzen? Die müssen immer dieselben sein. In derselben Sache immer dieselben, sonst kennt sich das Kleine nicht aus und fragt daher dutzendfach das Gleiche. Also: Das Gleiche immer mit den gleichen Worten sagen. (Auch das ist jetzt keine Wiederholung nicht gewesen.)

> Ein Kind ernst nehmen – machen wir da alles richtig, mehrheitlich richtig? Ja, doch, das Allermeiste machen da alle Eltern richtig. Ja, sicher – sehr viel, und das aus guten Gründen. Etwa deshalb, weil wir sie gernhaben, unsere kleinen Fratzen. Jawohl, Fratzen, denn *das* – das können sie *auch* sein. »Gfraster« sagen die in Wien-Ottakring. Und knurren (siehe Bild S. 51).

Ja, doch, viel machen wir da alle richtig. Sehr viel, und das aus guten Gründen. Doch da klaffen auch Lücken. Harmlose Lücken, hoffentlich. Und oft sind Mütter abends »streichfähig«: Spätestens jetzt muss da der Papa ran! Er muss die Mama auffangen, ihr täglich zuhören. Täglich, weil sie täglich ausgelaugt ist von Hergeschenktem, »Eingepflanztem«, Antworten und Durchgestandenem; ausgelaugt auch von Fragen, auf die sie keine »g'scheite« Antwort weiß. Ausgelaugt von vielen Antworten auf das endlose »Warum!?«!

> Hergeschenkt, ausgelaugt, durchgestanden: Etwa wegen der Frage, ob Mutter und Kind rechtzeitig beim Kinderarzt sind, denn die Baustelle ...
> Meist wortlos ist das staunende Kleine voll fasziniert:
> Mami, schau! Da geht's rund, Mami! Schau, der starke Bagger da – Maaamiii!
> »Komm, geh weiter, wir ...!«
> Der mit den Stiefeln, Mami – *der* darf dort rumgatschen. Ich darf das nie. Stiefel, Mami – eine Idee?
> »Komm, geh weiter, wir müssen ...!«
> Aber Mami, *müssen* – das hab ich schon so oft gehört ... Aber klar ist mir noch immer nicht, wieso das so wichtig ist. Außerdem hab ich nie verstanden, was müssen heißt: Eines der vielen Fragezeichen, die lächerlich sind, Mami – lächerlich im Vergleich mit dem Bagger da. Lass mich den Bagger jetzt in Ruhe studieren. Auch du willst beim Bügeln deine Ruhe haben und der Papi beim Fernsehen ... Nur *ich* muss immer müssen. Das versteh ich nicht, Mami.
> Ich weiß schon, dass du zur Arbeit musst. Doch auch *das* versteh ich nicht: Bist ja abends dann immer ganz k. o., manchmal auch grantig und so gar nicht kuschelig weich, wie das früher war.

Bei einigen Lücken sehen wir uns jetzt genauer um. Doch bitte Obacht: Teils kommt Grantiges auf Sie zu. Im Vorwort ist davon die Rede, dass ich Sprachrohr sein möchte. Sprachrohr für wen? Also – Lücken: Eine vermeidbare Lücke? Wir sehen das Wollen der Kleinen oft nur aus unserer Sicht! Aus der Sicht *unserer* Erfahrungen, *unserer* Engen, Zwänge, Wünsche, aus der Sicht *unserer* Möglichkeiten. Unabsichtlich, hoffentlich. Auch in guter Absicht – hoffentlich. Aber aus *unserer* Sicht. Und liegen damit womöglich falsch, weil wir nur *unsere* Sorgen ernst nehmen. Frei nach dem Motto: »Nur wir Großen haben ernste Sorgen.« Die Sorgen der Kinder? Womit wir bei Frage 4 angekommen wären. Dinge aus der Sicht unserer Möglichkeiten zu betrachten, ist oft notwendig, macht auch Sinn, no na. Es sind aber Möglichkeiten, die den Kleinen vollkommen egal sind! Deshalb egal, weil sie in die Engen, Zwänge und Pläne ihrer Eltern keinen Einblick haben. Vielmehr sieht das Kleine vier, fünf Jahre lang ziemlich ausschließlich *sein eigenes* Wollen (zumindest viele Buben). Das sorgt für Konflikte.

> Ist das wichtig, dass ein Kleines meist *nur sein eigenes Wollen wirklich kennt*? Wer sich in die Haut eines Krabblers versetzt, dem wird klar, was das Kleine prompt und mühelos verstehen wird: Es sieht die Steckdose: Und – dort muss es hin. Denn dort ist es noch nie gewesen. Los! Alles Weitere kommt morgen oder wann dafür Zeit ist. Steckdose-Erforschen steht jetzt auf dem Programm!

Mutter, Vater, seien Sie froh, dass Ihr Kleines kein »stumpfer Doofsack« ist, der an nichts und niemandem interessiert ist! Seien Sie darüber endlos froh! Mutter, Vater, seien Sie froh, dass Ihr Kleines zur Steckdose überhaupt hinschaut, weil es das Ding sehen kann, es also nicht blind ist. Seien Sie froh, dass Ihr Kleines die Steckdose auch erreicht, weil es krabbeln kann und nicht traurig, sehnsüchtig, lautlos hinschauen muss, weil es diese nie erreichen kann (siehe Foto S. 50).

Das Wollen der Kleinen: Haben wir Große dieses brennende Wollen unserer Kinder jemals bedacht? Haben wir das dabei Bedachte »gewogen«? Haben wir ihr Wollen akzeptiert? Haben wir verstanden, was dieses Wollen der Kleinen soll, worin ihr Wollen besteht? Sein unermüdlich drängendes Wollen deckt alles zu, schiebt alles irgendwie zur Seite, was sich mit seinem Sollen nicht deckt: Interessiert mich nicht, Mami!

> Dass die Mutter oft erschöpft von der Arbeit nach Hause hastet: Interessiert mich nicht, Mami! Dass sie gereizt ist, weil der Chef … Weiß der Kuckuck, was der ihr angetan hat. Auch das interessiert mich nicht. Ich weiß nicht einmal, was »Chef« heißt. Oder dass die Mutter wütend, traurig, angefressen ist, weil eine Kollegin ihr »Hinterfotziges« untergejubelt hat. Interessiert mich nicht, Mami! Ich merke bloß, dass es meiner allerliebsten Mami nicht gut geht …

Erschöpft, weil die Mama einen Vierfach-Job schaffen muss: Ehefrau ist sie. Nicht wenig, oder? Mutter ist sie. Auch nicht wenig! Hausfrau ist sie. Erst recht nicht wenig, wenn man bedenkt, dass Frauen nach wie vor rund drei Viertel der Hausarbeit besorgen.[7] Chefin auch anderswo ist die Mama – oder Sekretärin, Ärztin, Putzfrau, Lehrerin … Das alles ist sie auch noch. Und Frau – das ist sie *eigentlich* doch auch: Sich selbst also verpflichtet! Fünf alles in allem: Fünffach-Job. Das macht erschöpft und vermutlich deshalb auch gereizt. Gründe? Die interessieren das Kleine nicht! Wieso nicht? Einmal mehr: Wir sehen das Wollen des Kleinen oft, meist, regelmäßig nur aus unserer Sicht. Dass an der Sicht der Eltern viel Rechtes ist, das steht hier nicht zur Diskussion.

Was da *doch* zur Sprache kommen muss? Dass Mütter ihre Ausgeglichenheit, ihre Unruhe, ihre gereizte Erschöpftheit ihr Kleines oft spüren lassen – ungewollt freilich. Dass das Kleine diese Spannungen aber irgendwie mitkriegt, irgendwie spürt, irgendwie fühlt. Selbst das sonst so anschmiegsame Katzenvieh sucht das Weite, wenn es eckig, hektisch-laut-nervös, frostig-kalt oder stachelig zugeht.

> 2005 konnte bei zwei Monate alten Babys nachgewiesen werden, dass diese weniger »ängstlich-verzweifeltes« Verhalten zeigen, wenn die Mutter in der 25. Woche einen niedrigen Cortisolspiegel hatte. Auch die Kinder selbst hatten in diesem Altern niedrige Stresshormonspiegel im Harn! »Das vorgeburtlich vorhandene Niveau der Stresshormone scheint den Fötus zu programmieren; (…) das heißt, es wird festgelegt, wie der Körper im nachgeburtlichen Leben mit Stress umgeht (Lupien et al., 2009). (…) Die Konzentration an Stresshormonen im Blut der Schwangeren beeinflusst offenbar das Temperament des Säuglings (Davis et al., 2005).«[8] Das zu Frage 4, wie »gestresste« Erwachsene auf Kinder wirken.

Die überdrehte Mutter? Die bemerkt das vermutlich. Vielleicht bemerkt sie es aber erst, wenn es längst zu spät ist: wenn ihr Schatz vierzehn Jahre später seinen Eltern dann die Rechnung präsentiert. Zunehmend häufiger und »intensiver« zeigen schon die ersten Tage in Kindergarten oder Schule, dass Kleine arge Lücken haben. Auch darauf werden wir noch genauer eingehen.

> Es folgt gelegentlich Gehörtes – ebenfalls zu Frage 4: Unrast oder Erschöpfung der Mutter entstehen auch durch »Lücken«, die der Mann ihr zuträgt. Lücken, die seine »ewige« Unpünktlichkeit reißt. Lücken, die seine generelle Unzuverlässigkeit auftut, wenn die Ausgepumpte keinen Flankenschutz hat. Stütze, Trost, Kraft, Rückendeckung muss *ihr* dieses »Mannsbild« sein. Ist es aber nicht. Tankstelle soll er *ihr* sein. Doch stattdessen streckt der Müde alle viere von sich, sobald die Haustür hinter ihm ins Schloss kracht. *Sie* wartet auf einen Begrüßungskuss. Er? Er schreit ums Eck, während er sich die Schuhe auszieht: »Was

gibt's denn heut zum Abendessen? Hast du meine Stiefel vom Schuster abgeholt? Hat der Kerl endlich die Dachrinne repariert? Ist Post für mich da?« Ich! Meiner! Mir! Mich! Von Mannsbildern ist die Rede, nicht von Vätern, die Männer sind. Männer!

Eine Mutter, deren Herz erschöpft oder voll Galle ist, wie soll sie zu Geduld und Muße finden, um ihrem Kleinen »aktiv« zuzuhören? Aktiv, um erfassen zu können, was ihrem Kleinen jetzt so wichtig ist! Auch da – Lücken! Wie soll sie das Richtige für sich und für ihr Kind orten? Wie soll sie mit ehrlicher Geduld dem Forscher nachgehen – ihm nachgehen, um schon da zu sein, wenn er die zwei Löcher in der Steckdose betasten möchte? Wie soll sie das Richtige mit Ruhe, mit gelassener, warmer Umsicht, mit leitender, begleitender Unterstützung lenken, auffangen – und auf die zwei Dutzend »Warum!?« eine »g'scheite« Antwort finden? Eine Antwort, die was taugt! Die auch morgen zur selben Sache ganz gleich lautet, damit das Kleine endlich weiß, woran es ist. Damit es im Richtigen verankert ist, dieses wenigstens kennt, es dann auch üben und festigen kann.

Deutlich zur Sprache kommen muss hier noch einmal, dass die Mama ihre Unruhe, ihre »Un-Bilanziertheit«, ihre gereizte Erschöpftheit ihr Kleines spüren lässt – ungewollt freilich, aber trotzdem *spüren* lässt!

Im Sinne des vorigen Beispiels: Hoffentlich ist die Mutter nicht auch deshalb gereizt, erschöpft, längst am Limit, weil sie mit allem überhaupt alleine ist. Wo ist er denn, der Lustige? Wo ist er, der nur den Spaß sucht? Wo? »Keine Ahnung! Fort!«
Wie können rund 310.000 Alleinerzieherinnen in Österreich[9] samt ihren Kindern uns Österreichern egal sein? Und umgekehrt natürlich auch die rund 60.000 Väter, die sich jetzt allein durch den Alltag plagen, weil *sie* sich vertschüsst hat. Nein, egal ist uns das nicht, denn zusammen ergibt das wenigstens rund 740.000 Kinder, Alleinerzieher und Alleinerzieherinnen, die das betrifft. Wenigstens 740.000 von rund 8,580.000.[10] Nein, gar nicht egal!

Ein Kind ernst nehmen – machen wir da gelegentlich nicht arg viel falsch? Die einen überlassen es führungslos seinem stürmischen, uferlosen Wollen. Die anderen beglucken es aus allen Himmelsrichtungen, ersticken es in Geschenken, Übervorsicht oder gar in Zukunftsängsten – und schnitzen einen handfesten

»Ego« aus diesem Edelholz. Gekauftes als Ersatz für das, was Kleine *eigentlich* geschenkt haben möchten: Wärme.

Die Rede ist hier von Glucken, nicht von Behutsamen, von Umsichtigen, von Ängstlichen. Von begründet Ängstlichen. Begründete Angst? Angst vor Dealern, Schmutzigen, Verlogenen und sonstigem Gesindel. Die Rede ist von Glucken, die ihr Kleines noch an der Leine ihrer Nabelschnur gängeln. Was Glucken, wie in Frage 5 angesprochen, tun könnten, um den mütterlichen Ego-Fehler endlich abzulegen? Mutter, erlauben Sie Ihrem Kind, wozu es fähig ist. Und dann Applaus! Donnernder Applaus: »Bravo! Bravo, mein Schatz! Bravo!«

> Vor wenigen Wochen habe ich eines meiner »Schatzis« besucht: Noch keine vier Jahre ist Anja alt. Mit genau 800 Gramm ist sie auf die Welt gekommen, gute dreizehn Wochen zu früh – dreizehn von vierzig! Wochenlang hat das winzige Kind seine Eltern und auch uns in der Intensivstation auf Trab gehalten. Heute, mit knapp vier Jahren? Heute hilft sie fast täglich mit beim Servieren und beim Abservieren in der elterlichen Schank! Das wird nicht immer so klaglos abgegangen sein, wie sie das heute beherrscht. Na und? Was sind Tellerscherben gegen *diesen* Selbstwert, den die Kleine jedem unauffällig zeigt!? Schlicht! Lautlos. Selbstwert. Mit achtsamem, ruhigem Eifer trippelt sie ihren Eltern nach – einen kleinen Stoß von Tellern in Händen. Auch ohne Eltern. Selbst. Selbst-Wert. Selbst-Wert-Schöpfung, weil ihre Eltern ihren Schatz an Werte herangeführt, an »Leistung« herangelassen haben – trotz gelegentlicher Scherben. Scherben, die wir Alte ja ebenso in unserem »Rückspiegel« sehen.

Ein Kind darin ernst nehmen, was es kann – oder eben noch nicht kann: Das Kleine üben lassen – Scherben hin, Scherben her. Arge »Scherben« freilich nicht. Deshalb Ihre Nähe, liebe Mütter und Väter! Denn Sie erkennen die Gefahr, die andere Betreuer womöglich erst sehen, wenn das Unglück schon passiert ist.

Von Gelassenheit war die Rede: Gelassen wohl auch deshalb, weil Kleine nicht verstehen, warum wir sie anschreien – so viel zu Frage 6. Warum die Mama grantig ist, warum wir wüten, toben, drohen, schimpfen – wo das Kind doch eh alles richtig meint, das Richtige aber noch nicht kennt?! Das Kind das Richtige erst gezeigt bekommen, erst ausreichend üben muss. Üben – wie beim Einparken. Üben. Nicht keifen! Selbst wenn beides Jahre dauern sollte. Ruhe! Und die Eltern? Die sollen nicht so tun, als ob sie immer auf Anhieb alles hingekriegt hätten. Andere ernst nehmen hat bekanntlich mit Respekt, mit Ehrfurcht zu tun, Ehrerbietung. Schimpfen!? Das schafft jeder Dummkopf. Ehrerbietung vor dem Kleinen? Das muss Ihnen, Mutter, niemand sagen. Auch einem Vater muss das niemand erklären. Denn Väter, die Männer sind? Die wissen, was sie zu tun haben.

»Ich orte Einseitigkeit!« Sie orten Einseitigkeit? Ach so?! Hören und sehen Sie sich um, Väter! Wir alle wissen, wovon die Rede ist: Etwa, dass Väter im Auto hocken bleiben, am Parkplatz spazieren gehen oder sonst wie in der Nähe und trotzdem nicht da sind, während *sie* mit ihrem Kleinen zum Kinderarzt geht. Frauensache. Seltsam, was sich grundlos eingebürgert hat. Hat da jemand grad von Einseitigkeit gemeckert? Das Gemecker fällt auch anderen auf, wie etwa Peter Scheer: »Schon bei einer gewöhnlichen Ambulanzsituation ist es oft so, dass die Väter ungern mit in den Ambulanzraum gehen und vielfach draußen warten; während Mutter und Kind bei der Untersuchung sind. (...) Die Dimension Vater ist oftmals abwesend.«[11]
Allerdings, liebe Mutter: Kann es sein, dass Sie *ihm* mehr zutrauen sollten? Dass Sie den Vater an seine, an Ihre Kinder überhaupt ranlassen sollten? Dass Sie *ihm* »Appetit« machen sollten, sich auf eine Weise einzubringen, die sowohl dem Vater dient als auch seinem Kleinen – und schließlich auch Ihnen? Den Vater vom Start weg heranlassen an das gemeinsame Prachtstück.

Eine andere Lücke: die Gutmütigen, siehe Frage 7. Güte – zuwartendes Wohlwollen, das Suchende geduldig zum Richtigen führt. Lächelnde, zart-feste Klarheit im Richtigen: So könnte jemand Güte beschreiben. Jedenfalls sind Wohlwollen und Richtigkeit zwei Pfeiler der Güte, mit der wir uns noch näher beschäftigen werden (siehe *Kinder wollen Güte* und *Eltern müssen gütig sein*).

Zwei Tage vor dem Begräbnis unserer Mutter habe ich Mete angerufen. Sie war am Telefon schwer zu verstehen, weil sie eine Serie von Hirnschlägen zerrüttet hatte. Vom südlichsten Eck Österreichs, über Hunderte von Kilometern brachte ihr Mann sie her: Mit gebeugtem Leib hat sie mühsam, doch leuchtend gelächelt, als wir uns nach gut vierzig Jahren wiedergesehen haben. »Ich musste kommen und mich von eurer Mutter verabschieden.« Die Vorgeschichte: Als Mete, die Jüngste des Senior-Chefs unseres Vaters, im »schwierigen« Alter war, war sie oft bei uns zu Besuch. Eines Tages soll ihre Mutter zu der unsrigen gesagt haben: »Bitte sagen Sie der Mete, dass sie das ... so machen soll! Denn Ihnen gehorcht sie ...«

Wieso Mete unserer Mutter »eher« gehorchte? Das kann ich nur vermuten: Erstens gehorchen Kinder anderen bisweilen lieber, prompter. Warum? ... Unsere Mutter hatte eine klare, einfache Rede. Mit zarter, fester Wärme transportierte sie, was sie uns sagen musste. Und fast immer galt, was sie sagte. Das hat uns vieren nicht immer gepasst, aber wir haben uns ausgekannt. »Ich musste kommen und mich von eurer Mutter verabschieden.« Die Niedergebeugte – ein letztes Mal hat sie sich vor unserer Mutter verneigt.

Gutmütigkeit? Gutmütige geben nach, sobald das Richtige mühsam, teuer, anstrengend wird. So wird Ramsch! Knochenweichheit. Seelische Rachitis. Unbrauchbar. Bei der Bewerbung um die Gesellenstelle? Unbrauchbar. Rachitis! »Ne, tut uns leid, Herr Kollege. Ihnen alles Gute. Der Nächste, bitte! ...«

Gutmütigkeit: Ein Laufen-Lassen. Ein schwächelndes, ein unüberzeugtes, nachgebendes Laufen-Lassen. Nicht überzeugt, dass das Richtige Mühe kosten darf. Gutmütigkeit scheut davor zurück, ein Du mit dem Richtigen zu »belasten«! Last! Als wäre Last ein Übel, eine Krankheit gar. Wer sich scheut, Kleinen Lasten zuzumuten, der hat offenbar noch nie einem Vierjährigen zugeschaut, was der gelegentlich aufführt: Bälle, Stofftiere, Teile von Polstermöbeln, die seine Mutter ins Freie trägt, um sie dort zu reinigen. Trümmer, die fast doppelt so groß sind wie der Zwerg! Mit welchem Eifer Kinder da zupacken und mit welch regungslosem Stolz sie das »Danke!« der Mama oft an sich vorbeilassen.

Glucken! Viele Glucken scheuen sich, ihren Kindern angepasste *Lasten* zuzumuten. Von Last ist die Rede, die zwischen Geburt und Sargdeckel nicht mehr abreißt. Aber *nicht* ist die Rede von Über-Last, *nicht* von Überfrachtung, *nicht* von Einseitigkeiten. *nicht* von Fehlbelastungen oder von ähnlichem Unsinn. Hat »Menge« jemals »Qualität« wettgemacht? Güte. Zuwartendes Wohlwollen, das Suchende lächelnd zum Richtigen führt. Zarte, lächelnde, feste Klarheit im Richtigen. Glucken – wie manche da tun? ...

Andere überlassen das Kleine seiner größeren Schwester: »Mittagessen steht im Rohr!« Viele überlassen es anderen. Einmal dieser. Einmal jener. Dann vielleicht gar einer Dritten: Am selben Tag also womöglich drei verschiedenen Betreuern. Falls das ein Muss ist, weil sie Alleinerzieherin oder er Alleinerzieher ist? Dann geht das halt nicht anders. Wie gut, dass es hierzulande Betreuungsplätze gibt. Und diese alle? Mit bemühter Qualität! Wie gut! Danke! Applaus!

Von wegen Fünffach-Job: Die Ehrlichen und Bemühten? Die hetzen sich zum Krüppel. Kann es sein, dass da etwas falsch läuft? Wer stellt sich Mutterschaft so vor? Wie soll sich ein Kind da wohlfühlen und außerdem zurechtfinden? Dein eigentlicher Wohnsitz, mein Kleines? Der Kindersitz im Auto.

»Geht nicht anders – ich muss arbeiten gehen!«
Ist das ehrlich? Kleine wollen ernst genommen, nicht hin und her chauffiert werden. Das wollen sie erst später. Doch wenige Monate nach dem Start? Kleine wollen außerdem Spielraum. Raum, Auslauf für ihre Forschungsreisen. »Kinder spielen«, sagen wir alle immer noch. Spiel sagen wir auch zu den Bayreuther Festspielen oder zu einem Champions-League-Finale, das alles andere als ein Spiel ist: Wettkampf. Ernster kaum denkbar.
Kinder spielen. Das soll schon so bleiben! Doch aufgefüllt mit jenem Sinn, den das kindliche Spiel eigentlich hat: Studium, Grundlagenforschung, voller Ernst! Jedenfalls alles andere als eine Spielerei. Mit dem gleichen Ernst, mit dem die in Bayreuth, in der Carnegie Hall, an der Scala oder in Salzburg spielen: Ernst. Gekonnt.

Wir setzen zum Landeanflug an. Dabei ziehen wir eine Kurve um ein Thema, das eben angeklungen ist: die außerfamiliäre Betreuung im Vorschulalter (siehe Frage 8). Wir halten uns an Lieselotte Ahnerts und Michael E. Lambs entwicklungspsychologische Überlegungen zu öffentlichen Tagesbetreuungen für Kleinkinder. Die Autoren kommen zum Schluss, dass die Inanspruchnahme einer solchen immer auch ein Kompromiss sei: ein Kompromiss zwischen den Anforderungen und Notwendigkeiten der Erwachsenen und jenen der Kinder. »Die Bedürfnisse von Kindern dürfen jedoch den Interessen der Erwachsenen nicht bedingungslos untergeordnet werden. Deshalb kommt es heute darauf an, die Auswirkungen öffentlicher Tagesbetreuung auf die Entwicklung des Kindes detailliert zu belegen. Als Konsequenz sollte man öffentliche Tagesbetreuung dann so auf die kindlichen Entwicklungserfordernisse ausrichten können, dass eine ›Betreuungsqualität‹ sich auch tatsächlich abzeichnet.«[12] Betreuung minderer Qualität habe im günstigsten Fall keine, vermutlich jedoch negative Auswirkungen auf die

Entwicklung von Kindern. Deshalb seien Eltern, Politiker und Praktiker aufgefordert, für eine entwicklungsangemessene Betreuung zu sorgen. Im nun Folgenden werden daher Beobachtungen, Forschungsergebnisse und Überlegungen skizzenhaft dargestellt – Skizzenhaftes, das Eltern eine Entscheidungshilfe sein will. Notgedrungen müssen wir uns dabei auf »Herausgepicktes« beschränken, wobei uns das *Handbuch der Kleinkindforschung* als Grundlage dient. Erstaunlich viel »Geahntes« oder »Selbstverständliches« werden wir finden. Gut so! Das gibt Sicherheit in dem, was Eltern schon immer richtig gemacht haben: Das Richtige richtig tun! War davon nicht schon einmal im Vorwort die Rede?

»Die Bedürfnisse von Kindern dürfen jedoch den Interessen der Erwachsenen nicht bedingungslos untergeordnet werden.« Warum? Weil das *Kind* vorgibt, was es »will«. Kinder finden sich da in einer Situation, die mit jener eines Patienten vergleichbar ist: Wer einen Patienten recht behandeln will, der muss ihm zuerst zuhören. Dann muss er ihn anschauen, abtasten, den Blutdruck oder die Temperatur messen. Notfalls muss er Blut und Harn untersuchen. Der Patient also »sagt«, was er hat und was er braucht. Der Doktor muss das Gesuchte bloß »freilegen« und beim richtigen Namen nennen. Genauer: Nur am Kind können Eltern, Erzieher, Kindergartenpädagogen … finden, was das Kleine wann braucht, was ihm guttut.

Ist das simpel? Ja, das ist simpel. Ist das einfach? Ist das im Umgang mit Kleinen überall selbstverständlich? Wer sich dem anschließen kann, was der in den nächsten Zeilen finden wird? Der wird finden, dass Eltern nicht immer alles richtig tun; sie aber immer alles richtig machen wollen! Auch Tagesmütter oder jene, die sich in Kinderkrippen oder Kindergärten um unsere Kleinen mühen, auch sie sind ziemlich allesamt toll, obwohl auch sie ungewollt Fehler machen. Und – was jetzt?

Eines der Probleme dabei? Alle, die in die Führung, Betreuung und Formung von Kindern eingebunden sind, müssen nicht bloß ihr Bestes geben – das tun sie ja sowieso! –, sondern sie müssen das Richtige auch richtig tun. Eltern und Betreuer müssen beispielsweise zusammenschauen!

> Tun sie das? Nein, alle tun das nicht, dennoch: »(…) eine Partnerschaft von Eltern und Erzieher/innen in der Betreuung von Kindern wird immer wieder als zentral angeführt. (…) Hierbei lassen Untersuchungen an konkreten Eltern-Erzieher/innen-Vergleichen wissen, dass die

gegenseitige Wertschätzung nicht immer positiv ist; und vor allem die Eltern der betreuten Kinder kaum als ›Partner‹ betrachtet werden. Die durchgehend niedrigen Kontaktraten zwischen Eltern und Erzieher/innen werden daher eher als unvermeidlich in einer ›professionell‹ verstandenen öffentlichen Betreuungspraxis verstanden; und nicht als Indikator niedriger Betreuungsqualität interpretiert; wenig ausgeprägte Eltern-Erzieher/innen-Kontakte werden von daher in der Regel auch nicht als Risikofaktoren in der Betreuung der Kinder gesehen.«[13]

Wer die Eltern der betreuten Kinder nicht als Partner versteht, der hat in der Betreuung der Kleinen Wichtiges außer Acht gelassen: Eltern! Just jene also, die üblicherweise eine »Nase« für ihr eigenes Fleisch und Blut haben – und auf rund um die Uhr Erlebtes zurückgreifen können. Seit Jahren rund um die Uhr Erlebtes! Zu »Einäugigen« haben sich jene speziell Geschulten degradiert, die sich eine solche Erfahrung entgehen lassen. Zu Einäugigen deshalb, weil sie nicht sehen, was Eltern den Betreuern zutragen könnten. Fraglich, ob Einäugige taugen, falls sie an Kinder rühren. Wie kann Machbares »unvermeidlich« sein, noch dazu »durchgehend« (siehe Zitat oben)? Machbares, das andere sehr wohl schaffen!

Ähnlich zart verpackt, aber ein ähnlich scharfes Wort: »(...) werden nicht als Indikator niedriger Betreuungsqualität interpretiert« oder »nicht als Risikofaktor gesehen«. Das will nicht bloß gehört werden! Sonst geht ungehört an uns Verantwortlichen vorüber, was im Weiteren zu lesen ist: »Tatsächlich haben Entwicklungs- und Verhaltensstörungen in den letzten Jahren signifikant zugenommen; Störungen, die als Aufmerksamkeits-, Lern- und Aktivitätsstörungen, emotionale Regulationsstörungen und Aggression sowie sprachliche und kognitive Defizite vorrangig nach dem Schuleintritt registriert werden. Es liegt jedoch nahe, die Ursachen dieser sogenannten ›neuen Kinderkrankheiten‹ schon in der veränderten Früh-Sozialisation zu suchen. Es muss deshalb ein dringendes Anliegen sein, Bindung, Bildung und Betreuung schon in der frühen Kindheit entwicklungsangemessen aufeinander zu beziehen und zu gestalten.«[14]

Das kann überprüfen, wer Betreuer in Kindergärten befragt oder auf jene hört, die mit Schuleintretenden Erfahrung haben: Zunehmend mehr und intensiver haben Dreijährige, Vierjährige und Schulanfänger keine Ahnung, was im Kindergarten oder in

»Sebastian, bitte ein Büschel gelben Löwenzahn für die kranke Mama!
Und was braucht der Löwenzahn noch, damit er bis morgen hält?«

Kleine drängen in die Mitte, weil sie wahrgenommen werden möchten.
Vielleicht aber auch, um nicht unversehens verloren zu gehen.

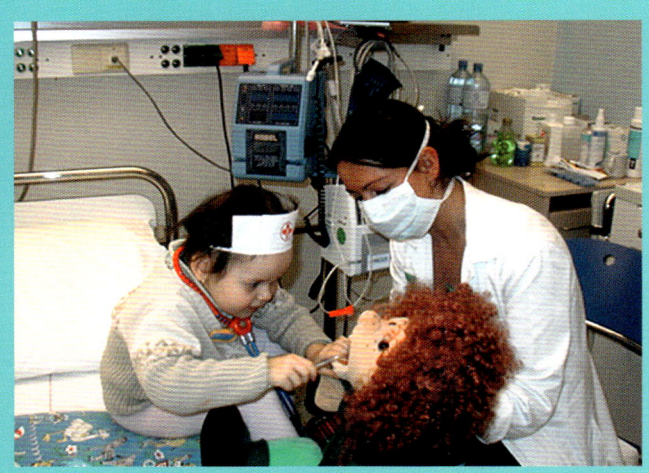

»Ruhe, bitte! Muss mich konzentrieren!«

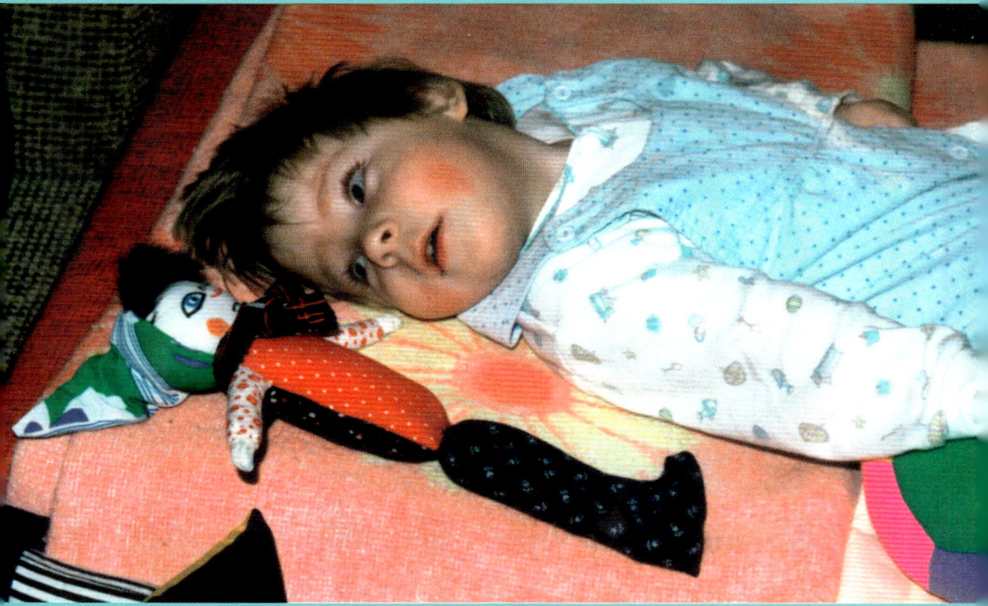

Mutter, Vater – seien Sie froh, dass Ihr Kleines die Steckdose auch erreicht, weil es krabbeln kann, statt nur hinzuschauen! Richard ist spastisch gelähmt: Auch er sieht alles, kann aber nichts vom Entdeckten selbst erreichen.

Jawohl, ganz ordentliche Fratzen können Kleine sein. »Gfraster«, sagen sie in Wien-Ottakring. Und knurren.

Astrid ist neun Monate alt.
Noch ohne Zähne, dafür
auf Skiern!
Kleine haben ihre eigenen
»Wichtigkeiten«.

der Schule nun Sache ist … »Entwicklungsangemessen«: Wieder ist davon die Rede, was auf diesen Seiten oft Thema ist: Vorgaben! Woran sonst sollte eine »Entwicklungsstörung« erkennbar sein, wenn nicht am Vergleich damit, was »normal« ist. Normalität ist vorgegeben, etwa beim Gewichtsverlauf oder bei Zahl, Wachstum und Stellung der Zähne.

> Bindung. Bildung. Betreuung. Bindung – zu Frage 9: »Während die Geburt eines Kindes ein prädisponierendes Fürsorgeverhalten aktiviert, das die mütterliche Betreuung allen anderen Betreuungsalternativen gegenüber begünstigt, scheinen nicht-mütterliche Betreuungspersonen Interesse und Fähigkeit für die Betreuung erst entwickeln zu müssen (…)« Selbst dieser simplen Vermutung sind Entwicklungsforscher (Stith, Davis, 1984) nachgegangen. Diese bestätigen, was niemanden überrascht: »Sie stellten fest, dass die Kindermädchen weit weniger sensitiv und stimulierend als die Mütter waren. Das Betreuungsverhalten verbesserte sich jedoch mit der Dauer der Betreuung; was zeigte, dass sich die Fürsorglichkeit der Kindermädchen mit wachsender Vertrautheit zu den betreuten Kindern herausgebildet hatte. Andere Untersuchungen zeigten, dass Erzieher/innen schon aufgrund ihrer Kenntnisse über die Entwicklung und Betreuung unter Umständen besser in der Lage sind, auf kindliche Entwicklungsbedürfnisse einzugehen als Eltern, deren intuitive Betreuungsstrategien beispielsweise auch durch biographisch geprägte Erfahrungen unangemessen überformt sein können.«[15]

Sachgerechte Kinderbetreuung ist also grundsätzlich *erlernbar* und vielen auch *lehrbar*. Seelisch gesunde Eltern haben allerdings eine »Nase« dafür, was ihre Kinder brauchen. Wenn Eltern jedoch aus ihrer persönlichen Vorgeschichte Arges mitgebracht haben, sie selbst »gebrannte Kinder« sind, dann kann es sein, dass der erzieherische Haussegen bei ihnen womöglich schon vom Start weg schief hängt. Was sich daraus schließen lässt? Seelisch gesunde Eltern haben allen Betreuungspersonen gegenüber einen unabstreitbaren Vorsprung: Elternschaft! Die Wärme einer wortlosen, schützenden Umarmung, die ein weinendes, ein ängstlich-bebendes, ein fortgeschicktes Kind einfangen und auffangen kann – wer will diesen elterlichen Vorsprung überbieten können? Doch Kinder brauchen mehr als bloß »Notstandsunterkünfte«. Sie haben einen »Wunschkatalog«, dem selbst die elterliche »Nase« nicht immer gerecht werden kann: Daher Elternbildung! Denn sie kann diesbezügliche

Wissens- und Erfahrungslücken stopfen. Eltern und Experten, sie alle müssen sich das Richtige, das Bessere, das »G'scheitere« notfalls sagen lassen. Passiert das? Alle, die mit einem Kind zu tun haben, müssen dem *Kind* und dessen Vorgaben dienen – nicht ihren persönlichen Wichtigkeiten! Es kann sonst sein, dass alle zwar das Beste für das Kleine *wollen,* das aber *nicht tun.* Das Wehr- und Ahnungslose leidet dann womöglich unter gut gemeintem Falschen.

> In diesem Sinne halten auch Ahnert und Lamb fest, dass es allgemeine Qualitätsmaßstäbe für die Betreuungspraxis geben müsse, die auf »universelle kindliche Entwicklungsbedürfnisse und -prozesse« ausgerichtet sind. Als unangemessen beschreiben sie eine Betreuung, wenn weder die Grundbedürfnisse des Kindes noch die Aufsichtspflicht erfüllt werden.[16]

Kindliche Entwicklungsbedürfnisse und -prozesse, ihre Grundbedürfnisse: Wo sind die jedem ablesbar? An dem, was Kinder bereits können und verstehen. Das *Kind* »sagt, was es will«! Alle anderen haben dem zu gehorchen! Ist das sichtbar? Keinem Kinderarzt geht es darin anders, einem Automechaniker auch nicht: Wir alle müssen uns danach richten, was uns unsere »Patienten« hinhalten! An ihre Vorgaben müssen wir uns halten oder an das, was sie uns sonst hinhalten: Angina, Mittelohrentzündung oder kaputte Lichtmaschine, vielleicht sogar ein Kolbenreiber. Vorgabe! Ist halt so. Allerdings: Kleine reden oft nicht oder undeutlich. Da erst recht tut »Nähe« not! Und auch das Wissen darum, welchen Vorgaben Kleine gehorchen. Elternbildung!

> Darf ich eine persönliche Erkenntnis einflechten? Als Greenhorn auf Neo-Intensiv habe ich mich oft gefragt: Wie wissen Schwestern und Mütter immer, was diesen wortstummen Minis fehlt? Bis ich festgestellt habe: Die wissen das genauso nicht! Doch sie gehen hin zum Weinenden, reden es an, nehmen es vielleicht hoch – und da sagt oft schon die Nase, wo der Kummer seinen Ort hat. Zugehen! Dem Ungesicherten unsere warme Nähe spüren lassen. Oder es sonst wie spüren lassen, dass es nicht alleine ist mit seinem Elend. Um das zu lernen, braucht es nicht nur arg viel Zeit, sondern auch manch anderes, das niemand kaufen, bezahlen oder sonst wie erwerben kann, unsereins aber haben muss: »Nase!«

Noch einmal zur *Bindung.* Bindungssicherheit gilt als entwicklungsoptimierend.

»Kinder in sicheren Bindungsbeziehungen profitieren davon vor allem bei Belastungen; Kinder aus unsicheren Bindungsbeziehungen sind in Belastungssituationen auf die eigenen Bewältigungsmechanismen angewiesen. Erwartungen an soziale Unterstützungen sind damit kaum vorhanden. Dies ist einer der Gründe dafür, warum Kinder aus unsicheren Mutter-Kind-Bindungen als sozial weniger aufgeschlossen gelten. Dies aber ist mit Sicherheit nachteilig für die Anpassung an eine Tagesbetreuung, da dort neue soziale Beziehungen zu fremden Erwachsenen und den anderen Kindern gestaltet werden müssen. (...)«[17] Das scheint zu erklären, was eben angesprochen worden ist: Zunehmend mehr und intensiver haben Kinder keine Ahnung, was im Kindergarten oder in der Schule jetzt Sache ist. Denn sicher gebundene Kinder sind vor dem Schuleintritt einfühlsamer, kooperativer, unabhängiger und zielorientierter. Lernfreude und Anstrengungsbereitschaft werden bereits durch »sichere Bindungsbeziehungen in der Vorschulzeit geprägt« – was sich auch auf die Selbstmotivierung auswirkt: »Die Beziehungserfahrungen aus der Mutter-Kind-Bindung erwiesen sich dabei als bedeutsam für die Selbstmotivierung; jene aus der Erzieher/innen-Kind-Bindung bedeutsam für die allgemeine Motivation nach Schuleintritt. Eine ausgeprägte kindliche Lernmotivation und Anstrengungsbereitschaft war schließlich mit hohen Leistungen in Mathe und Deutsch am Ende des ersten Schuljahres verbunden (...)«[18]

»Bindung« ist allen machbar, die für ein Du eine herzliche, gütige Offenheit schaffen. Das bestätigen auch viele Adoptiveltern; das bestätigen die ungezählt vielen einfühlsamen Betreuungspersonen in allen vorschulischen und schulischen Einrichtungen – bis hin zu Firmenchefs, die »Chef« sind.

Die Experten bezweifeln nicht, dass Kleine mit Pädagogen und Tagesmüttern bedeutungsvolle Beziehungen eingehen. Den Bedingungen, unter denen sie betreut werden, kommt dabei eine besondere Bedeutung zu. Denn sie bilden die Basis für die spätere soziale, geistige und sprachiche Entwicklung – ein Thema, auf das wir noch wiederholt zurückkommen werden. Das zeigt sich besonders beim Thema Spracherwerb: »Der frühe Spracherwerb ist dabei besonders abhängig von den Betreuungsbedingungen; und davon, wie sehr sich die betreuenden Personen auf einen sozialen Austausch mit dem Kind einlassen. Es entwickeln sich in dieser Zeit auch die Mutter-Kind-Bindung und weitere Beziehungen, die das Kind künftig für ein angepasstes Sozialverhalten und für seine emotionale Regulation braucht. Schließlich fallen die frühen Lebensjahre in eine

Periode der Hirnentwicklung, in der die Dichte der Synapsen eine Phase erreicht, die die Hirnaktivität für kommende Anforderungen prägt.«[19]

Ein Letztes: »Ein geteiltes Betreuungsfeld – aufgeteilt zwischen innerfamiliär und außerhalb davon – stellt eine große Herausforderung für ein Kind dar! Dies wegen der immer wiederkehrenden Anpassung an verschiedene Betreuungsbedingungen.«[20] Vielen, die ihr Kind vorübergehend anderswo zur Betreuung hinbringen, sind Tränen oder Widerwille bekannt. Es sind nicht selten Tränen auf beiden Seiten – wie etliche Mütter offen eingestehen. Wenn die Mama anfangs die ganze (ohnedies verkürzte) Zeit anwesend ist und sich im Weiteren allmählich zurückzieht, hat das Kind die Möglichkeit zu zeigen, womit es schon zurechtkommt. Die Folgen zu langer externer Betreuung beschreiben Lieselotte Ahnert und Michael E. Lamb als gravierend, denn diese begünstige aggressives Verhalten. Eine Einschätzung, die viele Pädagogen teilen. Sie weisen nachdrücklich darauf hin, dass ein geteiltes Betreuungsfeld vernünftig ausbalanciert werden müsse.[21]

Die Kleinen geben vor, was sie wollen, was sie brauchen! Kinder haben darin auch Vortritt. Denn für das, was sie für sich brauchen, dafür können sie selbst noch nicht sorgen. Da zeigt sich ein Müssen, das jedes »Wohlstands-Müssen« auf die Plätze verweist! Sonst kann passieren, dass es zu den oben beschriebenen Entwicklungs- und Verhaltensstörungen, Aufmerksamkeits-, Lern- und Aktivitätsstörungen oder zu Regulationsstörungen und Aggression kommt.

Wärme, Führung, Gesichertheit – diese drei müssen Bindung schaffen. Das braucht Nähe. Denn alleine schafft das ein Kleines nicht. Die Erste, die das schaffen muss? Primäre Bindung muss die Mutter schaffen. Alle anderen stehen hinter ihr an. Ist es doch immerhin die Mutter, die – von unserem »Urknall« weg – jeden von uns neun Monate warm und sicher führt. Allerdings: Innerhalb ihrer Vorgaben sind Kinder durchaus flexibel! Das ist von Bedeutung, denn neben der Mutter gibt es auch andere, die ergänzen, was Eltern nicht schaffen. Diese alle müssen zusammenschauen und ihren Job gut machen – sonst mag es sein, dass aus dem Kleinen ein »Zerrissener« wird.

Kleine wollen ernst genommen werden. Sonst kann Versäumnis passieren. Wir schließen mit zwei Fragen an unsere Assistenzeltern.

Was Eltern sagen ...

• **Welche Hauptziele sollte jede Erziehung anpeilen? Nennen Sie bitte die drei oder vier wichtigsten stichwortartig und reihen Sie diese nach deren »Gewicht«.**

»Gut fähig sein, für sich selbst zu sorgen. Gute Schul- und Berufsausbildung. Sozial gut gesinnt sein – gute Freunde.«
(WL und AL, Steiermark)

»Selbstständigkeit. Benehmen. Freude in und mit der Familie. Christliche Werte. Wir gehören zusammen.«
(JW und JW, Steiermark)

»Erdung: Wir hoffen, dass es uns gelingt, dass unsere Kinder glücklich und gesund mit beiden Beinen im Leben stehen und in Geborgenheit und mit Liebe – sicherlich auch mit etwas Bescheidenheit und Demut, aber auch Egoismus und Zielstrebigkeit – auf die Realität des Lebens vorbereitet werden. Fit fürs Leben: Unsere Kinder sollen bis zur Volljährigkeit in der Lage sein, mit allen Problemen des täglichen Lebens umgehen zu können. Soziale Kompetenz im Miteinander: Gemeinschaft muss gelernt und praktiziert werden. Ohne Gemeinschaft ist ein Zusammenleben nicht möglich. Orientierung zur Problemlösung: Probleme, die sich einem in den Weg stellen, müssen gelöst und dürfen nicht nur verschoben werden.« (SO und RR, Graz)

»Es können nur Ziele sein, die wir auch wirklich leben können. Was sind unsere Stärken, unsere Ausstrahlung? Ich kann den Kindern schwer Haltungen vermitteln, die wir selbst zwar toll finden, aber nicht leben: Kernpersönlichkeit entwickeln und Selbstwert aufbauen; Geborgenheit von uns und Gott; Freude am Leben und an der Schöpfung; Dankbarkeit; Hingabe und Dienst im Handeln.«
(BL und EL, Oberösterreich)

• Welches Erziehungsziel erachten Sie als Eltern als den wichtigsten Auftrag, der Ihnen als Eltern bei der Vorbereitung auf den Schuleintritt zukommt (siehe Frage 10)?

»Positive Einstellung zum neuen Lebensabschnitt.«
(WL und AL, Steiermark)

»Freude und Spaß daran, Neues zu erfahren und zu lernen.«
(JW und JW, Steiermark)

»Fähigkeit zum aktiven Leben in Gemeinschaft, andere Meinungen zu akzeptieren und über diese nachzudenken.«
(SO und RR, Graz)

»Wir glauben, dass es um die Persönlichkeitsbildung unserer Kinder geht, dass sie ein starkes Kern-Ich haben, aushalten, dass andere Meinungen existieren, und nicht durch ein andersdenkendes Gegenüber erschüttert werden. Mögliche Entwertungen sollten nicht das Innerste verunsichern, da sie sich zutiefst erkannt und geliebt wissen. Ob ein Kind mit vier oder fünf seinen Namen abschreiben kann, ist nicht so wichtig und die Schule hat ihre eigenen Herausforderungen.« (BL und EL, Oberösterreich)

Hier liefern unsere Assistenzeltern – ganz im Sinne der oben zitierten Experten – auch Antworten auf die Frage nach dem Nutzen einer stabilen Mutter-Kind-Bindung (siehe Frage 11). Beziehungserfahrungen sind bedeutsam für die Selbstmotivierung, für kindliche Lern- und Anstrengungsbereitschaft und vieles mehr. Kinder wollen ernst genommen werden. Das braucht was? Firmenchefs wissen, was sie meinen, falls sie davon reden, dass sie in ihre Firma investieren müssen. Investition, damit die Firma auch kann, was sie soll.

Kinder wollen ernst genommen werden. Ihre Probleme ebenso. Sonst kann passieren, was mancherorts bereits zu sehen ist: »Löcher!« Löcher im angepassten Verhalten, Löcher in dem, was wir Streitkultur nennen, und in dem, worauf alle Wert legen: ein soziales Tun und Lassen, das uns allen angenehm ist.

Erstes Zwischenwort

Wie im Vorwort bereits angekündigt, finden Sie zwischen den Kapiteln gelegentlich ein »Zwischenwort«. Was ein Zwischenwort ist, was es enthält, was es soll? Ein Zwischenwort enthält meist eine »technische« Ergänzung, die eingeschoben wird. Es soll dazu dienen, bereits Gesagtes in Erinnerung zu bringen oder in der Erinnerung zu verankern. Beispielsweise die Ermunterung, das Vorwort noch einmal zu lesen, es vielleicht auch ein drittes Mal zu lesen – es immer wieder zu lesen. Die Einleitung ebenso. Denn manches kann klarer werden, falls Sie auf Unklares oder auf scheinbar Nichtssagendes stoßen, das Ihnen Vorwort, Einleitung oder einzelne Kapitel hinhalten. Ein Zwischenwort dient auch dazu, um darin nachzuholen, was ich in vorausgehenden Kapiteln zu erwähnen unterlassen habe, um bereits Gesagtes neuerlich hinzuhalten oder Gewichtiges zu bekräftigen.

Ein Drittes mag schon das erste Zwischenwort gestatten: Liebe Leserin, lieber Leser, Sie dürfen, können, könnten mit mir debattieren, gar streiten – ja, sicher! Doch Debatten oder sachlicher Streit müssen »Vertiefung« und Fortschritt auf beiden Seiten schaffen. *Wem* muss *was* bringen, was Diskussionen oder Streit über Meinungsunterschiede klären sollen und schaffen müssen? Das werden uns jene »erklären«, die auf eine solche »Vertiefung« angewiesen sind: Unsere Kinder! Vertiefung, die jede Diskussion bringen muss. Vertiefung – nicht bloß »Streit« (siehe unter anderem *Kinder sollen streiten dürfen*).

Kinder wollen ernst genommen werden. Ihre Probleme ebenso. Sonst kann passieren, was mancherorts bereits zu sehen ist: Löcher! Lücken im Vertrauen, »Vertrauenslöcher«. Lücken, Spalten, Risse, Unsicherheit just in dem, das grad den noch ganz Kleinen unverzichtbar ist: Sicherung.

Jeder Streit muss Nutzen, Fortschritt, womöglich auch ein Lächeln schaffen. Ein nickendes Lächeln. Welchen Auftrag mag dabei haben, was wir Streitkultur nennen?

Außerdem mag sichtbar werden: Die Rede über Zweck und Stil im Umgang mit Meinungsunterschieden kann anderswo ebenso von Nutzen sein – etwa beim elterlichen Gespräch. Auch von Debatten mit Halbwüchsigen können alle Seiten profitieren: weil ja auch Pubertierende nicht immerzu Unsinn quasseln oder immerfort bloß Stacheliges von sich geben.

Kann es sein, dass Streitkultur und »Güte« ein aufgescheuchtes »Wir« just in der Konfrontation wieder zusammenfügen kann, wenn niemand dabei Sieger, niemand Verlierer ist, sondern alle davon profitieren? Güte muss zuwarten können. Güte muss Zeit geben können. Güte muss eine lange Leine haben. Wem ist das neu? Eltern ist das nicht mehr neu, wie unsere Assistenzeltern bereits gezeigt haben.

Kinder wollen, was sie müssen

Zur Einführung wieder einige Bemerkungen oder Fragen:

1. Was Kleine *wollen*, darin gehorchen sie bloß dem, was sie *sollen* – davon war bereits die Rede. Gesolltes, das auch uns Großen hingehalten wird, das wir als Vorgabe, als Vereinbartes, als Gesetz kennen (etwa Jahreszeiten oder die Straßenverkehrsordnung). Der Unterschied? Kleine müssen ihre Vorgaben nicht erst lernen, sondern sie bloß einhalten. Von den Vorgaben der Kleinen wird im Folgenden viel die Rede sein. Welche Vorgaben fallen Ihnen ein, die Kleine in sich vorfinden und einhalten müssen?

2. Eltern kennen viele Vorgaben ihrer Kinder; etwa, dass Babys höchst selten bereits bei der Geburt einen Zahn zeigen – höchst selten, was jede Stillende freut! Falls doch einer zu sehen ist, so sitzt er stets ganz locker: Von den etwa sieben selbst entdeckten ist mir keiner in Erinnerung, der die erste Woche überlebt hätte. Lautlos fällt dieser »Hexenzahn«, wie ihn nicht nur die Steirer nennen, aus und landet einen oder zwei Tage später in der Windel.

Eine andere Vorgabe: Die Schwangerschaft dauert normalerweise an die vierzig Wochen. Wer früher schlüpft, muss nachsitzen – anfangs meist auf Neo-Intensiv. Dort müssen die Kleinen so lange nachbrüten, bis sie »paktfähig« sind; das heißt, sie müssen schaffen, was sie *können* müssen! Sie müssen tüchtig trinken, pro Woche wenigstens an die 200 Gramm zulegen, zuverlässig atmen et cetera. Die allermeisten schaffen das bereits mit etwa 2300 Gramm, weshalb sie oft schon zwei, drei Wochen vor dem errechneten Geburtstermin entlassen werden. Die meisten nehmen zu diesem Zeitpunkt im Schnitt täglich an die dreißig Gramm zu – oder mehr. Dafür putzen die allermeisten ihr Menü binnen fünfzehn Minuten weg.

Kopfrechnung: Wie viele Flaschen Bier muss unsereins für diese Viertelstunde bestellen, um auf eine vergleichbare Menge zu kommen? Pro Kilogramm Körpergewicht schaffen diese Zwerge zwanzig bis dreißig Milliliter. Alle vier Stunden! Die kleine Julia hat mit 2100 Gramm gar 110 Milliliter geschafft. Und behalten! Hut ab! Da behaupten manche immer noch, dass Kleine nix können. Vorgaben!

3. Vieles lernen Eltern gemeinsam mit ihren Kindern, manches erst im Nachhinein: Besonders die Erstgeborenen kommen da zum Handkuss. Elternbildung also im Vorhinein! Wenigstens aber sollte sie zeitgleich passieren. Denn Eltern müssen ihren Kleinen das Richtige richtig zutragen, sonst wächst bei ihren Kindern bloß der Bauchumfang. Der »Kopf-Umfang«? Auch vom Zugetragenen wird jetzt andeutungsweise die Rede sein: Davon, *was wann* und *wie* von Eltern auf optimale Weise ihren Kindern zugetragen werden muss. Muss! Sonst entstehen »Löcher« (siehe auch *Kinder wollen ernst genommen werden*).

Elternbildung! Für jeden Beruf muss unsereins nachweisen, was er kann. Kindergartenpädagoginnen etwa: Die fünfjährige Ausbildung schließen die 19-Jährigen mit der Reifeprüfung ab. Eltern? Ist das kein Beruf? Außerdem: Wer tut mehr für den Fortbestand eines Volkes, als Eltern dafür tun? Danke! Mit nachgewiesener »Qualifikation« würden sich Eltern und Kinder jedoch leichter tun. Außerdem wäre das Resultat sicher ein besseres. Denn an den Kindern liegt es normalerweise nicht, sondern daran, dass sie zur rechten Zeit mit dem Richtigen »gefüttert« werden.

4. Vorgegebenes (Erbgut, Talente …), Mitgebrachtes (etwa Drogen, welche die Mutter während der Schwangerschaft eingenommen hat und die über die Nabelschnur das Kleine erreichen), der Umgang mit schädigendem Stress (Distress genannt, siehe *Eltern müssen ihren Auftrag ernst nehmen*), dem etwa flüchtende Schwangere ausgesetzt sind, und schließlich nach der Geburt Zugetragenes (Ausbildung, Schicksal, Umfeld): All das tut Kindern viel Gutes. Oder es tut ihnen weh. Kennen Sie weitere Beispiele dafür, dass sich Vorgegebenes, Mitgebrachtes und Zugetragenes ergänzen? Oder umgekehrt, dass sich Angeborenes, Mitgebrachtes und Zugetragenes überwerfen, den Kleinen schaden?

5. Vorgaben: Ab wann funktioniert das menschliche Gehör? Wie kann das nachgewiesen werden? Ab wann das Gedächtnis? Wie oft müssen Eltern ihrem Einjährigen das Gleiche zeigen, damit ihr Kleines das Gezeigte in gleicher Weise wiederholt (etwa, was es mit einem Kochlöffel und mit einem Deckel eines Kochtopfes machen kann)?

6. Warum macht es Sinn, einem Neugeborenen Lieder vorzusingen? Warum hingegen macht es keinen Sinn, ihm eine Zeitung hinzuhalten? Weil es noch nicht lesen kann. Nun ja, das geht

genauer. Auch an diesem Beispiel berühren wir, was mit »Vorgaben« gemeint ist!

7. Eine Frage an uns Ärzte und an alle, die das interessiert: Wenn wir jemanden anschauen, schauen wir demjenigen immer in die Augen. Selbst sechs Wochen alte Babys blicken ihrer Mama immer in die Augen. Auch alle Tiere schauen uns in die Augen, bevor sie zubeißen oder wegrennen. Warum?

Weil bereits mehrfach davon die Rede gewesen ist, dass Kinder *wollen*, zunächst einige Ergänzungen, die helfen, die Kleinen und ihr »Wollen« deutlicher zu sehen. Ergänzungen, die das für die Kleinen Richtige besser verstehen lassen und Eltern helfen wollen, ihren Kindern das Richtige auch passend zuzutragen – gemäß deren Vorgaben. Diese Vorgaben, von denen hier so oft die Rede ist, könnten wir als die »biologische Grundlage« bezeichnen, durch die Kinder werden, was wir Erwachsene sein sollten.

> Vorgaben halten uns nicht nur unsere Kleinen hin – bekanntlich: Der Tag hat 24 Stunden. Diese sind vorgegeben, unserer »Kragenweite« irgendwie auch angepasst. Kann das einer abschaffen? Ändern? Leugnen? Anders halten? Anders halten schon. Von wegen anders halten: Alkohol im Blut? Blöd, falls Alkohol ist, wo er nichts verloren hat: Ein sechzehnjähriger Steirer hat kürzlich vier Promille geschafft – knapp ist sich das ausgegangen. Vorgaben sind nicht endlos dehnbar. Mit Vorgaben muss jeder bloß fertigwerden. Falls er das wird, *wer* hat da gewonnen?

Vorgaben machen Sinn. Meist sind diese auch ganz okay, doch nicht immer gefallen sie uns – wobei zu klären ist, an wem das liegt. Vorgaben sind uns allen geläufig. Nicht geläufig ist uns jedoch, dass wir unseren Vorgaben meist ohnehin folgen, wir das wenigstens sollten. An Vorgegebenes denken, uns an Vorgegebenem auch orientieren – diese Denkweise mag gewöhnungsbedürftig sein. Doch dürfte es von Nutzen sein, sich an Vorgegebenem zu orientieren, dem Vorgegebenen auch zu gehorchen (siehe die rechte Behandlung unserer Wirbelsäule oder unserer Zähne). Jedes Kind (auch jeder Erwachsene!) funktioniert nach Vorgaben, die ihm angeboren und uns allen gemeinsam sind (etwa die zehn Finger), und Vorgaben, die uns von anderen unterscheiden (Temperament, Begabung, Schuhgröße). Jedes Kind hält seine Vorgaben der »Welt« hin, in die es hineingeboren wird. Davon also wird im Folgenden die Rede sein. Das auch zu Frage 1, welche Vorgaben uns dazu einfallen.

Kinder stehen bekanntlich auch unter dem Einfluss jener »Welt«, in die sie hineingeboren werden: Eltern, Geschwister, Lehrer, Klima, Krankheiten, Kultur … Kleine werden beeinflusst durch das, was ihnen zugetragen wird. Auch *Zugetragenes* ist irgendwie Vorgabe: eine, die die Welt dem Kind hinhält. Auch davon wird noch die Rede sein.

> Kinder sind Menschen – auch schon vor der Geburt. Wer daran zweifelt, was der soll? Der soll seine Zweifel nicht einer Mutter vortragen, die ihr zwölf Wochen zu früh geborenes 900-Gramm-Kleinchen erstmals an ihrer Hand berührt. Oder die eben erfahren hat, dass sie endlich Mutter ist – weil endlich schwanger. Dem Vater auch nicht. Mensch *werden* also müssen andere, Kinder nicht. Darf das jemand so sagen?
>
> Kinder müssen Selbstständigkeit und Brauchbarkeit schaffen: Das schaffen sie, indem sie das Mitgebrachte mit dem vielen Neuen zu einem sinnvollen Ganzen verknüpfen und das dann auch reichlich üben. Kinder müssen beispielsweise Augen und Ohren spitzen, um an ihrer Mutter das erste »Ma-ma« abzulesen. Zu alldem brauchen Kleine jede Menge Hilfe – und vor allem Eltern.

Talente, ein Netzwerk von Nervenzellen, schier endlose Energiereserven und viele andere Vorgaben: All das halten Kinder ihrer Umwelt hin. Die Umwelt? Die muss auf das Mitgebrachte angepasst zugehen. Großes und Größe sind da gefordert: Beides macht oft Mühe. Großes *macht* Mühe – nicht nur, aber auch. Doch auch die Umwelt hält dem Kind Rahmenbedingungen, Spielregeln, Vorgaben hin.

Spielregeln, Vorgaben. Eltern wissen, dass das (zunächst) ihr Part ist: Kindern zuzutragen, welche Spielregeln unter uns Menschen gelten, und worauf ihre eigenen Anlagen und Talente warten. Das braucht bekanntlich Formung (siehe *Kinder wollen Erfolge*). Auch müssen sie dem Kleinen mitgeben, wozu Formung ihm nützen wird. In besonderer Weise gilt das für die sechs ersten Lebensjahre: »Grundmauern« werden am Anfang gelegt. Sie geben der ganzen Hütte später auch vor, wo es langgeht. War davon in der Einleitung bereits die Rede?

Anlagen, Talente, Vorlieben, alles Angeborene einerseits; das von außen Zugetragene andererseits: Diese beiden »Teams« gehen aufeinander zu. So werden wir Erwachsene. Zunächst also ist es

Part der Eltern, Anlagen und Talente ihrer Kleinen zu füttern. Eltern wissen das. Eltern tun das auch. Danke!

Was jetzt folgt, ist von Gewicht, weil wir unsere Kleinen und ihr Wollen sonst nicht verstehen. In der Einleitung steht die Frage, ob es schlimm sei, wenn Eltern bei der Formung ihrer Kleinen Fehler machen. Dürfen Eltern Angst vor Fehlern bei der Formung ihrer Kinder haben? Ja, sie dürfen. Müssen sie Angst haben? Eltern wollen ihren Kleinen ja nur Richtiges tun. Sie wissen aber, dass sie das nicht immer schaffen, weil die stummen Augen ihrer Allerkleinsten nicht immer zu enträtseln sind! Deshalb dürfen Eltern davor zittern, ihren Kleinen wehzutun. Ist es also schlimm, bei der Formung unserer Kleinen gelegentlich Fehler zu machen? Hoffentlich *nicht* schlimm. *Arge* Schnitzer? Davor müssen Eltern Angst haben.

> Arges: Kinder anlügen! Oder sie anderswie schmutzig hintergehen, »weil der Zwerg das eh nicht checkt«. Arges: Kinder abwatschen! Sie im Stich lassen. Und Ärgeres! Unverzeihlich Dreckiges: Kindersoldaten ...

Fehlerfrei – wer schafft das schon? Alle wissen: Arge Fehler sind vermeidbar. Jeder Busfahrer, der in Pension geht, ohne seine Kiste jemals in den Straßengraben gefahren zu haben, kann das belegen. Arge Fehler also sind selten. Eltern sind deshalb auch stets zu zweit, um das Richtige eher zu treffen. Hoffentlich zu zweit.

> Eltern müssen sich deshalb auch *rechtzeitig* und *regelmäßig* beraten. *Täglich* müssen sie sich beraten. Sonst kann es sein, dass sie ihrem Kleinen wehtun, weil sie etwas übersehen oder falsch gemacht haben. Täglich! Auch deshalb täglich, weil SIE das braucht. Falls ihr das zu dumm werden sollte, wird SIE das schon sagen.

Kinder funktionieren nach Vorgaben, die sie bei der Geburt mitbringen. Und sie funktionieren nach Vorgaben, in die sie hineingeboren werden, die ihnen angeboten, zugetragen, denen sie ausgesetzt werden. Eltern wissen das. Sie wissen auch, dass ihr Kind die Anlagen allesamt von ihnen hat – auch die brauchbaren. Mütter und Väter geben ihren Kleinen Angeborenes auf dieselbe Weise mit, wie sie ihnen die Hautfarbe mitgeben: unbestreitbar. Erbgut nennen das Mediziner und hoffen, dass sich darunter tatsächlich Brauchbares findet.

Daneben gibt es aber auch *Zugaben*, die während der Schwangerschaft und nach der Geburt auf Kinder zugehen, ihnen aber schaden. Wollen wir uns dazu einiges ansehen?

Vorgaben und Zugaben, die auch Schwangere respektieren, vor allem aber kennen müssen: Leser, gestatten Sie einen satten Abstecher zu einem Thema, das immer noch nicht klappt?

Wenn eine Schwangere raucht, raucht ihr Kleines mit und kriegt dabei ab, was erwachsenen Rauchern erspart bleibt: Es bleibt zu klein. Als *Ganzes* ist das Neugeborene dann zu klein, proportioniert zu klein, auch sein Hirn. Daraus muss geschlossen werden, dass Nikotin samt alldem, was Rauchende einsaugen, dem Heranwachsenden wehtut. Das zeigt sich nach der Geburt noch deutlicher: In Deutschland treten jährlich bis zu 600 Todesfälle durch den plötzlichen Kindstod[22] (*Sudden Infant Death Syndrome*, SIDS) auf. Bis zur Hälfte der Fälle wird dem Passivrauchen zugeschrieben. Achtzig Prozent dieser Todesfälle ereignen sich vor dem sechsten Lebensmonat. Raucht eine Schwangere täglich mehr als zehn Zigaretten, erhöht sich das Risiko, dass es zu plötzlichem Kindstod kommt, auf das Siebenfache.

1957 erschien die erste Studie, die ein verringertes Geburtsgewicht bei Kindern rauchender Mütter nachwies. In der Folge erschienen fast 10.000 weitere medizinische Veröffentlichungen, die den Zusammenhang zwischen Rauchen, fetalem Wachstum und der weiteren kindlichen Entwicklung beschrieben. Jüngere Studien zeigen auch Verbindungen zwischen Tabakkonsum während der Schwangerschaft und späteren Atemwegserkrankungen, Mittelohrentzündungen, Übergewicht, Verhaltensauffälligkeiten und Sozialisierungsproblemen. Dazu zählen auch Depressionen, Alkoholmissbrauch und Missbrauch anderer Substanzen.

Außerdem ist das Rauchen eine mögliche Ursache für Früh- und Fehlgeburten sowie für Todesfälle kurz vor, während oder nach der Geburt. In einer 2011 veröffentlichten Studie des University College London wurden 172 Forschungsarbeiten der letzten fünfzig Jahre analysiert. Es zeigte sich, dass Rauchen in der Schwangerschaft außerdem das Risiko von Hand- und Fußfehlbildungen um 26 Prozent (jedes fünfte Kind, das mitgeraucht hat!) erhöht, das Risiko von Klumpfüßen um 28 Prozent, von Fehlbildungen am Magen-Darm-Trakt um 27 Prozent steigert, et cetera, et cetera. In einer 2009 veröffentlichten Studie deutscher Universitäten, Krankenhäuser und Institute wurde zudem anhand von fast 6000 Kindern im Alter von bis zu zehn Jahren nachgewiesen: Passivrauchen erhöht eindeutig die Rate von Hyperaktivität (»Zappelphilipp«), Aufmerksamkeitsdefiziten und anderen Verhaltensauffälligkeiten. Es wurde dabei sowohl die vorgeburtliche wie auch die nachgeburtliche Exposition mit Tabakrauch untersucht. Das Risiko, dass das Kind eine Aufmerksamkeitsdefizit-Hyperaktivitätsstörung (ADHS, siehe *Kinder sollen Krach machen dürfen*) aufweist, liegt bei Müttern, die während der Schwangerschaft rauchen, bei 16,5 Prozent, sonst bei 4,6 Prozent – dieses Risiko ist also 3,6-mal höher als bei Nichtraucherinnen.

Das eben Gesagte? Das sollte niemanden wundern: Etwa 700 Milligramm Nikotin sind für einen Erwachsenen tödlich, das entspricht etwa sechzig Zigaretten. Mediziner müssen das wissen. Nikotin in ordentlichen Mengen ist tödlich, weil es Atemlähmung verursacht.[23] Kann es sein, dass *eine einzige* Schwangere das nicht weiß, nicht wenigstens ahnt? Nein, kann nicht sein. Bloß das eben Erwähnte muss sie nicht wissen: Falls ein stattliches Mannsbild drei Schachteln Zigaretten auf einen Sitz *schluckt* (!) und das Geschluckte nicht prompt wieder retourkommt, was dann passiert? Fragen Sie Ihre Vergiftungszentrale. Ziemlich sicher Friedhof. Das zu Punkt 4. »Im Fall des ›Plötzlichen Säuglings-Todes‹ (SIDS) stört Nikotin den Atemantrieb«, erklärte mir kürzlich in einer persönlichen Mitteilung Reinhold Kerbl, Vorstand der Abteilung für Kinder und Jugendliche am LKH Leoben. »Nikotin blockiert, was der erniedrigte Sauerstoffgehalt und der zugleich erhöhte CO_2-Gehalt des Blutes automatisch auslösen soll: Einatmung.« Es dürfte diese Störung dem gleichen Mechanismus folgen, der im Fall einer Nikotinvergiftung den Tod herbeiführt: Der Vergiftete atmet nicht ein ... Vorgaben sind nicht endlos dehnbar.

Außerdem wissen wir, dass Lungenkrebs »die tödlichste Krebserkrankung in Europa« ist: Rund 353.000 sterben jährlich daran.[24] Bei der Jahrestagung der Österreichischen Gesellschaft für Pneumologie (15.–17. Oktober 2015) hieß es: »Der Abbau von Nikotin erfolgt bei Schwangeren rascher, sodass der Körper nach mehr Nikotin verlangt.« Ferner: »Asthma ist bei Kindern rauchender Schwangerer signifikant höher: bei Kleinkindern um 85%, bei 5- bis 18-Jährigen um 23%. Die medikamentöse Behandlung des kindlichen Asthmas zeigt in einem Raucherhaushalt weniger Wirkung. Die Lungenfunktion von Kindern, deren Mütter in der Schwangerschaft rauchten, ist schlechter; dieser Effekt hält bis ins Erwachsenenalter an.«[25] Kann das reichen? 85 Prozent!

Zusammenfassung: Wird ein Ungeborenes dem Nikotin und den anderen im Tabakrauch enthaltenen Giften ausgesetzt, wird es in seiner Entwicklung gestört. Das Kind erfährt zusätzliche Entwicklungsschädigungen, die sich im gesamten späteren Leben negativ bemerkbar machen können. Diese fasst man unter der Bezeichnung »Fetales Tabaksyndrom« zusammen.[26]

Nach diesem Abstecher zur »Zugabe Rauchen« soll noch von einer anderen Vorgabe die Rede sein: dem Gehör. Das Gehör ist fünfzehn Wochen vor dem errechneten Geburtstermin bereits in der Lage, dem Ungeborenen durch arg Lautes eine Blinzelreaktion zu entlocken. Das wurde bereits erwähnt (siehe *Kinder wollen ernst genommen werden*).

> »Ein weiterer Hinweis auf das Hörvermögen von Feten ist die Beobachtung, dass Säuglinge nach der Geburt in der Lage waren, eine Geschichte ›wiederzuerkennen‹, die ihnen ihre Mütter während der letzten sechs Wochen der Schwangerschaft regelmäßig vorgelesen hatten: Wurde ihnen die Geschichte nach der Geburt vorgelesen, zogen sie diese einer unbekannten Geschichte vor (DeCasper & Spence, 1986).«[27] Ein hungriges drei Tage altes Baby wendet sich zur Stimme. Dazu braucht es zwei Ohren (stereo), da es sich sonst womöglich nach der falschen Seite wendet. Dies zu Frage 5.
> Die Hörleistung bei Ungeborenen oder eben Geborenen wahrheitsgemäß auszuloten, »stellt eine große Herausforderung dar«. Die Forscher stützen sich dabei auf Blinzelreaktionen, die das Ultraschallbild zeigt; nach der Geburt auf das Hinwenden von Augen oder Kopf in Richtung Stimme oder auf die Erfassung elektrophysiologischer Erscheinungen, vergleichbar damit, wie sie auch im EKG oder EEG sichtbar gemacht werden. »Mit fünf bis acht Jahren«, so halten Bianca Jovanovic und Gudrun Schwarz basierend auf früheren Forschungen fest, »erreicht das Hörvermögen das Niveau von gesunden Erwachsenen (...).«[28]

Angelegtes, Zugetragenes – eine Gelegenheit, hier bereits darauf hinzuweisen, was im übernächsten Absatz angesprochen wird: »Zeitfenster« (siehe unter anderem *Eltern müssen ihren Auftrag ernst nehmen*)! In den ersten sechs Jahren halten Kinder ihren Eltern zahlreiche Anlagen beziehungsweise Vorgaben hin, die in fixen, unverrückbaren Altersabschnitten »gefüttert« werden müssen. Ansonsten verstreicht die Chance ungenützt und ein »Loch« entsteht: Zeitfenster!

> Jedes Futter muss bekanntlich von außen kommen. Auch das »Futter des vielen Neuen«. Krabbler sind überall »dran«, um sich dort ihr »Futter« zu holen und es in ihren anfangs ziemlich blanken Speicherplätzen

abzulegen. Das kann nervig sein. Nervig, weil eine Mutter ja noch andere Sorgen hat, als dem lautlosen Forscher immer hinterher zu sein. Aber dem Kleinen ist vorgegeben, angeboren, dass er an alles ran *muss*, weil er sonst »blank« bleibt. Auch dem spastisch gelähmten Richard ist das angeboren; doch … Bitter!

An alles Gefahrlose muss das Kleine ran, sonst entsteht ein Loch im Wissen, ein Loch im Können, ein Loch in der Erfahrung: Löcher, die jemand seines Alters, seiner Möglichkeiten, seines Berufs wegen nicht haben dürfte. Ist das eine Wiederholung? Wo Krabbler *nicht* hin sollen? Wer braucht dazu Tipps?

Zeitfenster sind also vorgegeben. Unverrückbar. Ähnlich vorgegeben, wie der Sommer dem Frühling folgt. Deshalb sehen Eltern besonders im Vorschulalter überraschende »Entwicklungssprünge«: Zuwachs an Gekonntem, das in fix vorgegebenen Altersabschnitten plötzlich da ist; Fähigkeiten, die deshalb plötzlich sichtbar werden, weil im Inneren die Voraussetzungen für diesen Entwicklungsschritt hergestellt sind.

Mit sieben, acht Monaten selbst zum Sitz kommen – das schafft eine bessere Aussicht! Das Kleine kann das nun auch schon nützen, weil es ab dem Alter von sechs Monaten ziemlich alles sehen kann – noch etwas »unscharf«, weil arm an Feinheiten, aber doch – auch die Steckdose dort. Termingeborene müssen (!) mit etwa sechs Wochen schaffen, das Gesicht ihrer Mutter zu fixieren und ihr ein Gegen-Lächeln zu schenken. Mit elf Monaten sollten sie das erste gezielte »Ma-ma« schaffen, fünfzehn Monate später halten sie »mein« und »dein« grob auseinander – auch wenn es oftmals gar nicht danach aussieht.

Doch Obacht! Nix ist fix. Aber ziemlich fix. Das kommt später noch genauer, um Besorgte zu beruhigen und Sorglose wachzuküssen.

Zu Frage 6, warum Neugeborene noch nicht lesen können: Eine Vorgabe stellen die Augen dar. Es folgen dichte, aber nicht fade Informationen. Denn oft fragen Eltern oder Studenten: Was sehen Neugeborene?

Im *Handbuch der Kleinkindforschung* wird dazu festgehalten: »Die Sehschärfe eines Neugeborenen ist etwa 40-mal schlechter als die von Erwachsenen. Während der ersten sechs Monate nach der Geburt verbessert sich die Sehschärfe schnell (…).«[29] Mit ungefähr achtzehn Monaten erreicht diese Erwachsenenniveau. Ein wesentlicher Faktor, der die Sehschärfe junger Säuglinge herabsetzt, ist die geringe Größe des Auges: Von Geburt bis zum Erwachsenenalter wächst das Auge in seiner Länge um ungefähr 50 Prozent. »Allein aufgrund dieses Faktors wird geschätzt, dass die Sehschärfe des Neugeborenen um ein Drittel schlechter sein muss als die des Erwachsenen. Ein weiterer Grund für die geringe Sehschärfe junger Säuglinge ist die Unreife der Netzhaut, insbesondere in der Fovea centralis – der Stelle des schärfsten Sehens: in der Netzhaut-Mitte.«[30] Das kommt gleich genauer. Das ist mit ein Grund, wieso die Augen der ganz Kleinen uns so »groß« erscheinen; denn gemessen an der Kopfgröße eines Erwachsenen wächst das Auge nach der Geburt nur um fünfzig Prozent, startet also bereits groß im Vergleich zu seiner »Umgebung«.

Ein zwei Tage Altes macht die Augen am ehesten auf, wenn wir es aufrecht halten und es außerdem wach ist. Einige wissen, warum es die Augen nur selten öffnet. Die »Helligkeit« allein ist es nicht. Manche wissen auch, wieso die Augen (in der Reihe unserer fünf Sinne) bei der Geburt am wenigsten leisten: Bis zu diesem Zeitpunkt hat sie das Kleine ja nicht gebraucht. Warum nicht? Weil dort drinnen keine Beleuchtung installiert ist. Geruchs-, Tast- und Geschmackssinn sind jedoch bei der Geburt längst fit; und selbst die Ohren schaffen seit fünfzehn Wochen bereits einiges. Vorgabe. Außerdem: Fit wofür?

Was braucht ein gesundes Baby, um seinen Eltern das erste gezielte Lächeln zu schenken? Es muss die Augen auf denselben »Punkt« richten und dort halten, diesen also fixieren können. Dazu muss es die beiden optischen Achsen auf diesen einen Punkt zusammenführen, »konvergieren« können: Konvergenz! Schwach ist bei Neugeborenen die Fähigkeit, die Augen exakt auf ein Objekt auszurichten. Diese ist zunächst am genauesten bei Entfernungen zwischen 25 und fünfzig Zentimetern. Bis zur Vollendung des dritten Lebensmonats steigt die Konvergenzgenauigkeit kontinuierlich auf Erwachsenenniveau. Reifgeborene also schaffen Konvergenz im Alter von rund sechs Wochen, vorläufig auf eine Distanz zwischen 25 und fünfzig Zentimetern. Dies ist die Vorgabe. Vollmond? Noch kein Thema; denn es gibt Wichtigeres, das außerdem näher liegt. Am Ende des dritten Monats vermag das Kind alles zu fixieren, das in einer Nähe liegt, die den Augen bereits überbrückbar ist. Frühgeborene fixieren später. Wie viel später? Vom Tag der Geburt weg sechs Wochen plus die Zeit, die sie zu früh geboren sind. Ärzte können sagen, warum Frühgeborene die versäumten Wochen nachsitzen müssen. Jedes gesunde Frühgeborene sollte mit etwa fünfzehn Monaten alles aufgeholt haben, was Termingeborene können. Aber Vorsicht: Nichts ist fix!

Ferner: Um etwas »scharf« zu sehen, muss die Linse ihre Brennweite auf die Entfernung hin abstimmen; Akkommodation, Anpassung sagen dazu Augenärzte. »Das Sehen der Säuglinge wird zunächst auch durch die eingeschränkte Flexibilität der Linse bestimmt.« Die Verformbarkeit der Linse, also ihre Fähigkeit, sich beim Betrachten unterschiedlich entfernter Objekte ausreichend flach oder bauchig-gekrümmt zu formen, ist in den ersten Lebensmonaten noch recht gering: »Sie gelingt am besten bei einer Entfernung bis zu 75 Zentimeter. In den weiteren Monaten akkommodiert die Linse immer besser und erreicht darin mit ungefähr sechs Monaten Erwachsenenniveau.«[31] Bis zu 75 Zentimetern – auch hier wieder eine Vorgabe. Mit sechs Monaten Erwachsenenniveau: Jetzt könnte das Kind auch den Vollmond betrachten, zumindest aber eine Stiege oder eine Steckdose, die beide außerdem eher zu erreichen sind.

Um das Gesicht der Mutter in der Fülle anderer Formen schneller, sicherer zu erfassen – ihr Gesicht *bevorzugt* zu erfassen –, was uns als zusätzliche Vorgabe mitgegeben ist? Dass wir mit sechs Wochen Gesichter bevorzugen. Das bedeutet ovale Formen! Also weder Dreieck noch Kreis. Macht mit sechs Wochen ebenso Sinn.[32]

Noch feiner: Turati konnte zeigen, dass Kinder länger auf Schwarz-Weiß-Muster schauen, die in ihrer oberen Hälfte mehr Elemente (Einzelteile) aufweisen als in der unteren. Denn das Vorgehaltene ähnelt dann einem Gesicht und zeigt eine Anordnung der Muster, wie sie der Anordnung von Augen, Nase und Mund entsprechen: in der oberen Bildhälfte zwei, in der unteren je ein »Muster« übereinander.[33] Möglicherweise ist das mit ein Grund, warum wir ziemlich vom Start weg eher auf den größeren Ball, auf den stattlicheren Teddy, auf das strahlendste und fetteste Auto zugehen als auf »Kleinigkeiten« – und das auch später oft so halten. Mit anderen Worten: Das ist der Grund, warum wir »zwei« Augen faszinierender finden als die »eine« Nase oder den »einen« Mund. Gewinnmaximierung bereits in diesem Alter? Dass wir also quasi von Geburt weg unserem Gegenüber immer in die Augen sehen, das dürfte uns angeboren sein. Wozu? Vielleicht deshalb, weil der Ausdruck der Augen am feinsten sagt, worauf wir uns einstellen müssen. So darf das jedenfalls vermutet werden. Das zu Frage 7.

Alle Forscher stimmen jedenfalls darin überein, »(...) dass Neugeborene auf die Wahrnehmung von Gesichtern vorbereitet sind«, dass also »die frühe Bevorzugung von Gesichtern durch eine angeborene Komponente gesteuert wird«.[34] Außerdem ziehen sie – ganz im Ernst! – attraktive Gesichter unattraktiven vor.[35] Mag gut sein, dass ein freundliches Dreinschauen schon reicht; selbst dann, wenn das Kind bis achtzehn Monate nur »unscharf«, jedenfalls ohne feinste Feinheiten sieht. Näheres dazu folgt in Kürze, etwa auch dazu, was vom »Still Face« gesagt wird (siehe *Kinder wollen Güte*).

Mit vier Monaten erkennen wir die Grundfarben, aber noch keine Mischfarben (wie Rosa oder Violett). Für die Wahrnehmung von Nähe, Ferne und das räumliche Sehen braucht es außerdem das »Stereo-Sehen«, also zwei Augen; denn durch den Augenabstand wird ein Teddybär im linken Auge anders abgebildet als im rechten. Dieser Unterschied ist unvorstellbar winzig, doch reicht er der Verschaltung unserer Nerven, um »hochzurechnen«, wie weit der Teddybär entfernt ist, und um zu erkennen, dass der Teddy kein Foto, sondern leibhaftig da ist. »Hochrechnen«: Eine sensationelle Leistung unseres Gehirns und seiner Vernetzung. Mit fünf Monaten können wir außerdem Raumtiefe wahrnehmen, insbesondere entlang von Kanten (siehe *Eltern müssen Familie schaffen*).

Als Sehschärfe bezeichnen wir die Fähigkeit, zwei Punkte als getrennt zu erfassen: Je näher diese beisammen liegen, aber noch als zwei erkannt werden, desto besser ist die »Auflösung«; desto feiner sind also die Einzelheiten, die wir an Gesehenem ausmachen. Bei voller Ausleuchtung schaffen wir ab achtzehn Monaten, was Erwachsene schaffen. Wieso erst so spät?

Eingeweihte wissen: In der Netzhaut fangen Zapfen- und Stäbchenzellen das Licht ein. In der Netzhautmitte, an der Stelle, wo abgebildet wird, was wir mit »Blickpunkt« bezeichnen: dort und im umliegenden Nahbereich finden sich ausschließlich bzw. vorwiegend Zapfenzellen, die auch das Farbsehen ermöglichen. Beim Neugeborenen sind diese erst »wenige und dazu schlecht entwickelte Zapfen« mit breiten Zwischenräumen, in denen das Licht quasi ungenützt »versickert«, zum Sehen also keinen Beitrag leistet. Die anfänglich verminderte Sehschärfe hängt außerdem zusammen mit dem noch geringen Gehalt an Sehfarbstoff (Iodopsin). Große Zwischenräume zwischen den Zapfenzellen und der geringe Gehalt an Iodopsin sind also dafür verantwortlich, dass ganz junge Säuglinge für zarte Muster noch nicht zu haben sind. Gegen die Netzhautperipherie hin nimmt die Zahl an Zapfenzellen ab und jene der Stäbchenzellen zu. Der Sehfarbstoff der Stäbchen heißt seiner Farbe wegen Sehpurpur, Rhodopsin. Je mehr Sehpurpur, desto mehr Licht kann die Stäbchenzelle aufnehmen. Der Gesamtgehalt an Sehfarbstoffen erreicht mit achtzehn Monaten Erwachsenenniveau. Sehpurpur schafft kein Farbsehen, dafür aber eine höhere Lichtempfindlichkeit, die uns bei Dunkelheit zugutekommt.[36] Bei Vollmondlicht können Sehtüchtige beispielsweise zwar die Schlagzeilen einer Zeitung lesen, nicht aber das Kleingedruckte. Lichtschwache

Sterne können Sehtüchtige sehen, wenn sie an ihnen »vorbei-schauen«. Warum beides so ist, das sollte sich jetzt jeder erklären können.

Das auf die Netzhaut einfallende Licht wird beim Neugeborenen also noch nicht in dem Maß festgehalten, wie das die ausgereifte Netzhaut mit achtzehn Monaten schafft. Weil also ein Gutteil des Zugetragenen gleichsam ins Leere läuft, kann das Neugeborene zarte Muster noch nicht erkennen. Maximal Kontrastreiches braucht die unreife Netzhaut: Grobe, schwarz-weiße Schachbrettmuster müssen her. Solche werden Kleinen im Brutkasten auch angeboten, sobald ihnen dort fad wird!

Nochmals zum Farbsehen: 1975 stellte M. H. Bornstein fest, dass Säuglinge, wie bereits erwähnt, Grundfarben (Blau, Grün, Gelb, Rot) eher anblicken als Mischfarben (Violett). Sie haben aber keine absolute Vorliebe für eine bestimmte Farbe. »Es steht fest, dass sie mit drei Monaten funktionstüchtige Zapfen für kurz-, mittel- und langwelliges Licht besitzen: womit die physiologische Basis ausgereift ist, alle Farben erkennen zu können.«[37]

Am Beispiel des Sehvermögens und der optischen Wahrnehmung kann das mit den »Zeitfenstern« zusätzlich verdeutlicht werden. Denn hier zeigt sich deutlich, *wann* das Kleine *was warum wozu* kann. Skizzenhaft folgt hier teils Bekanntes, teils Selbstverständliches, teils Vorstellbares, teils Unvorstellbares.

Wahrnehmung nennen wir, wenn wir zu einem sinnvollen Ganzen formen, was uns die Augen, die Ohren, die tastenden Finger ... zutragen: Löwe, Mozart, Seide! Das setzt voraus, dass wir Augen, Ohren, Finger haben und diese auch leisten, was sie leisten sollen. Will heißen: Dass an den Augen Hornhaut, Linse und Netzhaut so beschaffen sind, wie sie nach deren Vorgaben sein müssen – sonst bleibt es finster. Verätzte, weiße, narbige Hornhaut? Finster.

Weiters hängt jedes Auge bekanntlich am Sehnerv. Dieser sammelt, was in der Netzhaut eintrifft, und leitet das Gesammelte weiter in das »Seh-Zentrum«: in jene Hirnregion, die – ähnlich einem Postkasten – das Eintreffende auffängt und von dort wiederum weiterleitet, wo es seine Botschaft hinbringen soll. Das Seh-Zentrum, auch »Seh-Rinde« genannt (weil es an der Hirnoberfläche liegt), befindet sich beidseits symmetrisch im Hinterhirn, nahe der Hirnmitte, in einer tief reichenden Hirnfurche. Von diesem »Briefkasten« werden Informationen an jene Hirnregionen weitergeleitet, in denen Formen, Buchstaben, Verkehrszeichen, Bremslichter etc. abgespeichert sind. Und diese »Bremslichter« müssen dann wiederum an Arme, Hände, Beine, Füße weitergeleitet werden:

»Bremsen, und links vorbei! Denn der Idiot da vorne ist bei Grün stehen geblieben!« Idiot ist in diesem Fall eine Wahrnehmung – und zugleich eine Diagnose. Warum Zeitungen und Bremslichter kein einziges Neugeborenes interessieren? Nun, das sehen wir uns genauer an.

Sichtbares wahrzunehmen ist also möglich, sobald die Augen das Gesehene »einfangen« können, die Verbindung von der Netzhaut zum »Seh-Zentrum« intakt ist und das dort Eingetroffene dorthin weitergeleitet wird, wo das Kind das »Gesehene« jetzt auch mit seinem »Verstehen« erfassen, daraus etwas machen kann. Weiterleitung aber erst möglich ist, wenn die »Leitung« dorthin erstellt und »freigegeben« ist.

Noch einmal genauer: Das wenige Tage Alte sieht alles unscharf, lässt auch die Augen – falls es die überhaupt öffnet! – scheinbar »ziellos«, abtastend herumschweifen. Mit etwa sechs Wochen kann es den (durch die Hand gestützten Kopf) schon so weit ruhig halten, dass seine Augen das Gesicht der Mutter einfangen, »fixieren« können. Das erste antwortende Lächeln springt dem Kleinen aus dem Gesicht. Hurra! Lächeln: unser erstes eindeutig wahrnehmbares, typisch »menschliches« Tun.

In den Monaten zwei und drei schaut das Baby Dinge an, die in optimaler Entfernung von etwa dreißig Zentimetern vor seinen Augen hängen: Optimal, weil es auf diese Entfernung beide Augen auf denselben Punkt richten und auch hinreichend scharf sehen kann. Vorgabe! Viel länger sind auch seine Arme nicht. Außerdem haben diese sowieso noch nichts zu melden. Mit zwei, drei Monaten schaut das Baby die aufgefädelten Spielsachen also bloß an – oft stundenlang – und juchzt dabei gelegentlich. Noch »versteht« es nicht, dass es auch angreifen kann, was es vor sich sieht. Wieso es das nicht versteht? Weil die »Verbindung« zu den dafür nötigen »Nebenstellen« offenbar noch nicht durchgeschaltet ist. Das kommt später – vorausgesetzt, dass im Kleinen alles gesund, alles normal angelegt ist. Denn das Netzwerk der Nervenzellen ist bei der Geburt großteils angelegt, unvorstellbar großzügig angelegt. Weiteres dazu folgt in Kürze.

Während das drei Monate alte Baby das Sichtbare mit seinen großen Augen stundenlang abtastet, »läuft« über das Netzwerk der Milliarden Nervenzellen etwas ab, das die Voraussetzungen dafür schafft, dass das Kleine irgendwann *doch* einmal hintapst. Und erschrickt, falls die Schelle dabei Krach macht. Dutzende Male wird es sich noch schrecken, bis es »wahrnimmt«, gleichsam feststellt: Harmlos! Beißt nicht.

Zeitfenster sind angeborene Vorgaben. In diesen schlummern Fähigkeiten, die dem Kind nicht erst von außen zugetragen werden, sondern von außen bloß »wachgeküsst«, gefördert werden müssen. Doch dieses Wachküssen ist entscheidend, weil der »Zug sonst abfährt«, ohne dass Fährgäste eingestiegen sind. Die Chance ist dann ziemlich verpasst – was bei wichtigen »Fristen« besonders problematisch ist. Kinder aus rumänischen Waisenhäusern haben uns das bestätigt.

Vorgaben können dem Kind nicht zugetragen werden, wie auch niemand seinem Kleinen die Augen erst einsetzen oder die Ohren erst annähen kann. Mit diesen Vorgaben muss jedes Kind schon auf die Welt kommen. Von außen muss bloß das Gesicht der Mama kommen – und die Schelle. Und dass beide nicht beißen. Kommen die beiden nicht, bleibt es »finster im Hirn« des Kleinen: ein bereitgestellter Zug mit leeren Waggons. Falls ein Kleines ein, fünf, elf Monate lang nicht angesprochen wird, wird nichts mit dem ersten »Ma-ma«. Finster. Deshalb finster, weil es das weder gehört noch an seiner Mutter hat abschauen können. Statt der »Muttersprache« wird daraus Stummheit. Loch. Kinder aus rumänischen Waisenhäusern, die britische Eltern nach 1989 adoptiert haben – was diese Kleinen gezeigt haben?[38] Genaueres hierzu folgt im Kapitel *Eltern müssen ihren Auftrag ernst nehmen*.

Für *das* allerdings, in das wir hineingeboren werden, für diese Zugaben in optimaler Weise zu sorgen, das ist in den ersten sechs Jahren zuvorderst Sache der Eltern. Wer sonst ist näher dran? Ist das allen bekannt? Ja, das ist allen bekannt. Kinder *wollen* das »Gesollte« gemäß den Vorgaben, die ihnen angeboren sind. Ohne Vorgaben? Wie sollten sie wollen, was sie sollen? Wie sollten sie können, was sie sollen oder wollen? Wie soll ein Blinder sehen können?

Weil damit das erste Kernanliegen dieses Buches angesprochen wird, folgt neuerlich Anspruchsvolles, das einmal mehr erahnen lässt, von welcher Größe und Tragweite der Beruf unserer Eltern ist.

> Zuvor war von der Vernetzung der Nervenzellen die Rede. Eine Vernetzung, die vergleichbar ist mit dem Internet oder mit den Kabelsträngen in Telefonzentralen einer Großstadt. »Synapsen« heißen die Kontaktstellen zwischen den Nervenzellen, wo die Informationen auf die zugeordneten Nervenzellen überspringen. Manche Nervenzellen – etwa in der Netzhaut oder in der Riechschleimhaut – koppeln nur an eine einzige Nervenzelle. Andere stehen in Kontakt mit Tausenden. Manche schaffen Kontakte mit etwa 200.000 Nervenzellen.[39]

Diese Vernetzung beginnt im zweiten Drittel der Schwangerschaft[40] und erreicht mit etwa vier Jahren einen Höchststand. Dieser bleibt bis zum zehnten Lebensjahr konstant, nimmt dann ab und erreicht im Alter von sechzehn bis achtzehn Jahren Erwachsenenniveau.[41] Erwachsene verfügen also nur über rund sechzig Prozent des ursprünglichen Höchststandes solcher Kontaktstellen zwischen den vielen Nervenzellen: Eliminiert werden jene Synapsen, die nicht benützt werden. Ob eine Synapse erhalten bleibt oder wieder eliminiert wird, hängt also davon ab, ob sie »aktiv und funktional« ist, sie verwendet wird und sie außerdem intakt ist.[42]

Die mittlere Gesamtzahl unserer Nervenzellen wird auf 86 Milliarden geschätzt, einen Gutteil davon bringen wir bei der Geburt bereits mit![43] Wie viele Synapsen einem Kind von vier Jahren zur Verfügung stehen? Angenommen, dass jede der 86 Milliarden mit je 20.000 Nervenzellen in Kontakt stünde, böte das eine Vielfalt, die niemand ausschöpfen kann. Deshalb werden etwa vierzig Prozent aller angelegten Synapsen wieder eliminiert – weil ungenützt. Bitte beachten Sie, in welchem Alter dieses Überangebot an Möglichkeiten bereits bereitsteht; und auch, wie lange wir die Chance haben, dieses Überangebot zu nützen. Ab zehn geht's bergab.

Jedes gesunde Neugeborene zeigt, dass es sämtliche lebenswichtigen Fähigkeiten bereits beherrscht. *Noch* aber kann es nicht Klavier spielen oder »Mama« sagen. Braucht es das? In jedem Alter kann ein Kind, was es da schon können muss, um zu überleben und sich zu orientieren; das macht auch Sinn, wenn wir an sein Gehör oder daran denken, warum es das Gesicht der Mutter bevorzugt erkennt.

Andersrum gilt das Gleiche: Jedes Kind muss altersgemäß können, was es altersgemäß bereits können sollte. Ist das nicht der Fall, stimmt etwas nicht. Die Vernetzung einander zugeordneter Hirnregionen ist eine der vielen Bedingungen, auf die sich jede normale Entwicklung stützt! Also ist gut vorstellbar, was eine haselnussgroße Hirnblutung oder ein arger Sauerstoffmangel in diesem Netzwerk anrichten kann – ziemlich egal *wann*, aber nicht egal *wo*.

Erst recht gilt das für ein frühgeborenes 600-Gramm-Kleinchen, dessen Kopf so groß wie eine mittelgroße Mandarine ist. Die Vernetzung unter den Milliarden Nervenzellen startet außerdem in jenen Hirnregionen, die das Kind spätestens bei der Geburt bereits braucht: Atmung, Husten, Saugen, Schlucken … Wie Experten all das herausfinden? Teils durch mikroskopische Untersuchungen von Gehirnen Verstorbener; teils mittels bildgebender Techniken, die den Zuckerverbrauch des Gehirns messen. Denn dieser ist umso höher, je dichter die Vernetzung ist, und sinkt mit der Ausmusterung ungenützter Kontaktstellen.[44]

»Zeitfenster sind unverrückbar vorgegeben«, steht weiter oben. »Doch Obacht! Nix ist fix. Aber ziemlich fix …« Hier kommt das oben Versprochene: Eltern, die (voll berechtigtem Stolz) gesunde Gleichaltrige vergleichen – was die in rund drei Viertel aller Fälle feststellen? Sie stellen fest, dass das ihrige längst kann, was Kinder gleichen Alters noch nicht können – und umgekehrt.[45] Die kleine Astrid ist etwa mit neun Monaten schon auf Skiern herumgerutscht! Das Foto (siehe Seite 52) zeigt: Volle Montur, Gleitspuren im Schnee (heute noch – nach 41 Jahren – erinnert sich ihre Mutter: »Einen Meter weit ist sie gerutscht!«) – aber noch keine Zähne. Andere – fast doppelt so alt: Sie brauchen wenigstens einen Finger, um sich auf ihren Beinen sicher zu fühlen.
Das eben Angedeutete kann mit dem Folgenden freilich nicht voll abgedeckt werden, doch so viel zu einem anderen Beispiel, dem freien Sitzen:[46] Rundum gesunde Kinder in Zürich und/oder Tübingen zeigten bei Tests, dass manche mit fünf, manche erst mit elfeinhalb Monaten frei sitzen. Weiters: Manche robben mit viereinhalb Monaten, andere erst mit zehneinhalb. Manche gehen mit Festhalten schon im Alter von sechseinhalb Monaten, andere erst mit vierzehneinhalb. Freies Gehen lernen sie zwischen knapp elf und fünfzehneinhalb Monaten. Alles normal! Hoffentlich! Die Diagnose »Spätstarter« aber? Die muss ein Könner stellen! Worauf dieser schaut? Sehr genau schaut der darauf, wie »Tonus«, »Haltung«, »Bewegungen« und vor allem Bewegungsübergänge aussehen; auch ob bei alldem die Symmetrie gegeben ist! Ein Könner muss das prüfen, die Frau Nachbarin mag da nicht reichen …

Vorgegebenes und Zugetragenes: Beide errichten das Ich. Beide sind »Vorgaben«, an die sich alle Seiten halten müssen. Tun sie das, geht alles gut. Vorgegebenes schafft fast immer das Richtige. Allerdings müssen *auch* Vorgaben gehorchen, wenn sie richtig sein wollen: Vorgaben müssen der Norm gehorchen! Zehn Finger, nicht dreizehn. Daran können alle das Richtige sehen. Vorgegebenes lässt auch danach fragen: Wie »lernen« Kinder? Sie lernen anfangs offenbar über Gespürtes. Und dieses Gespürte wird ihnen durch »Haut«, Ohren, Zunge, Nase, Augen vermittelt. Nach dem zu schließen, was alle bei einem eben Geborenen beobachten können, sind uns offenbar »Verhaltensschablonen« angeboren. Etwa jene, um auf uns Zukommendes angepasst zu reagieren: »Süß – das taugt mir! Bitter? Nö!« Jedes Neugeborene reagiert da gleich. Welchen Zweck haben diese Schablonen? Jeder von Ihnen kann das selber finden. Entlang dieser vorgegebenen Schablonen lernen wir, das auf uns Zukommende zu nutzen: anzunehmen, was uns taugt; sein zu lassen, was uns »wehtut«. Vielleicht ergreifen wir sogar die Flucht. Fluchtreflex – wichtig!

Auch das ist eine Schablone, worüber eben ausführlich die Rede war: Oval! Eine Schablone, um schneller zu finden, was für ein zwei Monate altes Kind bereits erreichbar und außerdem wichtig ist: die Mutter. »Mami, schön oval bist du! Der Papi ist auch oval, aber unrasiert: Taugt mir nicht, vor allem, wenn er mir zu nahetritt!«
Eine weitere Schablone dürfte uns ebenso vom Start weg überallhin begleiten: Wir wollen es angenehm. Jedes Weh, alles Unpassende lässt auch jedem gesunden Neugeborenen den Kragen platzen.
Dazu ein Beispiel: Kurz nach dessen Mittagessen nahm ich ein sieben Tage altes Termingeborenes in den Hörsaal mit, um den dort Versammelten ein »Normalverhalten« an einem gesunden Neugeborenen zu zeigen. Während meiner Erklärungen nahm eine Studentin die Kleine in ihre Obhut. Um zu zeigen, dass auch ein so kleines Baby schon eine gewisse Kopfkontrolle schafft, nahm ich es ihr sachte ab. Das gefiel der Kleinen gar nicht. Bei der dritten Störung erlebte ich etwas, was ich in dieser Explosivität zuvor noch nicht erlebt hatte: Die Kleine »rastete aus«, ansatzlos, als wollte sie mir sagen: »He, Mann – jetzt reicht's aber!« Alle drei hatten wir Mühe, wieder zur Normalfassung zurückzufinden! Woher weiß die Kleine, dass sie nach dem Essen ihre Ruhe braucht? (Was die explosive Kleine zu uns geführt hatte? Ihre Mutter hatte sie nicht wollen. Andere wollen ihr Kleines auch nicht, tun das aber anders. Mutter, viele verneigen sich vor Ihnen!)
Vorgegebenes muss uns also auch vor Schädlichem warnen, schützen. Vorgegebenes muss uns auf Spur halten – auf der Spur des Angenehmen, wenigstens auf der Spur des Sinnvollen: Verhaltensschablonen

wie beispielsweise Fluchtreflex oder Schreien, falls eine Wespe zu nahe kommt, schützen uns. Dazu das *Handbuch der Kleinkindforschung*: »Die nativistischen Erklärungsansätze fordern, dass uns ein Kernwissen über die Naturgesetze angeboren ist (...).«[47] Dieses Wissen befähige uns, gewisse Gegebenheiten unserer Umwelt auch ohne langjährige Erfahrung zu verstehen und darauf angepasst reagieren zu können – siehe das Beispiel mit dem ovalen Gesicht oder das »Herum-Meckern«, falls sich ein Neugeborenes alleine fühlt oder bei seiner Mittagsruhe gestört wird. All das macht Sinn.

Eine weitere Vorgabe soll uns an dieser Stelle ebenfalls noch beschäftigen: das Gedächtnis. Gedächtnisleistungen des Kindes kann jeder sehen. Wie sonst sollten Kleine sogar Japanisch lernen können? Ab *wann* aber kann man von »Gedächtnis« sprechen? »Gedächtnis« funktioniert offenbar schon vor der Geburt. Davon ist auf diesen Seiten an mehreren Stellen bereits die Rede gewesen – etwa in Zusammenhang mit dem Geruch von Anis oder dem »Wiedererkennen« von Vorgelesenem. Ein weiteres Beispiel: die Wirkung von sanftem Wiegen. Mütter werden vieles aufgrund eigener Beobachtungen bestätigen: Jedes gesunde Neugeborene bringt bei der Geburt schon einiges mit. Wir können also nicht davon reden, dass unser Gedächtnis bei der Geburt eine »Tabula rasa« ist: ein ungedeckter, nackter Tisch!

Und was sagt die Forschung dazu? Auch wenn sprachfreie Untersuchungsverfahren in den letzten Jahrzehnten viel zur Analyse der Gedächtnisfähigkeit von Babys beigetragen hätten, hätten sie auch dazu geführt, »(...) dass das Potential von Säuglingen noch immer unterschätzt wird«.[48] Ups! Ist das eine Rüge? Monika Knopf hält in ihrem Beitrag im *Handbuch der Kleinkindforschung* weiter fest: »Die Fähigkeit von Säuglingen und Kleinkindern, beobachtetes Verhalten zeitverzögert nachzuahmen, wurde erstmals von Jean Piaget beschrieben: Seine Tochter beobachtete mit 16 Monaten einen Wutanfall bei einem kleinen Jungen und imitierte diesen einen Tag später, wobei sie dieses Verhalten niemals zuvor gezeigt hatte.«[49] Verhaltensnachahmung mit sechzehn Monaten! Nachgeahmt kann nur werden, was irgendwie in uns drinnen gelandet, dort abgespeichert, dort abrufbar ist (siehe Muttersprache). Zahlreiche Studien haben sich der Frage gewidmet, über welchen Zeitraum hinweg sich Kleinkinder beobachtete Handlungen merken können. Ergebnis: »Damit gleicht der Vergessensverlauf Einjähriger dem von Erwachsenen (...).«[50] Je jünger das Kleine ist, desto mehr

Wiederholungen einer Handlung sind jedoch nötig, damit sich ein Kind das Vorgezeigte merkt: »Typischerweise werden sechs Monate Alten Handlungen sechsmal gezeigt; Einjährigen viermal; bei Zweijährigen genügen zwei Demonstrationen (...) für einen Gedächtniseintrag.«[51] Das zur obigen Frage 5.

Wann beginnen wir zu denken? Das dürfte ähnlich anheben, wie jede Morgendämmerung anhebt: unmerklich. Was in uns eintritt, tritt bekanntlich über unsere fünf »Antennen« ein. Nicht immer braucht es dazu »Bewusstsein«, wie jene bestätigen, die am Morgen Insektenstiche bemerken. Bei Krabblern sind kaum Hinweise auf Denkleistungen, auf »Überlegtes«, auf »Geplantes« bei ihren Aktionen sicher erkennbar, jedenfalls nicht bei »Premieren«. Sie tun, was sich ihnen bietet; dabei sind »Sinn« oder »Zusammenhängendes« im Ansatz erkennbar. Sinn-Verkettung? Diese Ketten sind beim Kind im Krabbelalter kurz, bestehen aus zwei, drei »Kettengliedern«: *Steckdose sehen* – *hin* – *abtasten*. Derartige »Sinn-Ketten« sind es, die das Kleine dazu antreiben, am eben Entdeckten dranzubleiben. Unermüdlich. Was die Unermüdlichkeit soll, außer die Mutter an den Rand ihrer Kräfte zu hetzen? Sie soll Erfahrung und Übung des erstmals »Erfahrenen«, des erstmals innerlich »Abgeleckten« bringen. Übung! Festigung! Sobald das Kleine die Lider spreizt, sitzt es auf der »Schulbank«!
Zur Erfahrung zählt auch, was die »blöde Lade« tut: Tut weh! Erfahrung solch einprägsamer Art schafft prompt Verhaltensänderung: Eine »Verkettung«, von der anzunehmen ist, dass »Überlegtes«, zumindest aber Gedächtnis im Ansatz mitredet. Beides zeigt sich während des ganzen Vorschulalters zunehmend verfeinert.

Ein weiteres Thema, das auch mit dem Gedächtnis in Zusammenhang steht, ist im Wechsel von Vorgaben und Zugetragenem entscheidend: die Sprache. Just auch beim Erlernen der Sprache zeigen Kinder, was sie »wollen« und daher müssen.
Zwischen zehn und vierzehn Monaten sprechen wir gezielt erste Worte: In der Regel ist es das »Ma-ma«, das erstmals zielgerichtet rausspringt. Alles Weitere? Scheinbar je nach Nähe, Wichtigkeit und Imposanz: Auto, Taka (Traktor), Papa. Mit achtzehn Monaten zählt der aktive Wortschatz etwa fünfzig, der passive über zweihundert Worte. Zwei-Wort-Sätze schaffen manche bereits

zu diesem Zeitpunkt. Ab jetzt folgt eine »Wort-Explosion«[52]. Mit drei Jahren beherrschen wir die Grundregeln einfacher Sätze. Dabei spielt die Kommunikation eine entscheidende Rolle. Denn, so einmal mehr das *Handbuch der Kleinkindforschung*: »Ohne kommunikative Umwelt ist ein Spracherwerb nach heutigen Erkenntnissen nicht möglich.«[53] Zudem betont Sabine Weinert, dass Säuglinge schon frühzeitig kommunizieren und »in einen ›Dialog‹ mit Erwachsenen« treten.

Ist das wichtig – Dialog? Genau diesen verweigern manche Kleine beharrlich. Falls ein Kleines mit fünfzehn oder achtzehn Monaten noch kein »Mama« von sich gibt, woran da jeder denkt? Ob es wohl hört! Woran das jeder ziemlich sicher selber überprüfen kann – fürs Erste wenigstens? Ob der Wort-Verweigerer den Schlag der Autotür wahrnimmt oder andere leise Geräusche, die alle anderen regelmäßig überhören. Und ob er dem Opa tatsächlich die Patschen bringt. Außerdem gilt es zu hinterfragen, ob das Kind sich bei vielen unterschiedlichen Geräuschen konzentrieren, zurechtfinden, sich auch wohlfühlen kann – es also auf die Reihe kriegt, was Sache ist. Spätestens im Kindergarten, allerspätestens im ersten Schuljahr muss das jedes Kind schaffen: Konzentration!

Nun, ganz so läppisch ist die Sorge um das Sprech-, Sprach- und Hörvermögen freilich nicht. Doch viele Großeltern wissen: Der Knilch hat nicht die geringste Not, zu »sagen«, was er will, denn alle reagieren stets »richtig« auf seine wortlos deutenden »Kommandos«. Beim »Lesen« der Bilderbücher (siehe auch *Kinder wollen Güte*) wird manchmal gefragt: »Wo ist die Ente?« Stumm zeigt der Kleine hin. Falsch gefragt! ... »Welche Geschichte hat dir der Papi heute vorgelesen?« Manche Buben brauchen einen »Schuhlöffel« für ihre Zunge: Dieser »Maullöffel« muss dem Maulfaulen charmant untergejubelt werden. Sonst kriegt der auch als Ehemann nie die Klappe auf, wenn das nötig wäre, um herauszufinden, wo und warum der Schuh drückt; seine Frau dreht stattdessen in der stummen Finsternis erfolglos ihre Runden. *Charme* dürfte da die Kunst sein, hartnäckiger Charme ...
Außerdem gilt: Wo Kleine Erfolge schaffen, dafür sind sie immer zu haben! Wo sie – etwa beim Zeichnen, beim Ballspielen ... – ihre Gefolgschaft auffallend, womöglich grantig verweigern: Obacht! Das riecht nach Nicht-Können! Verweigerung kann auch Angst signalisieren. Angst – besonders heikel!

Das eben Skizzierte soll zeigen, was ohnehin alle wissen: Dass Vorgegebenes und Zugetragenes aufeinander zugehen müssen. Rechtzeitig! Zeitfenster! Und dass Kinder »wollen«, was sie müssen. Wenn Eltern also wissen wollen, wo sie das Richtige für ihre Kleinen finden und *wann* sie ihnen das Richtige *wie* tun sollen, was sie dann müssen? Dann müssen sie die Zeitfenster kennen und darauf achten, ob das Erwartete beim Üben herauskommt. Kann es sein, dass gerade hier Elternbildung Hochwertiges zutragen kann und muss? Kleine funktionieren nach Vorgaben: Mag sein, dass uns der Blick auf diese nicht geläufig, er nicht gängig ist – wie bereits erwähnt. Und dass uns daher auch nicht geläufig ist, dass sich Kinder entlang von Vorgaben entwickeln. Solange sich bei ihnen alles »im grünen Bereich« bewegt, jucken uns die Vorgaben unserer Kleinen nicht sonderlich. *Das* aber kann sich ändern.

Sehr rasch kann sich das ändern, wie viele Eltern wissen. Wenn ein Baby mit vier, fünf Monaten niemals hört, dass jemand ins Zimmer tritt, oder sich nur dann zur Tür hinwendet, falls – in der Nacht – der Lichtspalt es zur Tür hinschauen lässt: Alarm! Wenn der Gewichtsverlauf bei einem Einjährigen immer flacher wird: Alarm! Muss von solchen Selbstverständlichkeiten überhaupt die Rede sein?
Bis vor Kurzem war die erste Frage fast jeder Gebärenden, sobald sie wieder Luft hat holen können: »Hat's alles?« Auch dieses simple »Alles« meint die Vorgaben; dieses »Alles« stützt sich auf Vorgaben, auf Gesolltes. Es stützt sich darauf, was an unseren Kleinen richtig und normal, also gesund ist (siehe auch *Eltern müssen normal sein* und *Eltern müssen von ihren Kindern lernen wollen*).

An den Vorgaben der Kinder können alle Eltern »das Normale« ablesen. Doch diese Vorgaben müssen Eltern kennen. Elternbildung! Kinder müssen ihre Vorgaben nicht erst lernen, sondern sie bloß einhalten, steht eingangs: Darin nehmen alle Kleinen uns Große in die Pflicht. Denn vieles schaffen sie alleine nicht, müssen es aber trotzdem können und üben. Sonst entstehen Löcher. Kinder wollen, was sie müssen. Kinder funktionieren nach Vorgaben.

Zweites Zwischenwort

Sie haben es bereits bemerkt: Das etwas größer Gedruckte skizziert den roten Faden der Kapitel. Es will außerdem (etwa beim erstmaligen Lesen) einen Überblick liefern, was den Leser erwartet. Im Nachhinein mag es dazu dienen, die bunte Fülle des eben Gelesenen noch einmal rasch zu überblicken.

Das teils kleiner Gedruckte – was das soll? Es soll an Beispielen erhellen, was sonst oft bloß angedeutet oder nicht immer leicht ersichtlich wäre. Außerdem soll es jenen tiefere Einblicke ermöglichen, die das interessiert.

Größer wie kleiner Gedrucktes enthält teils Dichtes. Dichtes kann ermüden. Es mag sich bewähren, Inhalte in kleinen Portionen zu genießen oder wiederholt zu verkosten. Wiederholtes Lesen einzelner Abschnitte birgt zudem einen zweiten Vorteil: Wiederholte Verkostung mag Überlesenes, Übersehenes plötzlich deutlich werden lassen. Und bereits Gesehenes mag sich durch wiederholte Verkostung festigen.

Kinder wollen Auslauf

Vorausgehend wieder einige inhaltliche Blitzlichter, welche das nun Folgende andeuten. Alle Leser sind wiederum eingeladen, die einleitenden Fragen im Alleingang, im elterlichen oder im familiären Dialog zu erörtern.

1. Kleine wollen Auslauf: Wieso? Wozu? Einige nehmen dabei arges Weh mit nach Hause. Macht Auslauf trotzdem Sinn?
2. Mit sechs oder acht Monaten nehmen Kinder alles in den Mund: Warum? Nicht wozu, denn das Wozu ist ohnehin allen klar.
3. Warum können fast alle Einjährigen das »Nein, nein!« deuten, kaum aber das »Ja« nicken?
4. Endlos reden manche Eltern korrigierend auf ihre Krabbler ein: Was daran macht Sinn? Was nicht? Warum?
5. Die Gehschule ist eine Schule. Kein Gefängnis. Warum?

> Wir starten unsere Überlegungen mit einer Begebenheit, die ich vor Kurzem erlebt habe: Ich sitze im Railjet auf der Fahrt von Wien zurück nach Graz. Schon zum zweiten Mal geht ein knapp Dreijähriger mit seiner strohblonden Stoppelfrisur den Gang entlang. Allein. Viele Meter hinter ihm – teils noch im hinteren Zugteil – sein Vater (vermutlich). Der Kleine mit »angespannt-hoffnungsvoll-geschäftiger« Miene, sein Vater mit »angespanntem« Blick, beim zweiten Mal auch grantig – scheinbar mehr grantig als besorgt. Beim ersten Rückholmanöver trippelt der Kleine lautlos vor seinem Vater wieder dorthin zurück, von wo er offenbar hergekommen ist. Beim zweiten Mal ist zu hören, dass der Kleine weint. Ohne weitere Einzelheiten dieses »Schlagabtausches« zu kennen, darf sich jeder fragen: Wieso ist der Vater seinem Kleinen auch beim zweiten Mal nicht einfach nachgegangen – prompt, lautlos? Prompt, um Sichtverbindung zu haben. Lautlos? *Wieso* bellen? *Wozu* bellen? Was haben der Vater oder der Kleine oder die restliche Familie versäumt? Was an Schlimmem hat der Kleine angestellt, außer dass er eine Forschungsreise unternommen hat? Die Tränen des Kleinen dürften eher berechtigt gewesen sein als die grantige Rückholung. Ausgestiegen ist die Familie übrigens eine gute Stunde später.

Kinder *wollen* Auslauf. Wieso? Vermutlich ist das in ihnen vorprogrammiert, als Vorgabe mitgegeben – ähnlich, wie uns die zehn Finger mitgegeben sind. Mitgegeben, um das auf uns Zukommende besser auffangen zu können. Zwei Finger je Hand – für jeden Pianisten ...?

Auslauf – wozu? Das könnten Sie uns sagen, geschätzte Leser! Dasselbe fragen wir auch unsere Assistenzeltern.

Was Eltern sagen ...

• Wozu brauchen Kleine Auslauf? (Wozu fragt nach dem Zweck.)

»Kinder sind sehr verschieden. Ist es Bewegungsdrang – dann sollen Vater oder Mutter (vor einer Zugreise) mit den Kindern den Zug abschreiten, also vorher schon viel Bewegung mit ihnen machen. Ist das Kind auf Erkundungstour, muss man mit, um Erklärungen abgeben zu können (Entdeckungsalter). Auf keinen Fall sich selber ausruhen wollen. (Spielzeug mitnehmen oder Bücher.) Immer ausgeruht unterwegs sein. (Gilt für alle.)« (JW und JW, Steiermark)

»Auslauf, um sich zu entwickeln, auch um Grenzen zu erfahren.« (WL und AL, Steiermark)

Die Antwort auf das *Wieso*? Weil Kleine Getriebene sind, Impulsgesteuerte. *Wozu* sie Auslauf brauchen? Ihre innere Getriebenheit muss sie auf das viele Neue hetzen. Jetzt folgt genauer, was wohl alle wissen: Kleine brauchen Auslauf, um *ihre* Welt *anzurühren*! Sie brauchen Auslauf, um *ihre* Welt »anzugucken«, ganz aus der Nähe *ihre* Welt auch »abzuschlecken«; Letzteres geht ja eh nur aus allernächster Nähe. Abschlecken – wieso, wozu? Anrühren überhaupt – wieso, wozu?

Der Reihenfolge von Sehen und »Auslauf« im ersten Lebensjahr widmen wir uns gerafft genauer. Wie hält die Leistungsfähigkeit ihrer »Fühler« Schritt mit dem, was Kleine mit ihren Händen, ihren Armen, ihrem Rumpf und bald auch unter Zuhilfenahme ihrer Beine schaffen?

In den ersten Wochen nach der Geburt reichen die Stimme der Mama, Hunger, die Nase und eine Wange, um dem Kleinen zu verraten, wo es hin muss: »Futternapf kommt von links. Schnapp. Mahlzeit!«

Mit sechs Wochen rücken die ersten dreißig, vierzig Zentimeter ins Blickfeld: Gesichter. Bloß einmal mit den Augen wird dieses allerschönste

Oval erkundet, noch nicht mit den Händen – das aber jetzt sicher. »Hallo, Mami, bis jetzt hab ich dich bloß gespürt, gehört, gerochen, geschmeckt! Jetzt seh ich dich! Mami, du bist schön! Jedenfalls bist du oval!« Ab drei Monaten wird die Schelle interessant: »Ich kann sie sehen, jetzt auch erreichen!« Ab jetzt setzt es Krawall, denn auch die Arme erreichen jetzt sehbar Nahes. Augen und Arme: ein Team! (Augen-Hand-Koordination!) Mit knapp fünf Monaten: Seitenlage! »He, Mann, da gibt's auch links etwas, rechts auch. Hat das was mit Politik zu tun?« Keine drei Wochen mehr und – ups: Bauchlage! Das schafft Überblick! Gestützt auf die Arme: Aussicht nach allen Richtungen hin. »Was es da alles gibt!« Schier uferlos und beinahe rundherum schafft ab jetzt die Reichweite der Augen selbst den Schnurli – noch ohne Einzelheiten, aber Schnurli. Sensation! Das restliche Gestell? Das hinkt der Fernsicht hinterher! Sehnsucht, erstmals Fernweh, weil die Augen bereits schaffen, was die Beine noch verweigern! Den »Leerlauf« zwischen dem schon Sichtbaren, *noch* aber nicht Erreichbaren? Diesen Leerlauf scheint das Kleine zu nützen, um zu festigen, was es für den Ausritt in die restliche Welt zusätzlich braucht: Es muss lernen, *wie weit* der Schnurli vom »Ha, entdeckt!« noch entfernt liegt. Entfernung!
Rollen – eine tolle Erfindung: »Jetzt kann ich ziemlich jede Entfernung überbrücken!« Doch das muss besser gehen, denn das Rollen ist zu mühsam. Robben! Genial! »Meinen Hintern, den kann ich zwar nicht sehen, aber spüren – ist der Dicke da hinten ja doch für etwas gut: Sitzen.« Und da unten, im Anschluss an den Dicken, da gibt es noch was: die Knie! »Die kann ich beim Robben besser sehen, falls ich Bauch samt Popo hebe. Vierpunkt-Fahrgestell – noch genialer!« Jetzt ist vor dem Krabbler nichts mehr sicher. Hurra! Tempo kommt auf. Die Augen lotsen das Kleine und sagen ihm, wohin es soll.
Mit etwa neun Monaten: Die Stäbe beim Gitterbett – griffig! Erstmals Stand, Stehen! Jetzt *noch* mehr Aus- und Fernsicht. »Mittlerweile weiß ich, dass nicht nur meine Hände Finger haben, sondern auch meine Füße – die heißen bloß anders: umständlich! Die sind auch kürzer, schmecken manchmal etwas salzig. Dann wieder mag die Nase nicht so nahe ran, weshalb ich ab sofort Schuhe trage.« Schauen, greifend tasten, daran lecken, lauschen. Die Nase ist da immer mit dabei, weshalb sie mitten im Gesicht ihren Platz gefunden hat.

Angreifen. Fühlend angreifen. Das tun auch wir Große, falls wir vor einem van Gogh stehen – jedenfalls juckt es uns bisweilen mächtig in den Fingern, das Raue da vor uns anzutapsen. Tastsinn! »Ergänzende« Informationen tragen uns die Finger zu, wo wir meinen, noch nicht alles bis ins Letzte hinein wahrgenommen zu haben – etwa wenn wir ein Seidentuch durch unsere Finger gleiten lassen. Ist jetzt zu verstehen, warum Kleine mit allen fünf Fühlern alles »abklopfen«? Hintapsen! Alles auch fühlend erfassen: Eine Neigung, die uns lang erhalten bleibt.

Abschlecken. Jeder weiß, dass die Kleinen mit fünf, sechs oder acht Monaten alles in den Mund stecken; das deshalb, weil Lippen, Zunge, Mundschleimhaut Fühler haben: Fühler, die das dort Eintretende darauf hin prüfen müssen, ob das alles da auch rein darf! Fischgräten etwa, die wir eher spüren, als wir sie sehen! Auch die Zehen, doch die sind kein Problem, die sind ja fix montiert ... Doch alles andere, das im Mund gut Platz hätte!? Waschpulver, Altöl in einer Cola-Flasche, gleich am Boden abgestellt, damit auch das Kleine sich nicht bücken muss ...

Kinder aller Altersstufen *wollen* Auslauf, das kann niemandem entgehen. Kinder *brauchen* Auslauf, auch das muss niemand einer Mutter oder einem Vater sagen. Aber *wozu* ihr Kleines Auslauf braucht, *wo* überall es diesen Freiraum braucht und erforschen muss? Und: *Was* nehmen die Kleinen von ihren Streifzügen mit? Da zeigt sich neuerlich eine Frage, um deren Beantwortung wir wiederum unsere Assistenzeltern ersucht haben (siehe Kasten nächste Seite).

Was Kleine von ihren Streifzügen, von ihren Forschungsreisen mit nach Hause nehmen? Erfahrung, Erfahrenes, erstmals Angegriffenes, Abgelecktes! Erstmals Gehörtes, erstmals Gesehenes, erstmals Gemachtes nehmen sie davon mit. Und vieles, das sie schon kennen, sie aber noch einmal haben üben müssen. Jede Menge Welturaufführungen nehmen sie von jedem Auslauf mit! Erstmals oder wiederholt Gesehenes, Angegriffenes, Abgetastetes. Gefestigtes. Geübtes. Vertrautes. Orientierung. Erstmals: Heimat. Jedes Mal ein neues Stück Heimat – Vertrautes!

Erfahrung sorgt für die intensivste, nachhaltigste, festeste Art von »Wissen« und Können. Warum? Weil Erfahrung die Wirklichkeit mit allem angerührt hat, was unsere Sinne bieten. Erfahrung muss deshalb bekanntlich jeder selbst machen; denn wie soll man Spürbares spüren, wenn nicht mit den eigenen Fingern? Mit zunehmender Erfahrung werden auch die Kleinen verstehen, dass

• **Was nehmen die Kleinen von den Streifzügen in ihre Umwelt für ihr ganzes Leben mit nach Hause?**

»Was Spaß macht und was wehtut. Gehorchen macht Sinn, ist eine Hilfe im Leben; nicht gehorchen kann zu Schmerzen führen. Bei ihren Streifzügen erlernen sie Geschicklichkeit und Fertigkeiten. Auch lernen sie am Beispiel anderer oder durch Nachahmung von Gesehenem.« (EW und DW, Steiermark)

»Für uns war es interessant zu erleben, dass das Gehirn von Kleinkindern in der Anfangszeit wie ein ›Schwamm‹ arbeitet. Sämtliche Eindrücke und ›Informationen‹ werden mit Begeisterung aufgesaugt und man kann teilweise die Verarbeitung richtig miterleben. Spannend wurde es, wenn das Gesehene erstmals versucht wurde zu kopieren und beim Weg zum Erfolg Hindernisse überwunden werden mussten. Die Prioritätenliste auf den Streifzügen war schnell erkennbar: Je lauter, je schriller in der Farbe oder je beweglicher das ›Neue‹ war, desto gesteigerter war das Interesse, es zu erforschen. Uns war und ist es wichtig, unseren Kindern ihre ›Streifzüge‹ in ihrer Umwelt im Bereich der Gefahrlosigkeit zu ermöglichen, aber nicht nach Inhalten zu beschränken. Talente, Fähigkeiten, Wünsche und Wissbegierden sollten sich frei entwickeln und nicht von den eigenen Interessen der Eltern beeinflusst werden.« (SO und RR, Graz)

»Ich glaube sehr viel! Allein beim Krabbeln lernen sie die Wahrnehmung von Strukturen, Raum und Zeit, Fein- und Grobmotorik, Selbstwahrnehmung als sensibles Wesen. Sie lernen sich so in der Welt kennen. Alles was sie nicht nur im Buch sehen, wird mehrfach im Hirn abgespeichert: Der Tannenbaum, der nicht nur mächtig ist, sondern duftet; die Zapfen, die sich von jenen anderer Bäume unterscheiden; die Tiere, die darin leben; die Schönheit der Schöpfung; die Fantasie, die dabei in Schwung kommt, und die Einfachheit des Glücks, wenn man einfach im Wald sein kann und es schön ist.« (BL und EL, Oberösterreich) sie nicht alles kennenlernen, nicht alles *selbst* ausprobieren müssen, dass auch sie nicht ihre Finger, ihre Nase, ihre Ohren und Augen überall ranlassen müssen. Und dass auch das Rad schon längst erfunden ist.

Ganz nahe müssen deshalb die Ahnungslosen an die Wirklichkeit ran, etwa an die Stiege. Ganz nahe. Sonst können sie die vielen Feinheiten nicht *capere*, nicht erfassen, nicht kapieren – Feinheiten, die sie allesamt ja noch nicht kennen.

> Zum Beispiel die Erfahrung, wie sich das Fell vom Schnurli anfühlt. Auch, dass Katzen in ihren leisen Pfoten etwas verstecken, das wehtut. Und die Erfahrung, dass Katzen nicht mögen, wenn sie am Schwanz zurückgehalten werden, wo doch dieses lustige, griffige Ding so gut zum Festhalten geeignet wäre. »Autsch! Wieso? Hab ich dir wehgetan!?« Wirklichkeit! Deswegen also gehen Kleine an die Wirklichkeit ran, um sie zu erfassen wie den Schwanz der Katze.
>
> Erfahrungen machen kann bekanntlich auch gefährlich sein, wie etwa der jüngste Sohn einer mir bekannten Försterfamilie beinahe hat erfahren müssen: Johannes dürfte knapp zwei gewesen sein. Das Kalb von einem Försterhund, ein Rhodesian Ridgeback, ließ sich von dem Kleinen alles gefallen. Doch als der Ahnungslose dessen Ohren näher auskundschaften wollte, erhob sich das Monster knurrend, schüttelte seinen mächtigen Schädel und ließ den Kleinen stehen. Wohl besser so. Für beide besser so.

Gefahren müssen Eltern einschätzen können – was alle auch tun. Dennoch *sollen* Kinder Auslauf haben, um die Wirklichkeit anzurühren! Tun sie das, gewinnen sie. Tun sie das nicht, bleiben sie »nackt«, *werden* also dumm. Dummheit: Ein Loch im Wissen oder in der Erfahrung! Ein Loch, das ein Gesunder wegen seiner Möglichkeiten, wegen seines Berufs, seiner Umgebung, seines Alters, seiner Fähigkeiten nicht haben sollte.

Das uns Angeborene will genutzt, gefordert werden, weshalb wir es auch haben – beginnend mit den einfachen, groben Bewegungen, etwa mit dem Hindreschen auf die Schelle. Zwei Jahre später? Nasenbohren. Vier Jahre später: Klavier! Das Einfache muss geübt werden, weil alle weiteren Fähigkeiten darauf aufbauen.

> Darf das noch einmal gezeigt werden? Ein Neugeborenes muss seine Futterquelle spüren, riechen, fassen können: Eine »Suchreaktion« zeigt jedes Hungrige, das – an der Wange berührt – sich prompt nach dorthin

wendet und zuschnappt, was sich da zum Schnappen anbietet. Es muss außerdem spüren, dass es nicht alleine ist – sonst gibt es kein Futter! Es muss sich also melden können, falls es sich alleine fühlt oder es eine Wespe sticht. Dazu braucht es mehr seine Haut und seine Ohren als die Augen. Eine wache »Oberfläche«, die auch meldet: »Wo seid ihr denn alle?!« Dazu muss die innere »Verkabelung« auf Hochtouren laufen, denn sonst wird nichts mit dem, was da noch werden muss: das mit dem Sitzen, dem Deckel und mit dem Kochlöffel; auch die Abstimmung von Armen und Beinen: »Toll, wie die viere synchronisiert sind! Toll!«

Unsere innere Vernetzung will gefüttert, gefordert, gefördert werden – wozu denn sonst soll Vernetzung sein? »Mein ganzes Ich will gelockt werden, bin just deswegen so neugierig und überall dran! Guck dir meine großen Augen an! Und meine flinken viere! Überall muss ich hin, ich kenn das alles ja noch nicht.« Unermüdlich, weil sonst das Einmaleins erst in der Pension so richtig sitzt.

Mit zwölf Monaten planen wir noch nicht, denn die dafür zuständige Abteilung im Hirn ist dazu noch nicht bereit. »Macht auch nichts, denn vor jeder Planung muss ich gehen lernen. Wozu sollte ich wissen, wohin ich soll, wenn ich noch nicht erreichen kann, was ich erreichen möchte?« Deshalb sagen manche: Kleine sind Impulsgesteuerte. Das mit dem Wollen? Das kommt erst später – doch da dann manchmal trotzig (zum Thema Trotz siehe *Eltern müssen alles richtig machen*).

Auslauf: Eltern müssen da ganz in der Nähe sein! Bei den Streifzügen ihrer Kleinen müssen sie mitwandern, wenigstens einer von beiden. Bei Zwillingen beide. Bei Drillingen – eine halbe Kompanie. Am Spielplatz, am Dachboden oder gar auf einem Bauernhof: Überall Nähe! Alle Eltern wissen außerdem, *wieso* die Kleinen diese Nähe brauchen und auch *wozu* sie dem Forscher überallhin folgen müssen, wozu sie in Reichweite sein müssen. Lautlos in der Nähe. Lautlos, denn der Forscher braucht Ruhe bei seiner Forschungsarbeit; ungestörte Ruhe, um das Gesehene, Getastete, Gerochene, Abgeleckte und Belauschte mit Muße zu verkosten. Ganz so, wie auch Chirurgen vor dem offenen Bauch erst wieder Belangloses reden, wenn eine plötzliche, massive Blutung endlich wieder steht. Ruhe! Eltern müssen in der Nähe sein, bei den Streifzügen ihrer Kleinen mitwandern und dabei nicht stören. Nicht stören! Denn alle ahnen, wohin das führen kann: Unbeständigkeit, Zerrissenheit, »Konzentrationsstörung«! Und außerdem: Frust!

Warum sollen Eltern beispielsweise dem Kleinen aus der Entfernung nicht einfach »Heiß!« nachschreien, wenn es eben kerzengrad auf die Steckdose zukrabbelt? Wieso sollen Eltern ihren Forscher von der Steckdose oder von der offenen Kellertür nicht einfach »wegreißen«?

Das grobe Wegzerren? Eh klar, wieso nicht: Tut weh! Außerdem kann dabei das Speichenköpfchen (Ellbogengelenk) aus seiner Verankerung springen. Nicht fein also, ein Kleines nur an einem Arm von etwas wegzuzerren oder hochzureißen! Außerdem wird sich das Kind mächtig schrecken, weil es voll darauf konzentriert ist, was an Neuem jetzt darauf wartet, entdeckt zu werden.

Warum Eltern ihre Forscher bei der Forschungsarbeit nicht stören dürfen? Da ist die nächste Frage an alle Leser und an unsere Assistenzeltern.

Was Eltern sagen …

• Wieso müssen Eltern ihren Kleinen Ruhe gönnen bei ihren täglichen »Studien«? (»Wieso« fragt nach dem Grund.)

»Kinder müssen lernen, lernen, lernen. Das tun sie den ganzen Tag, vor allem kopieren sie die Erwachsenen bei ihren alltäglichen Tätigkeiten. Das ist sehr herzig zu beobachten, falls man die Zeit und Muße dazu hat.« (MK und CK, Graz)

»Ruhe bei den ›Studien‹ sollte den Kindern Konsequenz lehren, das Dabeibleiben und das Lernen, eine Tätigkeit nicht abzubrechen, sondern zu vollenden.« (SM und KM, Graz)

»Jedes Kind braucht eine Zeit, um das Erlebte zu verarbeiten. Wir haben oft beobachtet, dass unsere Kinder erlebte Situationen x-mal in Rollenspielen nachgeahmt haben. Genauso stelle ich mir vor, dass Kinder das Erlebte durchdenken und mit anderem Erlebten vergleichen. Die Studien sind dann dazu da, Vergleichsobjekte zu finden. Es hängt natürlich auch sehr von der Persönlichkeit des Kindes ab, aber manche Kinder können total in ihrem Spiel aufgehen und lassen sich ohnedies nicht stören. Andere sind extrem leicht ablenkbar und brauchen diese Ruhe umso mehr.« (MS und AS, Wien)

• Wozu müssen Eltern ihren Kleinen Ruhe gönnen bei ihren »Studien«? Ruhe, solange diese vertretbar ist. (»Wozu« fragt nach dem Ziel.)

»Damit sie später einmal alles so gut oder schlecht machen wie ihre Bezugspersonen.« (MK und CK, Graz)

»Das Ziel der Ruhe bei den täglichen ›Studien‹ soll die Kinder erkennen lassen, wie schön vieles ist und wie schwierig es auch manchmal sein kann.« (SM und KM, Graz)

»Neben den Notwendigkeiten für die Kinder braucht es auch Pausen für die Eltern. Ein gewisser Rhythmus im Tagesablauf, der auch Pausen und Ruhephasen umfasst, ermöglicht für alle Familienmitglieder die Möglichkeit, sich den eigenen Dingen zu widmen. Bei uns gab es von Beginn an immer eine ›Mittagspause‹, in der die kleinen Kinder schliefen, die etwas älteren spielten und die Schulkinder ihre Aufgaben erledigen konnten. Und die Erwachsenen auch einmal Zeit für eine ungestörte Tasse Kaffee fanden. Das hat sich sehr für alle bewährt.« (MS und AS, Wien)

»Welche Meinung ein Mensch letztlich von sich hat, hängt in erster Linie davon ab, was das soziale Umfeld ihm vermittelt. Wenn Kinder die Erfahrung machen, dass ihnen vonseiten der Eltern etwas zugetraut wird, werden sie auch selbst an ihre Fähigkeiten glauben. Und Eltern haben viele Möglichkeiten, ihre Kleinen zu ermutigen. Der Drang, Dinge selbst zu machen, ist ja von Anfang an da: Schon Zweijährige sind ganz wild darauf, alles alleine zu machen – und sie können schon viel, wenn man sie lässt.
Eltern neigen dazu, die Fähigkeiten der Kinder zu unterschätzen. Enge Grenzen entmutigen hingegen geborene Selbstkönner schon früh: Um einen Teller zu retten, nehmen wir ihnen die Chance, ihre Geschicklichkeit beim Abwaschen zu erproben. Ohne das Zutrauen seiner Eltern, dass es heikle Situationen bewältigen wird, kann ein Kind nicht wachsen, sich nicht entwickeln und keine Freude am Tun empfinden und auch nicht die Zähigkeit, unange-

nehme Situationen einmal auszuhalten. Nur aus der Erfahrung, Probleme selbst zu meistern, baut sich Vertrauen in die eigenen Fähigkeiten auf. Daraus wiederum entsteht Selbstsicherheit und wächst der Stolz auf die eigene Leistung – eben ein gutes Selbstwertgefühl. Ein gutes Selbstwertgefühl ist eine der wesentlichen Voraussetzungen für eine gesunde Entwicklung des Kindes.« (EP und BP, Graz)

Aus welchen zusätzlichen Gründen Eltern ihren Kleinen Ruhe gönnen müssen bei ihren täglichen »Studien«? Weil dabei alle ihre Fühler ungestört abklopfen müssen, was sich vor ihnen auftut. Ungestört, damit ihnen ja nichts entkommt: Genauigkeit, Tiefgang und die bereits erwähnte Konzentration drehen hier schon ihre ersten Übungsrunden!

Nochmals: Kleinen ist alles neu. Etwa der Sektkorken, den sie – vermutlich als Erste – nach der Silvesternacht unter dem Sofa entdecken. Leise muss es da sein. Auch das Mittagessen kann warten! »Nimm den Sektkorken mit zum Suppenteller, passt irgendwie gut dazu!« Keine groben Aktionen, denn die sorgen für Frust! Allerdings: Eine Steckdose geht nicht freiwillig zum Suppenteller mit – und was jetzt?

Kinder also brauchen Auslauf. Das muss niemand einer Mutter sagen. Schon eher muss von etwas anderem die Rede sein, das jede Mutter dabei beachten muss, um das Richtige wieder einmal *richtig* zu tun: »Achtgeben muss sie auf ihr Kleines!«
Auch das muss niemand einer Mutter oder einem Vater sagen. Wovon also sollte die Rede sein, wenn Eltern ihr Kleines zum Spielplatz begleiten?

Dass die Mama sich weder etwas zum Stricken noch etwas zum Lesen mitnehmen soll; auch den Laptop kann sie zu Hause lassen. Denn zu alldem wird sie nicht kommen. Und wenn doch, dann riskiert sie, dass sie im Spital wird weiterstricken müssen. Wenigstens in der Ambulanz, während ihr Kleines hinter der Tür versorgt wird. Womöglich sogar im OP.

Was noch müssen Eltern sein, wenn ihr Kleines auf Forschungsreise geht? Sie müssen in »Arm-Weite«, in Reichweite sein, falls es richtig spannend wird für ihr Kind. »Arm-Weite« statt Rufweite; prompt und direkt zugreifbare Reichweite. Nähe, die ein schnelles, zartes Zufassen erlaubt.

> Rufweite – ein feistes Stichwort: Was wir gelegentlich sehen, etwa im Vorraum der Intensivstation oder in den Warteschleifen unserer Ambulanzen? Dass die Mutter von ihrem Sitzplatz aus das Treiben ihres Älteren mitverfolgt. Jede Mutter weiß, was am dort Sitzenbleiben falsch ist; oder am von dort Hinüberbellen auf den Kleinen hin, der gerade Spannendes entdeckt hat.

»Arm-Weite!« Von der Bank aus »Heiß!« hinbellen, das spielt es nicht! Das erst recht mag das Kleine als Anreiz verstehen, die Lade trotzdem aufzumachen. Außerdem: Die Hinführung zur Wahrhaftigkeit fordert, wortlos und prompt hinzugehen. Notfalls abzulenken, umzulenken, mit anderem, mit Gefahrlosem zu locken. Und bei Bedarf zuzulangen, damit das Kleine seine Wissbegier anderswo sättigen, dort vollsaugen kann. Wieder einmal Nähe! Am besten wortlose Nähe. Wozu denn Worte, die dem Krabbler ja noch völlig fremd sind? Angst mag es kriegen, das Kleine! (Ein Thema, mit dem wir uns noch ausführlich beschäftigen werden, siehe *Kinder sollen keine Angst haben müssen.*) Mehr Angst vor seiner Mama als vor der Stiege, vor dem offenen Lift oder der Steckdose, die uns hier wiederholt begegnet. Angst vor der Mama! »Denn schimpfen tut die Mami mit mir, nicht die Steckdose.«
Vorschnell dem Forscher Spannendes zu verbieten oder es ihm gar aus der Hand zu reißen – was das tut? Das stapelt Frust auf! Frust – das Gefühl des Vergeblichen, des trotz Mühe und erwartungsvoller Spannung Angepeilten! Frust, der immer ein doppelter Frust ist: Doppelt, weil Machbares nicht möglich wird und Mögliches dem Kleinen nicht machbar ist. Frust tut doppelt weh. Alles ist dem Kleinen neu und fremd; nichts ist ihm schmutzig oder gefährlich, »gaga«, »heiß« oder »pfui«. Im Gegenteil: Das Allererste, das es erkennt, dem es sein erstes Lächeln schenkt – just dieses freundliche, liebe »Da!«, es pfeift das Kleine fast ständig zurück. Vergebliches dämpft jeden Schwung und jeden Eifer. Vergebliches stumpft ab, macht allmählich mutlos. Mutlosigkeit macht krank! Mutlosigkeit ist bereits »krank«. Ordentlich krank sogar.
Alles lockt das Kleine mit einer irren Zug- und Lockkraft. Wer sein Kleines dabei lieber einbremst, anfaucht oder auch zurückbellt, wer es gar vom Allerspannendsten wegreißt, anstatt es dorthin zu

begleiten, was der tut? Der verwirrt oder zerreißt sein Kind inner-lich. Ganz gehörig verwirrt er es! »Warum darf ich dort nicht hin, Mami?!« Mächtig zerrt am Kleinen Neugier, die einzige Gier, die nur in diesem Alter sein muss, die auch nur in diesem Alter rühm-lich ist. Später ist Neugier schlechthin albern, seichtes Augenfutter für Anspruchslose. Die Neugier der Kleinen ist Wissbegier: Wie ein Staubsauger sammeln sie alles auf und ein: Alles, das ihnen neu ist. Auch der Hundedreck am Gehsteigrand. Auch der längst schon tote, ausgedörrte Regenwurm: Alles neu. Deshalb muss die Hand der Mama nahe sein, ganz nahe. Die zarte, führende, die leitend len-kende Hand, die dem Kleinen irgendwie verstehbar macht: »Gaga!« Doch Obacht mit diesem »Gaga!«, mit dem »Heiß!«. Obacht mit dem, was weder heiß noch gaga ist! Was weder heiß noch gaga ist – was das ist? Das ist eine Lüge! »Mami, warum lügst du!?« Hier, direkt vor seinen Augen das viele Neue. Dort die Mutter, die fast immer die Bremse zieht, wenn es spannend wird: Das zerreißt ihr Kleines. Soll doch keiner sagen, dass er diese Hin-und her-Gerissenheit nicht sieht. Alle, die das anders sehen, sollen dem Frustrierten in die Augen schauen – und dabei ehrlich sein!

> Mutter, Sie gehen Vorschau halten auf Weihnachten hin. Doch Ihr Mann zupft und zerrt Sie immer fort von den Schaufenstern. »Komm, mach weiter!« Weit und breit kein Frust, nicht wahr?
> Oder: Er hockt beim Champions-League-Finale. Sie kommt mit der Bitte, mit dem Hund eine Runde zu gehen. Kann warten. Wenig später kommt sie wieder: Diesmal mit der Bitte, aus dem Garten eine gute Handvoll Erdbeeren zu holen. Nach weiteren vier Minuten die Bitte: »Schnittlauch auch noch, ein gutes Büschel.« Frust! »Lass mich in Ruhe das Finale wei-terschauen! Der verdammte Schnittlauch hat doch Zeit!«

Bremse. Verhinderung. Interesse. Spannung. Anspannung. Mühe: Umsonst! Für die normale seelische Entfaltung unserer Kinder ist was ein wahrer Segen? Dass sie ihre Ohren auf Durchzug stellen können. »Heiß!« verstehen sie mit neun Monaten nicht. Noch nicht. Längst jedoch verstehen sie den Tonfall – jeden Tonfall ver-stehen sie in diesem Alter. Und der ist oft, sogar fast ausschließ-lich, verbietend. Überwiegend »Nein!«. Erziehung hat das früher geheißen. Und viele tun das immer noch: Sie ziehen, zerren, zup-fen, schimpfen, schreien, nörgeln herum an ihrem Kleinen. an-statt es formend zu führen. Ganz Blöde dreschen gar zu!

Jeder Kutscher am Fiakerbock am Stephansplatz in Wien behandelt seine beiden Rösser freundlicher, als das manche mit ihren Kindern tun. Falls der Kutscher seine Rösser anschreit – was die tun? Fort sind sie! Ohne alles – fort. Auch ohne Kundschaft.

Einem Kleinen beizubringen, das Richtige vom Falschen, das Angenehme vom Weh zu trennen: Ist das wichtig? Kleine wollen, sollen, müssen forschen. Wie sonst sollten sie kennenlernen, was sie noch nicht kennen? Alles ist ihnen so neu, wie uns Alten nur mehr selten etwas neu ist.

Obacht bitte: Die hartnäckige Wiederholung der Wichtigkeit, dessen, was den Kleinen so unersetzbar wichtig ist, gilt den Bockigen unter uns Großen! Klar?! Die unentwegte Wiederholung dieser simplen Wichtigkeit gilt jenen, die nicht verstehen, dass sie die Welt eines Kindes von *dessen* Warte aus sehen müssen, nicht von fast zwei Metern weiter oben. Denn wer die Welt der Kleinen von dort oben anschaut, der übersieht, dass da fast zwei Meter, eine ganze Generation und wenigstens zwanzig Jahre dazwischenliegen.

Daher noch einmal: Kleine *wollen* forschen. Wie denn sonst sollten sie das Noch-nicht-Bekannte kennenlernen? Kleine *sollen* forschen, sonst bleiben sie blank, verdorren, bleiben zurück, verblöden. Auch bei der Formung ihrer ganz Kleinen *müssen* Eltern wissen, dass diese längst schon auf der Schulbank sitzen!

Lange bevor Kleine wissen, was »Ja« bedeutet – kennen sie was? »Nein!« Denn mehrheitlich hören sie »Nein!«. Lange bevor Kleine das »Ja« nicken, tun sie was? …

Das Gesollte dem Krabbler mit Worten erklären – was das ist? Das ist bereits erörtert worden. Lange bevor Kinder dieses Alters wissen, was »Mama« bedeutet, spüren sie den Widerstand ihrer Mutter, ihres Vaters. Woran alle dieses »gespürte« Wissen erkennen können? Daran, dass das Kleine gelegentlich nach der Mama oder nach seinem Papa guckt, bevor es wieder Anlauf nimmt – auf die Lade hin, die es noch immer nicht restlos erkundet hat. Ist auch das eine Wiederholung?

Mutter, Vater, zählen Sie bitte, wie oft Ihnen heute schon ein »Ja!« über die Lippen gekommen ist! Ein strahlendes, ein jubelndes, ein applaudierendes Ja zu Ihrem Kleinen – und nicht erst, wenn es Ih-

nen die erste Zeichnung bringt! Jetzt, wo es die Lade zugeschoben hat, ohne sich die Finger einzuzwicken: »Bravo! Gut gemacht, mein Schatz! Das Richtige hast du richtig gemacht! Toll! Bravo!« Auch das versteht der Knirps natürlich nicht, doch er *fühlt* »Applaus«: Ich habe das Richtige richtig gemacht! Kann es sein, dass hier bereits Selbstwert anfängt, keimt, wächst – mit neun Monaten? Allerdings: Manchmal wird es nicht anders zu machen sein, als dass ein Kleines »heiß« tatsächlich einmal spürt, »erfährt«. Wenig nur genügt, denn dumm sind unsere Kleinen nicht! Auch wird diese Lehrstunde vermutlich ein einziges Mal genügen: Bloß bis zu einer Rötung werden Eltern das vielleicht riskieren müssen, denn flink sind die Einfallsreichen. Rötung. Hoffentlich nicht mehr! Auch nicht größer als eine oder zwei Fingerkuppen. Ein derart dosiertes Risiko wird eher klappen, wenn ein elterlicher Arm schon da ist, falls ein Kind bereits Richtung Herdplatte oder in die Kerzenflamme greift. Nähe, Mutter! Nähe, Vater! Immer wieder diese Ihre simple Nähe!
Simpel. Und dennoch: zehrend, auszehrend, ermüdend. Nutzlos? Sinnlos? Wie denn? Auf diese Weise lernt ein Kleines etwas Unverzichtbares: Fürs ganze Leben lernt es, was tatsächlich heiß ist. Besser jetzt, als später mit einem Böller, der ihm eine Hand zerfetzt. Oder beide.
Nähe! Am besten die Mutter oder der Vater höchstpersönlich! Denn niemand kennt den Einfallsreichtum und die Schnelligkeit ihres Kleinen besser. Kaum jemand schafft besser, was Eltern längst im Gespür haben, weil sie schon aus dem Augenwinkel heraus ahnen, was kommt.

Wir setzen zum Landeanflug an. Doch noch einmal, weil wir alle das überall noch immer sehen und hören müssen: Nicht bellen! Womöglich von der Fernbedienung aus. Außerdem: »Heiß« ist heiß. Nichts sonst, weil sich sonst Frust anstaut: vergebliches Mühen, das mächtig von innen nach außen drängt! Vergeblich! Zurückgepfiffen! Blockiert, womöglich auch »abgewatscht«. Vier, fünf, zehn, vierzehn Jahre später? Zerrissenheit, Unruhe, Flippigkeit, Unsicherheit: Wer will abstreiten, dass all das womöglich hier seine Wurzeln hat? Im zarten Alter von neun, elf, dreizehn Monaten? Alles Zeichen, die erst später hochkommen, die erst später »auseitern« mögen. Die erst dann aufbrechen, wann niemand mehr sagen kann: Wieso, woher und wie denn überhaupt?

Noch etwas, geschätzte Eltern: Danken Sie dem Himmel einmal am Vormittag, einmal am Nachmittag und einmal jeden Abend. Wofür? Dafür, dass Ihr Sohn kein schlapper, stumpfer »Doofsack« ist, der bloß herumliegt, in die Luft starrt und ständig nur an seinen Fingern lutscht. Danken Sie dem Himmel auch aus einem anderen Grund, von dem bereits die Rede war, der aber um vieles ernster, um vieles bitterer ist: Seien Sie dankbar, dass Ihr Kleines überhaupt krabbeln kann – so flott und ohne jede Therapie. In drei Monaten wird es frei die ersten Schritte breit-platschend gehen können. Danke!

Kinder *wollen* und *sollen* Auslauf haben, sonst bleiben sie »nackt«! Kinder *wollen* und *sollen* Auslauf haben, sonst »werden« sie dumm! Dumm, weil sie nicht angegriffen, abgelutscht, gesehen, gehört, erschnuppert haben, was sie gefahrlos hätten tun sollen – was sie hätten tun müssen. Kinder wollen, sollen, müssen Auslauf haben, doch brauchen sie dabei Begleitung. Sonst stürzen sie ab oder verrennen sich. Und sobald sie wenigstens die Miene der Mama verstehen, brauchen sie auch »Erklärung«. Sie werden diese oftmals nicht sofort verstehen und deshalb das Gleiche am Nachmittag noch einmal versuchen. Ungehorsam? Vergesslichkeit? Widerspenstigkeit? Kleine funktionieren meist anders.

Ein Nachsatz zur letzten eingangs gestellten Frage: Die Gehschule ist eine *Schule*. Kein Gefängnis! Also keine Strafanstalt! Kann das reichen? Reicht (siehe auch Foto S. 117).
Das eben Gesagte hat Gewicht! Denn ein *einziges* Mal das Kleine dort hineingedonnert – und die Gehschule wird zur Strafanstalt! Unserer Mutter ist ein Kunststück gelungen: Sie hat es geschafft – manchmal wenigstens! –, die Gehschule für die Zwillinge als deren Herrschaftsgebiet attraktiv zu machen! »Das ist unser Revier! Das da draußen, um uns zwei herum, die Küche? Revier der Mami, dort können wir sie immer sehen, unsere Mami!« Wir, die beiden Größeren, wir haben uns gelegentlich zu ihnen hineingesetzt, denn dort war es lustig.

Kinder wollen Geborgenheit

Es folgt Ernstes! Vom Anfang bis zum Ende – beinahe lückenlos Ernstes.

> Sagt einer im Vorbeigehen: »Kinder wollen ein Nest. Kinder brauchen ein Nest. Kinder brauchen nicht nur Eltern oder gar nur eine Mutter, die im Alleingang für alles sorgen muss. Nest!«
>
> Da hat einer an das Nest einer Amsel gedacht: rund, die Wände hoch genug, damit niemand hinausfällt, auch die Mutter nicht, und doch nach oben ganz offen. Ausgepolstert, weich, geschützt, groß genug, aber auch heimelig eng wegen der Wärme – aneinanderkuscheln, wie es auch die zwei Kleinen auf dem Foto auf Seite 118 tun! Von niemandem leicht einsehbar; weitgehend geschützt auch gegen Regen – was dennoch durchtropft, das perlt an der Amselmutter ab. Nest.

Hinschauen! Kinder wollen ein Nest. Kinder brauchen ein Nest, weil sie sonst rausfallen, verloren gehen. Kleine brauchen nicht nur Eltern, etwas zum Futtern und Berge von Spielzeug. Sie brauchen ein Nest, Wärme, Nestwärme. Wie alle wissen: keine überall selbstverständliche Sache.

> Vor drei Wochen ist auf die Flüchtlingslager im Norden Jordaniens dicker Schnee niedergegangen; die Zelte haben dem oft nicht standgehalten: Schnee von oben, Wasser von unten, von draußen; Wasser, mit dem sich Decken und Matratzen sattgetrunken haben. Ein zwei Wochen altes Baby ist erfroren. Februar 2015. Tut das weh?
>
> Wärme, ist die wichtig für ein nacktes Kleines? Denn, was hat das Kleine, das es mitgebracht hätte, außer sich selbst? Was, das es für sich bereits besorgen könnte? Wärme – nur wichtig für Kleine?

Das mit dem Nest: Das muss einer sehen wollen. Dann kann er das auch sehen. Etwa auch jenes Nest, in dem wir – gleich nach dem persönlichen Urknall – neun Monate lang hausen. Da gibt es zwar kein Licht, doch alles andere ist da ziemlich bequem: Es herrscht immer die gleiche Temperatur – also kein Schwitzen, kein Frieren. Weder Fäustlinge noch Schal, weder Heizkosten noch solche für die Kühlung. Keine Zugluft. Genug Bewegungsspielraum – mühelos, schwerelos. Keine Kanten, keine Stufen, spiegelglatt ist die Wohnung austapeziert. Und außerdem gratis – auch ohne Mietvertrag.

Auch sind wir da nie allein. Denn da *ist* doch immer jemand, das können wir ja spüren, oft auch hören. Auch atmen können wir dort – das brauchen wir zwar noch nicht, aber den Lungen tut das gut: Sie dehnen sich. Wichtig! Denn, falls das Wasser abhandenkommt, wird es eng: Die Lunge bleibt klein, die Gelenke versteifen, die Muskeln … Erst recht wird es dann eng, wenn wir an die frische Luft müssen: Vielleicht *zu* eng … Auch für Unterhaltung ist stets gesorgt: Das beruhigende, einwiegende Tsch-tsch-tsch, dann wieder Glucksen … Schunkeln tut uns da jedenfalls immer jemand – das merken wir uns für später! Wir sind in diesen neun Monaten also vollbeschäftigt. Zum Essen bleibt keine Zeit, dieses Problem ist ja ohnehin anders gelöst: keine Blähungen, keine Windeln, kein gar nichts außer Pipi. Die ganze Abfallwirtschaft auf Pipi zurückgefahren! Großartig!

Noch etwas, das Sinn macht und ebenfalls mit »Nest« zu tun hat: »Nestschutz« nennen Kundige den Schutz gegen einige Infektionskrankheiten, den jedes Kind über die Nabelschnur erhält. Er hält nach der Geburt drei, vier, einige Monate lang an.

> Abwehrstoffe gegen Masern und Windpocken etwa – vorausgesetzt, die Mutter hat Masern oder Windpocken vor der Schwangerschaft schon einmal durchgemacht. Die jetzt Schwangere verfügt deshalb über Antikörper gegen diese Viren: Die »punktgenauen« Abwehrstoffe (etwa auch gegen die Fieberblasenviren) kann das Kind über die Plazenta von der Mutter her in das Nabelschnurblut übernehmen und sich einverleiben – eine »passive Impfung«, die keine Nadel braucht. Eine Vorgabe!

Nest? Das muss einer sehen wollen. Dann *kann* er das auch sehen. Und er wird staunen, was dieses Nest alles zu bieten hat. Zum Beispiel die Muttermilch: Eine der vielen »Vorgaben«. Großartig, Mutter! Vier, längstens fünf Monate – und ihr Kleines hat sein Geburtsgewicht mithilfe ihres »Nektars« verdoppelt.

Unser Thema in diesem Kapitel heißt Geborgenheit. Doch endlos kuscheln? Außerdem: Den Kleinen immer alles recht machen? Das wollen alle Eltern. Doch sie wissen: Das bleibt ein Wunsch. Leider. Bei einem Treffen von Vätern erzählt einer allerdings: »Kürzlich haben mir meine Kinder gesagt: ›Papa, wenn du da warst, warst du da!‹« Was die heute längst Erwachsenen damit vermutlich gemeint haben? *Wie* ein Vater die gemeinsame Zeit mit seinen

Kindern verbringt, ist offenbar entscheidend! Entscheidender als die Zahl der Stunden oder sonst wie Zweitrangiges oder Ausgefallenes. *Wie* muss dieses »Wie« aussehen, damit Kinder so etwas von ihrem Vater sagen – Jahrzehnte später? Der Vater muss seine Kinder »anrühren«! Er muss sich auf ihre Welt einlassen. Seine Kleinen muss er auf eine Weise anrühren, die diese »verstehen«: Er muss mit ihnen am Boden herumkullern, sich mit ihnen herumbalgen, mit ihnen Nachlaufen spielen. Mit den schon etwas Größeren? Mit denen muss er Baumhäuser bauen, Staudämme errichten oder »Räuber und Gendarm« spielen. Mit dynamisch Pubertierenden? Schwer. Diese pseudocoolen Großmäuler muss ein Vater links überholen. Er muss sie mit Einfällen überraschen, die sie nicht erwartet hätten.

»Papa, wenn du da warst, warst du da!« Dieser Vater hat seine Kinder etwas spüren lassen, worauf diese offenbar stehen: Verfügbarkeit für *ihre* Interessen! Dort kann jeder Vater seine Kinder »anrühren«, dort kann jeder Vater seine Kinder finden, berühren, »erreichen«. Dort kann jeder Vater seinen Kindern viel Gutes tun. Nest. All das braucht freilich auch Zeit! Da dürfen Kinder in keine »Löcher« fallen: Löcher, in denen sie sich fadisieren; Löcher, in denen sie sich gar einsam fühlen, weil weder Mama noch Papa da sind, weil beide viel zu oft anderswo sind.

Gutes tun. Mag sein, dass sich Eltern fragen: Was ist für unsere Kleinen gut? *Gut* im Sinne von wohl, von angenehm! Andererseits: Was tut unseren Kleinen wohl? *Wohl* im Sinne von passend, richtig, »g'scheit«! Angenehm-Sein und Richtig-Sein: Ist das deckungsgleich?

> Einen Abszess am Po spalten? Das wird richtig sein. Ob das immer wohltut? Keine angenehme Sache, noch dazu dort. Dennoch »g'scheit«, das ehest jemanden tun zu lassen, der darin Übung hat.

Gutes im Sinne von angenehm, von »g'scheit«: Da treffen wir auf eine Schwierigkeit: Denn was für uns richtig ist, das ist oft nicht angenehm. Das Richtige ist oft weder spannend noch lustig. Stattdessen ist es womöglich mühsam, widrig, lästig. Etwa jede Art von Müssen: Pünktlichkeit, Verlässlichkeit, Gradheit, Mundhalten, Lächeln, Geduld. Und doch ist es just das Angenehme an solchem Müssen, das kein »Empfänger« missen möchte: Pünktlichkeit, Gradheit. Der Unterschied? Je nachdem, wer der »Sender« und wer der »Empfänger« ist; wer das Angenehme tut und wer das Angenehme in Empfang nimmt – das Angenehme an der Pünktlichkeit, an der Geduld, an der Ehrlichkeit, am Mundhalten: Das Angenehme tun!

Der gelegentliche Gegensatz zwischen dem, was uns *wohltut*, und dem, was uns *guttut*: Dieser Gegensatz beschert uns oft Ärger. Das so Simple sorgt oft für Kopfzerbrechen, vielleicht sogar für Streit, für scharfe Zwietracht.

> *Sie* will über den Vorfall mit dem Mathelehrer heute Vormittag reden. Darüber zu reden wäre zweifellos gut, *täte ihr* auch gut. Angenehm ist der Vorfall dennoch nicht! *Er* hingegen will seine Ruhe haben – ebenso verständlich, denn fast den ganzen Tag lang hat er in der Firma Streit schlichten müssen. Das Gute, das Richtige und das Angenehme: mühsam, diese drei auf einen Nenner zu bringen.

Was uns guttut, tut uns oft nicht wohl. Was uns wohltut, ist oft nicht »g'scheit«. Riecht das nach Widerspruch? Mit einem solchen Gegensatz können Erwachsene leichter fertig werden. Kleine? Die rennen da gegen eine Mauer, über die sie nicht »drübergucken«, die sie auch nicht überwinden können. Auch können sie nicht verstehen, was die Mauer da überhaupt soll. Jedes Nest hat Mauern, jedenfalls Grenzen. Leicht also kann die behagliche Geborgenheit im Nest auf Grenzen, gar auf »Gegenwind« stoßen.

> Beispiel: Der Kleine will mit dem Dreirad durch die Gegend flitzen – ist ja lustig. Ist auch sinnvoll, weil Kleine üben müssen, sich im »Raum« zurechtzufinden, ohne überall anzuecken. Sie müssen auch lernen, Tempo so zu bemessen, dass sie nicht bei jeder Kurve rausfliegen. Gleichzeitig wartet aber das Mittagessen: ebenfalls sinnvoll, im Augenblick aber nicht so spannend, wie mit dem Dreirad durch Wohnzimmer und Küche zu düsen. Mauer! Wo gibt es die in einem Nest? Grenzen – die schon, sonst fallen die Jungen raus. Machen Grenzen auch anderswo Sinn?

Bedenkenswertes zu Geborgenheit, Gegenwind und dem, was wir als Harmonie bezeichnen: Die Mauern, über die Kleine noch nicht drübersehen, die kennen alle Eltern. Das Problem ist bekanntlich ein anderes: Das Gewollte und das Gesollte unter einen Hut zu bringen, der Sinn macht. Sinn! Nicht einfach: »Du musst!« Denn dieses Müssen versteht das Kleine nicht.

Das Sinnvolle dem Kleinen klarzumachen, über diese »Mauer« müssen Eltern ihre Kleinen heben. Denn selbst schaffen sie noch nicht, was auch Große nicht immer schaffen: Einsicht. Konflikte sind vorprogrammiert.

> »Nur ich muss immer müssen ...!«, beklagt sich der Kleine auf dem Weg zum Kinderarzt. Er möchte doch viel lieber zur Baustelle, dort herumgatschen, den Bagger anschauen (siehe *Kinder wollen ernst genommen werden*).
> »*Warum* darf ich zur Steckdose nicht hin? Ich *muss* dort aber hin! Was soll dein ›Nein!‹, Mami?«
> Warum müssen Fünfjährige die Wahrheit sagen, die Großen aber nicht? »Warum muss immer nur ich müssen?«
> »Warum wäscht sich der Papi manchmal nicht die Hände vor dem Mittagessen? Mit dem aber schimpfst du nicht: Warum muss immer nur ich?«
> Zeigt sich da Sand im Getriebe familiärer Geborgenheit? Sand in der Einheit, ohne die warme Harmonie in den vier Wänden weder werden noch halten kann?

Kleine können manches verstehen. Altersgemäßes können sie verstehen – davon war bereits die Rede. Manches können Kleine noch nicht verstehen. Doch anstatt das zu erkennen und zu akzeptieren, halten wir sie für bockig: Das erst recht sorgt für Spannungen. Sind Kinder bockig, wenn sie Nein sagen zu etwas, das sie nicht verstehen, das sie nicht verstehen *können*? Und die Eltern: Was sollen die jetzt? Verstehen ist also für alle ein Problem: für Große ein Problem – und für Kleine erst recht. Nest?
Ein Kind verstehen können – *was* für eine Aufgabe! *Wenn* jemand den anderen verstehen kann, dann sind es die Eltern, die ihr Kleines verstehen können. Ist das nur eine Frage des Könnens? Ist das nicht auch eine des Wollens, auch eine des »Gewusst wie«? Wieder einmal ist Elternbildung ein Thema. Denn Harmonie entsteht bekanntlich nicht von selbst. Harmonie hat Spielregeln, zum Beispiel jene, andere verstehen zu wollen. Welchen Stellenwert familiäre Harmonie und das gegenseitige Verstehen haben, das muss Erwachsenen niemand buchstabieren.

> Harmonie, Verständnis – hierher gehört auch das Verstehen von Unverständlichem oder Schmerzhaftem, das uns plötzlich überfällt: etwa die Einsicht in Grund und Hergang einer Darmverwicklung eines Kleinen. Welchen Stellenwert das hat? Welcher Vater, welche Mutter will auf dieses Verstehen verzichten? Oder das »Verstehen«, wieso ein Wald-

brand ausgebrochen ist, der den Baumbestand binnen weniger Stunden um Jahrzehnte zurückgeworfen hat? Wer will sagen, dass das Verstehen solcher Fragen belanglos ist? Klärt sich doch just durch dieses Verstehen oft Schuld, Mitschuld oder Unschuld. Wer ist schuld an einer Darmverwicklung? Niemand ist schuld an einer Darmverwicklung!

Andere verstehen. Unerfreuliches verstehen, auffangen, irgendwie parieren, beherrschen, entschärfen: Mühsam! Erst recht mühsam für Kleine, die durch solche Dunkelheit noch nicht durchblicken, sondern gegen schwarze Fragezeichen krachen. Man denke etwa an Kleinkinder, die mit ihren Eltern Hals über Kopf ihre Heimat verlassen müssen, wenn sie ihr Leben erhalten wollen. Wie viele Fragezeichen sammeln sich in den Herzen solcher Kinder – und welche? Der gelegentliche Gegensatz zwischen dem, was uns *wohltut*, und dem, was uns *guttut*: Dieser Gegensatz schafft Probleme, die selbst ganze Regierungen kopflos machen – auch einen ganzen Kontinent. Verstehen!

Beides ist also bisweilen schwer: Die Kleinen verstehen, und dass die Kleinen uns Große verstehen. Letzteres ist um vieles schwerer! Beginnen wir daher mit dem vermutlich Leichteren. Denn die Geborgenheit und die Wärme familiärer Harmonie stützen sich auch auf diesen Punkt: Verständnis!

Ein Kleines verstehen: Wieso das oft so schwer ist? Es folgt eine Wiederholung: Kleine »spüren«, was sie wollen. Doch das Gespürte sagen? Das schaffen sie noch nicht, weil sie das Gespürte noch nicht in Worte fassen können oder es nur mit zwei, drei Worten sagen: »Mag nicht!«

> Die mit acht Monaten? Die machen große Augen, wenn ihnen der große Bruder das Spielzeugauto wegnimmt: Augen voller Fragezeichen. Oder sie plärren. Mehr lassen sie noch nicht raus. Genaueres erst recht nicht.
> »Mir!« So reden Kleine mit etwa achtzehn oder zwanzig Monaten. Die Botschaft lässt sich schon erahnen.
> »Mami, mir g'hört!« So tönt die Beschwerde mit 24 oder dreißig Monaten. Drei Worte, *noch* nicht genauer.
> »Mami, Auto mir g'hört!« So vielleicht mit drei, dreieinhalb Jahren.
> »Mami, ich mag die Tante Irmi!« Das klingt schon sehr gewählt, klingt nach Kindergartenalter.

Je jünger, desto dürftiger sind die Signale bekanntlich. Desto dünner ist folglich die Verständigung vom Kleinen hin zu jenen, die es verstehen sollen, die ihm beistehen müssen, um das Gewollte, das Gesollte, das »Gespürte« ihm auch zu verschaffen. Kleine »spüren«, was sie wollen. Doch das können sie oft noch nicht in Worte kleiden. Stattdessen reden ihre stummen, rätselhaften Augen oder ihre Tränen. Gespürtes in Worte fassen – wie schwer das ist? Das kann verstehen, wer Zahnweh oder Heimweh hat. Mit ihrer stummen Sprachlosigkeit »täuschen« uns die Kleinen. Sie täuschen uns, weil sie oft nichts zu dem sagen, das ihnen wehtut. Genauer: Sie hätten vieles zu sagen, doch das schaffen sie noch nicht. Warum die Tränen bei den Kleinen derart locker sitzen? Eben: Weil sie den Druck ihrer inneren Nöte nicht anders ausdrücken können. Doch auch das Schweigen kann ihnen zum Verhängnis werden, *wird* ihnen oft auch zum »Verhängnis«. Wer schweigt, scheint zuzustimmen: Das gilt gelegentlich nicht einmal für Erwachsene; erst recht gilt das nicht für jene, die oftmals mit »Schweigen« reden. Und mit Tränen.

> Erstmals im Kindergarten: »Meine Kleine, sie hat nichts gesagt! Sie hat *eh* gleich mit dem großen roten Auto gespielt! Sie ist *eh* gleich an der Hand der Tante Irmi mitgegangen – wortlos!«
> Täuschen uns die wortlosen Kleinen? Täuschen wir uns selbst? Oder täuschen sie nicht?
> »Mag die Tante Irmi!«
> Na gut, scheinbar tatsächlich alles in Butter. Wann täuschen sie? Wann täuschen sie nicht?

Ob und wie Kleine uns Große verstehen, woran das jeder erkennen kann? Das können wir daran erkennen, wie Kinder auf das reagieren, was wir tun, sagen, deuten: Juchzend hüpfen sie davon – oder sie stutzen, schweigen, spielen weiter. Falls sie angeschnauzt werden, verknoten sie ihre Finger, verstecken sich irgendwo und weinen dort lautlos (siehe Einleitung).

> Hören wir uns an, wie wir mit unseren Kleinen manchmal herumspringen, wie wir mit ihnen reden oder sie herumkommandieren: »Verschwind!«, »Komm her! Aber flott!«, »Pass doch auf!« oder »Vorsicht!« Hilfreich für den Zweijährigen, der noch gar nicht weiß, was Vorsicht heißt. »Geh weg, lass das – heiß!« Keine Spur von heiß, sondern eine Lüge (siehe *Kinder wollen Auslauf*). Ist das eine Wiederholung? Nein, das ist eine Anklage! Denn *das* also hat das Kind schon gelernt, riecht es wenigstens: Heiß ist, was weder jemals heiß gewesen ist, noch jemals

heiß werden wird. *Gar* nichts Brauchbares also hat das Kind gelernt mit diesem »Heiß!«. Aber ans Lügen hat es erstmals gerührt. Brauchbar ist das öde »Heiß!« nur für Unfähige, Faule, Doppelzüngige, Kurvenschneider oder für Dompteure: für Er-Ziehende, für Hin-und-her-Zerrende, für solche, die an ihrem Kleinen endlos rumzupfen! Drillknechte, Peitschenknaller, Watschenpapis. Geborgenheit? Nest? Armes Kleines! Immer hast du es mit Stärkeren zu tun und musst dich ihnen fügen. Kuschen musst du, wenn du keine »fangen« willst. Zum Duckmäuser bist du erniedrigt, verbogen, dazu erzogen: Ducken! Deckung! Womöglich für immer ducken – oder bloß zehn Jahre lang: Dann Aussteiger! Endlich frei! Einsam wenigstens. Oder gar schon unterwegs zum Irrsinn: Jetzt mag »Rache« kommen. Ist das aus der Luft gegriffen? Nest? Das riecht nach Guantanamo, Gulag oder Straflager innerhalb der eigenen vier Wände: Drohung! Angst! Gespenster! Kann es sein, dass Entgleisung, Verwahrlosung, »Verrücktheit«, auch spätere »Amokfahrer« hier bereits ihre ersten Runden drehen – im Nest?

Wer das Wollen seines Kleinen übersieht, wer dessen leichte Verletzbarkeit verkennt oder überspringt, wer sein Wollen vom Tisch wischt, weil »der Zwerg ja eh noch nix mitkriegt, hört oder versteht!«, wer achtlos oder unempfindsam »drüberfährt« über die Signale seines zarten Wollens, wer – abgelöst vom Wollen seines Kindes – einfach festsetzt, was zu geschehen und was zu unterbleiben hat, wer das *Wollen* seines Kleinen abschafft und stattdessen bloß auf das *Sollen* pocht, was der tut? Der lehrt sein Kind, dass er es verkennt. Der lehrt sein Kleines, dass er keine Ahnung davon hat, was »kindgerecht« heißt. Und dass es jetzt womöglich mit Drill zu rechnen hat.

Wenn Kleine unterdrückt, angeschrien, verdroschen oder sonst wie gedemütigt werden: Was sonst bleibt ihnen übrig, als diesen Irrwitz zu schlucken? Wo sollten sie denn hin? Welcher Fluchtweg bietet sich ihnen, den sie schon erkennen können, den sie schon im Alleingang schaffen? Und wie heißt der Fluchtweg – außer Teddy oder Puppe? Die einzigen Ansprechpartner für ihren Kummer. Oder der Keller, in dem sie sich verstecken, wenn sie sich irgendwo verkriechen, wo Finsternis sie nicht sehen lässt, in welches Elend sie geraten sind und welcher Horror sie umzingelt.

Noch reicht ihre Sichtweite nicht bis zum Rand des Nestes, um zu entfliehen. Grausam kann Enge werden, anstatt zu wärmen, zu trösten, zu herzen, zu »locken«, wie die Steirer sagen.

Glücklicherweise haben Kinder meist mit Eltern zu tun, die sich redlich Mühe geben! Sie vermitteln ihren Kindern jene gesicherte Geborgenheit, die man auch auf dem Foto auf Seite 118 erkennen kann. Doch, doch, Eltern geben sich viel Mühe. Mühe, die Hingabe heißt. Großartig! Manche allerdings? Die plagen sich dabei auf der falschen »Etage«: Sie überfrachten sich mit einem Vierfach- oder Fünffachjob oder lassen sich diesen aufhalsen. Dadurch lassen sie sich hektisch und ihr Kleines kopfscheu machen, wirbeln es durcheinander und machen alle Beteiligten damit fertig.

> Schreibabys? Ziemlich alle Mütter dürften riechen: Wenn mein Kind, noch so klein, derart pochend schreit, dann schreit mich da ein arger Notstand an! War nicht eben die Rede von den Ursachen von Versäumtem oder Schiefgelaufenem und davon, wie Schuld werden oder nicht werden kann? Schuld ist vermeidbar. Nicht immer, aber oft.

Schon Ungeborene dürften spüren: In einem Nest, da ist warme Geborgenheit. Davon ist bereits die Rede gewesen, etwa auch im Zusammenhang mit dem Stress-Hormonspiegel in der 25. Schwangerschaftswoche (siehe *Kinder wollen ernst genommen werden*). Gesicherte Geborgenheit, in Geborgenheit gebettete Sicherheit.

> Im Nahbereich von Geborgenheit kann viel Nützliches gedeihen: Orientierung, Rhythmus, Ordnung – drei oft grässlich unterschätzte Säulen familiärer Geborgenheit. Denn auf sie kann kein Tagesablauf verzichten, der von sich behaupten will, dass er schaffbar ist und warme, herzliche Geborgenheit schaffen kann. Harmonie, Geborgenheit – nicht nur, aber als Erstes. Mit ein Grund, wieso wir nicht im Reagenzglas heranwachsen. Wärme, Nähe, Nest – dasselbe Nest rund um die Uhr.

»Psychischen Hospitalismus« nennen wir Ärzte eine seelische Verkümmerung, die vor allem bei Säuglingen auftreten kann, wenn sie (etwa wegen eines monatelangen Spitalsaufenthalts) auf tägliche, ausgedehnte mütterliche Zuwendung verzichten müssen. Und das just im ersten Lebensjahr, in dem wir auf die »Anlehnung« an die Mutter besonders angewiesen sind. Depression, Abstumpfung, Teilnahmslosigkeit, »Rückzug« bis hin zum völligen seelisch-körperlichen Verfall (Marasmus) können da beobachtet werden.

René A. Spitz (geboren 1887 in Wien, gestorben 1974 in Denver, Colorado, USA) konnte in Wien verlassene Kinder beobachten, die vorübergehend in Heimen versorgt wurden, bis sie an Pflegeeltern oder an andere Betreuungseinrichtungen weitergewiesen werden konnten. Dabei stellte er fest, dass die Kinder wieder zu normalem Verhalten zurückfanden, wenn die Trennung von der Mutter nicht länger als fünf Monate gedauert hatte. Spitz' Beobachtungen und die dramatischen Ergebnisse wurden filmisch dokumentiert und sorgten weltweit für Aufsehen.[54] Insgesamt hat er in 52 Filmen seine Beobachtungen festgehalten, etwa in *Grief. A Peril in Infancy* (*Kummer: Eine Gefahr in der frühen Kindheit*, 1947). Spitz prägte den Begriff »Hospitalismus«: Die Beziehung zwischen Mutter und Kind ist für ihn der Prägestock, die Gussform hin zur Entwicklung der sozialen Beziehungen. Kostproben daraus?
Spitz beschreibt beispielsweise ein kleines Mädchen, das vor der Trennung von seiner Mutter ein fröhliches Kind ist, das auch Fremden zulächelt. Nach der Trennung liegt es still auf dem Rücken und wirkt depressiv. Ähnliches lässt sich auch bei anderen Kindern beobachten, die seit dem vierten bis achten Monat im Waisenhaus aufgewachsen sind. Versucht man, Kontakt mit ihnen aufzunehmen, wirken sie verwirrt, reagieren mit bizarren Finger- und Handbewegungen, Kopfschütteln oder Weinen. Der dritte Teil des Films zeigt Kinder, deren Mütter wieder zurückgekehrt sind: Sie lachen nicht nur ihre Mutter, sondern auch Fremde an. Dazu vertritt Spitz die Ansicht, »(...) dass es das emotionale Klima der Mutter sei, von dem es abhänge, ob das Kind sich normal entwickeln kann«.[55] Thomas Thiel fasst in seinem diesbezüglichen Beitrag im *Handbuch der Kleinkindforschung* zusammen: »Seine Filme, die auf dramatische Weise zeigen, welche Konsequenzen eine schlechte oder gar für längere Zeit unterbrochene Mutter-Kind-Interaktion hat, haben (...) die Relevanz der frühen Mutter-Kind-Interaktion nachdrücklich unterstrichen. Wichtig ist auch, dass Spitz immer wieder darauf hingewiesen hat, dass nicht einmalige Erlebnisse entscheidend für die Entwicklung des Kindes seien, sondern die Kumulativwirkung von täglich sich wiederholenden Erfahrungen.«[56]

Wichtig ist also die *Summe* an Erfahrungen, die Geborgenheit schaffen. Voraussetzung dafür ist, wie bereits behandelt, das Verstehen. Für Eltern stellt sich also einmal mehr die Frage: Wie muss ich tun, damit *ich* es verstehen kann, mein Kleines? Wie muss *ich* tun, damit das Kleine *mich* versteht, es mich verstehen *kann*? Täglich dutzendmal die gleichen schweren Fragen: »Was willst du mir denn sagen, Liebling, was? Wie muss ich tun, damit ich deinem Wollen, deinem Sollen in die Segel blase statt dir ins Gesicht?« An diesen scheinbar niedlichen, scheinbar fast *lächerlich-wichtigen* Sorgen kommt niemand vorbei, der sein Kleines richtig führen, richtig formen will.

Womit muss rechnen, wer das versäumt? Wer das Wollen, Sollen, Müssen seines Kleinen unterschätzt, es gleichsam nebenher erledigt? Womit muss rechnen, wer seine Hingabe an sein Kleines nach »Zwängen« dosiert, die dem Kleinen vollkommen egal sind? Womit muss rechnen, wer des Kleinen stumme Augen ablehnt, aktiv übersieht, vielleicht sogar verwirft, abschüttelt? Der muss damit rechnen, erst später zu sehen, wie groß die Löcher sind, die er in sein Kind gestanzt hat. Wann? Dann, wenn das ehemals Kleine seinen Eltern – vielleicht uns allen! – seine Rechnung präsentiert. Eine Rechnung, auf die die völlig Überraschten womöglich ratlos-wütend reagieren: »Das ist doch unerhört! Du bist undankbar! Was haben deine Mutter und ich für dich nicht alles geopfert?« Vielleicht hören die Angeschrienen auch Gröberes.

Was sich ein so Wütender jetzt schon sagen lassen muss? Er muss sich sagen lassen, was ihm längst bekannt ist: Stichwunden gehen tief. Oft kann niemand sagen, wie tief und was der Stich in der Tiefe angerichtet hat, dort noch anrichten wird. Stichwunden – wer will sagen, was sich in der Tiefe eingeklemmt, dort festgesetzt hat? Wer mag sagen, was, wann, wie von dieser eitrigen Tiefe aus seine »Kreise zieht«? Denn das Kleine schweigt fast immer, wenn es ratlos ist. Oder es stampft vor Wut und lässt bloß Rotz, Trotz, Tränen raus. Kann es sein, dass wir ihre Wut, ihren Trotz, ihr Stampfen, ihre Tränen missdeuten, gar auch unterschätzen – ganz nach dem Motto: »Ist halt ein Kind!«?

Wer nicht erahnen oder wahrhaben will, welch schwere Verletzungen die ratlosen Kleinen oft wortlos einkassieren: Was der
soll? Wer nicht erahnen oder nicht wahrhaben will, welche
Spannung sich in einem hilflosen, sprachlosen, wehrlosen Kleinen aufstauen kann, das nicht versteht, was die brüllende Ablehnung soll? Wer nicht erahnen und auch nicht wahrhaben will,
welche Spuren ein solches Seebeben in der Tiefe dieser Kleinen
lostreten kann, was der soll? Der soll sich das halt sagen lassen!
Er soll sich sagen lassen: Schau diesen Wortlosen in die Augen!

> Wir alle müssen uns sagen lassen, öfter und genauer hinzuschauen,
> wie die Kleinen reagieren: Wie sie ungerührt weiterfahren mit ihrem
> Dreirad und das »Danke, mein Schatz, dass du mir geholfen hast. Dan-
> ke!« regungslos an sich vorbeilassen – wie sie *scheinbar* ungerührt je-
> des Lob an sich vorbeilassen. Oder wie sie wortlos abdrehen, leise ins
> Nebenzimmer gehen, dort auf ihre Finger starren, die sie wieder einmal
> gedankenverloren ineinander verknoten; oder wie sie vielleicht schon
> an den Fingernägeln knabbern. Offensichtlich knabbern sie dann nicht
> nur an den Fingernägeln: Nest, wo bist du hin?

Bizarre Fragezeichen können sich in einem Kleinen auftun, das
sich täglich weggestoßen, zurückgestoßen, geprellt, unverstanden,
abgelehnt *fühlt*. Fragezeichen, die oft stehenbleiben, weil sie von
uns Großen nicht bemerkt, aufgedeckt, freigelegt, sondern vielleicht durch Jahre hindurch gar zugedeckt werden. Was Eltern da
sollen? Sie sollen ihrem Kleinen in die Augen schauen und auf sein
enttäuschtes, wortloses Schweigen hören. Sie sollen hinschauen,
wie alleingelassen es sich plötzlich fühlt und wie es Gesellschaft
sucht bei einem stummen Teddybär oder bei der Puppe mit dem
hängenden rechten Oberlid: »Bist auch du traurig, Anna?«

Für manche mag all das so gar nicht arg oder gar dramatisch wirken: Weit und breit weder Krisenstimmung noch Vorhaltungen;
erst recht kein Jugendamt, keine »Fürsorge«, die da nach dem
Rechten sehen müsste oder das gar schon täte. Also, alles in bes-
ter Ordnung? Manch einer mag das für alltäglichen Krimskrams,
für unernst, kindisch halten. Simpel, unwichtig! »Kind halt.« Alles in allem keine große Sache! Keine Spur von all dem sonstigen
Theaterdonner, den unsereins gerne loslässt; gar nichts spürbar
Theatralisches, an dem wir Alte oft das wahre Gewicht einer

Tragik messen! Nichts dergleichen. Also – eigentlich fast nichts gewesen!? »Susi, was gibt's zum Abendessen?«
Was für ein *Irrtum*! Was für eine *Täuschung*! Was für eine beschämende, selbst genehmigte *Ahnungslosigkeit*! Finger weg von jedem Kleinen! Finger weg! Denn damit hast du deinem Kind ein arges Leid zugeschaufelt – eines, das es nie wieder loswerden kann! Nie, weil Wunden zwar hoffentlich vernarben, diese Narben aber niemals mehr verschwinden. Die Narben erzählen später davon, was das damals Kleine hat ertragen müssen.

> Mag das der Grund dafür sein, warum es derart viele »Egos« gibt? Mag das der Grund dafür sein, warum so viele bloß auf ihren Vorteil aus sind – auf den vielen Kreuzungen unseres Lebensweges nicht anders als bei Tisch oder im Büro? Mag das der Grund dafür sein, warum jeder überall bloß *seinen* Teller, *seinen* Nabel, *sein* Ego, nur sich selbst sieht? Davon ausgenommen sind Verliebte und Eltern, die *Eltern* sind. Solche Mütter und Väter sind mit purem Gold nicht aufzuwiegen.
>
> Kann die beschämende, selbst genehmigte Ahnungslosigkeit von uns Alten der Grund dafür sein, warum viele immer nur an sich denken, oft auch zornig-aggressiv? Denken wir etwa daran, was sich Tag für Tag auf Straßenkreuzungen abspielt – vielleicht deshalb, weil die nun Erwachsenen schon mit drei, mit acht, mit dreizehn Monaten in die Kinderkrippe oder Krabbelstube mussten. Weil sie dorthin ausgelagert, dort alleingelassen wurden. Bereits auf dem Weg dorthin müssen die Kleinen den Geruch der Ich-Sucht täglich einatmen. Schon bald nach der Geburt haben sie lernen müssen, zuerst auf ihre eigene Haut zu schauen, für sich selbst zu sorgen. Teilzeit-Waisen. Später versorgt mit Fast Food, mit tiefgefrorener Pizza und Haltbarmilch samt Kakao, der außerdem selbstlöslich ist. Selbst! Alles selbst. Mag dies der Grund sein, wieso es mehr und mehr Egoisten gibt? Hordenweise »Egos«, Vorteilsschacherer, Vorteilsknechte, Vorteilsgierige. Vorteil – das Einzige, was in jedem »Wir« offenbar entscheidend ist und Gewicht hat. Siehe EU und die Flüchtlingskrise. Siehe allerdings auch die grässlichen Gründe, die die Zahllosen aus ihrer Heimat fortjagen.

Wer schafft es, immer sofort zu wissen, was für sein Kleines das Richtige wäre? Wer schafft es, immer sofort zu wissen, was sein Kleines sagen oder *nicht* sagen will; was es gar nicht sagen, auch noch nicht verstehen kann? Die Überschrift dieses Kapitels verrät es: Geborgenheit ist, was jedes Kleine will, auch versteht. Geborgenheit kann auch überbrücken, was unsere Kräfte an Lücken hinterlassen: Wortlos vermittelt sie Trost und Nähe. Geborgenheit ist nicht das Einzige, das Kleine wollen. Meistens wollen sie, brauchen sie mehr. Doch das Erste, das sie brauchen? Geborgenheit trocknet viele Tränen, lässt viele Tränen gar nicht erst entstehen.

Noch etwas Einfaches als Beispiel: Ein Gärtner setzt eine zwanzig Zentimeter hohe Lärche ein. Ein zartes Ding, über das ein Jahr später der Dackel stolpert, ohne es jedoch umzubringen. Was hält der Gärtner dem Dackel zehn Jahre später immer noch vor? »Schau her, du Biest! Dieser Knick, der geht auf dein Konto! Du Dackel-…!«
Was die Dackel-Rede soll? Ulkig ist daran rein gar nichts, es klingt bloß so. Doch groß ist die Zahl der Jungen und auch schon Ausgewachsenen, die einen solchen Knick mit sich herumschleppen: Wer mag sie zählen – jene mit den vielen tiefen Narben? Woher die Unzahl an »Geknickten« oder arg »Verbogenen« (siehe Foto Seite 119), an Verklemmten, Ängstlichen, Feiglingen, Zwanghaften, Zauderern, Kneifern, Süchtigen …? Woher das Geschwader innerlich wie äußerlich Entgleister, Schmarotzer, Trickser, Lügner …? Woher die vielen Komiker? Woher das Heer der Spinner? Woher die Scharen an Unbrauchbaren, die wenig bis gar nichts können, mehr aber könnten? Woher das Heer an Unbrauchbaren, die nicht wollen, aber wollen könnten? Woher das Heer der aus dem Nest Gefallenen, der Fortgejagten, Angebrüllten, Niedergebrüllten?! Woher!?

In diesem Kapitel haben wir danach gefragt, was einem Kleinen wohltut, was ihm guttut. Wohl im Sinne von gut, richtig, tauglich, »g'scheit«. Gut im Sinne von wohlig, fein, angenehm. Nähe, so können wir festhalten, tut jedem Kleinen gut und zugleich wohl. Lückenlose, gesicherte, warme Nähe.

Aus der kindlichen Perspektive könnte sich dieser Wunsch nach Nähe, nach Geborgenheit, so anhören: »Maaaamiiii! Meine allerliebste Maaamiiii! Nur dich will ich in meiner Nähe, Mami! Den Papi, den brauchst du am Anfang eher als ich – aber ich brauche meinen Papi auch! Wer sonst täte sich um mich kümmern, falls du einmal nicht da bist oder krank im Bett liegst? Wer könnte mich so hoch schupfen, wie das nur mein Papi kann? Wer würde mit mir ein Baumhaus bauen? Wer mit mir Fußball spielen? Wer würde mit mir in Höhlen kriechen oder Blindschleichen fangen, sie streicheln und wieder laufen lassen? Ist doch spannend, wie so ein Ding ohne Beine so flink sein und ohne Besteck auch essen kann. Cool, Papi!«

Diesen Wunsch nach Nähe müssen Eltern sehen wollen, dann können sie das auch sehen. Das müssen Sie als Eltern hören wollen, dann können Sie Ihr Kleines auch eher verstehen. Und – vermutlich schaffen Sie es dann auch zu sehen, was da jetzt nottut.

> Not-tut! Mehr als ein neues Auto oder ein Zweitwagen vermutlich nottun. Mehr, als dass das Badezimmer endlich fertig wird. Mehr, als dies meine Sehnsüchte oder Träumereien fordern. Unvergleichbar mehr. Denn die Karre? Die geht irgendwann einmal den Bach hinunter. Das Badezimmer ...? Was hingegen wiegt ein gesundes, gradgewachsenes, heiter hüpfendes, liebenswertes Kind gegenüber Wichtigem, das warten kann? Das deshalb warten kann, weil beim Badezimmer oder beim Außenputz keine »Zeitfenster« darauf warten, gefüttert und bedient zu werden (siehe *Kinder wollen, was sie müssen* und *Eltern müssen ihren Auftrag ernst nehmen*).

Geborgenheit kann auf vielerlei Arten geschaffen werden. Kleine Kinder lieben zum Beispiel Gutenachtgeschichten. Dazu stellen wir zwei scheinbar unwichtige Fragen, deren Beantwortung uns allerdings einiges zutragen kann:
- Wieso hören Kleine die gleiche Gutenachtgeschichte immer wieder ungebrochen gern – selbst dann noch gern, wenn sie diese beinahe schon auswendig können?
- Wenn ein Kind während der Gutenachtgeschichte einschläft, kann das nur zwei Gründe haben. Welche?

Lieber Leser, wieder einmal haben Sie den Vortritt: Was ist hierzu Ihre Meinung? Diese Fragen richten wir auch an unsere Assistenzeltern.

Was Eltern sagen ...

• Wieso hören Kleine die gleiche Gutenachtgeschichte immer wieder ungebrochen gern – selbst dann noch, wenn sie diese beinahe schon auswendig können?

»Darüber hab ich noch nie nachgedacht, aber mein Mann sagt, dass das Sicherheit gibt, darauf kann man sich verlassen.« (MK und CK, Graz)

»Gutenachtgeschichten. Wir finden es sehr wichtig, den Kindern oft Geschichten vorzulesen. Ob am Abend oder tagsüber spielt keine Rolle. Unsere Kinder lieben (!) Geschichten. Man spürt die Konzentration und die ungeteilte Aufmerksamkeit der Kleinen, auch wenn sie eine Geschichte schon Hunderte Male vorgelesen bekommen haben und die ganze Erzählung bereits Wort für Wort aufsagen können. Dennoch – bei den lustigen Momenten lachen sie laut auf, bei den traurigen werden sie betroffen still. Bei Geschichten lernen Kinder das Zuhören und Wahrnehmen. Und das Wichtigste: Vorlesen ist emotionale Zuwendung in Reinkultur. Vorlesende Eltern sind in diesem Moment ganz für das Kind da – können nicht in die Zeitung oder auf das Handy schauen. Unsere Kinder spüren das und genießen diese Zuwendung.« (RB und AB, Wien)

»Es gibt sicherlich verschiedene Gründe: Das Kind könnte die Geschichte auch selber erzählen, da es sie auswendig kann. Oder Kontrolle über den Erzähler – macht er auch keinen Fehler? Neugierde: Kommt etwas Neues, ein anderer Schluss?« (SM und KM, Graz)

»Weil sie ihnen immer wieder aufs Neue gefällt! Vergleichbar mit einem Lied oder einer Arie bei uns Erwachsenen. Wir können doch diverse Musikstücke auch Hunderte Male hören und es gefällt uns immer noch und ist nicht langweilig!« (EP und BP, Graz)

»Das setzt sich im späteren Alter fort, wenn es darum geht, einen Film zum x-ten Mal anzusehen. Durch ihre Fantasie dringen Kinder immer tiefer in diese Geschichten ein, sie fühlen sich auch sicher, wenn sie Bekanntes wieder erleben. Gerade vor dem Einschlafen hilft das, Ängste zu verscheuchen. Und zum Bekannten gehört auch die Nähe des Geschichtenerzählers. Mit Beginn des Erzählens weiß das Kind, dass die nächsten paar Minuten ihm gehören.« (MS und AS, Wien)

• Wenn ein Kind während der Gutenachtgeschichte einschläft, kann das nur zwei Gründe haben. Welche?

»Die Sicherheit scheint so groß zu sein, dass man ruhig und beruhigt einschlafen kann. Sie schlafen aber auch bei einer neuen aufregenden Geschichte ein, wenn man sie am Tag ordentlich an der frischen Luft herumgetrieben hat oder wenn sie genug mit den Geschwistern gestritten und gerauft haben. Abendessen, ein warmes Bad – und Ruhe ist in der Bude!« (MK und CK, Graz)

»Zwei Gründe: Das Kind war wirklich müde oder die Geschichte ist bekannt, das Kind kann getrost einschlafen, es geht alles seinen Lauf.« (SM und KM, Graz)

»Die einfachste Erklärung wäre wohl die, dass das Kleine furchtbar müde war. Auch das kann ich nachvollziehen: Bin ich doch auch schon bei sehr guten Filmen eingeschlafen, nicht aus Langeweile, sondern weil ich einfach nicht mehr konnte!! Der zweite Grund könnte wohl der Inhalt der Geschichte sein oder aber die Art und Weise, WIE erzählt wird: Mein lieber Mann kann derart monoton und stockend Geschichten erzählen, dass dabei JEDER einschläft. Ich muss aber zur Ehrenrettung dazusagen, dass das nur dann der Fall ist, wenn er selbst schon sooo müde ist, dass jedes Wort eine Qual ist.« (EP und BP, Graz)

»Es war müde. Das wollten die Eltern ja so.« (MS und AS, Wien)

»(…) die Gutenachtgeschichten. Dafür war ich zuständig, ich habe das immer auch gemacht und habe damals schon gemerkt, wie wichtig die für unsere Kinder waren. Als die Kinder schon erwachsen waren, haben sie mich noch daran erinnert und mir gesagt, wie gern sie die hatten. Dabei habe ich ihnen meist die gleichen Geschichten erzählt (die Geschichte vom Wolf und den drei Schweinchen oder die von Rapunzel) oder ich habe mir spontan was ausgedacht. Auch wenn die Geschichten, wie die der meisten Märchen, nicht ganz harmlos, sprich gewaltfrei waren: Meine Kinder haben sie geliebt und sind selig dabei ein-

geschlafen. Warum das so ist, ich weiß es nicht. Ich weiß
nur eins: Ich freue mich schon auf die Zeit, wenn ich meinen Enkelkindern wieder Gutenachtgeschichten erzählen
kann.« (EZ, Graz)

Warum Kleine dieselbe Gutenachtgeschichte immer wieder gerne
hören – auch dann noch, wenn sie schon auswendig mitsprechen
könnten? Weil sie Geschichten offensichtlich überhaupt gerne
mögen. Das vermutlich deshalb, weil sich ihre Fantasie voll auf
das Gehörte einlässt; auf das längst Bekannte offenbar ebenso wie
auf noch nie Gehörtes. Und Neues ist für Kleine immer spannend.
Um das zu erkennen, muss unsereins bloß darauf achten, wie
angespannt sie oft am Erzählenden, am Lesenden vorbeistarren.
Regungslos, um ja keine Silbe zu versäumen und damit ihre Fantasie mit dem Gehörten mithalten kann – auch mit dem mithalten kann, was sie ohnedies schon kennen. Das längst Bekannte
– neu? Kleine sehen das neuerlich Gehörte scheinbar nicht vom
Ende her an! Sie widmen sich vielmehr dem längst Bekannten
offenbar stets von Neuem, quasi von vorneweg, ohne sich das
Ende vorwegzunehmen. Damit schaffen sie auch immer neue,
taufrische Spannung. Kleine leben im Jetzt. Und falls eines während der Gutenachtgeschichte einschläft, ist es »weggebrochen«,
weil es übermüdet ist. Oder es ist lautlos »selig dabei eingeschlafen«, weil es sich endlos wohlfühlt. Nest!

Die Geborgenheit eines »Nests« zeigt sich in vielen Facetten, wie
wir gesehen haben. F. Z. Sai entdeckte 2005, »(…) dass nur jene
Neugeborenen das Gesicht ihrer Mutter wiedererkennen konnten, die nach der Geburt das Gesicht der Mutter in Kombination
mit der Stimme der Mutter erfahren haben«.[57] Und bereits zwei
Tage nach der Geburt, so hält Sabine Weinert fest, zögen Säuglinge im Vergleich zu einer »hinreichend unterschiedlichen anderen
Sprache« ihre Muttersprache vor.[58] Das ist erklärbar! Ab wann
hören wir? (Siehe *Kinder wollen, was sie müssen*.)
Die Mutter-Kind-Bindung muss eine tragende Säule für jedes
Kleine sein – siehe René A. Spitz. Wie entsteht diese aus der Sicht
des Kindes? Was braucht das Kleine, damit ihm diese »Sicherheit« spürbar, dienlich und von Dauer ist? Die Antwort darauf

Alles ist den Kleinen neu – wie hier der kleinen Marie. Alles ist ihnen fremd!
Nichts ist den Kleinen schmutzig oder gefährlich.
Nichts ist ihnen »gaga«, »heiß« oder »pfui«.

Kinder wollen Auslauf. Kein Gehege.

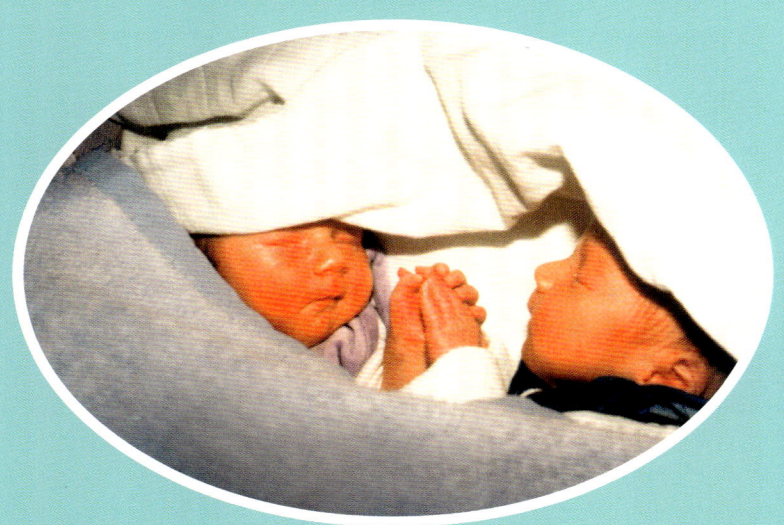

Kinder brauchen ein Nest.

Gesicherte Geborgenheit. In Geborgenheit gebettete Sicherheit.

*Kann es sein, dass manche Eltern mit ihrer Herum-Erzieherei manchmal
derart innerlich Verbogene schaffen?*
Kahl, unansehnlich, ohne Früchte! Aus dem Nest Gefallene.

Kinder wollen Erfolge.
Und dass sich was
rührt in der Bude.
Zu beidem brauchen
sie Führung.

DR · RITS
JHC.

RDR

ROBERT

5. 7. 83

Kinder haben ihre eigenen Methoden, mit Grenzen umzugehen.
Robert hat mir diese Zeichnung geschenkt.

bin ich im Kapitel *Kinder wollen ernst genommen werden* schuldig geblieben. Hier folgt dazu eine Skizze, die nicht mehr ist als eine Andeutung davon, wie Bindung »aus der Sicht und den Möglichkeiten« des Kindes wird: Bindung wird uns über die fünf Sinne zugetragen. Mit ein Grund, warum vier davon bei der Geburt schon hellwach und auf Empfang gestellt sind.

Aus der Perspektive der Eltern betrachtet, entsteht Bindung durch *konstante* Wärme. Normalerweise durch dieselbe konstante Wärme, die jedes Kleine bereits »riecht«, bevor es seinen ersten Schrei tut. Wozu denn sonst funktioniert unsere Nase da bereits? Unsere Ohren ebenso – wozu schon vor der Geburt?

Bindung entsteht durch warme, zarte Führung, die dem ahnungslosen Ungesicherten Sicherheit gibt. Sicherheit – just das, was wir alle brauchen, Kleine für sich selbst aber noch nicht herstellen können. Bindung, Wärme, Führung, Sicherheit, Geborgenheit: Dazu braucht es Nähe. Woher Kleine das wissen? Wo sie dies erfahren? Nest.

Drittes Zwischenwort

»(...) vielleicht deshalb, weil die nun Erwachsenen schon mit drei, mit acht, mit dreizehn Monaten in die Kinderkrippe oder Krabbelstube mussten, sie dorthin ausgelagert, dort alleingelassen wurden. Schon auf dem Weg dorthin müssen die Kleinen den Geruch der Ich-Sucht täglich einatmen. Schon bald nach der Geburt haben sie lernen müssen, zuerst auf ihre eigene Haut zu schauen, für sich selbst zu sorgen. Teilzeit-Waisen! (...)«

Mag sein, dass sich einige Leser durch diese Ansage gekränkt oder angegriffen fühlen. Sollte dem so sein: Sorry! Denn der Kränkung wegen steht das nicht da. Kränkung ist weder beabsichtigt noch hilfreich. Allerdings: Wir sind dem Richtigen verpflichtet. Und das Richtige darf angesprochen werden.

Kinder wollen Güte

Neuerlich einige Fragen zum Aufwärmen:

1. Was nennen wir Güte? Was nennen wir Gutmütigkeit? Nicht schummeln – denn davon war bereits die Rede (siehe *Kinder wollen ernst genommen werden*)!
2. Was schafft Güte, was Strenge nicht schafft? Was schafft Strenge, das Güte nicht schafft?
3. Strenge – warum? Strenge – wozu?
4. Wie lernen unsere Allerkleinsten? Ab wann lernen sie?
5. Wie macht Gutmütigkeit Großeltern zu »Klein-Eltern«?

All das wird im Folgenden beantwortet. Geschätzte Leser, sind Sie auf Steiles und Faszinierendes gefasst?

Güte: zarte, freundliche, oft auch lautlos zuwartende Festigkeit im Richtigen. Güte: die unenttäuschbare Geneigtheit, einem anderen gut zu sein. Unenttäuschbar, unermüdlich ist Güte! Gewinnend einfallsreich, wendig, meist auch lächelnd ist Güte. *Fest* im Richtigen, *elastisch* fest, *freundlich* fest, *immer* fest im Richtigen ist sie, die Güte! Güte: Aperitif, Schuhlöffel, Navi hin zur Einsicht.

Güte formt Kinder zu »Menschen« – jedenfalls schafft sie das eher, als selbiges der Strenge gelingt. Letztere schafft womöglich bloß Brave, Nicker, fade Typen oder gar Schlimmeres: Verhaltensgestörte, Komplexler. Sehen Sie sich um! Was schafft Güte, das Strenge nicht schafft? Was schafft Strenge, das Güte nicht hinkriegt? Das ist somit beantwortet und wird in *Eltern müssen gütig sein* nochmals aufgegriffen.

Ist Güte einfach? Einfach ist Güte nicht. Aber gut, weil richtig. Richtig, weil sich Güte an das Richtige hält und das Richtige auch richtig tut. Gütige können lächelnd warten oder auch den Mund halten. Sie müssen das jedoch nicht immer. Denn oft muss das Richtige sofort gesagt, sofort getan werden, weil es sonst kracht. Schauen Sie, was sich auf Straßenkreuzungen gelegentlich abspielt.

Strenge, wie sie hier gemeint ist und der Güte gegenübergestellt wird? Strenge ist knirschend, steif, einschüchternd, unsympathisch, oft auch drohend. Jedenfalls drohen strenge Erzieher oft. Strenge zwingt, oft tut sie dabei auch weh. Strenge Erzieher wollen scheinbar auch wehtun, ein bisschen wenigstens, auch wenn sie das nicht zugeben. Warum strenge Vorgesetzte, strenge Lehrer oder Eltern knirschen, drohen und ihre Übermacht Schwächere oft spüren lassen? Vielleicht weil sie sich in Kinder oder Schwächere nicht hineinversetzen können, diese womöglich nicht einmal ernsthaft verstehen möchten oder bloß »Ruhe und Ordnung« wollen – ziemlich egal, mit welchen Mitteln. Strenge schauen scheinbar mehr auf sich selbst als auf jene, die sie formen müssen.

Falls Strenge ist, wie eben skizziert, dann reicht sie nicht, um Kinder zu »Menschen« zu formen. Denn Strenge setzt auf Angst! Sie wirkt mit der Zwingkraft und mit dem Schwungrad der Angst statt mit der Kraft des Richtigen. Oft riecht Strenge nach ichbezogener Führungsschwäche: »Weil *ich* es sage!« Ich sage! Nicht das Richtige sagt, was richtig ist. Güte verbreitet den Duft des Richtigen. Strenge riecht nach Willkür, gar nach Unfähigkeit. Auch hierzu kann Elternbildung eine brauchbare, taugliche Orientierung beistellen. Güte setzt auf Verständnis: auf das Verstehen, warum das Richtige »g'scheiter« ist als alles Falsche, Trottelhafte, Böse, Verkehrte! Angst reicht nicht, um das Richtige zu kapieren. Angst reicht auch nicht, um sich möglichen Nachteilen zum Trotz immer für das Richtige zu entscheiden (siehe auch *Kinder sollen keine Angst haben müssen*). Gerade vor Nachteilen fürchtet sich der Ängstliche. Und gibt nach. Niederlage!

Darf sich unsereins vor dem Richtigen fürchten? Wirklich Große stehen trotzdem zum Richtigen: Just diese »Standfestigkeit« fasziniert uns an Mahatma Gandhi, an Martin Luther King, an Malala Yousafzai. Bei der Verleihung des Friedensnobelpreises 2014 war diese schlichte Große aus Pakistan siebzehn. Glanz lassen derartige Giganten aufleuchten gegenüber dem schwarz-blutigen Mief ihrer Attentäter!

Erwartbare Früchte krankhafter Angst? Horden von sozial »Verhaltensgestörten«. Darf das etwas ausführlicher kommen – auch mit Unschärfen oder Lücken?

Kann es sein, dass Strenge bloß Duckmäuser züchtet? Nörgelnde Duckmäuser, Neider oder ewige Besserwisser: Lästige Typen, die prompt den Schwanz einziehen, wenn sie Hand anlegen sollten. Wieso Strenge Duckmäuser züchten könnte? Weil Strenge vor allem Enge kennt, unsere Kinder aber nicht an Größe heranlässt.

Es mag kein Zufall sein, dass *Strenge* und *Enge* so ähnlich tönen. Kann es auch sein, dass Strenge Ängstliche, Zauderer, Verkrampfte, Unentschlossene züchtet? Oder Tollkühne, die es ihren »Zwing-Herren« zeigen wollen – oder gar zeigen müssen? Kneifer und Tollkühne: Beide stolpern an der Wirklichkeit vorbei. Mit leeren Händen oder gar mit chronischem »Nasenbluten« verpassen sie, was sie sich im Nahkontakt mit der Wirklichkeit holen sollten: das Richtige.
Strenge dürfte auch »Zwanghafte« züchten, weil Zwanghafte zu wenig Spielraum im »G'scheiten«, im Brauchbaren und im Großen gehabt haben. Sie haben sich im Brauchbaren und im Großen kaum üben können. Zwanghafte: mit Drill niedergehaltene Kleinkarierte. Kann es sein, dass Zwang Zwerge züchtet, die sich mit Nutzlosem die Zeit vertreiben?

> Putzzwang – immer und überall putzen: Wozu?
> Schwatzzwang – immer und zu allem schwatzen: Wozu?
> Waschzwang – saubere Hände waschen: Wozu?
> »Klauzwang« (Kleptomanie) – besonders sinnvoll, wenn Begüterte keinen Supermarkt verlassen, ohne etwas geklaut zu haben.
> Zwang blockiert Einsicht, schlittert am Sinnvollen vorbei. Das »Nasenbluten« folgt spätestens beim Ausgang, wenn die Sirene schrillt.

Kann es zudem sein, dass Strenge in Kleinen oder in ängstlichen Jugendlichen Wankelmut, Steifheit oder Enge schafft, weil die mit Strenge Gefütterten den geschmeidigen Umgang mit Stärke und Richtigkeit nicht haben üben können? So mag in den mit Strenge »Erzogenen« Ungesichertheit entstehen. Daraus kann dann Unentschlossenheit, wenigstens aber Steifheit werden. Wer kennt sie nicht, die steifen »Über-Korrekten«, die überall ein Haar in der Suppe finden, die alles und jeden herzlos kritisieren: Gestochen korrekt ist ihre Rede; ekelhaft belehrend, oft auch anrempelnd ungemütlich ist ihre Art, mit anderen umzugehen. Es scheint, als müssten Eltern oder Chefs durch Strenge, Enge oder Steifheit wie durch ein Korsett gestützt werden. Strenge kann in derart Großgezogenen unersättlichen Hunger nach Lob und Anerkennung wachsen lassen, weil sie Großes selten schaffen. Fehlende Anerkennung hetzt die Ungesicherten in Selbstüberschätzung oder in steife Unangepasstheit. Beide machen eine brauchbare Selbsteinschätzung unmöglich. Welches Schicksal sie erwartet? Sie ecken ziemlich überall an. Strenge – wozu ist die eigentlich gut?

Strenge kann glänzende Hüllen schaffen, in denen satte, eitle Hohlheit wohnt. Ich-Unsicherheit, weil Strenge in unserem Denken, Wollen und Gemüt nur Angst hat wachsen lassen statt Einsicht: Kuschen! Nicken! Maulhalten! Falls der aufgeblähte Hohle außerdem ein glänzendes Mundwerk hat? Dann ist sein Schicksal ziemlich besiegelt: Denn gegen seine stachelige Eitelkeit kommt keiner an. Der stachelig Eitle versickert womöglich in Einsamkeit, weil keiner ihm nahekommen möchte. Selbst schuld! *Wirklich* selbst schuld? Oder sind daran eigentlich andere schuld – zum Beispiel seine Eltern? Ähnlich lautet die Frage bei steifen, stacheligen Unerträglichen. Hat soziale Verhaltensgestörtheit ihren Ursprung *doch* schon bei ihrem Ursprung – bei den Eltern? Eine Frage, der wir uns auch im Kapitel *Eltern müssen normal sein* stellen werden.

Strenge kann auch »Hypochonder« oder »Hysterische« züchten. Die Alltagssprache meint mit »Hypochonder« Kranke, die nur dann krank sind, wenn sie daran denken. Hypochondrie – oft jedoch ein Alarm, um Zuwendung zu erzwingen. Eine hypochondrische Störung hingegen ist ein Zeichen arger, ernster Störung! Und Hysterie? Die schreit nach Geltung und Wertschätzung. Beide können durch Strenge niedergehalten, zum Schweigen gebracht werden: So können Duckmäuser entstehen.

Strenge kann also jede Art von Schwäche züchten: etwa zweifelnde, misstrauische Ängstlichkeit, die ziemlich allem und jedem misstraut. Die ihren eigenen Fähigkeiten oft ähnlich misstraut wie allem Fremden, jedem Fremden, allen Behörden, jedem Du, gar auch der Feuerwehr. Das irr Kranke daran – ist das erkennbar? Misstrauen isoliert. Misstrauische verjagen alle, die ihnen helfen könnten, das auch wollen. Misstrauen – woher? Auch vom Ursprung?

> Experten halten dazu fest, dass bei *Störungen im Sozialverhalten* besonders psychosoziale Einflüsse aus dem familiären Umfeld entscheidend sind. Normalerweise werden aus Kleinen keine verhaltensgestörten Kinder, wenn die Eltern ihnen Zuneigung entgegenbringen, moralische Grundsätze klar formulieren und deren Einhaltung auch einfordern. Bestrafung sollte gerecht und konsistent eingesetzt sowie vor allem erklärt und begründet werden.[59]

Dieses Thema ist es wert, im Abschnitt *Eltern müssen normal sein* noch einmal aufgegriffen zu werden. Denn deutlich ist zu sehen: Es gibt zu viele Verhaltensgestörte. Außerdem: Einmal »auf Schiene«, kann der Betroffene nur schwer wieder davon loskommen; auch deshalb, weil er mit seiner »Gestörtheit« just jene vergrault, die ihm helfen könnten: Arbeitsplatz, Anerkennung, soziale Einbettung. Welchen Mehrwert halten sozial Verhaltensgestörte einer Gemeinschaft, auch sich selbst hin? Eine unserer Fragen zum Ursprung sozialer Verhaltensstörungen muss also sein, wie diesen vorgebeugt werden kann. Dabei sollten Eltern, Lehrer, Polizisten, sämtliche Chefs, wir alle einen scharfen Blick auf unser eigenes Verhalten gegenüber jenen werfen, die wir formen sollten.

Wenn Strenge und Bestrafung falsch eingesetzt werden, können aus Kleinen sozial Verhaltensgestörte werden. Dabei dürften Strenge und Angst bloß zwei von mehreren »Mechanismen« sein: Jede Art arger, würgender Niederhaltung mag zu Störungen unseres Denkens, Wollens oder unseres Gemütes führen. Arge innerliche Wirbelstürme dürften in sozial Verhaltensgestörten aufziehen: Stürme an Unausgeglichenheit, die an unserer Oberfläche dann als »Verhaltensstörung« für jeden spürbar und erkennbar werden.

> Strenge langt nicht. Strenge wirkt mit der Wucht von Angst – und verzichtet auf die Kraft der Einsicht. *Wer* kann das Richtige garantieren, falls Angst das Falsche nicht mehr niederhalten kann? *Was* kann das Richtige garantieren, falls Angst das Falsche nicht mehr bändigen kann?

Eingangs steht die Frage: Wie und ab wann lernen unsere Allerkleinsten? Denn das Sozialverhalten ist bekanntlich etwas, das unsereins lernen muss. Wenn unsere Kinder das richtige Verhalten sehen und üben, geht es uns allen gut – auch den Jungen. Denn sie werden geschätzt und Geschätzte kriegen just deshalb eher einen Arbeitsplatz. Deshalb ist kurz davon die Rede, wie unsere Allerkleinsten lernen und inwiefern das Lernen des richtigen Sozialverhaltens (neben dem körperlichen Wachsen) ein ähnlich wichtiges Wachsen in der Kindheit ist.

Ab *wann* wir lernen? Längst lernen wir, bevor wir lauthals unser erstes »Hier!« verkünden! *Wie* »lernen« wir in der unbeleuchteten Einzimmerwohnung? Lauschend, fühlend, riechend, kostend lernen wir da bereits. Dabei wird durch oftmals gleichartig Wiederholtes ein »Gedächtniseintrag« erstellt: etwa wie die Mama singt, lacht oder spricht. Wiederholt Gleiches – Angenehmes wie Unangenehmes! – schafft allmählich einen Gedächtniseintrag (siehe etwa auch *Kinder wollen, was sie müssen* und *Eltern müssen alles richtig machen*). Diese Lernmethode setzt sich nach dem ersten Bad nahtlos fort: Jetzt allerdings intensiver, weil wir die Stimme der Mutter ungedämpft hören und zum Gehörten auch eine Vielfalt anderer Sinneseindrücke hinzukommt: etwa das, was der Hautkontakt vermittelt. Auch unsere Augen werden nach der Geburt allmählich munter! Außerdem lernen wir jetzt auf eine Weise, die jede Mutter ihrem Kleinen anbietet: Sie lässt ihr Kleines aufsitzen auf den »Beifahrersitz« mütterlicher Führung. Darf das aus der Sicht von Experten genauer kommen, auch etwas dichter? Es lohnt sich!

Im *Handbuch der Kleinkindforschung* gehen Tricia Striano und Stefanie Höhl der Frage nach, wie Einflüsse der Umwelt auf die kindliche Informationsverarbeitung wirken. Sie halten fest, dass Säuglinge in ihren ersten Monaten vor allem an »dyadischen Interaktionen« teilnehmen. Als Dyade bezeichnet man eine intensive Zweierbeziehung, in diesem Fall eine »Person-Person-Beziehung«. In unserer westlichen Welt kann man hier vor allem sogenannte »face-to-face«-Interaktionen (»Gesicht-zu-Gesicht-Interaktionen«) beobachten: »Das Lernen in dyadischen Interaktionen stellt die Stützpfeiler für spätere, komplexere Formen sozialer Interaktionen bereit. So werden die Bedeutungen emotionaler Gesichtsausdrücke und Handlungen zunächst in solchen Person-Person-Interaktionen wahrgenommen und verstanden. Eine wichtige Methode für die Bedeutung von Person-Person-Interaktionen im Säuglingsalter stellt das von Tronik und Kollegen 1978 entwickelte ›Still Face Paradigma‹ dar [Paradigma = Lehrmodell, Lehrmeinung, Beispiel; Anm.]. Hierbei wird zunächst eine dyadische Interaktion aufgebaut, in der ein Erwachsener und ein Säugling typischerweise positiv aufeinander reagieren und sich durch Vokalisierung und Lächeln miteinander austauschen. (...) Nach einer bestimmten Zeit unterbricht der Erwachsene diese Interaktion und macht ein ›Still Face‹ [ein regungsloses, nichtssagendes Gesicht; Anm.], während er den Säugling weiterhin anschaut. Während dieser Phase vermeiden Säuglinge typischerweise den Blick des Erwachsenen, hören auf zu lächeln und beenden ihre positiven Vokalisierungen.«[60]

Dieses Verhalten werde, so die Autorinnen weiter, allgemein als Index für die sozialen Erwartungen von Säuglingen herangezogen. Diese zeigen damit ihr Unwohlsein gegenüber Situationen, in denen ihre sozialen Signale nicht erwidert werden. »Wenn der Erwachsene die Interaktion wieder aufnimmt, reagieren Säuglinge mit einer Rückkehr ihrer visuellen Aufmerksamkeit und ihres positiven Affekts; weshalb die Verhaltensänderung in der ›Still Face‹-Phase nicht durch Ermüdung erklärt werden kann.«[61] Dieses Verhalten könne schon bei zwei Monate alten Säuglingen beobachtet werden. Man kann also davon ausgehen, dass das Kleine in diesem Alter bereits Erfahrung mit sozialen Interaktionen sammeln kann! Untersucht wurden dazu auch drei Tage alte Neugeborene, sechs Wochen und drei Monate alte Babys: »In jeder der untersuchten Altersgruppen wurde eine Reduktion des Blicks auf den Erwachsenen in der ›Still Face‹-Phase festgestellt. Während diese Reduktion mit sechs Wochen und drei Monaten statistisch signifikant war, wurde bei Neugeborenen jedoch nur ein Trend festgestellt. Es zeigte sich nur bei drei Monate alten Säuglingen eine Rückkehr zu der Interaktion nach Beendigung der ›Still Face‹-Phase. Diese Ergebnisse lassen auf eine Entwicklung sozialer Erwartungen in den ersten Lebenswochen schließen, die auch in anderen Studien ab dem zweiten Lebensmonat beobachtet worden ist (…)«[62] Emotionale Gesichtsausdrücke ermöglichen es den Kleinen offenbar, die Handlungen anderer zu interpretieren. Vor allem in nicht eindeutigen Situationen bieten sie, so der Beitrag weiter, wichtige Hinweise für das eigene Verhalten. Schon im Alter von drei Monaten also können die Kleinen die Gesichtsausdrücke zu einigen wichtigen »Basis-Emotionen« wie Freude, Wut, Trauer oder Furcht unterscheiden. Mit sechs bis sieben Monaten gelinge das dann zu den meisten Basis-Emotionen.

Für all jene, die Eltern beraten, also auch für Kinderärzte, würde es sich lohnen, die gesamte Abhandlung der beiden Autorinnen zum Thema soziales Lernen in der frühen Kindheit zu lesen.[63] Denn darin wird auch berichtet, was aus dem EEG (Elektroenzephalogramm) ablesbar ist: die Ermittlung sogenannter »Ereignis-korrelierter Potentiale« (EKP). »Die EKP-Komponente, die bei Säuglingen bisher am meisten untersucht wurde, ist die sogenannte Nc (›Negative central‹) Komponente.« Diese trete als Reaktion auf visuelle Reize auf und wird von den Experten vor allem mit Aufmerksamkeitsprozessen in Verbindung gebracht: »Je interessanter ein Reiz für den Säugling, desto größer ist die Amplitude der Nc, die der Reiz hervorruft. So ist die Nc erhöht bei seltenen Reizen verglichen mit Amplituden, die vertraute Reize hervorrufen. Eine erhöhte Nc-Amplitude wurde auch für emotional ins Auge springende Reize gefunden: zum Beispiel ängstliche Gesichter im Vergleich zu fröhlichen (Nelson & Haan, 1996); auch das Gesicht der Mutter im Vergleich zum Gesicht einer fremden Frau (Nelson & Haan, 1997) (...).«[64] Untersucht wurde außerdem, wie Kinder zu Beginn der »Wortschatz-Explosion« im Alter von 18 Monaten neue Begriffe lernen: »In einer EKP-Studie, in der eine Versuchsleiterin direkt mit den Kindern interagierte, lernten die 18 bis 21 Monate Alten die Namen unbekannter Objekte entweder in einem Kontext mit ›geteilter Aufmerksamkeit‹ oder ohne Blickkontakt. Nur jene Namen, die in der Interaktion mit ›geteilter Aufmerksamkeit‹ gelernt wurden, konnten die Kinder in einer späteren Test-Phase auch wiedererkennen; das hat sich überdies auch in den Hirnstrom-Aufzeichnungen dieser Kinder widergespiegelt.«[65] Geteilte Aufmerksamkeit – was das ist? Die Versuchsleiterin oder auch die Mutter stellt Blickkontakt mit dem Kind her. Sobald das Kind ihr in die Augen schaut, wendet sie sich zum Computerbildschirm, auf dem ein Gegenstand erscheint, und sagt dazu, was da zu sehen ist. Der Blickkontakt führt und »schient« gleichsam die Aufmerksamkeit des Kleinen und lässt auf diese Weise das zeitgleich Gesehene und Gehörte zum »Begriff« verschmelzen. In einer späteren Testphase konnten die Kinder nur jene Gegenstände wiedererkennen, die in der Interaktion mit »geteilter Aufmerksamkeit« gelernt wurden ... Wie alle wissen: Dazu braucht niemand einen Computer, sondern – außer der Mama und ihrem Kleinen – was noch? Zum Beispiel ein Bilderbuch, einen Kochlöffel etc.

Säuglinge (!) und knapp Zweijährige behalten neue Worte also schneller und fester, wenn sie diese zeitgleich mit einem Erwachsenen angeschaut haben: mithilfe einer durch die Blicke des Erwachsenen geführten, gelenkten, gebahnten Aufmerksamkeit. Blickkontakt fördert die Verarbeitung und Verankerung von gleichzeitig Gesehenem und Gehörtem in unserem Gedächtnis – Mediziner nennen das »neuronale Verarbeitung«. Blickkontakt fördert somit das Erlernen neuer Worte. Wie aber steht es mit emotionalen Gesichtsausdrücken? Denken wir daran, wovon im Kapitel *Kinder wollen Auslauf* die Rede ist: Dass Krabbler, während sie einen neuerlichen Anlauf auf die Steckdose nehmen, unterwegs gelegentlich einen flüchtigen Blick zur Mama werfen und trotz »knirschendem Blick« an ihrem unwiderstehlichen Drang festhalten, das noch Unbekannte zu erforschen. »Neuronale Verarbeitung« also heißt: Die »Lotsung« durch das Tun der Mutter

aktiviert bestehende Kontaktstellen (Synapsen) zwischen zuge-
ordneten Nervenzellen und speichert das Erlebte im Gedächtnis.
Auf diese Weise werden unsere Speicherplätze allmählich belegt:
mit Erfahrenem, mit Wissen, mit Fertigkeiten, mit Gekonntem.
Lässt sich erahnen, was an Förderung Eltern bei Krabblern oder
gar Jüngeren bereits schaffen, wenn sie mit ihnen Bilderbücher
anschauen, wenn sie ihnen Spielsachen oder Gegenstände der
Küche zeigen und diese benennen, wenn sie ihnen Lieder vorsingen oder einen Ball langsam von einer Hand in die andere
rollen lassen? Synapsen! Vernetzung! Langsam muss das vor sich
gehen, wie ein sanfter Regen im Frühjahr ins trockene Erdreich
tief einsickern kann – anstatt ...! Denn hektisch »Herumgewa-
ckeltes« kann das Kleine nicht verwerten, weil es das zwar sieht,
aber nichts daran erkennen kann! Ähnlich wie niemand an einem schnell vorbeifahrenden Zug sehen kann, wer dort drinnen
sitzt. Mag gut sein, dass diese Vernetzung Jahre später Einfallsreichtum bereitstellt. Vielleicht zeigt diese Vernetzung dann auch
Initiativkraft, weil sie in den Kleinen damals schon lautlos ge-
bahnt worden ist.

> Es wird also das Nervennetzwerk aktiviert, das bei Säuglin-
> gen und Zweijährigen zwar noch nicht voll ausgebaut, aber
> längst bereits vorhanden und nutzbar ist. Vernetzung, die
> im mittleren Drittel der Schwangerschaft bereits beginnt,
> wird hier bereits aktiviert, benützt, für die Zukunft auf Tou-
> ren gebracht. Beschäftigung, Hingabe und angepasste För-
> derung sind somit zentrale Aufgaben für Eltern – bereits im
> Vorschulalter.

Hat da jemand Angst davor, sein Kleines zu überfordern? Wem ist
das jemals gelungen? Falls das Kleine mit Verdaubarem (!) rand-
voll ist – was es da tut? Es lässt seine Jalousien runter. »Verdau-
barkeit« ist dabei wichtig, wie uns auch die Beobachtungen der
Kinderschwestern auf der Geburtshilflichen Abteilung am Krankenhaus in Deutschlandsberg im Kapitel *Eltern müssen normal sein*
zeigen werden.
Lässt sich also erahnen, was an »Störung«, was an Bremse, was
an Verhinderung allein schon ein »böser Blick« oder Strenge in
einem Kleinen anrichten könnte? Das erst recht, wenn der kleine

Forscher mehrheitlich zurückgepfiffen wird, statt geführt zu werden! Ein einmaliger Pfiff schadet vermutlich nicht. Die Summe ist ausschlaggebend – wie René A. Spitz herausgefunden hat! Der Drang zum Neuen, zum noch Unbekannten ist offenbar tiefer eingewurzelt als jeder »un-angepasste« Versuch, dem Forscher das Wichtigste zu verbieten, es gar zu »zerstören«: Forschen! Frust ist die Folge. »Un-angepasst« ist da wichtig, denn »angepasst« muss den Kleinen verdeutlicht werden, was sie tatsächlich nicht dürfen!

Die Kernbotschaften des eben Skizzierten noch einmal zusammengefasst: Bereits in den ersten Wochen lernen Säuglinge den »bewussten« Brückenschlag zu einem Du vor allem durch »Face-to-Face«-Kontakte. Das freundliche Gesicht seiner Eltern zündet im Kleinen »Öffnung« und einen Brückenschlag zu seinem Gegenüber. Auf die erwiesene Freundlichkeit reagiert es mit Lächeln, oft auch mit Juchzen. Schaut es hingegen plötzlich in ein »nichtssagendes« Gesicht, zieht das Kleine seinen »sozialen Brückenkopf« wieder ein, hört auf zu juchzen und zu lächeln. Es wendet sich weg von einem »leeren Gesicht«, von dem es etwas erwartet, von dem Erwartetes aber nicht kommt. Das Kleine tut, als wäre es enttäuscht von diesem Nichts, das ihm da entgegentritt! Eine soziale Erwartung, die offenbar ins Leere läuft. Und dies alles in welchem Alter bereits? Das Gesicht der eigenen Mutter hat beim ersten sozialen Lernen einen Vorsprung vor fremden Frauen – mittels EEG ist das nachweisbar.

Das müssen wir alle hören wollen. Und vielleicht auch etwas »umstellen«: »Diese Art des Lernens stellt die Stützpfeiler für spätere, komplexere Formen sozialer Interaktionen bereit (…)« Und recht bald lernen wir auch auf eine Weise, die jede Mutter ihrem Kleinen bietet: Sie lässt ihr Kleines aufspringen auf den bereits erwähnten »Beifahrersitz mütterlicher Führung«! Die Mutter lenkt, schient, lotst ihr Kleines mit ihrer Stimme und mit ihren Augen, wenn sie etwa gemeinsam mit ihm ein Bilderbuch anschaut. Ist das neu? Tun wir das? Nehmen wir uns dafür Zeit – Bilderbücher anschauen, Lieder vorsingen, gemeinsam einen Kochlöffel bestaunen? Was daran ist läppisch? Das Kleine hat ja noch nie einen Kochlöffel gesehen.

Noch einmal werfen wir einen Blick zurück zum Kapitelanfang, wo nach den Großeltern gefragt wurde (Frage 5). Fest steht: Kinder lieben Großeltern – begegnet ihnen hier doch oft viel Güte. Eine Großmutter ist gütig, falls sie keine »Schwiegermutter« ist. Großväter sind oftmals gütiger. Güte: die unermüdliche Geneigtheit, einem anderen gut zu sein.

Manche Großeltern sind bloß gutmütig: Unbrauchbar! »Fratzen-Dünger«! Gutmütige werfen das Handtuch, sobald das Richtige anstrengend wird. Gutmütige verbiegen Edelsteine zu Fratzen. Das tun sie offenbar in der Meinung, ihrem Nachwuchs mit vermeintlich »Süßem« Gutes zu tun. Spätestens bei der ersten Stellenbewerbung wird sich zeigen, ob unsere Nachfahren Gutes erfahren haben: Güte – oder bloß Süßes. Und ob sie unter Gutmütigen bloß lernen und üben haben können, Vorteile für sich herauszuschlagen. Ramsch!

> Was Schwiegermütter tun sollen, falls sie keine »Schwiegermutter« sein wollen? »Sie sollen den Mund halten. Und lächeln. Mag gut sein, dass dies nicht alles ist, was eine tolle Schwiegermutter ausmacht (...).« So in etwa hab ich das von unserer Mutter gehört und in Erinnerung. Von einer dreifachen Schwiegermutter.

Alte sind normalerweise gütig! Vielleicht sind sie das deshalb, weil sie längst die Nase voll haben von dem bunten Widersinn, den sie reihum sehen oder den sie am eigenen »Nasenbluten« haben verkosten können.

> Manche Alte sind chronisch ekelhaft-grantig, wie ein Beispiel zeigt: Die zwei ewig Grantigen, die Kinderlärm nicht ertragen können – was sie gemacht haben, falls der Ball in ihrem Garten gelandet ist? Sie haben ihn zerstört! Lustvoll-hämisch grinsend haben sie ihn zerstört. Vor den wortlosen, fassungslos starren Augen der Kinder haben sie den Ball in der Restmülltonne versenkt. Von Augenzeugen weiß ich das.

Großeltern sind großartig – weshalb sie so auch heißen. Ja, doch: großartig. Groß. Großmutter. Großvater. Schätze. Wahre Schatzkammern für die Kleinen. Für deren Eltern nicht viel anders. Vor allem aber sind Großeltern gütig! Von einer warmen, festen Richtigkeit, die mehr sieht als plappert. Trotzdem hören, sehen, riechen Großeltern viel – und schweigen viel und oft dazu. Dürfen Großeltern sich einmischen? Güte wird ihnen raten, *ob, wie, wann* sie *was* tun, sagen oder unterlassen müssen.

Warum fühlen sich Kleine bei Oma und Opa meistens so wohl? »Weil sie dort alles dürfen!« Setzen – nicht genügend! Und nach der Pause: Zurück zum Start!

Die Großväter? Perlen! Falls Großväter *keine* Perlen sind, dann sind sie das halt nicht: »Kleinväter.« Doch Großväter? Ja, doch – die sind Perlen! Erstens sind Großväter Männer. Zweitens sind sie angenehm und brauchbar. Groß sind sie – und eine Schatzkammer, vollgestopft mit spannenden Geschichten.

> »Opi, die Geschichte vom Wolf! Und die Geschichte vom Baumhaus. Opi, biiiitteeee!«
>
> Der Opa aber weiß, dass der Rabauke gestern im Wohnzimmer Fußball gespielt hat und die Vase ... heute keine Vase mehr ist! Er wird sich etwas zieren und dann den Rabauken fragen: »Du, Maxi, wie war das gestern mit der Vase?«
>
> »Opi, bitte die Geschichte vom Wolf! Opi, biiiitteeee!«
>
> »Gut, ich erzähle dir die Geschichte vom Wolf. Aber vorher: Ich habe dich etwas gefragt!«
>
> »Vase – kaputt!«
>
> »Wieso kaputt?«
>
> »Opi, bitte die Geschichte vom Wolf! Opi, bitte!«
>
> »Was war da mit der Vase, Maxi?«
>
> »Fußball hab ich ... – Opi, bitte die Geschichte vom Wolf! Opi, biiiitteeee!«
>
> »Hast du der Mami schon gesagt: ›Mami, tut mir leid!‹?«
>
> »Opi, bitte ...«
>
> »Ich mach dir einen Vorschlag. Denn das mit dem Fußball und der Vase – wieso ist das nicht gut gewesen?«
>
> »Weil ich im Wohnzimmer nicht Fußball spielen soll!«
>
> »Wieso?«
>
> »Opi, bitte!«
>
> »Wieso Fußball nicht im Wohnzimmer?«
>
> »... kaputt!«
>
> »Ja, eben! Also, jetzt die Geschichte.«
>
> »Ja!«
>
> »Aber dann hat der Opi eine Bitte! Also, da war einmal eine alte Hütte, mitten in einem finsteren Wald ...«
>
> »Jetzt noch die Geschichte vom Baumhaus, bitte, Opi!«
>
> »Nein, jetzt meine Bitte: Wenn dich die Oma nach Hause bringt, was wirst du der Mami heute als Erstes sagen?«
>
> »Mami, der Opi hat mir heute wieder die Ge...«

»Ja, das auch. Aber ganz zuerst?«
»Mami, tut mir leid! ... Du, Mami, der Opi hat mir heute wieder die Geschichte vom Wolf erzählt.«

An einem Strang müssen alle ziehen – auch die Großeltern! Alle vier, alle sechs an einem und demselben Strang. Und in dieselbe Richtung! Wieso? »Damit der Fratz besser folgt!« Auch nicht genügend – zurück zum Kapitel *Kinder wollen wahrgenommen werden*. Folgen! Gehorchen! Hände an die Hosennaht! Hirnlose, einfallslose, konzeptlose Dompteure! Nicht genügend!
Strenge ist steif, oftmals verheddert sich Strenge im kalten Müssen und rostet dort ein: Rostet, rastet ein in Befehlen, in hirnlosem Gehorsam. Steifheit kann sich nicht anschmiegen an die Forderungen des Jetzt. Strenge knickt – und macht Druck mit Enge: Spielraum null. Strenge züchtet Neurotiker, Zwanghafte, Eingeengte, Schwerenöter, Süchtige, arg Verbogene: Zwerge. Umsehen!

Bei einem Vätertreffen sagte heute ein mehrfacher Urgroßvater: »Großeltern haben Sehnsucht nach Enkelkindern.« Und fügt sinngemäß an: »Wir haben alles. Haben wir das Wichtigste?«

Was braucht es statt Strenge? Ernst! Ernst ist näher am Richtigen, näher dem Sinn des Gesollten. Ernst kann trotzdem lächeln und ist geschmeidig fest im Richtigen. Angepasst fest. Ernst ist konsequent: Da gilt, was ausgemacht ist, sonst kennen sich die Kleinen nicht aus. Konsequenz: Die passt auch uns Alten bisweilen nicht! Trotzdem tut das Richtige immer gut. Gütiger Ernst macht Druck mit sanfter, ernster Unnachgiebigkeit – ein Druck, der sich auf den Sinn des Gesollten beruft und Einsicht schaffen soll.

Kinder wollen Erfolge (und dass sich was rührt in der Bude)

Kinder wollen Erfolge. Das kann jeder sehen: Warum strahlen sie, falls ihnen große, schillernde Seifenblasen gelingen? Warum jubeln, klatschen und hüpfen sie, wenn sie Sieger sind? Um Erfolge zu schaffen, brauchen *auch* Kinder etwas, das ihnen Erfolge machbar macht. Was das ist? Wem muss das buchstabiert werden? Zur Sicherheit trotzdem: Sie brauchen Erfolge. Sie brauchen Formung. Sie müssen Grenzen »anrühren«, um zu »spüren«, was und wie Grenzen sind: Grenzen tun oftmals weh. Zu alldem brauchen sie Führung. In welcher Reihenfolge?

Kinder *wollen* Erfolge. Das steht, denn täglich zeigen sie das dutzendfach, sobald sie ihre »Gucker« öffnen. Kinder *sollen* Erfolge haben: Steht ebenfalls. Wie sonst soll in ihnen wachsen können, was wir Selbstwert, Selbstsicherheit, innerliche Gesichertheit nennen? Folglich *müssen* Kinder Erfolge haben, weil sie sonst womöglich an sich zweifeln oder sich gar selbst verlieren. Und wir Erwachsene müssen als »Führung« dienen, herhalten, uns dazu »herablassen«, ihnen beide Hände reichen wie der Kleinen auf dem Foto auf Seite 120.

Wieder einiges zum Aufwärmen für jene Leser, die sich diese Mühe antun wollen:

1. Erwachsene sollen sich nicht lang bitten lassen, wenn Kinder sich mit ihnen messen wollen. Wieso? Wozu?

2. *Auch* müssen Erwachsene Kleinen applaudieren, falls diese gewinnen oder sie etwas richtig machen. Applaus: Wieso? Wozu? Davon ist kürzlich die Rede gewesen (siehe *Kinder wollen ernst genommen werden*).

3. Große müssen Kinder nicht immer gewinnen lassen. Wieso? Wozu?

4. Eltern müssen sehen, falls ihr Kleines hartnäckig *nicht* tut, hartnäckig *nicht* will, was Gleichaltrige gerne tun: zum Beispiel zeichnen, kuscheln oder auf Randsteinen tänzeln. Eltern müssen solches sehen *und* wahrhaben wollen. Sehen! Sehen wollen!

Sehen müssen! Wieso? Wozu? Wohin müssen Eltern gehen, falls
sie merken, dass ihr Kleines gar weinend verweigert, was andere
gleichen Alters gerne tun?
5. Temperament – von wem haben wir was? Ab welchem Alter ist
das bereits sagbar, wenigstens vermutbar? Charakter – was ist das?

Kinder *brauchen* Erfolge. Doch vorher brauchen sie dazu anderes:
Formung, von der wir auf diesen Seiten reden. Wir reden hier deshalb von Formung, um nicht von Erziehung zu reden. Erziehung
tönt nach ziehen, zupfen, zerren, Zwang, Anstalt; womöglich auch
nach Schwererziehbarkeit, Korsett, Dressur. Außerdem riecht Erziehung nach Einseitigkeit – jedenfalls meint Erziehung, dass Eltern
ihre Kinder erziehen. Eltern aber wissen, dass die Kleinen immer
auch uns Große erziehen. Ehrliche Eltern wissen und beherzigen
das, weshalb sie vor ihren Kindern Aufrichtigkeit, gar Demut oder
ein elegantes »Sorry!« schaffen (siehe auch *Eltern müssen demütig
sein* und *Eltern müssen Familie schaffen*). Solche Eltern werden sich
von ihren Kleinen auch etwas sagen lassen. Denn das Richtige richtet sich bekanntlich zuvorderst nach dem *Richtigen,* nicht nach dem,
wer es sagt. »Von Kindern und Narren kannst du die Wahrheit erfahren!« Warum sagen just Kleine die Wahrheit? Spätestens jetzt
spüren wir: Das mit der Erzieherei, mit der öden Herumzupferei an
unseren Allerliebsten? So schaut artgerechter Umgang nicht aus.

> Kinder brauchen Formung, wie auch Marmor aus Carrara Hände
> braucht, die Gestalt aus ihm formen – siehe etwa *Der Kuss* von Auguste
> Rodin in der Tate Gallery (London): Die ineinander Verschlungenen sind
> nicht von selbst geworden. Welche Frisur wird von selbst? Alle Pflege
> kommt von »außen«, anfangs wenigstens: Windeln und so …

Auch das kommt von außen, was im »Hirn« drinnen ist – oder
halt nicht drinnen ist: Beides von außen. Formung sagen wir hier
auch deshalb, weil Erziehung das Mühsame daran zu sehr in den
Vordergrund stellt: das Zerrende, das Schleppende, das Ringen mit
dem Bockigen. Beinahe Gewalttätiges lässt Erziehung befürchten.
Unmengen an Gewalt sind unter dieser Flagge tatsächlich auch
gesegelt. Segeln immer noch, wie auch Kinderchirurgen wissen.
Erziehung hat Großartiges geleistet, freilich! Doch Formung – die
sollte das besser schaffen. Diamanten brauchen Formung, nicht
aber »Kommandos« oder gar einen Dreschflegel. Behutsame For-

mung, damit aus unseren Kleinen Brillanten werden. Damit sie dann leuchten, funkeln, Freude machen und später auch ihren alt gewordenen Eltern Werte hinhalten können. Kinder sollen also ihren vollen Wert entfalten können – »Voll-Wert«, nicht bloß »Mehr-Wert«. Hoferbe.

Der »Marmor«, aus dem unsere Kinder sind? Talente, Anlagen, Neigungen und sonst wie Vorgegebenes; etwa, dass Muskeln zwar irgendwie von selbst entstehen, aber nicht von selbst stattlich werden. Muskeln entstehen ohne Übung und zeigen das bereits, wenn unsere Sitzhöhe knapp vier Zentimeter beträgt. Doch ein »Terminator« oder Sprinter ohne Übung, ohne Mühsal? Auch Knochen brauchen Belastung, um Lasten zu schaffen, die nicht danach fragen, ob und wann sie kommen dürfen. Ist damit schon alles gesagt? Das Wichtigste ist gesagt: Dass Formung *von außen* kommen muss und dass sie Führung voraussetzt. Symmetrische Führung: An der einen Hand die Mama, an der anderen der Papa. Symmetrie! Wohl mit ein Grund, warum wir zwei Hände und zwei Arme haben. Das Reizvolle, das Wertvolle, das Gestaltgebende an der Formung? Auch deshalb sagen wir hier Formung, weil diese behutsam zu Werke geht! Mit zarten, geschulten Händen. Einmal mehr ist also auch da Elternbildung hilfreich.

> Wie auf der Töpferscheibe: Immerfort die gleichen Runden – auch heute noch! Immerzu das Gleiche. *Wie viele* Runden, bis eine Vase entsteht? Mutter, Vater, zählen auch Sie Ihre »Runden« und Sie werden Trost finden bei der Töpferscheibe. In Le Mans ist es nicht viel anders: 24 Stunden lang immer dieselbe Runde. In Indianapolis: 200 Runden. Außerdem knirscht es auch dort oft recht ordentlich. Also, Jammern darf sein. Ob es mehr braucht als Jammerei?
>
> Dampf ablassen! Ja, auch das sollen Eltern einander gönnen. Täglich sollen sie einander diese Zeit der austauschenden Zweisamkeit schenken. Täglich! Beim irgendwie anders Ausgelasteten, beim anderswie Ausgelaugten Dampf ablassen: zum Beispiel bei einem komfortablen Abendessen, das den zwei Müden einmal pro Monat serviert wird. Bei Zwillingen: einmal die Woche! Und jeden Abend zu Hause zehn Minuten Dampf ablassen. Jeden Abend! Jeden! Elfmal die Woche!

Formung sagen wir hier auch deshalb, weil Form nach einem Modell, nach einem Vorbild entsteht. *Form* soll werden! *Gestalt* soll werden! Beides um einen Inhalt: Inhalt mit einer Hülle, die zum Inhalt passt, diesem Ansehen gibt, ihm zur Ehre gereicht. Form, die der Inhalt formt. Erziehung – da wird gezogen, wie der erlegte Wal am Schwanz an Land gezogen wird. Irgendwie total verkehrt.

Was sie soll, die Formung? Sie muss Tauglichkeit schaffen, die ihrerseits Erfolge schafft. Formung muss brauchbare, angenehme Menschen aus uns machen, die sich *selbst* tragen können. Menschen, die auch andere tragen, *ertragen*, notfalls *mitschleppen* können: Kranke, Ausgebrannte, Außenseiter; auch bereits halb Vermoderte oder aus ihrer Heimat Hinausgebombte ... Menschen also, die eine Gemeinschaft formen und tragen können: Freundschaft, Firma, Ehe, Familie, Heimat, EU.

In einer Gemeinschaft muss nicht jeder *alles* schaffen, doch aber viel. Jedenfalls muss sich jeder auf jeden verlassen können, sonst kommt Gemeinschaft nicht einmal zustande. Freundschaft, Ehe, Familie, Firma, ein OP-Team, eine Seilschaft – sie alle leisten dann auch, was sie leisten sollen. Das Ich und das Wir, warum brauchen die beiden einander? (Siehe *Kinder wollen Eigenständigkeit* und *Eltern müssen ihren Auftrag ernst nehmen.*)

Kinder brauchen also Formung. Und dazu brauchen sie noch etwas: Grenzen. Nicht Eltern waren es, die sie erfunden haben. Die Firmenchefs, die auch nicht.

> Ein Straßengraben zu beiden Seiten einer Fahrbahn: Auch das ist nicht ein Einfall von Straßenwärtern – selbst wenn Übermütige oder Stümper just dort parken oder übernachten wollen ... Auch erfrieren tut einer leichter, wenn er nach der Disco oben nur mit einem Hemd bekleidet nach Hause geht bei scharfen Minusgraden – wie kürzlich ein Jung-Steirer in der Nähe von Deutschlandsberg: Tot! Alle Jahre wieder: Wo es Discos gibt, wo es satte Minusgrade gibt und Beschränkte: Tote! Welchen Eltern tut das gut? Rundum »Straßengräben«, Frost und sonstige Grenzen. Auch Alleebäume.
>
> Grenzen mögen wir alle nicht – etwa Stopptafeln, wo doch eh niemand kommt. Besonders dort mögen wir Grenzen nicht, wo diese schmerzen: »Stopptafel: Erwischt! Macht 35 Euro (derzeit)!« Niederlage – die wohl ödeste Art von Grenzerfahrung.

Kleine wollen Grenzen offenbar noch weniger, weil sie vermutlich deren Sinn nicht verstehen. Deshalb wollen sie weder eingebremst noch zurückgepfiffen werden. Denn sie ahnen, dass hinter Grenzen Spannendes und Unentdecktes lauert. Ob sie dabei das Falsche oder gar Verkehrte lockt? Wie denn? Das alles kennen sie ja noch nicht oder nur zum Teil (siehe etwa das Beispiel mit der Katze und dem Schwanz im Kapitel *Kinder wollen Auslauf*). Dass Kinder ihre eigenen Methoden haben, mit Grenzen umzugehen, zeigt auch die Zeichnung von Robert auf Seite 120.

Eltern wissen, wieso ihre Kinder keine Grenzen mögen. Väter und Mütter können allerdings auch sagen, wozu ihre Kleinen Grenzen kennenlernen und anrühren müssen. Und dass auch Kleine Grenzen respektieren müssen. Das hat sich unter Kleinen noch nicht herumgesprochen. Aber auch unter Großen sind Grund, Zweck und Existenz von Grenzen noch nicht überall angekommen (siehe Minusgrade und Disco). Noch etwas ist manchen scheinbar immer noch »finster«: Dass den Kleinen das Geforderte erklärt werden muss, anstatt ihnen einfach ein »Müssen« hinzuknallen. Kleine wollen das Gesollte *so* erklärt bekommen, dass sie das Gesagte verstehen *können*. Das ist auch deshalb mühsam, weil in den Kleinen das Wollen, das Sollen und das Müssen erst zueinander finden müssen.

Den Kleinen das Gesollte erklären: So ist es ihnen gegenüber auch fair, das Erklärte und Gezeigte konsequent-geschmeidig-unnachgiebig einzufordern. Zärtlich. Deckungsgleich mit dem, was gestern ganz gleich gelautet hat, weil sich Kinder sonst nicht auskennen und deshalb täglich das Gleiche fragen. Deckungsgleich! Das Gleiche muss immer gleich tönen, sonst kennt das Kleine sich nicht aus. Das wird noch öfter kommen.

Kinder wollen! Und wir Große? Wir wollen anderes. Das hat oftmals seine Berechtigung. Doch ist *unser* Wollen immer ähnlich drängend wie das Wollen der Kleinen!? Außerdem: Wollen, sollen, müssen – sehen Kleine darin einen Unterschied?

> Wie es zu schaffen ist, die Erfahrungswelt, die Fantasiewelt und das Wollen eines Kleinen auszuloten? Lauschen! Da müssen wir mit Augen und Ohren »lauschen«! Ist das Eltern neu? Auf die zarten Töne *achtsam* hinhorchen. Achtsam, *was* ein Kleines *wie* sagt. Auch *was* dabei seine Augen und Finger sagen! Oft ist nur ein stiller, wässriger Glanz in seinen Augen zu sehen: Weh! Ein anderes Mal platzt das Kleine damit plötzlich heraus – völlig einerlei, wer da aller zuhört! Außerdem gilt es darauf zu

achten, *wie oft* es etwas nach außen lässt und bei welcher Gelegenheit. Kann es sein, dass wir Große da vieles, oft gar Wichtiges überhören?

Grenzen. Wenn Kleine an Grenzen gehen, wenn Krabbler – endlich selbstständig mobil! – überall dran sind: Sind sie dann bockig, böswillig, ungehorsam? Woran wäre zu erkennen? Davon muss die Rede sein, weil die unermüdlich Wissbegierigen auf den Nerven ihrer Eltern oft ordentlich spazieren gehen. Die Kleinen forschen – und ihre Eltern? Die ärgern sich nicht selten. Was jetzt? Wenn ausgelaugte Eltern deshalb hin und wieder einen Plärrer losdonnern: Ist das verständlich? Freilich, das ist verständlich. Trotzdem ist es falsch, Kleine anzuschreien! Falsch, weil Kleine den Wirbel nicht verstehen, sondern Angst kriegen (siehe *Kinder sollen keine Angst haben müssen*). Was für ein Profit! Jeder versteht, dass Eltern hin und wieder die Bremse ziehen müssen – no na! Ebenso versteht jeder, dass Eltern den endlos flinken Einfallsreichtum ihrer Kleinen nicht immer gelassen abfedern können. Doch ums Verstehen geht es nicht! Es geht darum, dass am Ärger, am Schimpfen, am Plärren etwas falsch ist: Angst!
Geschmeidig müssen Grenzen vermittelt werden. Will sagen: Mit der ganzen Gewogenheit, die das Kleine braucht! Mit Güte, die das Kleine spürt und deshalb eher akzeptiert – wie auch Kinder »Süßes« lieber mögen als Watschen. Kann es sein, dass Angeschriene, Niedergebrüllte *da* bereits »sozial verkrüppelt«, »verbogen«, zu »Neurotikern« erzogen werden? Kann es sein, dass Angeschriene, Niedergebrüllte dort »hin-erzogen«, sie dort hingezerrt werden, wo sie dann nach oben hin buckeln, nach unten hin treten? Tun sie das womöglich, weil sie Güte nicht haben »spüren« können, wo diese gefragt gewesen wäre?
Geschmeidig. Liebevoll ernst. Streng? Ernst! Oft ohne Worte, oft ohne Lächeln, oft ohne ein Zögern. Eindeutig! Grimmig, giftig, einschüchternd-streng? Grimm straft das Ahnungslose ab, das sich nicht erklären kann, was an einer Steckdose so gefährlich ist. Ohne Strenge auskommen? Mühsam!

> Wer die Mühe der ersten sechs Jahre auf später verschiebt, erntet jede Menge Ärger mit formlos verformten, aufgeblasenen »Fratzen«. Hohl sind sie, die Ungeformten: Nichts haben in der Birne, erst recht nichts in ihrer Mitte. Denn Hohles ist in sie investiert worden oder zu Ramsch Aufgedunsenes. Bloß gut ernährt: unförmig Fettgefutterte. Vielleicht auch protzig, frech, grob, ordinär.

Ohne Führung sind sie verwahrlost aufgewachsen, aber eben nur das: aufgewachsen, groß geworden. Wachstum, das jeder Löwenzahn von selbst schafft, auch jeder Regenwurm im Alleingang hinkriegt.

Das Lehrgeld? Das zahlen sie selbst! Und nicht *nur* sie: Die dann Alten ebenso. Warum auch die Fratzen? Weil *sie* es sind, die sich ihre »Nase blutig schlagen«, weil sie niemand mag, da sie ungeformt sind. Außerdem sind sie oft auch blank oder aufgeblasen: Ein hohles Nichts ist Platzhalter für das, was die Hülle ausfüllen, was die aufgetakelte Oberfläche tragen sollte. Da kracht es eben. Hohle Ungeformte fragen sich womöglich: »Woher der Krach? Woher mein Nasenbluten?« »Nasenbluten«, weil es Grenzen gibt, an denen Ungeformte hängenbleiben, straucheln, abstürzen. Grenzen wirken nun einmal so: Nasenbluten, falls einer nicht rechtzeitig bremst, lenkt oder endlich Gas gibt.

Jeder hat es an sich gespürt: Formung muss behutsam sein. Zart! Geduldig! Ruhig! Temperament und Charakter (siehe Frage 5): Beide kommen hinzu und mischen die familiären Spannungen bisweilen kräftig auf. Temperament, Charakter: Was prägt wen? Was führt oder zügelt wen? *Temperament* ist das Schwungrad unseres Charakters. Etwa die weithin gleichförmige, langsame, oft schwerfällige Ruhe des *Phlegmatikers*: Krass steht sie der vorgespannten, sprungbereiten, grantig-explosiven Promptheit des *Cholerikers* gegenüber. Wehe jenen, die einen Choleriker heiraten oder als Chef haben. Der scheinbar sorglos hüpfende *Sanguiniker*? Jedem *Melancholiker* ist er in vielem ein scharfer Gegensatz … Ob mit diesen vieren alle Varianten bereits abgedeckt sind – auch jede denkbare und sichtbare »Überlappung«?

Temperament, die Schwungmasse unseres Ich, ist oft etwas »Mitgebrachtes«, Vererbtes. Und *noch* ohne Verdienst. Verdienst oder Schuld wird, was beispielsweise ein Sanguiniker aus seinem leichtfüßigen Schwung oder der Phlegmatiker aus der Ruhe seines Temperaments macht. Was sie auch aus dem machen, worauf sie mit ihren Fertigkeiten und Kenntnissen stoßen: Umwelt, Schicksal! Aus alldem wird Charakter, teils auch Bildung. Bei alldem spielt die »Reizschwelle« mit, die durch Tagesverfassung oder durch starke Einflüsse verändert wird. Mal sind wir gelassener, mal »explosiver«. Freudiges macht uns gelassener, chronisch Ekelhaftes macht uns explosiv. Hin und wieder geht uns folglich das Temperament durch – auch unserem Charakter. Die Reizschwelle: Sie ist eine der Temperamenteigenschaften, nicht nur bei Kindern.[66]

Anlass, Reizschwelle, Temperament, Charakter: Schuldlos blutig? Nicht einmal im Affekt ganz schuldlos. Tränen und Blut wollen Rechenschaft. Immer auch »Buße«, damit Versöhnung eher werden kann. Aussöhnung! Am Sonntag, 19. April 2015, gedachten viele des 100. Jahrestags des Völkermordes an den Armeniern. Von eineinhalb Millionen Umgebrachten oder Umgekommenen ist die Rede. Doch die Nachfahren der Osmanen? Manche unter ihnen wollen davon nichts wissen. Seltsam, wie manche ihre Geschichtsbücher hartnäckig »schwärzen« und sie gar jene des »Rassismus« bezichtigen, die ihre unverständliche Haltung ansprechen.[67]

Anpassungsfähigkeit, Friedfertigkeit, Aufmerksamkeitsdauer, Reaktionsintensität (Jähzorn, Gewissenhaftigkeit, Laschheit, Aggressivität ...), Freundlichkeit und andere Zeichen »eingewurzelter« Reaktionsweisen oder Stimmungslagen: Ab dem Alter von vier bis sechs Monaten kristallisieren sich die Temperamentsunterschiede allmählich heraus.

Den Stand der Forschung zur Frage, inwieweit Temperament angeboren ist, fasst Jens Asendorpf zusammen: »Es zeigt sich bei allen bisher untersuchten Temperamentsunterschieden ab dem Alter von vier bis sechs Monaten ein genetischer Varianz-Anteil von 40 bis 60 Prozent.«[68] Ein genetischer Varianz-Anteil von 100 Prozent würde besagen, dass die beobachteten Merkmalsunterschiede ausschließlich auf genetische Unterschiede zurückgehen. Genetische Unterschiede beeinflussen unser Temperament aber eben nur zu 40 bis 60 Prozent.

Der Charakter seinerseits wird unser Temperament lenken, bremsen, laufen lassen – je nachdem, was der Augenblick fordert und am Angepeilten *Sinn* macht. Charakter scheint also mehr zu sein als bloß die Formkraft unseres Temperaments: nämlich Formkraft *und zugleich Ergebnis* dieser Mühe. Gütig und souverän oder widerlich ekelhaft; schlampig oder pingelig statt emsig, sorgfältig und behutsam: Angenehmes oder Widerliches! Gentleman, Lady – oder aufgetakelter Vollkoffer. Unser Charakter holt ziemlich alle Kraft in uns zusammen, um das ganze Ich von innen her zu führen. Erbgut, Erworbenes und die Einflüsse des Augenblicks gestalten, was wir Charakter und auch soziale Tauglichkeit nennen. Beide wirken dann nach außen.
Welche Rolle die Bildung dabei spielt? Wissen füllt das Ich von außen her, damit in uns drinnen Bildung werden und so in uns

ein Brillant aus einem Diamanten entstehen kann: Mensch. Wissen stellt die Ziegel bereit, aus denen ein Haus gebaut wird, das wir Bildung nennen. Bildung ist tragend. Sie formt unseren Charakter oder schafft aus uns angenehme, wahrhaft gepflegte Zeitgenossen – nicht bloß Höflichkeit. Charakter und rundum stimmige Gepflegtheit werden durch Bildung geformt. Wenigstens aber sollte *das* vermittelt werden – Höflichkeit (siehe auch *Eltern müssen höflich sein*). Auch Anstand, Respekt und Ehrerbietung stehen da an: Alle drei warten auf Gestalt und Inhalt. Drinnen also wird, was an unserer »Oberfläche« alle dann hören, sehen, »riechen«, genießen können: ein liebenswerter Charakter. Oder »Un-Charakter«: Tölpel, Widerling, pure Unappetitlichkeit.

Charakter, Temperament, Bildung, Anstand, Höflichkeit, Stil, »Gepflegtheit« (siehe *Kinder wollen nicht müssen*): Ein liebenswertes, wohlgeformtes Kind! Liebenswert greift tiefer, weiter: Liebenswert müssen wir sein, um geliebt, geschätzt, gefragt zu sein, auch um zu taugen. All das auch deshalb, um uns selbst zu »taugen«, weil wir geschätzt werden.

> Frau, Dame, Lady: Ist das mehr als eine bloß gut Gekleidete, die vier Sprachen fließend und akzentfrei spricht? Damen, Ladys sind liebenswert, doch sie werden scheinbar rarer – und die Weiber kommen wieder. Sehen Sie sich um, hören Sie sich um!
>
> Herren: Auch von dieser Sorte gibt es weniger. Könner, massenhaft Könner, nicht aber Herren, die beides können.
>
> Der Charakter ist das *Eingeprägte*, der »Prägestempel«, wie das die alten Griechen uns hinterlassen haben: Charakter ist unser »Prägestempel«, der von innen her auch unsere »Oberfläche« prägt. Oberfläche und Charakter also verraten, was in uns innen drinnen los ist …
>
> Ein »starker Charakter«? Falls jemand solches hört, darf Sorge mitschwingen! Auch darf Sorge mitschwingen, wo jemand hört, dass jemand einen »starken Willen« hat! Sehen Sie sich um! Jeder doofe, bodygebildete Hohlkopf kann beides haben.
>
> Die dosierte Kraft in den Fingern des Augenchirurgen – dort ist Richtigkeit! Auch die fein dosierte, gekonnte, abgestimmte, oft geübte Flüssigkeit einer Tänzerin – dort ist außerdem Schönheit! Harmonie – abgestimmte Schönheit.

Form und Formung gehen zusammen. Vorbild und Ebenbild – diese beiden ebenso! Eltern wissen: Ich *selbst* muss mich daran halten, was ich meinen Kleinen erkläre, was ich von ihnen fordere, was ich von ihnen erwarte. Wir selbst müssen tun, was wir voneinander fordern, wir von einem Du gerne hätten. Warum wohl?

> »Was du nicht willst, dass man dir tu, das füg auch keinem andren zu!« 2400 Jahre alt ist dieser Vorschlag, den wir bei Isokrates finden, einem Redner im alten Athen, der offenbar nicht nur trefflich hat reden können.[69]
>
> »Was du nicht willst, dass man dir tu, das füg auch keinem andren zu!« Weil *das* nicht klappt, setzt es Spannungen – an Art und Menge ungezählte, grausige Spannungen. Weil *das* nicht klappt, setzt es jede Menge Unrecht, Neid und Zwietracht. Weil *das* nicht klappt, setzt es Vorwürfe, Aufrechnung, Schuld und Schuldzuweisungen, Vorurteile, Spaltung, Hass und irre Mengen Leid. Weil *das* nicht klappt, hat immer der andere angefangen – siehe Ost-Ukraine. Weil *das* nicht klappt, setzt es jede Art von Streit. Und schließlich Krieg, Völkermord, Weltkrieg, Holocaust. Simpel, nicht wahr? Sehr simpel! Wenig braucht es, um »Irr-Wahn« zu begründen. Bloß einmal das: einen Grund!

Form und Formung gehen also gut zusammen: allem Schein nach besser, als das Erziehung bisher hat schaffen können. Form und Formung gestalten das ganze Ich – in Ergänzung zu dem, was uns das Erbgut vorgibt. So können dann Leistung, Erfolge und Ansehen werden!

Wohlgeformte gibt es. Ja, doch, die gibt es. Formung gibt dem Inneren Form, Schönheit, Ansehen, Brauchbarkeit! Form und Formung – wozu? Eben dafür: für Erfolge. Denn auch Kinder wollen Erfolge. Deshalb darf es hin und wieder ordentlich rundgehen in der Bude! Sie *wollen* Erfolge und *sollen* Erfolge haben. Kinder *müssen* Erfolge haben. Erwachsene *müssen* dazu herhalten, *müssen* da mithalten, sich dazu »herablassen«.
Im Folgenden einiges zu Frage 1 und 2: Kinder *wollen* also, dass sich was rührt in der Bude. Wenn es ein Perpetuum mobile gibt, dann sind das die Kleinen, sobald sie aus ihren Federn springen. Sie wetteifern schier pausenlos, besonders die Buben. Unentwegt reizt sie der Wettkampf bis hin zur Rangelei. Explosiv fiebern sie Wettbewerben jeglicher Art entgegen. Besonders schätzen die Kleinen, wenn Große mit ihnen spielen. Wir Große sollen uns also

nicht lange bitten lassen, wenn Kinder sich mit uns messen oder gemeinsam mit uns etwas Spannendes unternehmen wollen. Wieso sollen sich Erwachsene nicht lang bitten lassen? Das fragen wir Sie, lieber Leser, und zugleich auch unsere Assistenzeltern.

Was Eltern sagen ...

• **Wieso sollen sich Erwachsene nicht lang bitten lassen, wenn Kinder sich mit ihnen messen wollen?**

»Wir Eltern loben und fördern die Kleinen. Erfolge sind wichtig für das Selbstwertgefühl und für die Selbstständigkeit, die im Kleinkindalter geprägt werden. Wenn die Selbstsicherheit groß ist, ist der Applaus nicht sooo wichtig.« (JW und JW, Steiermark)

»Kinder wollen ernst genommen werden.«
(WL und AL, Steiermark)

• **Wieso tun manche Kinder nicht, was alle anderen gerne tun?**

»Es ist die Verschiedenheit der Vorlieben, der Fähigkeiten.«
(JW und JW, Steiermark)

»Vielleicht, weil sie sich zu wenig zutrauen, sie auch nicht ermutigt werden, es zu tun.« (WL und AL, Steiermark)

• **Wozu brauchen Kinder Erfolge?**

»Um das Bestreben zu haben, weiterzulernen, mehr erfahren zu wollen.« (JW und JW, Steiermark)

»Um daran wachsen zu können.« (WL und AL, Steiermark)

• **Wozu müssen Erwachsene diese Erfolge sehen und ihnen applaudieren?**

»Die Eltern sind Lehrer, Vorbild, Freunde – und Beschützer.«
(JW und JW, Steiermark)

»Selbstwertgefühl wird gestärkt; sie werden mutiger und trauen sich mehr zu.« (WL und AL, Steiermark)

Erfolge beim Spiel gegen Erwachsene: Wieso just dieses Sich-Messen mit Erwachsenen »gesunde« Kinder reizt? Weil ein Sieg gegen einen Erwachsenen ein besonderes Gewicht hat für das, was vermutlich alleiniger Zweck eines jeden Wettbewerbs in diesem Alter ist: Selbstwert. »Ich hab's geschafft!«

Schöpferisches gemeinsam tun – warum das oft weit spannender ist als allein? Weil da schneller was weitergeht. Außerdem lernen Kleine rascher, wenn sie dabei geführt, begleitet, ermuntert werden – siehe das Kleine, der Kochlöffel und die Mutter. Die schon etwas Größeren? Mit Erfolgen, mit »Trophäen« wollen sie nach Hause zurückkehren: Kann ja jeder sehen, wie sich ihre Worte hinter ihren gespannten Lippen stauen und nur Bruchstücke vom Erlebten herausstolpern, wenn sie von einem Ausflug zurückkehren und ihrer Mama berichten, was sie da alles heute erlebt haben.

> Ein Beispiel dafür, was gemeinsam getan werden kann: Mit Vätern Spannendes unternehmen! Etwa Würstel braten, wo auch Mütter endlich einmal entspannt zuschauen, sich bedienen lassen und sich hoffentlich amüsieren können. Da ist auch für Fünfjährige einiges dabei, das sie schaffen können – etwa das am wenigsten verkohlte Würstel der Mami servieren. Nobel! Was es dazu braucht und wie sich das gehört, was die Mama also haben muss? Und am Ende? Alle Spuren wieder ... Den eigenen Mist fortschaffen – die meisten Studenten haben das nicht gelernt. Sind daran nur die Mamas schuld?

Eigenleistung. Ja – Leistung! Davor muss niemand Angst haben, bleibt sie doch keinem erspart. Nicht *nur* Leistung, aber doch *auch*! Oft kann Leistung mit Spannendem verbunden sein: So sammeln Kleine Erfahrungen. So erfahren sie Gemeinschaft und lernen, wie dort die Spielregeln lauten. Auch müssen Erwachsene den Kindern applaudieren, wenn diese gewinnen oder etwas richtig machen. »Bravo! Bravo, mein Schatz, gut gemacht!«
Wieso applaudieren? Weil auch Kleine Applaus als Lob, als Anerkennung spüren. *Hörend* spüren! Denn was »Bravo!« heißt, das weiß das Zweijährige nicht: »Bravo!« hat das Kleine sicher schon gehört, aber verstehen, ausloten, schätzen, gewichten, zu-

ordnen? Aber es *spürt* Freude; die Freude von anderen, die im kleinen Sieger gleichfalls Freude und Selbstwert zündet. Kleine spüren dann Bestätigung, Bekräftigung, Sicherung. Sicherheit darin, das Richtige richtig getan zu haben. Megatonnen wiegt diese Verankerung in dieser Welt: Freude am Geleisteten zündet Selbstwert. Und Selbstwert? Nebst anderem mobilisiert er Kräfte für Qualifikation! Und mit Qualität ist allen gedient.

Lob und Anerkennung nehmen Kinder oft regungslos an – und gehen innerlich dabei auf wie Germteig in der späten Vormittagssonne: wohlige Bestätigung dafür, dass sie etwas Gutes richtig, etwas Richtiges gut getan haben. *Wohlige* Bestätigung. Gefühlte Bestätigung! Gespürtes! Können wohlig Gespürtes nur Kleine brauchen? Lob messen sie vermutlich ähnlich »spürend«, wie sie das Getöse über Missglücktes gallig-schmerzvoll spüren. Wortlos oft das Lob, oft auch jedes Getöse. Wortlos traurig. Warum so tonlos mit zwei, drei oder vier Jahren – oft auch später noch? Wieder eine Frage für unsere Assistenzeltern (siehe Kasten rechts).

Oft tonlos, denn vermutlich wissen sie noch nicht, was sie zu Lob oder Tadel sagen sollen. Mag also sein, dass die Beklatschten einfach deshalb schweigen, weil sie das Gehörte und Gespürte noch nicht in Worte kleiden können. Ihre Freude zeigen sie dann anders.

Erwerb, Aufbau und Festigung von Fertigkeiten – das schafft Selbstvertrauen, Selbstwert, Selbst-Gesichertheit! Das wiederum bestätigt uns unseren gesellschaftlichen Ankerplatz. *Angemessen* muss Selbstwert jedoch werden, sonst setzt es »Nasenbluten«! Nasenbluten wegen Eitelkeit, wegen aufgeblasener Fehleinschätzung. Das Wissen um seine Fähigkeiten und Grenzen – ist das wichtig? Das Wissen um seine Schwachstellen – ist auch das wichtig? All das ist ein Wissen, das sich bekanntlich nährt vom Wissen um vorweisbare, ehrliche Eigenleistung, Erfolge, Siege, auch Niederlagen, die Tränen gekostet haben.

Aus diesem Grund müssen Große Kinder nicht immer gewinnen lassen (das zu Frage 3). Denn auch Kleine lernen müssen, Zweiter, Verlierer zu sein. Ja, sicher, denn auf derart unangenehme Augenblicke gehen sie mit Sicherheit zu! Es macht folglich Sinn, diese »Möglichkeiten« rechtzeitig kennen und »auffangen« zu lernen. Außerdem müssen Erwachsene beim Spiel mit Kindern wissen, dass die kleinen Sieger den Besiegten niemals belächeln

• Lob und Getöse – warum nehmen Kleine beides tonlos, scheinbar ungerührt zur Kenntnis, wenn sie erst zwei, drei oder vier Jahre alt sind?

»Leider müssen wir bei dieser Frage schon etwas widersprechen. Wir haben bei unseren Kindern eigentlich nicht den Eindruck gehabt, dass sie Lob ›jemals‹ tonlos oder scheinbar ungerührt zur Kenntnis genommen haben. Schon im Babyalter ist an den glücklichen Augen, am grinsenden Mund oder einem verständlichen Lachen die Aufnahme des Lobes erkennbar. Dies setzt jedoch auch voraus, dass das Lob in einer für das Kind verständlichen Weise erteilt wurde und bei ihm auch entsprechend angekommen ist.

Mit dem Getöse ist es da schon etwas schwieriger. Als Eltern ist es uns zumindest noch im Kleinkindalter ganz gut gelungen, Getöse nur sehr selten zuzulassen und den eigenen Unmut über unsere ›Schlingel‹ zu unterdrücken.

Viel wichtiger erscheint es uns aber in diesem Alter, das automatische Getöse infolge von Bruchlandungen aufzufangen und die Angst vor Wiederholungen des negativ Erlebten zu nehmen. So erinnern wir uns etwa an die ersten Versuche, auf eine Schaukel zu gelangen, bis zur heutigen Perfektion: das Getöse nach den ersten Abstürzen (und das war keinesfalls tonlos) – und das heutige Getöse, wenn es den Eltern zu gefährlich erscheint (auch nicht tonlos).« (SO und RR, Graz)

»Es stört nicht; sie erachten beides als Selbstverständlichkeit.« (EW und DW, Steiermark)

»Kinder spüren den Applaus, den Erfolg, das Loben in den Gesten, die wir den Kindern vermitteln. Der frohe Tonfall der Stimme, das Ermuntern, es nochmals zu tun. Kinder verspüren verstärkt, wenn die Eltern sich freuen, und empfinden es als angenehm, als richtig; und das reicht.« (JW und JW, Steiermark) oder gar verachten! Wieso? Mit der Freude über ihren Sieg sind sie voll zufrieden, voll ausgelastet. Das sagen ihre Augen: Pure, hüpfende Freude, die Schadenfreude noch nicht kennt. Wer hat jemals sehen können, dass ein Kleines seinen besiegten Vater ernsthaft verspottet? Kinder wollen außerdem nicht bloß Sieger sein: Sie wollen auch nützlich sein. Jedenfalls müssen sie für Sinn und Nutzen ihres Tuns Gespür bekommen – Gespür durch Anerkennung, durch »Einbindung«, auch durch Lob oder angemessene Belohnung. Ist es notwendig, über solche Selbstverständlichkeiten überhaupt zu reden?

Lob, Anerkennung: Das ist Sache von Größe! Lob ist Sache von Großen. Kinder *sollen* Erfolge haben. Kinder *wollen* Sieger sein. Kinder *sind* aber nicht immer Sieger: Was jetzt? Das fragen wir auch unsere Assistenzeltern.

Was Eltern sagen ...

• **Wenn eines Ihrer Kinder einen ordentlichen Misserfolg landet: Welche Mittel helfen Ihnen und Ihrem Kind, aus dieser »Niederung« wieder herauszufinden oder sogar »mit Schwung« von dort wieder wegzukommen?**

»Vorerst muss man feststellen, dass man oft in diese ›Niederung‹ gerät, ohne nach objektiven Kriterien hierfür eine Erklärung zu finden; es kann sein, dass nur die Spielfarbe falsch verteilt wurde oder dass die Schachtel des Spieles durch den einem Kind nicht genehmen Mitspieler geöffnet wird. Wir haben hier oft die Erfahrung gemacht, dass schlichtes Erklären oder Diskutieren der ›Katastrophe‹ nicht wirklich zum Erfolg führt. Vielversprechender erscheint es uns, von der aktuellen ›Niederung‹ Abstand zu gewinnen, einen völligen – wenn möglich konträren – Themenwechsel zu vollziehen und in einigen Minuten sich an die ursprüngliche Thematik wieder anzunähern. Das Kind sollte sich aber dennoch verstanden fühlen und mit Respekt seinen ›Frust‹ ausleben können.

Es ist sicherlich richtig, dass für Kinder ›Erfolge‹ etwas ganz Besonderes und wichtig für ihre Entwicklung sind. Unser Jüngster neigt jedoch auch dazu, immer gewinnen zu müssen, was einen mitunter zum Schwindeln verleitet. Sieht man die Erfolge jedoch auf die Kleinigkeiten des täglichen Lebens bezogen, ist die Mitnahme dieses ›Schwungs‹ eine Selbstverständlichkeit. Dieser ›Schwung‹ ist viel leichter mitzunehmen als der ›Schwung‹ beim Verlassen einer ›Niederung‹.« (SO und RR, Graz)

»Es hängt wirklich vom Alter und vom Temperament des Kindes ab. Unser Sohn hat es sogar manchmal gebraucht, zu spüren, dass er nicht der Superman ist und dass er nicht der Superkluge bei allem ist und der Chef, sondern dass seine Freunde andere Fähigkeiten haben, die er noch nicht hat, weil er jünger ist. Dass er Dinge noch nicht kann und das auch ohne Belastung annehmen kann.
In unserer alltäglichen Haltung versuchen wir den Kindern rückzumelden, was sie alles gut machen, was sie Tolles können, wie sie sich bemühen und wie wir sie lieben, unabhängig von ihrer Leistung. Sie sind geliebt, weil sie sind. Nach einer großen Niederlage ist sicher Motivation hilfreich, um sie anzuspornen, zu ermutigen, Ausdauer zu fördern.« (BL und EL, Oberösterreich)

»Trösten, je nach Alter erklären oder ablenken. Einen Lösungsvorschlag machen.« (MK und CK, Graz)

»Aufmunternde Worte, positive Einstellung, Kinder nicht alleine lassen, sondern gemeinsam den Weg gehen.« (SM und KM, Graz)

»Gleich am Anfang muss ich widersprechen: Wenn es ein ›Perpetuum mobile‹ gibt, dann sind es die MÜTTER!! Kleinkinder ›brechen‹ irgendwann tagsüber weg und schlafen – das können sich Mütter nicht leisten!
Zur Beantwortung der Fragen: Frustrationserlebnisse gehören zum Alltag. Nicht nur Kinder haben sie – Erwachsene ebenso: im Beruf, in der Partnerschaft, im Freundeskreis …

Es ist wichtig, früh zu lernen, dass nicht immer alles gelingen kann. Eine angemessene Frustrationstoleranz aufzubauen ist beispielsweise eines der Hauptziele in der Suchtprävention. Damit man eben später nicht zur Zigarette, zu Süßigkeiten, Alkohol oder anderen ›Seelentröstern‹ greifen muss, um Frust und innere Spannungen abzubauen!

Ich bin davon überzeugt, dass es für die Kinder ganz wesentlich ist, wie WIR selbst mit Frustrationserlebnissen umgehen: Bin ich, wenn mir beispielsweise der Sonntagskuchen misslingt, stundenlang grantig und frustriert, oder nehm ich es vielleicht sogar mit Humor – probier es vielleicht noch einmal oder hole in der Konditorei würdigen Ersatz? Unser ›Vorleben‹ spielt eine enorme Rolle. Wie heißt es so schön: Wir brauchen unsere Kinder gar nicht erziehen – sie machen uns ja doch alles nach!

Was ist das Problem? Was kann ich tun? Was ist die beste Lösung? Ich probiere die Lösung aus! Ermutigung, das Misslungene noch einmal zu probieren, Hilfestellung leisten (wenn Moritz das Puzzle wieder nicht alleine schafft …), gemeinsam herausfinden, warum der schiefe Turm nicht stehen bleibt, Mut zusprechen, wenn das Fahrradfahren (aktuelles Problem!) ohne Stützrädern nicht so funktioniert, wie man (er) sich das vorstellt. Das Kind – und seine Sorgen – ernst nehmen, auch wenn uns das Problem banal erscheint!

Und – jetzt kommt die Suchtpräventionspädagogin wieder durch – bitte die Kinder nicht mit Süßigkeiten trösten oder für Leistungen belohnen! Das birgt nämlich die Gefahr, dass dieses Verhalten auch später übernommen wird und man sich dann als Erwachsener mit Süßem belohnt (›Das hab ich mir verdient!‹) oder tröstet (›Das brauch ich jetzt!‹).« (EP und BP, Graz)

»Zunächst dem Kind nicht die Möglichkeit zu nehmen, aus dem Misserfolg zu lernen. Eine Auseinandersetzung mit dem Misserfolg ist auch schon in jungen Jahren der Kinder notwendig. Erst dann kann man die Dinge abschließen und wieder zum ›Alltag‹ übergehen. Es darf auch einmal krachen, aber dann ist auch das Gewitter vorbei und der strahlende Himmel erscheint.« (MS und AS, Wien)

• Was empfehlen Sie Eltern, um ihrem Kleinen – oder auch Schulkind – aus dieser Niederung wieder rauszuhelfen?

»Wie bereits zuvor erwähnt ist unserer Meinung nach ein Themenwechsel oft eine gute Möglichkeit, um die aktuelle Niederung zu verlassen. Kleinkinder sind oft so sprunghaft in ihren Gedanken und Handlungen, dass binnen weniger Minuten das noch kurz zuvor ›Schreckliche‹ akzeptiert oder gar nunmehr angestrebt wird.
Bei unseren Zwergen hilft es oft schon, dem einen die gegenwärtige ›Niederung‹ des anderen zu erklären, um beide für das Thema zu interessieren. Negativ interpretiert sollte es jedoch nicht passieren, dass das Konkurrenzdenken allzu sehr geschürt wird und im Streit endet.« (SO und RR, Graz)

»Ein anderes Spielzeug zeigen, ablenken, etwas Lustiges mit dem Kind spielen usw. Bei Schulkindern habe ich immer zuerst getröstet, bin mit ihnen Eis essen gegangen und dann habe ich versucht, das Drama, je nach Fall, etwas zu entdramatisieren und gemeinsam eine Lösung zu finden. Das Kind sollte immer das Gefühl haben, dass ich hinter ihm stehe, was auch immer passiert ist.« (MK und CK, Graz)

»Dem Kind erklären, dass auch Erwachsene nicht alles können, für das Kind kämpfen (sich in der Schule für das Schulkind einsetzen). Das Gute im Kind hervorheben und ihm seine positiven Seiten erklären.« (SM und KM, Graz)

»Nicht zu schnell in die Ablenkung abgleiten, sondern zunächst das Thema (das wehe Knie oder die aufgeschürfte Hand) betrachten und ernsthaft wahrnehmen, aber dann auch ›gut sein lassen‹ und wieder zur Tagesordnung übergehen, ohne allzu großes Aufsehen darüber zu machen.« (MS und AS, Wien)

Erfolge. Niederlagen. Wie aus Niederlagen wieder heraus-finden? Nun, das haben die Assistenzeltern umfassend ge-klärt. Eine Ergänzung sei angefügt, falls die Assistenzeltern das nicht ohnehin schon ausreichend verdeutlicht haben: Misserfolg? Bauchfleck? Da ist warme Nähe wichtig!

Warme Nähe – wieso? Weil nach einer Bauchlandung eine »Wunde« blutet! Und was jetzt mit der blutenden Wunde? Diese Frage stellt sich, weil sich der Verlierer nicht auch noch allein, an den Rand gedrängt, womöglich gar ausgestoßen fühlen soll, weil der Sieger jetzt im Zentrum steht. Nähe muss den »Blutenden« *fühlbar* einfangen! Außerdem muss ermunternde Nähe den Blick nach vorne auftun.

> »Das nächste Mal, Mimi? Das nächste Mal wirst du es den anderen zei-gen! Aber anständig!« Ein solcher Zuspruch muss sich auf *tatsächliches* Können stützen, sonst ist der nächste Bauchfleck vorprogrammiert. Auf die blutende Wunde muss außerdem eine tüchtige »Wundsal-be« aufgetragen werden. Die Mimi kann beispielsweise ausgezeichnet zeichnen oder Rad fahren: »Mimi, kannst du dem Papi ein Flugzeug zeichnen mit großen Fenstern – bevor der Papi nach Hause kommt?« Oder: »Mimi, komm, machen wir eine Wettfahrt mit dem Rad, okay? Du hast einen Vorsprung.« Na, da wird der Papa halt abrutschen vom Pedal oder fast stürzen ...! Oder so ähnlich.

Einen Vorsprung gewähren, ist das unehrlich? Eine etwas pro-vozierte Tollpatschigkeit – unehrlich? Die gleiche Unehrlichkeit vielleicht wie ein »Morgen scheint wieder die Sonne!«. Freilich wird sie das, zumindest hinter den Wolken. Unehrlich? Erfolge und die richtige »Wundsalbe« sind tragend für die Formung und Festigung von Selbstwert. Grenzen und Führung helfen, »Nasen-bluten« zu vermeiden, wenigstens zu verringern. Grenzen und Führung – in der richtigen Reihenfolge: Gleichzeitig! Führung darf in gefährlichen Situationen nicht zu spät kommen. Muss auch davon überhaupt die Rede sein?

Am Beginn dieses Kapitels haben wir uns eine Frage gestellt, die wir hier aufgreifen können: »Erfolge. Formung. Grenzen. Füh-rung. In welcher Reihenfolge?« Führung muss schon da sein, wo das Ahnungslose an Grenzen geht! Führung schafft Formung. Formung schafft Erfolge. Formung kann auch mit Misserfolgen besser zurande kommen.

> Schuldig geblieben bin ich auch noch eine Antwort zu Frage 4: Wohin müssen Eltern gehen, falls sie merken, dass ihr Kleines hart verweigert, was Kleine gleichen Alters gerne tun? Eine »Beschäftigungstherapeutin« (Ergotherapeutin) ist da gefragt! Ehest, bitte! Oft kann sie den Grund für die Verweigerung finden und Schwächen rechtzeitig ausbügeln – rechtzeitig vor dem Schuleintritt!

Kinder wollen Erfolge. Kinder brauchen Erfolge. Selbstwert. Kann es sein, dass manche Eltern übersehen, was ihre Kleinen wollen? Sie wollen, was sie brauchen: Nest, Wärme, Führung. Sie brauchen immer dasselbe Nest, immer auch dieselbe Führung, weil sie sich sonst nicht auskennen. Kann es sein, dass nur wir Erwachsene von Haftpflicht-, Lebensversicherung oder von anderen Sicherstellungen etwas halten? Gesichertheit ist auch für Kleine tragend und entscheidend! Tragend und entscheidend bis weit in die Pension hinein. Vielleicht sogar darüber hinaus ...

Ein Letztes zu Selbstwert, Gesichertheit, Wärme, Geborgenheit und Co: Wieso ist es von Gewicht, auch die Fehler eines Kleinen unter vier Augen zu besprechen? Das braucht deshalb diese Zartheit, weil auch noch so kleine Kinder nicht bloßgestellt werden wollen. Doch was sollten Sie als Eltern tun, falls ein Zuwarten auf eine solche Gelegenheit nicht möglich ist? Dann sollten Sie den Rat dieser Assistenzeltern befolgen:

Was Eltern sagen ...

»Oft ist es besser, erst dann zu reden, wenn die ersten Emotionen verflogen sind.« (WL und AL, Steiermark)

Kinder wollen Erfolge. Erfolge haben Süßes, Wohliges, Bejahendes an sich, das wir *alle* gut brauchen können.

Kinder wollen gehätschelt werden

Seelisch gesunde Kinder wollen gehätschelt werden, sie ertragen das. Erst recht wollen sie, dass wir sie an uns drücken, falls sie Weh oder arge Angst haben. Meist kommen sie deswegen ohnedies von selbst. Wollen psychisch gesunde Kleine tatsächlich *gehätschelt* werden? Oder wollen sie etwas anderes?

> Von seelisch gesunden Kindern ist die Rede! Es würde den Rahmen dieses Buches überdehnen, wollten wir das »Krankhafte« behandeln: etwa, dass Kleine Liebkosungen mehrheitlich oder immer ablehnen. Nur so viel: Wenn Kleine immer oder auffallend mehrheitlich (womöglich vom Start weg) sichtliche Unlust zeigen, wenn ihre Eltern sie umarmen, sie an sich drücken, und Gleiches auch bei den Geschwistern zeigen, dann signalisieren sie, dass da was nicht passt! Was da nicht passt? Was an einer solchen Ablehnung schuld sein könnte, die den Weggestoßenen wehtut? Mehreres, teils Ernstes kann daran schuld sein. Nur von einer Ursache soll als Beispiel die Rede sein: Es kann sein, dass ein Kind nicht »auf die Reihe kriegt«, was es bei einer Liebkosung spürt. Es ähnlich nicht auf die Reihe kriegt, wie unsereins entrüstet-abwehrend reagiert, falls wir uns – in argem Gedränge – von jemandem angegrapscht meinen, obwohl es ein Bekannter ist, der uns beim Arm erwischt, um sich bemerkbar zu machen: Blitzartig klärt sich alles. Die Fülle an Gespürtem, Gehörtem, Gesehenem, Gerochenem überfordert das Kleine. Es mag das Wahrgenommene auch übersteigert spüren oder derart übersteigert auslegen, dass es sich »bedroht«, eingesperrt fühlt. Es schafft nicht, das dabei Erlebte zu einem sinnvollen und angenehmen Ganzen, zu etwas Vertrautem zusammenzufügen – weiß der Kuckuck, wieso nicht. Wer da näher herankönnte? Eine Ergotherapeutin (Beschäftigungstherapeutin) könnte da weiterhelfen. Was Eltern an diesem Kleinen beobachten? Das könnte zur Diagnose »Wahrnehmungsstörung« passen.

Vertrautheit ist da offenbar von Bedeutung. Beispiel: Alle wissen, dass es vierjährigen Buben oft nicht wild genug hergehen kann, wenn wir sie hochschupfen. Beim ersten unerwartet hohen »Ausflug« jedoch gucken sie für einen Augenblick ängstlich-angespannt, reißen Arme und Beine auseinander – eine »Schreckreaktion«, die – kaum wieder in Sicherheit – prompt zu einem heißen »Noch einmal!« umschaltet. Wahrnehmung – die erkennende Verarbeitung dessen, was unsere Fühler uns zugetragen. Verarbeitung zu etwas Sinnvollem, Brauchbarem, schließlich auch zu etwas Vertrautem. Übung schafft Vertrautheit. Kann es also sein, dass Übung mehr schaffen muss als bloß »Fertigkeit«? Vertrautes! Heimat! Seelisch gesunde Kinder wollen gehalten, wollen *sicher* gehalten werden. Eltern können erklären, wieso ihre Kleinen das wollen und brauchen! Auch wollen sie sachte gewiegt werden, falls arge Angst sie schüttelt. Woher sie beides wohl kennen? Erst recht wollen sie, dass wir sie an uns drücken, falls sie Kummer haben. Aber wollen Kleine wirklich *gehätschelt* werden? Oder wollen sie etwas anderes? Hören wir hierzu unsere Assistenzeltern.

Was Eltern sagen ...

• Was vermutlich suchen die Kleinen bei der Mama, zu der sie oft mitten im Spiel hinrennen, bei der sie kurz verschnaufen und sich wortlos anschmiegen, um dann wieder davonzulaufen? Was suchen Kleine dort?

»Unserer Meinung nach sind wesentliche Punkte Liebe, Sicherheit, Geborgenheit, Bestätigung und Anerkennung. Bei der Mama kann man mit Sicherheit abschätzen, was einen erwartet. Kinder können ganz genau beurteilen, ob sie ›brav‹ oder ›schlimm‹ waren und mit welcher Reaktion zu rechnen ist. Das Innehalten bei der Mama, beim wohl sichersten Ort auf der Welt, ist unersetzbar und kann auch von keiner anderen Person geboten werden. Diese Verbindung ist im Körper der Mama bis zur Geburt entstanden und kann wohl nur unter ganz außergewöhnlichen Rahmenbedingungen gesprengt werden.« (SO und RR, Graz)

»Die Sicherheit, dass die Weltordnung noch steht, dass alles passt, dass sie geliebt sind im Tun, gesendet werden, sich stärken können und wieder weitermachen bei dem spannenden Projekt, die Welt zu entdecken.«
(BL und EL, Oberösterreich)

Eine ähnliche Beobachtung, die in ihrer Besonderheit sensationell, wenigstens aber ungewöhnlich ist, habe ich vor Kurzem gemacht: Eine knapp Zweijährige, ihre ältere Schwester und ihre Mutter kommen öfter zum Gottesdienst in die Stadtpfarrkirche zu Graz. Schon mehrmals habe ich alle drei dort gesehen, die Kleine wenigstens gehört. Dieses Mal trippelt sie prompt auf eine elegante, freundliche Dame zu, die sie offenbar bereits kennt und die ihre Oma sein könnte. Und – was dort ist? Im Arm der »Omi« gibt der Quälgeist Ruhe! Eine satte halbe Stunde lang lautlose Ruhe. Eine Zweijährige, die beinahe regungslos, wach eine halbe Stunde lang an der Oma klebt: Sensationell!

Wer von Ihnen, geschätzte Leser, kann uns erklären, *woher* diese Ruhe kommt? Wo doch Kleine gern von einem Arm zum anderen fliegen und unstet die Zuneigung freundlicher Arme auskosten. Wollen Kleine gehätschelt werden? Oder suchen sie in den ruhigen Armen ihrer Eltern oder Großeltern etwas anderes? Was? Gleich noch einmal dieselben beiden Elternpaare zu dieser Frage:

Was Eltern sagen ...

• **Wann bereits mag es sein, dass sich ernste, tiefe Unruhe in einem Kind festwurzelt? Wann und wieso? Zusatzbitte: Nennen Sie einen oder zwei Tipps, die sich bewährt haben, um innerliche Unruhe in einem Kind gar nicht erst aufkommen zu lassen. Wie können Sie dem Kleinen beistehen, diese Unruhe wieder rauszulassen, sie abzulegen? (Bitte nach Möglichkeit anhand eines Beispiels.)**

»Wir haben bei unserer Tochter miterlebt, dass der Schuleintritt sie doch in eine Unruhe versetzt hat. Bei einer Schule war ein zweistündiger Kennenlernnachmittag zu absolvieren, bei einer anderen ein Gespräch mit der Direktorin zu führen. Wie man es auch dreht, es hatte mit einer neuen Situation und der Angst vor dem Unbekannten zu tun.

Wir glauben, dass es uns in dieser Situation gelungen ist, die Last von unserem Kind zu nehmen und ihm dann den sehr erfolgreichen Schuleintritt in einer anderen Schule zu ermöglichen. Es ist mit Sicherheit ein Glück, wenn man die

Unruhe in seinem Kind frühzeitig erkennt und einer Verfestigung entgegensteuern kann. Mit zunehmendem Alter wird dies wohl immer schwieriger.« (SO und RR, Graz)

»Unsicherheit ist für das Kind sicher von Anfang an spürbar, vor allem durch ›Un-Einheit‹ oder Streit der Eltern. Das liegt sicher in unserer Verantwortung, wie viel Kinder davon mitbekommen. Auch Versöhnungsrituale der Eltern helfen hier den Kindern zu erfahren, dass aus einer Unruhe heraus auch wieder Liebe, Ruhe und Geborgenheit möglich sind.
Rituale, um sich immer wieder zu erden und zur Ruhe zu kommen: das morgendliche Nachkuscheln im Bett, wenn Mama schon die Jalousie hinauftut, das abendliche Besprechen mit Papa, was alles so los war, die Milch in der Mittagspause und Mama beim Arbeiten zuschauen, das Beruhigungsfläschchen nach einem Sturz je nach Alter der Kinder. Kinder erfahren, dass sie manchmal unruhig und wild sein dürfen, beim Spielen und ausgelassenen Erspüren, aber dass es auch Situationen gibt, bei denen sie sich anders verhalten sollen: Soziale Intelligenz lernen sie beim Wahrnehmen diverser Anforderungen. Dass Kinder immer brav und artig sind, ist sicher nicht gesund und immer machbar; aber dass sie spüren, dass es den Eltern wichtig ist, dass sie bei Besuchen auch oft zuhören, in der Kirche ein anderes Verhalten gut ist als am Spielplatz: Das können Kinder ganz ohne Druck und Zwang erfahren.«
(BL und EL, Oberösterreich)

Seelisch gesunde Kinder wollen gehalten, wollen *sicher* gehalten werden – warum? Offenbar wollen sich Kleine auf sicherem Boden fühlen. Denn schlussfolgerndes Denken können wir bei einem Krabbler nicht voraussetzen: Ob es die Erklärung begreifen kann, dass die Mama arbeiten gehen muss oder dass der Papa jetzt – womöglich auf unbestimmte Dauer – keine Zeit hat?

Zur unbestimmten Dauer: Der Papa könnte seinem Kleinen sagen: »Schau, Maxi, da hast du meine Uhr. Wenn der große Zeiger da steht, bin ich fertig. Dann reparieren wir zwei den Bagger. Du musst mir dabei helfen, okay?«

Große wissen, dass vier Minuten eine halbe Ewigkeit sind, wenn wir darauf warten, dass die endlich vorüber sind – am Telefon oder vor der Mikrowelle. Vier Minuten für ein Kleines? Eine ganze Ewigkeit.

Ja, Kinder wollen gehätschelt werden, denn Streicheleinheiten sind »süß«! Süßes mögen wir von Geburt an. Warum Kleine *vor* allem Süßen jedoch »Gesichertheit« und »Anwesenheitsbestätigung« von ihren Eltern spüren müssen? Das dürfte einen simplen, aber unverzichtbaren Grund haben: Sie wollen sich nicht alleine wissen. Warum? Weil sie offenbar irgendwie »ahnen«, dass sie ohne fremde Hilfe verloren sind! Alle Kleinen müssen offensichtlich *spüren*, dass da jemand in Rufweite ist! Spüren sie das nicht, werden sie »nervös«: Sie wetzen herum im Brutkasten und schreien schließlich auf: »Ist denn da niemand!?« Denn was Sicherheit heißt? Einem 1200-Gramm-Kleinchen oder auch einem Zweijährigen wird Gesichertheit niemand ausdeutschen können: Kleine müssen Gesichertheit *fühlen*. Ist das – aus der Sicht der Kleinen – nachvollziehbar? Gesichertheit!

Einem Zweijährigen muss die Mama Sicherheit und Sicherung *fühlbar* machen, sobald ihr Kleines diese Tuchfühlung braucht: Jetzt! Nicht erst nach Dienstschluss. Nein, jetzt, sofort! Kinder leben im Jetzt. Blöd, falls die Arme nicht anders kann! Deshalb blöd, weil niemand sagen kann, was das im Kleinen bewirkt. Besonders blöd, wenn die Mutter aus ernsten Gründen aber nicht anders kann, etwa weil der Vater längst über alle Berge ist. Sehr blöd!
Wollen Kleine nur gehätschelt werden? Oder wollen sie *eigentlich* etwas anderes? Sie wollen gesicherte, garantierte Geborgenheit (siehe *Kinder wollen Geborgenheit*). Geborgenheit, die einzige »Versicherung«, auf die Kinder stehen. Wollen Kleine *ver*hätschelt werden? Freilich, sie wollen verhätschelt werden, weil das angenehm ist (mehr dazu am Ende dieses Kapitels). Sie wollen außerdem sachte angefasst werden (siehe auch Foto S. 185). Denn die hellwache Empfindsamkeit der Kleinen an ihrer Grenzfläche zur Umwelt macht Sinn; die Promptheit ihrer Reaktion zeugt von einem Warnsystem, dessen helle Wachsamkeit jedem veranschaulicht werden kann.

Wer ein dösendes 900-Gramm-Frühgeborenes an seiner nackten Sohle mit einem Nähfaden berührt, der kann meist sehen, dass das Kleine prompt mit diesem Füßchen »winkt«, dass dieser Fuß schnellend drei-, viermal flattert. Bloß das: Es flattert. Das Kleine zieht das Beinchen dabei nicht ein, weil es scheinbar zu wenig Reiz, zu wenig Anlass für einen »Fluchtreflex«, zu wenig Gefahr wahrnimmt. Die helle Empfindsamkeit der Kleinen muss jede Gefahr *prompt* melden ...

Eine andere Beobachtung bestätigt das Gleiche: Meist erst ab dem dritten Lebenstag kann bei Früh- und Termingeborenen eine Gelbsucht sichtbar werden. Falls die Gelbverfärbung Werte erreicht, die das Kind müde und trinkschwach machen könnten, wird es im Brutkasten, nur mit einer Mini-Pampers bekleidet, mit Licht bestrahlt. Sichtbares blaues Licht spaltet Doppelbindungen des abgebauten Blutfarbstoffs (des orangegelben Bilirubins), sodass dieser wasserlöslich und über Galle und Nieren schneller ausgeschieden wird. Bei einem etwa 1000 Gramm schweren Frühgeborenen habe ich Folgendes beobachten können: Die morgendliche Kontrolle des Bilirubinwertes ergab, dass die Lichttherapie nicht mehr notwendig war. Die Schwester schaltete das Licht aus. Zeitgleich zuckte das ganze Kind, als hätte es einen Stromschlag erhalten! Ziemlich jeder kann erraten, wieso beim lautlosen Abschalten des Neonlichtes das Kleine derart überraschend reagierte, obwohl seine Augen mit einer schwarzen »Brille« abgedeckt waren: Es war der plötzliche Wegfall des Bisschen an zusätzlicher Wärme, an die sich das Baby gewöhnt hat ...

Die hellwache Empfindsamkeit der Kleinen an ihrer Grenzfläche zur Umwelt macht Sinn: Das höchst feinsinnige Warnsystem mit seiner prompten »wachsamen Empfindsamkeit« alarmiert das Kleine: Schreien, weil »Autsch!« – Autsch heißt Gefahr. Zumindest bedeutet es Weh! Grund genug für ordentlichen Krawall! Schreien holt Hilfe. Bis weit in die Pension hinein erhalten wir uns diese wachsame Alarmanlage: Das macht gleichfalls Sinn, weil Schmerz jedem wehtut. Weh tut immer weh. Auch in der Pension.

Kleine wollen also zart angefasst werden, sonst machen sie Krach, schlagen prompt Alarm, bevor es zu spät ist. Dabei kommt ihnen etwas zugute, was viele schon beobachten konnten: Die Allerkleinsten sind aus Dutzenden von älteren Kindern oder Erwachsenen herauszuhören! Bei tosenden Hochzeiten oder in großen Kirchen übertönen die Kleinen locker Orgel und sämtliche Sänger, falls sie ordentlich »mitreden«.

Bei der Entwicklung der ersten Telefonhörer haben Techniker hierfür eine scheinbar bis damals unbekannte Erklärung gefunden: Unser Ohr reagiert am empfindsamsten just in der »Stimmlage« jener, die noch kein Jahr alt sind: bei etwa 4000 Hertz. So ist uns das in der Vorlesung über unser Gehör gesagt worden. Macht Sinn. Mag mit ein Grund *auch* dafür sein, wieso Mädchen- und Frauenstimmen diesem besonders empfindsamen Frequenzbereich näherliegen als Männerstimmen. Mag mit ein Grund auch dafür sein, dass der Sopran die führende Stimmlage ist.

Einige weitere Minuten Hörsaalluft gefällig?

Mit Sigmund Freud beginne die Geschichte der psychoanalytischen Erforschung der frühen Kindheit, so Inge Seiffge-Krenke in ihrem Beitrag zur psychoanalytischen Perspektive im *Handbuch der Kleinkindforschung*. Damit hält sie fest, was viele sowieso wissen oder ahnen. Sie unterstreicht, dass Freuds Zugang »(...) zu einer Theorie der normalen Entwicklung fast ausschließlich der Psychoanalyse von Erwachsenen, teils sehr schwer gestörter Menschen entstammt«.[70] Freud sei sich dabei durchaus im Klaren gewesen, dass es sich um Annahmen handle, und habe von »Konstruktionen« gesprochen. Seine Tochter Anna Freud (1895–1982) entwickelte seine Konzeption der frühkindlichen Entwicklung entscheidend weiter. Sie sei zu ihrem Bild von Säugling und Kleinkind auf zwei unterschiedlichen Wegen gekommen: »Einmal über Erfahrungen aus der von ihr entwickelten Psychoanalyse von neurotischen Kindern; und zum anderen über die direkte Beobachtung von neurotischen und normalen Kindern.« Ihre Theorie beruhte also nicht auf der Analyse erwachsener Patienten, da dabei die Pathologie »zu viel Gewicht auf Kosten normaler entwicklungsbedingter Geschehnisse« bekomme. Anna Freud beschreibe, so fasst Inge Seiffge-Krenke zusammen, »(...) wie ein Neugeborenes oder ein Säugling seine körperlichen und psychischen Bedürfnisse anmeldet; und wie die Mutter diese erste ›Sprache‹ des Säuglings richtig beantwortet. (...) Sie beschreibt, wie der Säugling durch häufiges Wiederholen der Sequenz ›eigenes Schreien‹ und ›Erscheinen des realen Objekts‹ (Mutter) allmählich lernt, zwischen dem inneren Vorstellungsbild und einem Objekt in der Außenwelt zu unterscheiden«. Diese Fähigkeit, zwischen der äußeren Realität und inneren Vorstellungen zu unterscheiden, sei »einer der wichtigsten Fortschritte in der psychischen Entwicklung des Säuglings«. Laut Anna Freud ist es eine wesentliche Aufgabe der Mutter, das Schreien des Neugeborenen beziehungsweise des Säuglings intuitiv richtig zu deuten und angemessen darauf zu reagieren.

Dies entspricht auch der Konzeption des britischen Kinderarztes Donald Winnicott (1896–1971), der ebenfalls als Psychoanalytiker tätig war und während seiner 40-jährigen Arbeit in verschiedenen Kliniken über 60.000 Säuglinge, Kinder, Mütter und Väter betreute. Er entdeckte anhand von Krankengeschichten auch, dass bereits Babys psychisch krank sein könnten. Ähnlich wie Sigmund Freud »(...) hat Winnicott seine Theorien über die frühe Entwicklung allein auf rekonstruktivem Wege, und zwar über die Analyse von ›Borderline‹-Patienten, entwickelt«.[71] Winnicott hielt fest, dass der Säugling in den ersten Wochen und Monaten nach der Geburt besonders auf das Einfühlungsvermögen seiner Mutter angewiesen sei. Ohne ihre Intuition und Fürsorge sei eine gesunde Entwicklung des Kindes undenkbar. Er spricht von der »primären Mütterlichkeit«, einem Zustand, der mit den körperlichen Veränderungen der Frau nach der Empfängnis beginne und mit dem körperlichen Halten des Babys im Bauch ende. Dieser Zustand führe, so fasst Seiffge-Krenke zusammen, zu einer erhöhten Sensibilität für die Vorgänge, die den Säugling betreffen. Die Mutter identifiziere sich mit dem Kind, das in ihr wächst, und entwickle ein Gefühl dafür, was das Baby braucht.

Als »Haltephase« bezeichnete Winnicott die ersten nachgeburtlichen Sekunden, Minuten, Stunden, Tage, Wochen, Monate: Also jene Zeit, die sich vor allem dadurch von jener zuvor unterscheidet, dass das Kleine jetzt nicht mehr durch die Nabelschnur mit der Mutter verbunden, es also nicht mehr durch die Gebärmutter gehalten wird, sondern durch seine Mama. Das Halten des Kindes an seiner Mutter vermittelt dem Hilflosen, was der Achtsamkeit »Fernerstehender« leicht entgehen kann: Mit den vier hellsten seiner fünf Sinne saugt das Kleine jetzt vor allem »Mutter« ein. Es erkennt ihren Geruch (siehe Anis, Kapitel *Kinder wollen wahrgenommen werden*) und erstmals saugt es an ihr auch mit Mund samt Zunge: Schnapp! Was seine gesamte »Oberfläche« und die Ohren bereits leisten, davon war weiter oben bereits die Rede. Gehalten werden! Wollen das nur die hilflosen Kleinen? Gibt es nicht auch andere, die – oft aus heiterem Himmel heraus – völlig hilflos, »nackt« sind? Was tun die alle, falls sie normal sind und in ihrer Nähe jemanden wissen, an dem sie sich anhalten können? Anhalten! Kann es sein, dass wir Große uns in Hilflose nicht mehr hineinversetzen können?

Auf *das* hinschauen, was wir verstehen wollen: Schon Sigmund Freud hat festgehalten, dass er seine Abhandlungen nicht hätte schreiben müssen, wenn es die Menschen verstünden, aus der direkten Beobachtung von Kindern zu lernen.[72] Von den Signalen, die Kinder an ihre Umgebung absetzen, war schon im Kapitel *Kinder wollen wahrgenommen werden* die Rede.

Inge Seiffge-Krenke zeigt im bereits zitierten Beitrag auch, dass die Säuglingsforschung in den letzten zwanzig Jahren faszinierende Experimente entwickelt habe, die Aufschluss über Erfahrungen in der frühen Kindheit geben:[73] »In vielen Studien ist die frühe Interaktion von Mutter und Kind untersucht und ein erstaunliches Maß an Abgestimmtheit, Wechselseitigkeit und Reziprozität (Gegenseitigkeit) dokumentiert. Viele Interaktionen werden vom Säugling eingeleitet; ihr Verlauf wird von ihm kontrolliert und reguliert (durch Ausdauer, Heftigkeit ...); und auch die Beendigung wird von beiden Partnern in äußerst subtiler Weise ausgehandelt.« Der Säugling sei also aktiv und gestaltend tätig, weise eine immense Lernfähigkeit auf und zeige bereits in den ersten sechs Monaten vielfältige Aktionen. Inhaltlich nehme besonders die *Bindungstheorie* ein Grundanliegen der psychoanalytischen Entwicklungstheorie auf: »(...) nämlich die Untersuchung der Qualität der frühen Mutter-Kind-Beziehung und den Nachweis ihrer gravierenden Bedeutung für die spätere Entwicklung des Kindes. Ein für die Psychoanalyse sehr bedeutsames Ergebnis dieser Forschung war der empirische Nachweis der langfristigen Effekte der frühen Mutter-Kind-Beziehung. (...) Enge Zusammenhänge wurden ferner zwischen der Bindungsqualität und der Psychopathologie gefunden: Es wurde nachgewiesen, dass Kinder, die mit einem Jahr als ›sicher gebunden‹ eingeschätzt wurden, in ihrem sechsten Lebensjahr immer noch signifikant weniger Psycho-Pathologie aufwiesen als ›unsicher gebundene‹.«

Wollen psychisch gesunde Kleine also tatsächlich gehätschelt werden? Oder wollen sie was anderes? Wie wichtig die frühe Phase ist, zeigen just diese Zusammenhänge zwischen der Bindungsqualität und der Psychopathologie. Wenn Kleine in ihrem ersten Lebensjahr »sicher gebunden« sind, also Gesichertheit spüren, so werden sie auch als Schulanfänger immer noch deutlich weniger psychische Störungen aufweisen als die »unsicher gebundenen« Gleichaltrigen.

Eine abschließende Beobachtung: In der Tram zum 1500-Betten-Landeskrankenhaus in Graz quengelt im Kinderwagen ein etwa drei Monate

Altes. Seine Mutter streichelt es mit der Linken. In der Rechten hält sie ein iPhone, an dem ihre Augen kleben. Das Kleine quengelt weiter, weint schließlich. Die Mutter nimmt es hoch und drückt es lautlos an sich: Jetzt ist Ruhe! Es hat seinen Grund, warum Mütter zwei Arme haben. Manchmal bräuchten sie allerdings vier. Was brauchen Kleine? *Eine* Hand ist ihnen scheinbar zu wenig, sie brauchen ungeteilte Widmung!

Kinder wollen *ver*hätschelt werden – was ihnen angenehm ist, ihnen aber nicht guttut. Kinder wollen Geschenke und jede Menge Spielsachen. Menge – ob die guttut? Kinder wollen Futter, falls sie hungrig sind. Auch wenn sie nicht hungrig sind, was reihum zu sehen ist: Mehrheitlich haben – auf der Straße – Kleine etwas zum Knabbern in Händen. Mehrheitlich? Wenigstens aber unnötig oft! Kleine wollen vieles. Es muss ihnen guttun. Bloß angenehm und immer nur lustig? Kinder wollen versorgt sein. Und wenn es eng wird, was alle Kinder da wollen? Da wollen sie weder Geschenke noch Futter noch ein Dach über dem Kopf. Wenn es eng wird, wollen sie nicht versorgt, da wollen sie *umsorgt* sein, *gehätschelt* werden. Da wollen sie offenbar das einzig Wichtige: Gesichertheit.

Kinder wollen Eigenständigkeit

Von der Hinführung unserer Kleinen zur Eigenständigkeit ist jetzt die Rede. Denn es gibt immer noch Eltern, die ihren Kindern rein gar nichts zutrauen. Und jede Menge Glucken! Zunächst wieder einige Denkanstöße:

1. Was nennen wir Eigenständigkeit? Woran ist diese geradezu »messbar«? Wann startet sie?

2. Ab welchem Alter zeigen Kinder erste Zeichen eines Anteil nehmenden Hilfeverhaltens? Ab welchem Alter könnten sie also Gemeinschaft üben, zu Hause bereits einfache Aufträge erledigen?

3. Wie kann sozialer Selbstwert bei einem »Spastiker« entstehen, der mit seinem Rollstuhl unterwegs ist? Anders gefragt: Behinderte am Gehsteig werden meistens ignoriert – und was jetzt?

4. Woran können Eltern erahnen, dass ihr Kleines eine erste Ahnung von »Du!« erkennen lässt?

5. Eigenständigkeit und Gemeinschaft: Warum fällt Gemeinschaft vielen so schwer – nicht nur in der EU?

6. Ein Kochlöffel, ein Deckel und ein Krabbler: Welche dürften die Gründe sein, die für endlosen Krach sorgen?

7. Das Kleine zeichnet erstmals seinen Papa: Was sollte dieser dazu sagen? Was muss er – fürs Erste! – unterlassen?

8. Eigenständigkeit, Unabhängigkeit: Reden beide vom selben?

9. Kinder müssen das Erklärte, das Erbetene, das Gesollte verstehen. Warum? Und wozu?

10. Ein Kleines macht etwas arg falsch. Ziemlich egal, wie alt es ist: Was sollten wir Große da jetzt tun? Was sollten wir nicht tun?

11. Ein Kind mit dreißig Monaten will partout nicht »Bitte« sagen: Was tun? (Diese Frage wird eine Assistenzmutter beantworten.)

12. Warum streiten Geschwister derart unverdrossen emsig?

Eigenständigkeit: So nennen wir die Fähigkeit, vor allem für lebenserhaltende Bedürfnisse selbst oder notfalls mithilfe von anderen sorgen zu können. Notfalls ist da also »Team« gefragt: Familie, Sippe, Nachbarn … Die Entwicklung von Eigenständigkeit startet beim Abnabeln – so viel zu Frage 1.

Die sorgsame Beobachtung eines eben Geborenen erlaubt, die Zuverlässigkeit seiner teilweisen Eigenständigkeit quasi zu »messen«. So darf beispielsweise ein Früh- oder Termingeborenes erst nach Hause entlassen werden, wenn es zuverlässig atmet (um die vierzig Atemzüge pro Minute; nach dem Futtern bis sechzig wegen des Zwerchfellhochstands). Das Kleine muss zudem rosig bis in die warmen Zehen sein; auch außerhalb des Brutkastens muss es die Temperatur halten können (um 37° Celsius »beim Oarscherl g'messen« – wie mir eine Steirerin herzig-unmissverständlich einst gesagt hat). Es muss in 24 Stunden um 170 Milliliter pro Kilogramm Eigengewicht trinken (Trinkwägung?). Das Getrunkene muss es weitgehend behalten und es muss wöchentlich um gute 200 Gramm zunehmen; für Termingeborene gilt das spätestens ab Anfang der dritten Woche. Das Kleine muss auch ausreichend regelmäßig die Hose füllen mit allem, was dort drinnen landen soll. Es muss »zufrieden« aussehen und darf keinen Anlass geben, weitere diagnostische oder therapeutische Maßnahmen vorzunehmen – abgesehen von den beiden routinemäßigen Untersuchungen in der ersten Woche durch den Kinderarzt. Und schließlich: Die Eltern dürfen keine Fragen haben, die der Frauenarzt, die Hebamme, die Säuglingsschwester oder der Kinderarzt beantworten müsste.

Weil Eigenständigkeit oft »Teamwork« braucht und oft nicht ohne ein Du auskommt, macht es Sinn, der Hinführung zur Eigenständigkeit die Hinführung zur *Gemeinschaftsfähigkeit* anzufügen.
Formung von Eigenständigkeit und Gemeinschaftsfähigkeit sind die vermutlich ersten Ziele jeder Formung, deren Nutzen uns zeitlebens begleitet (siehe auch *Kinder wollen Erfolge*). Kann es sein, dass Eltern die Hinführung zur Gemeinschaftsfähigkeit bei der Formung ihrer Kleinen unterschätzen? Dass sie die Gemeinschaftstauglichkeit ihrer Kinder gar übersehen? »Mein Bua? Der muass sich später einmal durchsetzen können!« Kann das alles sein, was Väter ihren Söhnen beibringen, ihnen mitgeben müssen?
Kinder brauchen – wie bereits mehrmals festgestellt – Sicherung, die sie für sich selbst jedoch noch nicht herstellen können. Da ist die Familie am Zug, die den Kleinen »An-Bindung«, Gesichertheit, Nestwärme bietet. »An-Bindung«, wie sie auch jene brauchen, die in einer Felswand hängen: Anbindung an ein Du, an ein Wir! Verankerung. Auch alle Ungeborenen zeigen uns das (siehe Nabelschnur). Doch die Sorge um das Wir? Die beginnt beim Ich. Auch das kann jeder an der Nabelschnur sehen! Denn

just *das* ist der einzige Auftrag dieser Schnur: Existenzsicherung, Eigensicherung. Anbindung an ein Du, weil jedes Ich nur durch Eltern werden kann: Eltern-Wir. Familien-Wir. Eigensicherung ist also für jeden die Absicherung seiner selbst! Wer aber kann anderen Stütze, Hilfe oder sonst wie von Nutzen sein, wenn er selbst planlos schwächelt? Eigensicherung müssen unsere Jungen ehest *selbst* schaffen! Denn schon bald ist jeder gefordert, selbst zu sagen, was er will! Wer sonst sollte just *das* besser wissen? Doch auch dazu braucht es oft ein Du, das anschiebt, stützt, ermuntert. Denken wir etwa an die Schulzeit: Wie oft und wie viel müssen Eltern da den Unwilligen antreiben, »weiterschieben«!

Selbsteinschätzung – die muss »g'scheit« sein, die muss taugen! Kann es allerdings sein, dass manche *da* bereits hängenbleiben und sich in der Sorge um ihr Ich im »Ego« verbeißen? Im Kreisverkehr ihres Egos drehen sie dann endlos ihre eigennützigen, eigensinnigen Runden und vergessen dabei auf das Du. »Egos« investieren nichts in eine Freundschaft. Sie schulen diesen Blick nicht. Sie üben den Umgang mit dem Du nicht. Warum? Vielleicht deshalb nicht, weil sie zu dieser Übung niemand anleitet. Viele unserer Kleinen vermissen da Vorbilder, die was hergeben: Kann das passieren? »Mein Bua? Der muass sich später einmal durchsetzen können!« Ellbogen!

Zur rechten Einschätzung ihrer selbst und zur tauglichen Abstimmung ihrer Fähigkeiten auf die Lebensumstände müssen wir Kinder hinführen. Tun wir das nicht, bleiben sie womöglich im »Ich-Haften« eines Krabblers hängen. Bei der Öffnung ihrer Ego-Augen brauchen Kleine unsere Begleitung, sonst bleiben sie im Ich hängen. Da ist Eile geboten: Denn schon im Alter von fünfzehn Monaten können einige einfache häusliche Aufgaben übernehmen. Spätestens aber im dritten Lebensjahr können sie das. Eile! Ehest müssen sie nicht nur für sich selbst sorgen können, um Eigenständigkeit zu schaffen, sondern auch für ein »soziales Umfeld« sorgen, in dem sie sich wohlfühlen können. Das beginnt im eigenen »Nest« – Familie –, setzt sich im Kindergarten fort und muss spätestens beim Schuleintritt auf Schiene sein. Einer Schiene, die ab da ihren Zielbahnhof erst am Friedhof hat. Eile ist wohl auch deshalb geboten, weil es rasch gehen kann, dass auch ein Ego plötzlich ein Du braucht. Das deshalb, weil den Dürren ein Herzinfarkt aus seinem Kreisverkehr rausgeworfen hat und er dort nun seine »Einsamkeit« erkennt. Doch in eine Freundschaft hat der »dürre Ego« nichts investiert! Dieses Du sieht er erst, falls er von ihm etwas *will*. Just Egos winseln und kriegen allerlei Beschwerden, wenn ihnen arge Not bis über den Egohorizont reicht. Jeder kann auch sagen, warum ausgerechnet Egos jämmerlich winseln, wenn sie feststellen, dass sie alleine hilflos sind.

> Eigenständigkeit! Selbst schalten und walten können, wie es einem passt: Ist das schlecht? Da fehlt etwas. Verlust der Eigenständigkeit: Die Iren befürchteten, so der Nachrichtensprecher damals, den Verlust ihrer Eigenständigkeit, falls sie sich zu sehr an die kontinentaleuropäischen Kreditgeber hefteten. 85 Milliarden bekamen sie an EU-Hilfe geliehen (Stand Frühjahr 2012). Offenbar weil sie diese Summe nötig hatten. Im Mai 2015 jedoch konnten sie Wachstumsraten um fünf Prozent aufweisen! Applaus den Iren! Vergleichbare Wachstumsraten hatte in Europa seit 2008 nur Lettland zu bieten (2011, 2012).

Im Folgenden ist nicht die Rede von den Iren, sondern von ähnlich Ernstem. Ernst, weil Eigenständigkeit unser aller berechtigtes Anliegen ist. Denn jedes Ich darf und muss den Spielraum der Unabhängigkeit haben, sobald es für sich selbst sorgen kann. Genau deshalb haben wir Fähigkeiten, die uns diesen Spielraum nutzen lassen: Talente, Freiheit, Lernfähigkeit! Diesen Spielraum brauchen wir, weil das Ich entscheiden muss, *was* es sich *warum* zutraut, um seine Ziele zu schaffen – *zusammen* mit dem Wir, beinahe immer *mithilfe* eines Wir. Ist das jemandem neu? Wir und Eigenständigkeit – ist das ein Gegensatz?! Eigenständigkeit und Unabhängigkeit – handelt es sich dabei um dasselbe? Ist Gemeinschaft verzichtbar? Wem ist – vom ersten Schrei weg – jemals ein kompletter Alleingang geglückt?

> In vielgestaltigen Gemeinschaften läuft vieles seit Langem ziemlich gut: etwa an Universitäten oder bei erfolgreichen Fußballmannschaften, die gewinnen wollen und dann oft auch gewinnen, anstatt sich in Streitereien zu verheddern. Streitereien, die den damals regierenden Vizeweltmeister Frankreich bei der Fußball-WM in Südafrika 2010 schon in der Vorrunde aussteigen ließen. Fußball-Wir.
> Vieles klappt in Gemeinschaften, vieles klappt aber auch *nicht*. Gemeinschaft ist manchen *so lange* lieb, solange sie von ihr profitieren. Siehe EU. Wenn *sie selbst* an der Reihe sind, der Gemeinschaft Dienste zu erweisen, damit Gemeinschaft samt allem Gemeinsamen weiterbestehen kann, dann ... Siehe EU. Liegt das nur an der EU?

Ob Gemeinschaft auf Dauer so bestehen kann? Jedes Wir steckt in einem größeren Wir (siehe Frage 5)! Daher stellt sich – auch für unsere Assistenzeltern – die Frage: *Wann* können wir Gemeinschaft schon lernen, üben (siehe Frage 2)?

Was Eltern sagen ...

• Ab wann können Kinder Gemeinschaft üben? Welche Voraussetzungen brauchen sie, um Gemeinschaft üben zu können?

»Unserer Meinung nach können Kinder schon im frühen Alter Gemeinschaft erfahren und üben, wobei es in unserer Situation sicherlich auch darauf zurückzuführen ist, dass wir unsere Geschwisterkinder immer gemeinsam aufwachsen ließen. Sinn für Gemeinschaft entsteht letztlich durch zwischenmenschlichen Kontakt und Interaktion, sei es zu Hause mit den Eltern, Geschwistern, in der Sandkiste oder beim Spazierengehen/fahren am Nachmittag. Für uns als Eltern war es immer immens bedeutend, den Sinn von Gemeinschaft und von gegenseitiger Rücksichtnahme zu fördern. Die Teilnahme am Kindergarten war uns daher für beide Kinder sehr wichtig, um ihnen noch mehr sozialen Kontakt und das Üben von Gemeinschaft zu ermöglichen. Nach längerem Nachdenken erscheint uns eine wesentliche Voraussetzung für das Verstehen und das Üben von Gemeinschaft ein ›Mangel‹ zu sein. Sei es die eine Schaufel in der Sandkiste, die letzte Semmel beim Abendessen oder das Geburtstagsgeschenk des anderen, das die Begierde nach dem ›Nicht-Verfügbaren‹ und die Notwendigkeit zur Interaktion oder Rücksichtnahme entstehen lässt. Gemeinschaft heißt letztlich, gegenseitig miteinander auskommen und aufeinander Rücksicht nehmen.« (SO und RR, Graz)

• Eine Bitte: Nennen Sie – in knapper Form – ein oder zwei Beispiele dafür, woran Kleine Gemeinschaft sehen, erfahren und spüren können. Beispiele dafür, wie Kleine ihre ersten Schritte üben können – aus Ihrem Familienleben, wenn Sie das wollen.

»Ein gutes Beispiel für Gemeinschaft außerhalb der Familie ist unserer Meinung nach die bereits genannte Sandkiste. Große Projekte entstehen nur durch mehrere Hände. Das Zerstören der Nachbarburg lässt in der Regel auch für das eigene Bauwerk nichts Gutes erwarten. Gegenseitige Hilfsbereitschaft in der Zurverfügungstellung von Baumaterial und technischem Know-how lässt Zufriedenheit, Anerkennung und Freude erkennen.« (SO und RR, Graz)

»Gemeinschaft erfahren Kinder von Anfang an in der familiären Gemeinschaft, in der sie sich sicher fühlen. Auch der Freundeskreis, der sich regelmäßig trifft, ist dem Kind sehr vertraut und lieb. So ist es bei uns öfter so gewesen, dass unser Sohn auf Spielplätzen oder an anderen Orten ›seine Freunde‹ verteidigte und beschützte, zu allen anderen aber ein Kratzbesen war. Sie spüren Gemeinschaft, können aber noch nicht aktiv gestalten oder müssen es erst lernen. Unser Sohn hat zuerst erfahren müssen, dass ihm Spielsachen gehören, dass er zu Hause sicher ist und nichts passiert, wenn Fremde kommen, um damit zu spielen, und dann wieder heimgehen, ohne seine Sachen mitzunehmen. So hat es sich zwischen dem dritten und vierten Lebensjahr entwickelt, dass ein Tauschspiel entstanden ist zwischen den besten Freunden oder dem geliebten Cousin: Ein paar Bücher werden für Wochen getauscht, auch der heiß geliebte Kran, weil er weiß, der kommt wieder retour. Unsere Kinder haben sich in einer vertrauten Atmosphäre einer Gruppe oder bei Freunden ... immer wieder versichert, ob wir Eltern eh da sind, ob ihre Entdeckungsreisen gut sind, wenn sie sich im Alter von einem Jahr ein paar Meter entfernen. Daraus werden mehr Meter, sie haben mehr erfahren, das gibt ihnen Sicherheit, und sie haben Freude an ihrer Eigenständigkeit. Sie sind stolz auf das, was sie können. Sie teilen es mit ihren Freunden und Schritt für Schritt wird daraus mehr.« (BL und EL, Oberösterreich)

»In Familie, beim Spielen, beim Essen, im Kindergarten, beim Zusammenräumen der Spielsachen, Tisch abräumen ...«
(EW und DW, Steiermark)

Eine Ergänzung zu Frage 2: Kinder können Gemeinschaft üben, sobald sie Ich und Du auseinanderhalten. Doch bis es so weit ist, braucht es anderes – gar nicht wenig anderes: Wir beginnen beim Ich – jetzt etwas ausführlicher, da spannend!

Sechs Wochen nach dem persönlichen Urknall beträgt unsere Sitzhöhe etwa sechzehn Millimeter, das Hirn macht da beinahe die Hälfte des ganzen Ich aus. Dabei fällt auf, dass Arme und Hände den Beinen und Füßen voraus sind.[74] Entwicklung entfaltet sich »von oben nach unten«. Daran halten sich unsere Entwicklungsschritte: Lippen, Zunge, auch Nase und Ohren leisten beim Neugeborenen mehr »Brauchbares« als Arme und Hände; von Beinen und Füßen gar nicht zu reden. Die Augen ziehen rasch nach und schenken der Mama das erste Lächeln: Die erste typisch menschliche Kontaktnahme leuchtet im Alter von sechs Wochen auf. Genauer: neun Monate plus sechs Wochen (siehe *Kinder wollen, was sie müssen*).

Das Ich erahnen? Das beginnt vermutlich ebenso, wie eine Morgendämmerung beginnt: unmerklich. Die Finger: Warum werden wir mit drei Monaten nicht müde, unsere Finger zu studieren? Weil diese Zehn offenbar viel bieten! Erstens sind sie zehn; zweitens fällt diesen Zehn allerhand ein. Oft sind sie plötzlich anders, als das gerade erst gewesen ist. Das ist neu. Neues ist spannend. Allmählich wird uns da auch klar: Das »selbst Gefühlte«, das »selbst Gesehene« – irgendwie hängt das offenbar zusammen. Wo zusammen? Wie zusammen? Wozu zusammen? Eine erste Ahnung von »Ich« dürfte hier bereits entstehen.

Warum sechs Monate später die Finger kein Kleines mehr interessieren – außer bei der blöden Lade drei, vier Wochen später? Eben: Schnee von gestern. Längst ist interessanter, was diese Zehn sonst noch schaffen, etwa mit einem Kochlöffel und dem Deckel eines Kochtopfs. »Neuheitspräferenz« sagen dazu Psychologen.[75] Neues schauen die ganz Kleinen länger an als bereits Bekanntes – offenbar, um es mit den Augen »abzumessen«, abzuschlecken. Schon jene mit drei oder vier Monaten tun das – siehe Finger. Fünf Monate später? Kochlöffel: »Mami, horch doch!« Das sagt das Kleine nicht mit seiner Stimme, aber sein Gesicht strahlt diese Bitte überall hin. Horch doch! Oft schreckt das Kleine sich dabei; es überrascht, überfordert sich bisweilen oder erwischt den Kopf

statt dem Deckel. »Horcht, was ich schaffe! Hiergeblieben – zuhören! Applaus, wenn ich bitten dürfte! ...« Ein Kochlöffel, ein
Deckel und ein Krabbler: Welche dürften die Gründe sein, die für
endlosen Krach sorgen? Eben ist davon die Rede gewesen: »*Ich*
mach den Krawall. Ich! ...« Das auch zu Frage 6.

Wenn das Kleine im freien Sitz (mit etwa acht Monaten) seine
Studien vor einem bodentiefen Spiegel fortsetzt, sich dort abtastet
oder sich gar als Ganzes am Spiegel in den Mund nehmen will:
Da wird es anfangs mehr Fragezeichen im Spiegel sehen als sonst
etwas. Vor allem sieht es im Spiegel sein Ich! Und das auf eine
Weise, die ihm bislang nicht untergekommen ist: von gegenüber!
»Komisch, einiges davon ist mir bekannt, doch das Gesicht – wo
war denn das bis jetzt?«

So wird unser Ich-Radius allmählich größer. Täglich. Der Radius
der Augen, der Finger, der Arme. Jeden Tag ein Stück größer,
weiter, lauter, mehr. Das fällt Gästen manchmal eher auf als den
Eigenen. Auf diese Weise erreicht das Kleine auch das Du. Falls
eines da ist, das nicht immer wieder fortrennt, weil es jeden Tag
zur Arbeit muss. »Denn dieses Du, das mir immer wieder abhandenkommt, dieses allerliebste Du, das kenn ich schon. Das
andere Du, das fremde? Lieb, aber ... anders. Überhaupt ist da
alles anders. Komisch. Irgendwie fühl ich mich da alleine. Wieso
alleine, Mami?«

Voraussetzung für Gemeinschaft: Das Ich und das Du auseinanderhalten können. Vom Ich war jetzt skizzenhaft die Rede. Das Du
– so richtig knackig? Spätestens wenn wir unserer Mutter in die
Augen schauen und erstmals »Ma-ma« sagen. *Was* für ein Event!
Was für eine Premiere! Außerdem: Bis dieses »Ma-ma« heraus-
kann – *wer* weiß, was im Kleinen da vor sich geht? Was in diesem
lallenden, plappernden, juchzenden Schweiger vor sich geht? Was
es dazu braucht? Das ist bekannt (so weit zu Frage 4).

Das gezielte, das Du-gerichtete »Ma-ma«: »Mama – das bin nicht
ich! Ma-ma, das ist die Mami.« Viel mehr? Etwa, falls es die Mami
aus den Augen verloren hat, weil diese im Garten, im Keller, ins
Bügelzimmer verschwunden ist? Eine Ahnung von »meine« dürfte bereits mitreden, es mag grad deshalb auch Tränen geben. Tränen – wieso? Kann das Angst sein? Was noch käme infrage mit elf
Monaten? Die Tränen unserer Kleinen haben nicht viele Wurzeln,
diese aber reichen tief (siehe *Kinder sollen keine Angst haben müssen*).

Eigenständigkeit – selbst schalten und walten können, wie es einem passt: Ist das deckungsgleich mit Unabhängigkeit? Der Eigenständige mag eigenständig atmen können – hoffentlich. Doch selbst dazu braucht er Luft, die nicht verdreckt und in Fülle vorhanden ist. Der Eigenständige mag eigenständig den Mund halten und ihn aus gutem Grund auch eigenständig wieder auftun können. Ihn halten – können das alle? ... Echte, volle Eigenständigkeit ist scheinbar eine kostbare Angelegenheit. Wer das auch so sieht, wird zusätzlich sehen, dass Eigenständigkeit doch etwas anderes ist als Unabhängigkeit. Das zu Frage 8.

> Was schafft ein IT-Mann ohne elektrischen Strom? Was ein Autofahrer ohne Energie? Was schafft ein Student ohne das Geld seiner Eltern oder ohne Futter, das er damit kaufen kann? Oder damit, womit er sich als Fremdenführer über Wasser halten kann? Wie kann er mit Fremdenführungen Geld verdienen, wenn keine Fremden kommen?

Eigenständigkeit, wie wir das üblicherweise verstehen, ist ein kostbares Gut! Abhängigkeit? Sie mag uns die Augen auftun hin zum Du. Sie mag uns auch raten, jedes Du freundlich zu behandeln und das als Investition zu verstehen. Eigenständigkeit und Abhängigkeit sind eine Brücke, die zwei Pfeiler hat. »Ich«, so heißt der eine Pfeiler, »Du« der zweite. Zusammen ergibt das »Wir«, Gemeinschaft.

Wer mit dem Ich, mit dem Du und mit dem Wir viel Erfahrung und intensiven Nahkontakt hat? Jene, die im Rollstuhl sitzen. Auch jene kennen Abhängigkeit zur Genüge, denen andere helfen müssen, aus dem Bett zu kommen und dorthin wieder zurück. Eigenständigkeit: Schalten und walten können, wie es unsereins passt? Eigenständigkeit und Gemeinschaftsfähigkeit: Gemeinsam dürften diese beiden die Poleposition halten in dem, was viele immer noch Erziehung nennen. Gibt es ein höheres Erziehungsziel in Graz, Frankreich, Pakistan als die Heranführung der Kinder zu Eigenständigkeit und Gemeinschaftsfähigkeit? Das Ich muss sich mit dem Du vertragen: Ost-Ukraine, Syrien, Libyen. Das Ich muss sich überall mit dem Du vertragen. Sonst spritzt Blut. Und: *Wo* muss das Ich Gemeinschaftsfähigkeit bereits lernen? *Wann* können diese alle Ichs bereits lernen? *Wo* müssen wir alle sie bereits üben?

Eigenständigkeit. Wir landen in der Mitte des zweiten Jahres: *Mein* und *Dein* nehmen sichtbar und hörbar schärfere, entschlossene Konturen an, sorgen jedenfalls für Tränen. (Wir sind immer noch bei Frage 2.) Anfangs, mit acht Monaten? Nur Tränen. Plärrend oder bloß verständnislos glotzend hockt das bestohlene Kleine in seinem Elend, schaut dem Dieb nach, rührt sich aber nicht vom Fleck. Mit vierzehn Monaten patscht es dem Dieb schon nach: wackelig, womöglich mit schwerer Hose. Doch es findet den Dieb nicht, weil der längst über alle Berge ist. Da springt die Mama ein und bringt dem Bestohlenen das rote Auto wieder zurück. Hoffentlich … Doch mehr und mehr sorgt das Kleine selbst für *sein* Recht.

Gegen die achtzehn Monate zu steigen allerdings bei einigen erste Rauchzeichen für ein Anteil nehmendes, *empathisches* Ich auf.

Im *Handbuch der Kleinkindforschung* heißt es dazu: »Unter Empathie wird im alltagssprachlichen Gebrauch das Mitfühlen mit einer anderen Person beziehungsweise das Sich-Hineinversetzen in die Lage einer anderen Person verstanden. Empathie in diesem Sinne bedeutet nicht, dass man dasselbe Gefühl empfinden muss wie die andere Person, genauso wenig, wie ein bloßes Hineinversetzen in die Lage der anderen Person ausreicht, um von Empathie zu sprechen. Vielmehr ist es in beiden Fällen erforderlich, dass die Anteil nehmende Person zusätzlich Mitleid *mit* oder Sorge *um* die andere Person empfindet.«[76] Bereits früh im zweiten Lebensjahr, so heißt es weiter, zeige ein Kind erstes Hilfeverhalten, das es selbst in der jeweiligen Situation trösten würde: Es gibt einem anderen Kind das eigene Lieblingsspielzeug oder holt die eigene Mutter.[77] »In einer häufig zitierten Längsschnittstudie protokollierten 27 Mütter über einen Zeitraum von einem Jahr die Reaktionen ihrer einjährigen Kinder auf Situationen, in denen eine andere Person zu Schaden kam. Die Autoren verglichen die Reaktionen der Kinder während der Zeiträume 13. bis 15. Lebensmonat (10% der beobachteten Kinder zeigten schon in diesem Alter spontanes Hilfeverhalten!), 18. bis 20. Lebensmonat (da waren es bereits 25%) und 23. bis 25. Lebensmonat (da 50% der beobachteten Kinder). Hauptbefund der Untersuchung war, dass die Kinder im Verlauf des zweiten Lebensjahres häufiger und zunehmend differenziertere Formen von Hilfeverhalten zeigten.«[78] Spätestens ab diesem Zeitpunkt sei klar gewesen, dass Hilfeverhalten schon deutlich vor dem bis dahin angenommenen Lebensalter von vier bis sechs Jahren auftritt.

Gerechtigkeit? Da braucht jedes Kleine anfangs Flankenschutz durch seine Eltern. Warum? Die Schlagkraft ist es nicht mehr, die da noch lahmt. Sondern eine Öffnung ist es, die *noch* nicht voll leistet, was das Kleine bald mehr und mehr ins Treffen führen wird: Argumente! Vorläufig leistet sein Mundwerk bloß das: plärren und beißen. Mit zwei Jahren: hin und wieder ein tränennasses »Mir!« oder »Mir g'hört!«, was das Wesentliche auch tatsächlich rüberbringt. »Mir g'hört!« Man beachte die Reihenfolge der Worte.

Wir machen einen neuerlichen Sprung auf die dreißig Monate zu. Wir befinden uns mitten im dritten Lebensjahr. Die Dichte an geschwisterlichen Konflikten dürfte anhaltend nervenaufreibend sein. Wenigstens etwas, an das sich Eltern zwar nicht gewöhnen, aber halten können: Konstanz ist ein neuer Fixstern im unplanbaren Tagesablauf ihrer Kleinen. Konstantes Streiten, konstantes Plärren, konstante Noteinsätze der genervten Mutter. Bloß die Nächte sind garantiertes Friedensgelände, falls alle gesund sind. Doch Horizont und Blickwinkel werden stetig weiter. Das Kleine zeigt erste, jetzt auch zunehmend anspruchsvolle Du-Leistungen: Es bringt auf Geheiß, auf ein »Bitte!«, dem Opa die Patschen.

Hier zeigt sich die Brücke, von der eben die Rede war. Gemeinsames wird machbar, auch zunehmend lustiger: Wir! Über diese Brücke läuft Verständigung: Mit drei Jahren sind Verständigung und »Wir« immer noch eine ziemlich ich-gesteuerte Interessengemeinschaft, aber schon übbar. Ich-Gesteuertheit: Lang bleibt sie uns treu! Warum streiten Geschwister derart unverdrossen herzhaft (siehe Frage 12, siehe auch *Kinder sollen streiten dürfen*)? Es dürfte das noch ungeformte Ich-Hafte an Kindern sein, das sich gnadenlos am anderen reibt und noch keinen Grund sieht, das schließlich auch zu Hause zu unterlassen. Wie lange sind wir Kinder?

Eigenständigkeit. Leistungsstolz. Nützlichkeit! Kann es sein, dass hier bereits Selbstwert wird? Oder *nicht* wird, weil richtig Getanes übersehen, unbedankt, lautlos zur Kenntnis genommen wird? Die Hinführung zur Eigenständigkeit setzt jetzt zwingend voraus, was manche übersehen: Jedes Kind muss Vereinbartes, Erbetenes, Gesolltes verstehen können. Wie aber soll es verstehen, was es muss, falls es nicht versteht, was es soll? Falls es das nicht verstehen kann, aber könnte – *wohin* mag das führen, *woran* mag das liegen? Das als Skizze zu Frage 9.

• Wohin mag es führen, falls das Kleine das Erbetene nicht verstehen kann?

»Ich glaube, Kinder verstehen mehr, als wir denken. Schon sehr früh merken sie genau, wie der Hase läuft. Wenn sie etwas nicht tun wollen, da zeigt sich der Charakter. Mein kleiner Enkel, 2½ Jahre, will um nichts in der Burg ›Bitte‹ sagen. Mit Heulen und Schreien fordert er ein Spielzeug und ist durch nichts zu bewegen, darum zu bitten. Natürlich ist die Mutter genervt und gibt irgendwann auf, während die Großmutter mit Staunen und Geduld beobachtet, wie lange der Süße durchhält (es war sehr lange!). Heimlich habe ich dann bemerkt, dass er abends, im Bett liegend, immer wieder in verschiedenen Stimmlagen ein leises ›Bitte‹ geübt hat. Zu herzig, ich war sehr gerührt und ein bisserl beschämt.« (MK und CK, Graz)

»Nichtverstehen führt immer zu Trotz auf Kinder- und Elternseite.« (SM und KM, Graz)

»(…) Nichtverstandenes führt zu Frustration, Trotz, Ärger, Wut …« (EP und BP, Graz)

»Es gibt durchaus auch Situationen, in denen das Kind nicht verstehen muss. Im Kleinkindalter ist es notwendig, dass das Kind – aus Vertrauen zu den Eltern und manchmal auch aus ›Gehorsam‹ – einfach den Vorgaben der Eltern folgt. Erst dann fühlt sich das Kind sicher, da es sich von den Eltern getragen und geschützt weiß. Einem Kind alles erklären zu wollen, ist oft auch Angst, die eigene Autorität wahrzunehmen – das merken Kinder sehr wohl und fühlen sich dadurch am Ende unsicher. Mit zunehmendem Alter sind eine Erklärung und die Suche nach Verständnis immer wichtiger, aber gerade bei Kleinkindern ist vieles, was täglich passiert, völlig ohne Einwilligung und Zustimmung des Kleinen zu erreichen.« (MS und AS, Wien)

• Woran mag es liegen, dass ein Kleines – gleich welchen Alters – Erklärtes, Gefordertes, Gesolltes, Gemusstes nicht versteht?

»Mir kommt vor, die verstehen alles, sie müssen einfach ihre Grenzen ausloten!« (MK und CK, Graz)

»Nichtverstehen liegt meist an schlechter Kommunikation zwischen beiden Teilen, Eltern und Kind.« (SM und KM, Graz)

»Zumeist an unserem Mangel an adäquater Erklärung, manchmal an einem Nicht-verstehen-Können, oft aber auch an einem Nicht-verstehen-Wollen. Was mir zuwider ist, will ich nicht verstehen. Je nach Temperament gibt es auch Kinder, die einfach auf ihrem Standpunkt beharren und nicht nachgeben wollen – und andere, die einfach alles bedingungslos hinnehmen, was auch nicht gut ist.« (MS und AS, Wien)

Wohin es führen mag, wenn wir einem Kind das Erbetene nicht erklären? Zunächst wird das Kleine ratlos dreinschauen, denn es versteht nicht, was es verstehen sollte. Doch bald wird es sich vermutlich aus dem Staub machen. Denn was soll ein Kind vor Fragezeichen, auf die es keine Antwort kriegt? »Schert mich nicht! Nichts wie weg!« Wie das fünfzehn Jahre später tönt?

»Mir kann's ja wurscht sein!« Wer hat diese grantig-bockige Reaktion noch nie gehört von jemandem, der eben einen Vorschlag gemacht hat, damit aber abgeschossen worden ist? »Mir kann's ja wurscht sein!« Diese Reaktion ehrt beide Seiten nicht, sie *nützt* auch beiden Seiten nicht: bilaterale Nullmeldung. Der bockige Grant sorgt stattdessen für Sand im Getriebe. Sandkörnchen, die zu Kieselsteinen, zu Granitfelsen anwachsen können. Auf solche Weise geht nicht bloß ein Getriebe kaputt!
Jede Menge Eile ist also geboten, dem Ich den Blick und die Hand zum Du aufzutun! Sehen wir uns um, wie viele ihren Job einfach herunterspulen – völlig egal, ob ihr Tun Sinn macht, Werte schafft oder bloß Kohle sichert. Wer kann solche Typen in seiner Firma, als Lehrende, am Krankenbett, bei der Feuerwehr brauchen?

Woran mag es liegen, dass ein Kind Erbetenes nicht versteht? Liebe Mutter, lieber Vater: Falls Ihr Kleines kein »Dummkopf«

ist, dürfen Sie fix damit rechnen, dass Ihr Kleines alles versteht! Alles, was ihm altersgemäß verständlich sein muss, ist ihm auch verstehbar. Es liegt nicht am Kleinen, falls es etwas nicht versteht.

> Wir alle, ich nicht anders, knallen den Kleinen oft etwas ins Gesicht, sodass der Knirps bloß Bahnhof versteht. Ein Kind mit 22 Monaten – *was* von all dem mag es verstehen?
> »Hab jetzt keine Zeit!« – »Papi, sorry: Hab keine Ahnung, was Zeit heißt?!« Fragezeichen.
> »Geh weg da!« – »Wieso? *Wen, was* störe ich *da* jetzt *wieso?*« Vier Fragezeichen!
> »Sei doch nicht so blöd!« – »Ah, jetzt weiß ich, was ich der Mami sagen muss, falls ich etwas nicht verstehe.«
> »Was hast du denn jetzt schon wieder angestellt?!«

Wenn ein Kind Gesagtes nicht versteht, ist daran *nie* das Kleine schuld! Nie. Der Dumme da? Der Dumme da ist nie das Kleine. Dumm ist jemand, der nicht weiß, was er längst schon wissen sollte.

> Wie können wir Erbetenes also so erklären, dass der Knirps das auch verstehen kann? Bitte, geschätzte Leser, Sie sind wieder dran!
> Freundlich müssen wir auf Augenhöhe runtergehen (siehe die Wirkung »Still Face«) – auf die »Augenhöhe jener Worte«, die das Kleine selbst schon gebraucht. Freundlichkeit versteht es außerdem bereits mit sechs Wochen. Das heißt, wir müssen freundlich dreinschauen und – falls Worte noch nichts ausrichten – den Knirps »ablenken«! Genauer: mit anderem Reizvollen locken. Ist das einfach? Dabei müssen wir uns in die Haut des Kleinen versetzen. Das ist außerdem mühsam. Doch es mag Tränen und Wunden sparen. Mit unserem *Gesicht* müssen wir dem Kleinen Verstehbares senden, das seine Ohren noch nicht schaffen. Freundlichkeit!
> Ein möglicher Einwand: »Dann macht der Fratz erst recht nicht, was er soll. Die Freundlichkeit versteht er als Aufmunterung!« Hat da jemand noch immer nicht verstanden, dass Kleine mit Freundlichkeit gelenkt werden wollen? Freundlichkeit klappt nicht immer! Doch weh tut sie nicht.

Ab dem Alter von etwa drei Jahren schaffen Kleine anspruchs-vollere soziale Leistungen (immer noch zu Frage 2): Vor allem Buben sind jetzt in der oft kurzen Phase, dass sie stolz darauf sind, gebraucht zu werden. Fähigkeiten und Ansprüche werden vielfältiger und feiner, auch Konflikte mit den Älteren. Die Betreuung der flinken, einfallsreichen Knirpse ist für Eltern oft ein Trainingslager für Nahkämpfer. Konzentriertes Arbeiten an Häuslichem oder an der Vorbereitung einer Prüfung? All das muss mit Unterbrechungen und mit aufreibenden Friedensmissionen rechnen. Kampfhähne auseinanderzusperren bewährt sich oft nur für wenige Minuten, weil die Erwachsenen vorher schon passen. Denn das herzzerreißende, einträchtige geschwisterliche Geraunze schafft Eltern auch keine Entlastung. Erstaunlich, wie schnell und intensiv Geschwister einander oft plötzlich wieder lieb haben …

Kinder wollen, dass sich etwas rührt in der Bude – davon war bereits die Rede (siehe *Kinder wollen Auslauf, Kinder wollen Erfolge*). Es muss lustig zugehen oder spannend – selbst am Weg in die Schule, wie das Foto auf Seite 186 zeigt. Auch für sie selbst ist der Wirbel ermüdend, weshalb die Kleineren ansatzlos »wegbrechen«, wenn es plötzlich ruhig wird – etwa auf der Heimfahrt im Auto. Die Energien der emsigen Klimatreiber zweckdienlich zu kanalisieren, das ist mühsam. Damit sind wir zum Thema Eigenständigkeit zurückgekehrt. Doch um diese zu schaffen und als Einstellung, als Grundhaltung zu sichern, braucht es Mühe. Denn der anfängliche Stolz, den Großen zu helfen, der verfliegt bald wieder. Aus den noch Ungeformten brauchbare Zeitgenossen formen? Das fordert Investition. Solche Arbeitskräfte überhaupt einzukalkulieren? Beides ist vielen Eltern offenbar zu mühsam.

Heute noch dröhnt mir unserer Mutter Stöhnen in den Ohren: »Hätt ich das selber gemacht, wär ich schon zehnmal damit fertig!« Unser Vater? »Denken beim Arbeiten!« Einer der wenigen Sager, die ich von ihm eingespeichert habe; ich habe ihn auch oft genug hören können.

Null-Investment – eine der Ursachen, warum Studenten an Ort und Stelle fallen lassen, was sie nicht mehr schert: Ganglicht, Zeitung, Bierkapseln, die leere Papierrolle am Örtchen, Türen, die ihnen nicht von selbst hinterherrennen. Viele zur Lebensunfähigkeit Erzogene, die scheinbar niemand je hat üben lassen, was es – nebst einem iPhone – sonst noch braucht, um zu überleben. *Alle* Studenten? Elf von zehn,

Mädels mitgerechnet. *Noch* müssen viele von ihnen nicht aus eigener Tasche bezahlen, was sie sich an verträumter Un-Not locker leisten. Und was dann, wenn diese alle keine Studenten mehr sind? Mütter, das war falsch! Und die Väter? Warum haben sie ihren Partnerinnen nicht die Stange gehalten?

Neben Investition ist für das Wachsen von Eigenständigkeit noch etwas erforderlich: Zutrauen. Eltern sollen, können, dürfen ihren Kleinen normalerweise viel mehr zutrauen. Warum das gilt? Weil Eltern wissen, was sie ihrem Kind zutrauen *könnten*. Muss ihnen das buchstabiert werden?

Zur Veranschaulichung: Beim ersten alleinigen Ausflug zum Nachbarn, dem der Jüngste einen Hammer zurückbringen soll, dürfte es ratsam sein, ihn bis zum Haustor zu begleiten, um Sichtverbindung zu halten. Punktgenau wird er sich den Wortlaut merken, falls der nicht mehr als drei bis vier Worte umfasst. »Von der Mami!« »Bravo! Gut gemacht. Das nächste Mal sag bitte auch ›Grüß Gott!‹ und ›Auf Wiedersehen!‹. Okay?« Wer den Heimkehrenden sehen kann, was der sehen wird? Der wird Selbstvertrauen wachsen sehen. Fordern! Begleitend fordern.

Selbstwert: Dutzendfach habe ich Eltern behinderter Kinder dazu gedrängt: »Verlangen Sie von Ihrem Kind Aufträge, die es nachweislich schafft. Vielleicht schafft es das Erbetene mit Lücken, aber es wird es meistern. *Fordern* Sie mit Aufträgen Ihr ohnehin so eingesperrtes Kleines, bis ihm die Knie knirschen: Denn *damit kann* es glänzen!« Der Knackpunkt? Glänzen *können*! Glänzen vor den anderen, die vieles viel besser können. Was sie *nicht* können? Das müssen Erwachsene wortlos überspringen, anstatt dem Größeren, dem Jüngeren, dem stets »Gescheiteren« zu sagen: »Komm, mach du, der Mario kann das nicht!« Oh, wie grässlich grob! Wie hirnlos deppert! Wie herzlos grausam … Und das vor den stummen Augen des kleinen Mario, den seine Spastik einsperrt, fesselt. Im Umgang mit Schwachen, Kranken, Kleinen, Behinderten müssen wir auf Situationen solcher Art vorbereitet sein: Vorbereitet mit Worten, die für die Schwachen, Kranken, Kleinen, Gefesselten, Zerknitterten wie Balsam wirken. Wir müssen vorbereitet sein auf den Fall, dass wir wieder einmal einem Kind oder einem Erwachsenen im Rollstuhl begegnen. Dabei mag sich unsereins in den Rollstuhl setzen. Denn dort wird jeder Gesunde spüren, wie sich das anfühlt, falls jemand einen derart hirn- und herzlos depperten Sager loslässt, aktiv wegschaut oder gafft. Vom Rollstuhl aus kann jeder auch die Tauglichkeit seiner Worte, seiner Gesten, seines Lächelns, seiner Hinwendung »prüfen«.

Viele »innere Verletzungen« erleiden Behinderte oder auch deren Eltern wegen solch bitterer Hirnlosigkeiten. Auch dort, wo sie als »Bittsteller« auf Finanz- oder Sozialämtern manchmal schnoddrig behandelt werden. Schäbig! Der einzige Grund, warum manche Eltern behinderter Kinder ihren »Sonnenschein« immer noch zu Hause verstecken? Der grässlich schmerzenden inneren Blutungen wegen. Just jene Kinder verstecken manche Eltern vor der Sonne, die Almosen für ihren *Selbstwert* brauchen, wie jede Rose Sonne braucht!

> »Ich weiß zwar nicht, wie du heißt! Aber oft schon hab ich dich mit deiner Mama da gesehen! Grüß dich! Ich heiße Albert! Hast *du* heute wieder eine schöne Haube auf. Toll! Bravo! ... Pfiati, bis zum nächsten Mal!« Die Überraschte? Sie mag glücklich überrumpelt glotzen. »Mama, Mama, ich *bin* wer! Ab jetzt bin ich *nicht mehr* ein Loch im Gehsteig, Mama! Mama, wir zwei sind kein Loch im Gehsteig mehr. Mama, ich *bin* wer!« (Das zu Frage 3, siehe auch Foto S. 186.) Behutsam. Zart. Unaufgeregt. Direkt. Mit einem Lächeln wenigstens einmal starten – oder mit einem »schüchternen«, lächelnden Augenzwinkern oder Zuwinken. Wortlos. So auch gegenüber Gesunden, die heute mal schlecht drauf sind. Lächelnd, weil Lächeln ein Signal setzt: Grantiger, ich bin dir gewogen!

Ist das läppisch? Wahrgenommen werden, angenommen sein, Wertschätzung, Selbstwert: läppisch? Selbstvertrauen aufbauen – ist das einfach? Ab wann muss mit dieser Mühe begonnen werden? Erst im Alter von zwei Jahren? Jedes Kleine muss sich als Mensch wahrgenommen, angenommen, geschätzt *spüren*, statt sich als ein Loch inmitten anderer zu fühlen. »Mami, Mami – ich bin wer!« Eigenständigkeit braucht Zeit zum Wachsen.

Wir sind wieder bei Frage 2: Mit 30 oder 36 Monaten? Längst sind Kleine in einem Alter, in dem sie – vorübergehend – stolz darauf sind, nützlich sein zu können und anderen mit ihrer wachsenden Eigenständigkeit Freude zu machen. Davon war bereits die Rede. Dienen. Laut den »Denver-Entwicklungsskalen«[79] helfen manche schon mit fünfzehn Monaten mit, einfache häusliche Aufträge zu erledigen. Darf das mit dem *angeleiteten Dienen* festgehalten werden – auch mit Blick auf Zwanzigjährige, die hinten und vorn bedient werden müssen, um zu »überleben«? Die Frage richtet sich an Eltern, die ihrem Kind Wertvolles mitgeben und ihm helfen möchten, ein brauchbarer *und* angenehmer Zeitgenosse zu werden. Einer, der bei seinem Eintritt in die Gemeinschaft nicht bloß brauchbar ist und »Können« mitbringt, sondern der in den Kindergarten, die Schule, die Firma mitbringt, was anderen außerdem angenehm ist: ein sympathisches Verhalten in der Gemeinschaft. Dienen. Unauffällig dienen, anstatt für jeden Furz die Hand aufzuhalten. Altersgemäß sein Kleines zu fordern, das rechnet sich.

Dienen. Kann es sein, dass dieses Wort aus der Mode gekommen ist, eigentlich befremdlich tönt (siehe *Eltern müssen demütig sein*)? Befremdlich, wo doch jeder froh ist, wenn er knapp nach Mitternacht sein hoch fieberndes Kleines in einem Spital freundlich angenommen sieht, es wegen einer argen Lungenentzündung dort auch gut versorgt weiß – samt Mutter.
Ist das Bedientwerden unangenehm? Wie aber kann Angenehmes angenehm sein, wenn es keiner tut? Neulich habe ich mithören können, wie ein Student dem Leiter eines kleinen Studentenheims sagte: »Es taugt mir hier voll! Doch werde ich mit Semesterende in eine WG ziehen, denn ich möchte Selbstständigkeit lernen!« Toll, habe ich mir gedacht. Der Unselbstständige hat endlich gerochen, was ihm fehlt. Allerdings: Hoffentlich versteht der Junge, dass Selbstständigkeit in einer Wohngemeinschaft nicht alles ist, was man dort lernen, dort auch üben muss, und dass Selbstständigkeit in keiner Gemeinschaft das Einzige ist, was jede Familie, Firma ... braucht, um werden, halten, blühen zu können. Das habe ich ihm dann auch gesagt.

Wie sollen Gesunde unter Belastungen taugen, wenn »Belastungen« nicht geübt, nicht begleitet, nicht gefördert werden? Wenn ab dem zweiten Lebensjahr in Anteil nehmendes Tun nichts investiert wird? Wie soll Investition werden, wenn Machbares nicht gefordert wird? Wie soll Machbares glücklich gefordert werden, wenn da keiner ist, der das tut und den Übenden dabei begleitet? Üben: Sich um andere kümmern. Sich um andere auf eine Weise kümmern, wie auch Kleine das schon können.

»Julian, die Frau Konrad ist krank. Bitte bring ihr ein paar Blumen!« Frau Konrad ist die Nachbarin von schräg gegenüber, auf der anderen Straßenseite. Julian ist knapp fünf.
Das ist ein Auftrag, der fast einen halben Vormittag füllt: Welche Blumen? Welche nicht? Warum die einen, wieso die anderen nicht? Wie

die Blumen abschneiden? Wo abschneiden? Oder doch gleich samt den Wurzeln ...? Wie sie zusammenstecken, damit das etwas gleichschaut? Wie das irgendwie Gerupfte bis zum Ziel hin vor dem Schlappmachen bewahren? Wie sie überreichen, damit der »Rahmen zum Bild« passt? Was dabei sagen? Erstaunlich viel lernen Kleine bei einem derart »läppischen« Auftrag, an dem so gar nichts Läppisches ist! Wer den Heimkehrenden beobachtet, wird Eigenständigkeit wachsen sehen: Geschafft!

Erbetenes, Gesolltes verstehen, es körperlich leisten können und *angstfrei* auch tun *wollen*: Ob ein Kleines schon so weit ist? Davon haben sich Eltern vorher überzeugt: Begleitend riskieren sie dann das Mögliche, um ihr Kind zu fördern. Etwas zu können ist *nicht* zuvorderst eine Frage des Alters, sondern des Erklärens, des Zeigens, des Verstehens und der begleiteten Übung. Das setzt beim Kind Verständnis dessen voraus, worum es gebeten wird, und auch die Fähigkeit, das Erbetene begleitet freiwillig und angstfrei zu schaffen.

Anleitend, begleitend die Ungeübten sozial Sinnvolles oder Angenehmes üben lassen, weil das beidseits Freude schafft. Und einmal gekonnt – kaum ein Aufwand. Das Gute üben! Das Richtige üben! Wer will das unterschätzen?

Leistung darf Freude machen. Leistung dürfen andere auch sehen. Doch um diese machen Kleine keine großen Töne (siehe *Kinder wollen Erfolge*)! Wieso? Vielleicht, weil sie sich nicht mit anderen vergleichen. Sich mit anderen messen – das schon. Vergleichen? Mag auch sein, dass sie die Tragweite ihres Tuns noch nicht scharf genug sehen: Mindert das ihr Tun? Anerkennung muss ein Kind außerdem auffangen lernen. Braucht das Übung? Anerkennung, Lob, Dankbarkeit auf eine Weise auffangen, die sympathisch ist, weil locker, angepasst locker. Viele Große können das nicht und zeigen das auch: In peinlich abwehrender Weise weisen sie zurück, wovon sie nie genug bekommen können. Dämlich Dahergeheucheltes, jedenfalls aber unterentwickelt – gepflegte Steppe.

Einem Kleinen und seinem Selbstwert*gefühl* darf zugutegehalten werden, dass gesunde Kleine in aller Regel mehr *verstehen*, als wir ihnen zutrauen. Sie *beherrschen* normalerweise auch mehr, als wir ihnen an Neuem oder an Forderndem zutrauen. Das gilt bekanntlich besonders für jene, die ältere Geschwister haben:

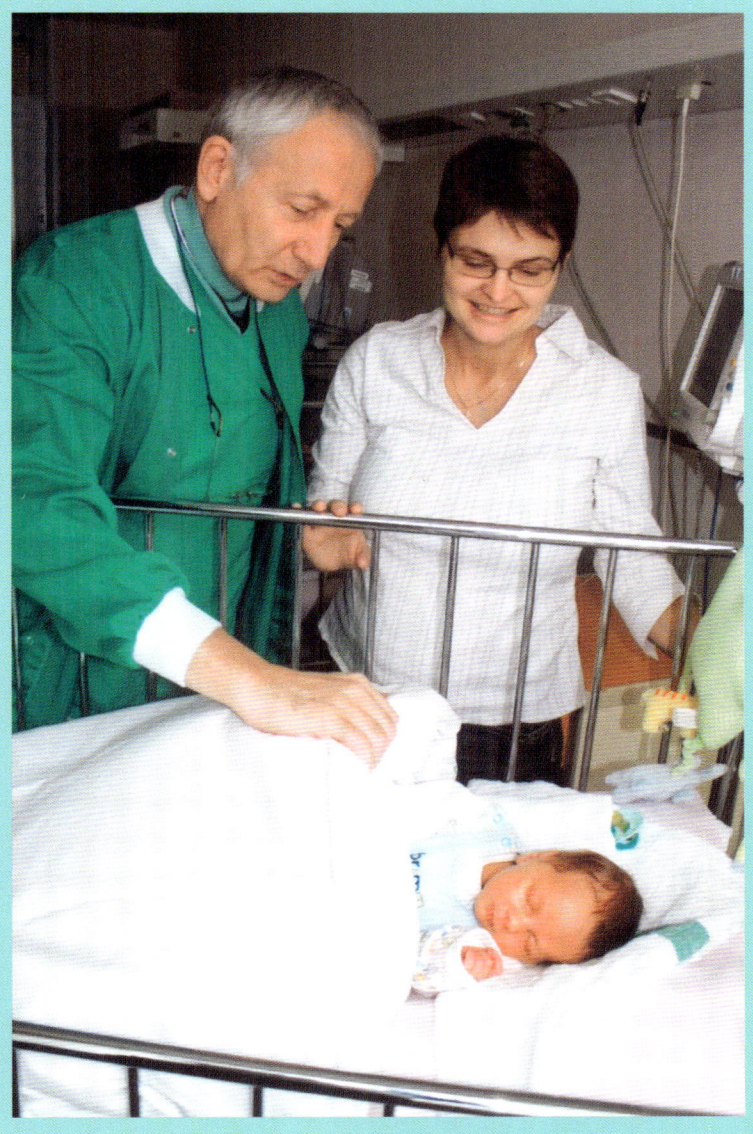

Kinder wollen gehätschelt werden.
In jedem Fall aber wollen sie sachte angefasst werden.

»Mami, ich bin wer! Ab jetzt sind wir zwei kein Loch am Gehsteig mehr! Mami, ich bin wer!«

Vor der Volksschule in Spillern (nahe Wien): Kinder wollen Eigenständigkeit.

Kinder sollen Faxen machen dürfen, die nichts und niemanden stören; Faxen, die ihnen auch selbst nicht wehtun.

Eltern müssen Familie schaffen – auch, falls es hin und wieder knirscht oder »eng« wird. Familie.

Eltern müssen Visionen wagen.

Vorbildwirkung, geschwisterliches Training und nacheifernder Ehrgeiz beschleunigen, wofür Erstgeborene vielleicht länger brauchen. Doch woher kommen die gelegentliche elterliche »Unterschätzung« und die häufige elterliche Zögerlichkeit? Es dürfte dafür mehrere Gründe geben, unter anderem auch diesen: Manche Kleine reden wenig über das, was sie *können*. Druckvoll-eifrig berichten sie hingegen, was sie heute Vormittag im Wald *erlebt*, dort auch *getan* haben. Ausführlich reden sie meist über das Was, weniger über das Wie, das Buben gerne kräftig zu ihren Gunsten überdehnen! Das wahre Wie ist ihnen scheinbar noch nicht so »nahe«, noch nicht einsehbar, dürfte ihnen oft auch egal sein. Wichtiger? Spaß, Spannung, Erfolg.

Selbstwert und Eigenständigkeit: Elterliche Zögerlichkeit kann und wird die Eigenständigkeit von Kindern bremsen, falls sie unbegründet ist und womöglich auch plump-erniedrigend, plump-entmutigend angetragen wird. Elterliche Zögerlichkeit bremst Schüchterne, Ungesicherte, Ängstliche. Sie bremst Initiativkraft, »Initiativ-*Willigkeit*« und Einfallsreichtum – und damit die Entwicklung des Selbstwerts. Elterliche, gluckenhafte Zögerlichkeit bremst alles, was Eigenständigkeit braucht, um werden und fortdauern zu können.

> Weil eben wieder einmal vom Selbstwert und von Wegen dorthin die Rede gewesen ist: Walter Mischel, zwecks eines Besuches seiner Heimatstadt aus den USA nach Wien zurückgekehrter Psychologe (siehe Informationen zum sogenannten Marshmallow-Experiment, Kapitel *Kinder wollen nicht müssen*), sagte in einem Interview: »Ich wollte bessere Methoden entwickeln, um Jugendlichen aus schwierigen Verhältnissen zu helfen, das Beste aus ihrem Leben zu machen. (...) Es gibt so viele Kinder im Vorschulalter, die den Unterschied zwischen dem vorderen Deckel eines Buches und dem hinteren Deckel eines Buches nicht kennen. Kinder, denen keine Geschichten erzählt werden, deren Fantasie nicht angeregt wird und die frühmorgens hungrig in ihre heruntergekommenen Schulen in heruntergekommenen Vierteln gehen. Diese Kinder leiden chronisch unter hohem Stress.«[80]
>
> Erfolg: Leise kehren sie von Niederlagen zurück. Misserfolg – eine grausame Methode, Grenzen zu akzeptieren.

Wer nach der Erledigung eines Auftrags Verbesserungen anregen möchte oder muss, soll das normalerweise unter vier Augen tun. Unter vier Augen – und das annehmbar, angenehm, klar. Sonst hat das Kleine nicht profitiert, sondern eine »Abreibung« erfahren, die bloß eine Wunde reißt. Eine Narbe bleibt. Angenehm, freundlich, kurz: Drei, vier verstehbare Sätze, die an jüngst Vorgekommenem anschaulich (!) machen, was richtig oder passend ist – samt Begründung. Eine Predigt? Die muss kurz sein, weil sie ohnehin peinlich genug ist. Kurz, weil auch die Gehörgänge der Kleinen noch kurz sind, vieles dort drinnen also noch nicht Platz hat und auch Kleine viel Blabla nicht wollen. Jedes »Zuviel« rinnt sowieso am Kind vorbei. Muss denn davon überhaupt die Rede sein? Das punktartig zu Frage 10.

Erfolg, Fehlschläge, Selbstwert (Frage 7): Und was, wenn der Papa auf der Zeichnung nicht erkennbar ist? Egal, er *sollte* es sein! Und für das Kleine *ist* das der Papa. Punkt! Deshalb Applaus! Applaus vor der ganzen Welt! Hat sich das Kleine doch mordsmäßig »angestrengt« und zugleich eine Welturaufführung hingelegt. Dabei soll niemand vergessen, wie er bei der ersten Fahrstunde oder beim ersten Tanz geschwitzt hat: zwei lächerliche Hopser im Vergleich zur allerersten Zeichnung. Deshalb soll den mächtig stolzen Stummen jetzt keiner fragen: »Und – wo bleiben die Augen vom Papi?« Grobian! Kinder mögen Grobiane nicht! Kinder gehen ihnen aus dem Weg, weil Grobiane ihnen wehtun. Womöglich macht das Kleine ab da einen weiten Bogen um jeden Farbstift – und auch um den Grobian.

Wenn jemandem danach ist, dem Kleinen zu helfen, seinen Papa besser hinzukriegen: Was der tun könnte? Muss das tatsächlich buchstabiert werden? Am nächsten Tag soll er den Künstler neben sich Platz nehmen lassen und mit ihm die Mängelliste fragend durchgehen. Und das noch Fehlende – das bereits *abrufbar* Fehlende – aus ihm rauslocken. *Selbst* muss der kleine Künstler das noch Fehlende finden und eigenhändig ergänzen: Eigenständigkeit ist hier die Überschrift!

»Was hat der Papi noch am Kopf?« (Hoffentlich!) – Toll! Applaus! Denn »toll« mag das Kleine noch nicht kennen, bestenfalls mag es seine Botschaft »riechen«. »Was ist auch beim Papi mitten im Gesicht!? ... Jetzt musst du deine Zeichnung noch der Mami zeigen!« Gehen wir ihm nach, dem Künstler: Wortlos-stolz hält er sein Werk der Mama hin. Und um drei Zentimeter größer.

Da mag der Einwand kommen: »Lachhaft! Macht doch eh jeder! Außerdem züchtest du eitle Pfröpfe!« Ist das Ihr einziges Problem bei der Aufrichtung des Selbstwerts? Die »Watschen« als Echo auf Misserfolge werden nicht auf sich warten lassen. Da erst recht werden Nähe, Trost, Balsam und weitere »kleine Siege« lindernd wirken.

Missglücktes korrigieren. Dazu einige Fragen an die Assistenzeltern – und an alle Leser.

Was Eltern sagen ...

• Wieso ist es wichtig, Fehler unter vier Augen zu bereden – auch die Fehler eines Kleinen?

»Fehler von Kleinkindern gehen Außenstehende nichts an. Also bespricht man es unter vier Augen. Man darf sie nicht bloßstellen – das könnte das Lügen fördern. Man muss die Fehler besprechen, weil Kinder manchmal den Unterschied von richtig und falsch noch nicht erkennen.« (JW und JW, Steiermark)

• Wie sollten Eltern tun, falls ein Zuwarten auf eine solche Gelegenheit nicht möglich ist?

»Wenn das Besprechen der Fehler nicht sofort möglich ist, dann – gegenüber den Beleidigten – mit Entschuldigungen und Wiedergutmachung beginnen und hinterher den Fehler ausführlich besprechen.« (JW und JW, Steiermark)

Größe. Als Mensch taugen. Darf dazu Hartes folgen? Wir befragen dazu zwei Assistenzelternpaare, die je zwei ihrer Kinder verloren haben.

Was Eltern sagen ...

• Als kranker Mensch »taugen«: Das ist für Eltern schwerkranker, behinderter oder sonst chronisch kranker Kinder keine Frage. Doch was, wenn einem eine solche Last in den Schoß fällt: Wie schaffen Eltern das?

»Es zieht einem wohl den Boden unter den Füßen weg, ein Stück so heile Welt bricht zusammen. Aber man muss immer das Beste aus einer so schweren Situation machen und den Blick trotzdem vertrauensvoll nach vorne richten. Für Eltern, die ein Kind in großer Liebe erwarten, ist auch ein unheilbar krankes Kind keine Last, sondern ein Geschenk – wenn auch nur für eine kurze Zeit ein Geschenk. Kranke Kinder geben Eltern immer mehr zurück, als Eltern den Kindern geben können.

Die große Last wird den Eltern leider vom Umfeld aufgebürdet: Schnell bekommt man Schuldgefühle, schämt sich auch noch für sein schweres Schicksal, fühlt sich einsam und verlassen.« (WL und AL, Steiermark)

»Eltern wollen für ihre Kinder immer nur das Beste! Wenn eine Krankheit die Harmonie stört, versucht man mit Fürsorge, Pflege, mit Dasein und Aufopferung dem Kind zu helfen. Man bekommt Bärenkräfte, man liebt, man hofft. Man gibt alles, um den Kindern Schutz und Geborgenheit zu geben. Man ändert das Lebensziel, stellt sich auf die neue Situation ein und bittet den Herrgott um Beistand.« (JW und JW, Steiermark)

• Wie gehen Eltern mit der Frage »Wieso?« um? Wieso unser Kind? Wieso wir?

»Wieso wir, wieso ausgerechnet unser Kind? Diese Frage zu stellen ist total sinnlos; sie bringt keine Antworten, sondern zieht uns nur in das tiefe Loch (Selbstmitleid …).« (WL und AL, Steiermark)

»Diese Fragen gibt es so nicht. Wenn alles vergebens war, beginnt man mit viel Beten damit zu leben, es als einen Teil des eigenen Lebens zu empfinden und anzunehmen.« (JW und JW, Steiermark)

• Wie gehen Eltern mit der Frage »Wozu!? Wozu der irre Irr-Sinn?!« um?

»Das Leben ist so kompliziert, dass dieser Irr-Unsinn niemals zu verstehen ist. Ich bin für jeden Moment dankbar, den ich mit meinen Söhnen erleben durfte.« (WL und AL, Steiermark)

»Jetzt sind der Beistand und das Verständnis von außen eine große Hilfe. Ganz wichtig ist es, wenn man einen Partner hat, der diese Last mitträgt und die Sicht nach vorne nicht verliert.« (JW und JW, Steiermark)

Anmerkung: Die Mutter AL hat mir erlaubt, das Folgende anzufügen: Der erste Sohn, G., verstarb im Alter von 22 Monaten; der vierte, M., im Alter von zehn Jahren. Die zwei dazwischen sind kerngesunde Buben: D. ist (mit Stichtag 31. März 2016) 21 Jahre, C. neunzehn Jahre alt.
Das zweite Elternpaar (JW und JW) brachte seine beiden Söhne (drei und fünf Jahre) zeitgleich in die Klinik: am frühen Morgen mit Zeichen eines fieberhaften Infekts. Damals hatte ich Nachtdienst. Beide wurden wegen Anzeichen von beginnender Benommenheit auf die Intensivstation gelegt. Tags darauf waren beide bewusstlos. Aus diesem Zustand sind sie nicht mehr herausgekommen. Am Tag ihres Todes hatte ich wieder Nachtdienst.

Woher haben Eltern eine solche Größe? Eine Frage, der wir im Kapitel *Eltern müssen Größe wagen* noch einmal begegnen. Die elterliche Größe berührt eine zweite Frage, die sich uns »Zaungästen« bei derart schweren Situationen aufdrängt: Wer fragt das kranke Kind, das dieses Elend »ausbaden« muss? Die Erfahrungen an der Seite von Zigtausenden schwerstkranken Kindern lassen dazu sagen: Kann es sein, dass auch Kinder »unbändig« zum Leben hindrängen? Wer mit schwerstkranken Kindern Erfahrung hat – auch mit solchen, die erst 800 Gramm auf die Waage bringen – was der sich fragt? Der fragt sich, immer wieder aufs Neue überrascht: Woher und wozu haben diese Kleinen derart unvorstellbare Reserven, einen derart überzeugenden »Lebenswillen«? Woher und wozu? Vermutlich, weil auch sie leben »wollen«.
Eigenständigkeit nennen wir die Fähigkeit, vor allem für lebenserhaltende Bedürfnisse selbst sorgen zu können. Eigenständigkeit schaffen wir entweder mithilfe der eigenen »Lebensreserven« oder notfalls mit der Hilfe von anderen: Familie als Team! Auch jene gehören zu diesem Team, die da helfen können, sollen, müssen. Auch jene auf den Sozial- und Finanzämtern.

Kinder wollen nicht müssen

Das dürften sie von uns Großen haben. Doch um das Müssen kommen auch die Kleinen nicht umhin, obwohl sie das emsig versuchen. Ja, doch: Auch Kinder müssen müssen! Sie müssen außerdem gefordert werden – auch Kleine. Denn sonst kriegen sie X-Beine, Speckringe und seelische Knochenweichheit. Sehen wir uns das genauer an?

Manche Kinder mögen Ordnung. Das muss nicht verdächtig sein, aber es fällt auf. Denn die meisten wollen oft weder Ordnung halten noch sich einer Ordnung fügen; ein Blick in jedes Kinderzimmer zeigt das. Vor allem die Allerkleinsten blicken da nicht durch, denn sie leben voll im Jetzt: »Hinter mir die Sintflut!« Diese Sintflut stört sie nicht. Auch das Wiederfinden schert sie nicht, denn jedes Morgen kommt ja sowieso von selbst. Ordnung aber muss bekanntlich heute werden, sonst findet morgen niemand, was er heute irgendwo hat fallen lassen. Wir Alte kennen dieses Lied bereits. Kinder machen vieles trotzdem anders. Eine Zeit lang.

> Kann es sein, dass Chaoten hier bereits gezüchtet, hier bereits im Stich gelassen werden, hier bereits »hängen bleiben«? In Sachen Chaos – genauer: Aufmerksamkeitsdefizit-Hyperaktivitätsstörung (ADHS, siehe auch *Kinder sollen Krach machen dürfen*) – zählt Wolfgang Kaschnitz zu den Ersten und Erfahrensten in der Steiermark. Er sagt: »Das innere Chaos sorgt für das äußere Chaos.« Aus unserem Vieraugengespräch habe ich außerdem mitgenommen, dass das äußere Chaos die Anlage zum ADHS »wecken kann«. Angelegtes muss freigelegt werden: Das dürfte auch für jene Anlagen gelten, auf die unser Gegenüber gerne verzichten würde. (Im Kapitel *Kinder wollen Erfolge* war – mit ähnlichem Ergebnis – bereits von genetischen Anteilen am Temperament die Rede.)

Was Kleine müssen? Das folgt jetzt skizzenhaft-knapp, lückenhaft und auszugsweise.

Alle Kinder müssen in die »soziale Gehschule«, wo sie den Umgang mit ihresgleichen üben. Wann sie das üben müssen und wo die Gehschule steht? Im Kindergarten ist es dafür längst zu spät: Ansätze für »mitfühlendes« Verhalten lassen manche schon mit fünfzehn Monaten erkennen, wie im vorigen Kapitel bereits erwähnt.

Kinder müssen nicht alles dürfen, sonst kriegen sie Ärger, prompt auch »Nasenbluten«. Was sie zeitgleich müssen – jene, die ihr Hirn überall bereits mitlaufen lassen? Sie müssen Freiheit spüren! Mehr als *spüren,* müssen sie Freiheit üben. Bei dieser Übung werden sie *spüren,* dass Freiheit mit Willkür, Laune, Chaos, Widersinn oder Blödheit nicht zusammengeht. Müssen sie dabei beobachtet werden? Beobachtende, führende Begleitung müssen sie als Flankenschutz *spüren.* Gespürtes statt Worten, welche die ganz Kleinen ja noch nicht verstehen: etwa die »fragende« Miene der Mama *und* die »ernste« des Papa. Elterliche Einheit, die dem »natürlichen« Chaoten jedes Schlupfloch vermauert. Denn dieses tut ihm nicht gut: Es sorgt für »Nasenbluten« – früher oder später. In jedem sorgt jedes Schlupfloch für Verwirrung

Kinder müssen Echtheit riechen. Täglich. Immer. Etwa bei ihren Eltern. Notlügen? Die taugen bloß für die Not. Doch solche Nöte gibt es nicht, es sei denn, wir Alte erfinden sie und infizieren damit unsere Kleinen.

Kinder müssen Ehrfurcht atmen können. Ehrfurcht vor allem und vor jedem, dem Wertschätzung gebührt: von den herzigen, flauschigen Jungen der Sattelrobben bis hin zu unseren Ungeborenen. (Sieht doch komisch aus, dass wir uns für Tierschutz ereifern, dafür auch strenge Auflagen beschließen, nicht aber …) Ehrfurcht müssen unsere Kinder auch üben, sonst fangen sie ihre Watschen, falls sie später Hühner, Schweine, Nutrias … auf eine Weise halten, wie diese das nicht verdienen. Auch Ganoven verdienen Wertschätzung, weil sie Menschen sind. Bei manchen allerdings darf Wertschätzung »nüchtern« ausfallen.

Kinder müssen Streitkultur üben, sonst fliegen bloß die Fetzen, wie wir im Kapitel *Kinder sollen streiten dürfen* noch genauer beleuchten werden. Kleine sind ziemlich die Ersten, denen Konflikte um die Ohren fliegen, ohne dass sie wissen, was der Irrsinn soll: siehe Syrien.

Kinder müssen vertrauenswürdig und paktfähig sein. Kindliche Paktfähigkeit? Kinder müssen einhalten, was sie bereits verstehen und angstfrei auch tun können (siehe *Kinder wollen wahrgenommen werden*). Die schon etwas Älteren müssen einen Hauch von Liebenswürdigkeit und Gepflegtheit riechen lassen. Gepflegtheit, die etwas hergibt, anstatt sich in hohlen, glitzernden »Push-ups« zu erschöpfen. Gepflegtheit! Kultur sagen einige dazu.

Gepflegtheit ist auch für Kinder tragend, sonst kriegen sie später keinen Job oder fliegen dort bloß prompt wieder raus. Nasenbluten. Zwei treffsichere Vorbeugungen gegen Nasenbluten? Qualifikation und Gepflegtheit. Am Arbeitsamt: Wer kriegt eher eine Anstellung? Welcher Arbeitnehmer bleibt eher in der Firma, wenn es »eng« wird mit Aufträgen?

Kinder müssen warten lernen. Krabbler schaffen das noch nicht, denn allesamt sind sie Impulsgesteuerte, die von einem Einzelfall zum nächsten »fliegen«. Formung muss (bei etwas Älteren) helfen, durch »Sinn« allmählich zu ersetzen, was dem Impuls alleine nicht gelingt. Auf das Richtige müssen *auch* Kinder warten können. Genauer: Sie müssen das Richtige finden, es auf Schiene bringen. Störendes, Ekelhaftes, Blödes müssen sie abwimmeln und auf Früchte müssen sie warten. Das Richtige will das so. Kinder müssen von uns Alten auf das Warten-Können hin geschult, vorbereitet werden.

> Ein vielsagendes Experiment zu Impulskontrolle und Belohnungsaufschub hat der im letzten Kapitel bereits zitierte Psychologe Walter Mischel in den 1960er-Jahren durchgeführt. Dieses ist als »Marshmallow-Test« bekannt geworden. Vierjährigen wurde ein Marshmallow, eine amerikanische Süßigkeit, hingehalten. Die Kleinen wurden vor die Wahl gestellt: Sie konnten es entweder gleich essen oder einige Minuten warten (ohne das Marshmallow zu essen), um dann ein zweites zu bekommen. Mischel fand in einer Längsschnittstudie heraus, dass die Fähigkeit zu Impulskontrolle und Belohnungsaufschub ein verlässliches Zeichen für späteren akademischen Erfolg ist – und auch für eine Reihe positiver Persönlichkeitseigenschaften.[81]
>
> Warten muss geübt werden, auch deshalb, weil manchmal ein Zuwarten falsch ist (siehe Pünktlichkeit, Einreichfristen, Flieger et cetera).

Kinder müssen Stil sehen, sonst vergammeln sie in Eigensinn und Willkür – und saufen womöglich in der Gosse ab, erfrieren dort im Koma-Suff, krepieren am »Goldenen Schuss« oder rennen mit Hakenkreuzen herum. Ist das schon einmal passiert?

Kinder müssen, was sie sollen: Formung müssen sie erhalten und annehmen, sonst bleiben sie Ungeformte, die niemand mag.

Was Kinder sonst noch müssen? Sie müssen reifen, wie Bananen an ihrem Ursprung reifen. Kinder reifen in der warmen Nähe ihrer Eltern.

Weil eben vom »Reif-Werden« die Rede ist: Was unterscheidet Reifung von Entwicklung?

Reifung: Wenn ich Richard Michaelis im *Handbuch der Kleinkindforschung*[82] recht verstanden habe, *reifen* unsere Lungen, unser Nervensystem, unsere Netzhaut … Dabei will keines unserer Organe gestört werden. Denn Stopps oder Schäden hinterlassen »Narben«. Finger zum Beispiel, die vor der Geburt ein Strang stranguliert, wachsen nicht nach: Dieser Zug ist abgefahren. Was reif hat werden können, das bleibt, bis es eine Infektion, ein Infarkt oder Ähnliches zurückwirft. Oder das Alter. Grauer Star, Falten, Alter in den Hüften? Bekanntlich fast nur Nachteile. Mag sein, dass auch Alter reifen lässt, aber das nennen wir anders. Reifung also kommt zu einem Abschluss oder muss nachholen, was versäumt worden ist. Kann jede Lücke geschlossen werden? Siehe »Zeitfenster« (siehe *Kinder wollen, was sie müssen*). Jede Reifung kann außerdem ein Hochplateau erreichen.

Entwicklung: Im Gegensatz zur Reifung hört Entwicklung nicht von selbst auf. Ein Gesunder muss einen Entwicklungsstopp ausdrücklich wollen. Entwicklung kennt bloß *einen* Ort, wo sie nicht mehr weiterkann (und wo wir alle einander treffen werden). Doch bis dorthin haben wir die Chance, uns zu »entwickeln«: in Sachen Freundlichkeit, Wissen, Erfahrung, Bildung, Liebenswürdigkeit. Wann haben all diese jemals ein Ende, das halbwegs anständig wäre? Wann erreichen diese alle ein Niveau, das wir gar Vollkommenheit nennen dürften? Vollkommenheit? Die können wir uns abschminken, denn nicht einmal Pedanten schaffen sie. Als Vision allerdings mag Vollkommenheit taugen.

Kleine wollen nicht müssen. Warum? Ziemlich alle Eltern, die ihrem Kleinen lautlos nachgehen, können das erklären. Vom angeordneten, vom äußeren, vom sozialen Müssen ist die Rede. Wir alle beginnen unsere »Entdeckungsreisen« bekanntlich beim Ich, denn nichts und niemand ist uns näher: Stundenlang studieren wir mit drei Monaten unsere Finger (siehe *Kinder wollen Eigenständigkeit*). Außerdem spüren wir uns deutlicher und nachhaltiger, als wir das anderen antun. Schon die blöde Lade lehrt, dass wir falsch liegen, wo uns Weh begegnet. Weh: eine Schiene, auf der Einsicht nachhaltig wird. Werden könnte. Bis weit in die Pension hinein wirkt ihre Nachhaltigkeit. Auch die unablässigen geschwisterlichen Streitereien künden davon, dass uns das Ich im Notfall weitaus näherliegt. Kleine sind ziemlich ausschließlich Ich-Wesen. Erwachsene? Ob wir tatsächlich schon sind, wie wir uns nennen?

Kinder sollen ...

Kinder sollen Kinder sein dürfen

Den Anstoß zu diesem Kapitel habe ich dem Buch *Warum unsere Kinder Tyrannen werden* entnommen, das Kollege Michael Winterhoff geboren hat.[83] Wovon jetzt die Rede ist – ob das viele berührt? Wir werden sehen.

Kinder sind bekanntlich Kinder. Sie *dürfen* und *sollen* deshalb auch Kinder sein. Damit sind sie voll ausgelastet. Kinder sollen Kinder sein dürfen – und nicht Ratgeber für die ratlose Mami, Mama oder Mutter! Für diesen Job muss sich die Mutter einen anderen holen. Kinder dürfen *Stütze* sein für ihre Mutter, denn das können sie. Kleine können Stütze, Trost und Ermunterung sein für ihre Eltern.

Wir bitten unsere Assistenzeltern wieder um Antworten und um einige Beispiele. Am Ende dieses Kapitels wird uns auch eine langjährige Kindergärtnerin von einer häufigen Szene berichten.

Was Eltern sagen ...

• Nennen Sie Beispiele dafür, wie Kinder ihren Eltern Stütze, Trost oder auch Hilfe sein können. Die eigentliche Frage: Was ist Voraussetzung dafür, dass Kinder das auch können?

»Kinder sollten immer ›Stütze‹ für ihre Eltern sein, und zwar schon alleine durch ihre Existenz, da Kinder dem Leben eigentlich erst einen Sinn geben. Diese Funktion ist Kindern immanent, sie sollte aus unserer Sicht den Kindern aber nicht als Last auferlegt werden. Wir halten es für einen massiven Fehler, Kinder als Stütze, Trostgeber, Problemlöser oder gar Psychiater zu missbrauchen. Kin-

der sollten ihre ersten Lebensabschnitte frei und unbe-
schwert ›erleben‹ dürfen und nicht durch Schwierigkeiten
des Umfeldes, mit denen sie grundsätzlich nichts zu tun
haben, in ihrer psychischen und physischen Entwicklung
beeinträchtigt werden. Es liegt in der Eigenverantwortung
jedes Elternteils, das Umfeld seiner Kinder entsprechend zu
ordnen und Schwierigkeiten im lediglich kleinstmöglichen
Umfang zuzulassen, aber niemals auf Kinder abzuschieben.
Die Beantwortung der Frage beschränkt sich daher aus unserer Sicht auf einen schlichten Verweis auf das bereits zuvor Dargelegte, wonach die schlichte Existenz von Kindern
ihren Eltern genug ›Stütze‹ sein sollte.« (SO und RR, Graz)

»Kinder sind oft Stütze und Trost auf einer ganz anderen
Ebene, als wir es erwarten. Unsere Tochter mit Trisomie 21
ist in ihrer scheinbaren Schwachheit die eigentlich Starke.
Eine Liebe, die Mut zur Verwundbarkeit hat, echt ist, das
Leben anschaut, wie es eigentlich ist: laut und leise, wild
und ruhig, in Gesundheit und Krankheit, leicht und schwer,
schnell und langsam, bunt, intensiv und berührend. Sie lebt
im Jetzt, ohne Sorgen über so viel Unwichtiges. Wir dürfen
lernen, wachsen und sind damit die eigentlich Beschenk-
ten. Kinder können durch erlebte Situationen spüren, dass
ihre Taten und Handlungen Folgen haben, sie sind selbst-
wirksam. Wenn ich meinen Sohn bitte, dass er dem Post-
boten die Tür öffnet und das Paket entgegennimmt, weil
ich gerade nicht kann, wird ihn das ermutigen, bestärken
und er hat Freude daran. Wenn der Postbote ihn dann noch
unterschreiben lässt, ist es supertoll und er wird mir immer wieder darin eine Hilfe sein. Genauso emotional: Wenn
sein kleiner Bruder schreit oder die Schwester Hilfe braucht,
kann ich ihn ermutigen, ihnen zu helfen, und er merkt,
dass es nicht nur gut ist, sondern dass er mir Freude macht.
Natürlich muss man diese Dinge auch in einer liebevollen
Freiheit üben, damit dies alles dann zu einer Haltung führt.
Was ist dem Kind in seinem Entwicklungszustand zumutbar
als Hilfe? Versuchen, das Kind wahrzunehmen und nicht zu
vergleichen.« (BL und EL, Oberösterreich)

Kinder dürfen Stütze sein für ihre Eltern, denn das *können* sie: Sie können das mit ihrem Lächeln, mit ihrer emsigen Wichtigkeit, mit ihrer stillen, weichen Anschmiegsamkeit. Sie schaffen Stütze dadurch, dass sie ausnahmsweise mal nicht streiten – wenigstens eine halbe Stunde lang nicht (oder vier Minuten). Stütze also so, wie Kinder das halt schaffen.

Kinder können auch Trost sein für ihre Eltern – aus denselben Gründen. Kinder müssen mithelfen in der Familie, ja sicher! Doch das ist ein zartes, ein geführtes, manchmal ein ernstes Müssen. Wieso sollten Fünfjährige nicht schaffen, was manche schon mit zwei schaffen? Damit lernen sie, was sonst noch zum Überleben nötig ist, anstatt wortlos reinzuschaufeln, was Frau Mutter fixfertig auf den Tisch stellt.

> Wie dieses Müssen aussehen kann? *Auch* Kleine müssen ihre Gucker auftun für ihren Tischnachbarn. Genauer: Die Eltern müssen ihnen den Blick dafür öffnen. Bei Tisch muss der Fünfjährige sehen, dass sein Nebenan noch Suppe nachhaben will; er muss sehen, dass beim Gegenüber der Holundersaft schon aus und der Wasserkrug leer ist. Und allen muss klar sein, dass üblicherweise *jeder* zwei Augen, *jeder* zwei Beine, Füße, Hände hat – nicht nur die Mama!
>
> Viele Studenten schaffen diesen Weitwinkelblick nicht. Vielleicht unabsichtlich, trotzdem wirkt es peinlich und offensichtlich ungeübt: Ungeübt, weil es immer *la mamma* ist, die für alles geradesteht und alles erledigt, was Herr Sohn oder Frau Tochter unter, hinter, neben sich hat fallen lassen. Auch die leere Papierrolle am stillen Örtchen. Mutter, das war falsch! »Na, deine Sorgen möchte ich haben!« Wäre keine schlechte Idee! Denn beim »Häuslpapier« bleibt es nicht, was in einem Studentenheim jeder täglich sehen kann. Dort bleibt nachher oft die Tür offen. Dort auch lüften? Nicht immer eine Idee! Das Tropferl dort – weder gesehen noch entsorgt! Ganglicht – auch keine Idee: Dass sie es aufdrehen, wo das Sinn macht; dass sie es abdrehen, wo es nicht mehr Sinn macht. Das tun sie ja auch so bei ihrem Auto – hoffentlich. Ranzig mieft es in manchen Studentenbuden! Die Rede ist hier von »Mannsbild-Studenten« – nicht von jungen Leuten, die Mütter und Väter zu Männern und zu Damen geformt haben. Formung!

Formung und Investition: Beide machen sich oft erst Jahre später bezahlt – oder hinterlassen bloß Löcher, weil Formung und Investition nicht getan haben, was sie hätten tun müssen. Eltern haben die Wahl: Entweder vom Start weg achtzehn Jahre lang Investition oder die Schwiegertochter ärgert sich die restlichen achtzig – und verschimmelt womöglich neben einem solchen Typen. Investition ist da das eine Schlüsselwort. Mühsal das andere. Denn die Mühe bleibt auch jenen nicht erspart, die die Formung ihrer Kinder auf später vertagen. Sie dauert dann bloß länger. Um vieles länger!

Zurück zum Thema »Kind sein dürfen«: Es folgt Knuspriges und Saftiges! Unsere Assistenzeltern werden uns dabei behilflich sein. Doch bevor Sie deren Antworten lesen, bitte selbst darüber brüten!

Was Eltern sagen ...

• Kind – wen nennen wir so?

»Ein Kind ist ein kleiner junger Mensch, der sehr ernst genommen werden will und muss. Ein Kind ist rein und unverdorben, offen für alles, voll Vertrauen, weich, zart, verletzlich, einfach ein unglaubliches Himmelswunder! Ein Kind ist oft viel weiser als ein ausgewachsener Mensch.« (MK und CK, Graz)

»Als Kinder bezeichnen wir Menschen, die nicht für sich alleine verantwortlich sein können.« (SM und KM, Graz)

»Grundsätzlich Menschen bis zur Pubertät (würde ich meinen). Die Ausnahme stellen die eigenen Kinder dar, denn die bleiben immer die Kinder. (Keine besonders schlaue Antwort, ich weiß!)« (EP und BP, Graz)

»Die uns anvertrauten Geschöpfe, die auf dem Weg der Entfaltung ihrer Freiheit sind.« (MS und AS, Wien)

• Was bezeichnen wir als kindhaft? Geben Sie bitte zwei, drei Beispiele für kindhaftes Verhalten.

»Kindhaftes Verhalten ist altersgerechtes Verhalten eines Kindes. Ein Erwachsener kann sich ein kindhaftes Verhalten bewahrt haben, kann durchaus sympathisch sein, aber auch mühsam.« (MK und CK, Graz)

»Kindhaft???« (SM und KM, Graz)

»Kindhaftes Verhalten ist für mich altersentsprechendes Verhalten. Zum Beispiel ein Vierjähriger, der über die Pointen im Kasperletheater lacht. Ein fünfjähriges Kind, das ans Christkind glaubt. Oder ein Kindergartenneuling, der die ersten Tage bei der Verabschiedung weint.« (EP und BP, Graz)

»Ein Verhalten, das dem Ausprobieren und Suchen nach Freiheit unserer Kinder entspricht, zum Beispiel auf Bäume klettern, die eigentlich zu hoch sind, Dinge ausprobieren, die eigentlich nicht erlaubt sind.« (MS und AS, Wien)

• Kindisch – was nennen wir so? Bitte ein, zwei Beispiele hierfür.

»Kindisch kann nur ein Erwachsener sein, der sich benimmt wie ein Kind. Kindisch sein ist manchmal verantwortungslos, hat einen etwas negativen Beigeschmack.« (MK und CK, Graz)

»Kindisch – fast ein Synonym für dümmlich, kindische Bemerkung oder Äußerung.« (SM und KM, Graz)

»Als kindisch würde ich nicht altersgemäßes, albernes Verhalten bezeichnen: beispielsweise erwachsene Männer, die mit ferngesteuerten Autos oder einer Modelleisenbahn spielen. Demnach sind Kinder nie kindisch … Außer, wenn das Verhalten überhaupt nicht deren Alter entspricht. Beispielsweise Zehnjährige, die mit Kleinkindspielzeug spielen und das lustig finden …« (EP und BP, Graz)

»Wenn sich nach außen hin Erwachsene wie Kinder benehmen – zum Beispiel ihre Freiheit nur ausprobieren, aber nicht nutzen.« (MS und AS, Wien)

• Was dürfen wir wann von Kindern erwarten? Und warum? Bitte auch hierfür ein, zwei Beispiele.

»Die Antwort auf diese Frage können nur die jeweiligen Eltern nach ihrem Herzen und je nach Situation geben.« (MK und CK, Graz)

»Es wird erwartet, dass sie kleine oder große Pflichten er-
füllen können, ihrem Alter entsprechend, damit sie lernen,
selbstständig zu handeln und Verantwortung zu übernehmen. Zum Beispiel Haustiere versorgen, Schulaufgaben
machen.« (SM und KM, Graz)

»Dass sie immer auf der Suche nach mehr Freiheit und besseren Antworten sind. Das gehört zur Natur ihrer Lebens-
phase, zum Beispiel ständiges Nachfragen (Warum-Phase),
Ausprobieren können auch auf die Gefahr hin, dass man
sich verletzt, etc.« (MS und AS, Wien)

• Was dürfen wir von Kindern nicht erwarten? Warum nicht erwarten? Da reicht freilich das Grundsätzliche.

»Kinder gehören nicht uns. Sie sind nicht wie wir, sie denken anders, fühlen anders und haben andere Voraussetzungen. Sie werden nicht unsere Vorlieben, für was immer, haben; sie werden nicht den Beruf erlernen wollen,
den wir ideal finden; und sie werden auch nicht den Mann
heiraten, den wir passend finden. Das ist nicht einfach zu
akzeptieren, aber man kann es lernen, dann geht es einem
besser.« (MK und CK, Graz)

»Große Probleme (zum Beispiel innerhalb der Familie)
mittragen und Lösungen anbieten.« (SM und KM, Graz)

»Die Vernunft, die eigene Freiheit einschätzen zu können.
Das Verständnis dafür müssen sie erst entwickeln.« (MS und
AS, Wien)

• Wer eher ist kindisch? Kinder? Oder die Erwachsenen?

»Eher Erwachsene, da das negativ ›Kindische‹ auf sie über-
tragen wird.« (SM und KM, Graz)

»Meiner (speziellen) Logik nach sind Erwachsene eher kindisch!« (EP und BP, Graz)

»Nur die Erwachsenen.« (MS und AS, Wien)

Wen nennen wir *Kind*? Es folgt eine »punktförmige« und arg lückenhafte Skizze: Ein Kind ist Mensch vom persönlichen Urknall weg. Was sonst kann sein, das von zwei Menschen herrührt, in einer Frau heranwächst, von ihr geboren und gestillt wird? Vom Urknall weg! Welche »Grenze« könnte das eindeutiger sagen? Vom Urknall, vom Start weg, wenn wir noch kugelrund sind und einen Durchmesser von einem Fünftel eines Millimeters haben. Mensch! Was sonst? Mensch sind wir von allem Anfang an, ähnlich wie jeder Tag von Mitternacht an schon Tag ist (obgleich noch ziemlich finster). Erst allmählich werden wir, was die Wiener offenbar meinen, wenn sie sagen: »A Mensch muass aner sein!« Ein Kind ist also Mensch, in dem erst werden muss, was wir von Erwachsenen erwarten: Edles, Großes, Schönes, Dauerhaftes. Auch Schwächen – ist halt so! Aber auch Können, das beim Kleinen erst allmählich sichtbar wird und sich in ihm festigt.

Ein Kind ist ein *körperlich* noch wachsender Mensch. Denn in allem anderen wachsen wir Große hoffentlich ebenso. Wir alle wachsen in unserer Erfahrung, in unserer inneren Größe, in unserer Gepflegtheit, in unserer Liebenswürdigkeit, in unserem Wert für jedes Wir: Freundschaft, Firma, Ehe, Heimat, Globus. Im *Erwachsensein* und im *Menschsein* abgeschlossen sein, wenigstens zur Hochform aufzulaufen: Ist das dasselbe Paar Schuhe? Ist Erwachsensein oder Menschsein in Jahren oder am Bauchumfang zu messen? Jeder Dummkopf kann ein Meter achtundneunzig werden ...

Was nennen wir *kindhaft*? Kindhaft nennen wir das Kindliche am Kind: sein Denken, sein Planen, sein Wollen oder Tun. Doch einmal mehr stellt sich die Frage: Wie denkt ein Kleines mit drei?

»Mami, ich mag an Durst!« Geschätzte Leser, wer von Ihnen kann erklären, warum unser damals dreijähriger Bruder Hans so geredet hat, vom »Bitte« abgesehen?

Oder Tobias, etwa fünf: Während er zusammen mit seiner Mutter den Hund ausführt, fragt ihn die Mutter: »Wie viel ist acht weniger drei?« Darauf der Knirps: »Sag's mir in Zwetschken!«

Warum in Zwetschken? Zwetschken kann der Fünfjährige vor den Augen seiner Vorstellungskraft ähnlich vorbeitanzen lassen, wie unsereins oft die Finger verwendet, um die Monate zu zählen, die uns noch von Weihnachten trennen. »Acht« und »drei« schlüpfen in das Gewand von Vertrautem, mit dem Tobias leichter zurande kommt als mit »unsichtbaren« acht. Zwetschken überbrücken eine Unmöglichkeit, die Kleine noch nicht überwinden können: Abstraktes. Noch brauchen sie »Sichtbares« oder »Tastbares«, um untastbare »Begriffe« zu »begreifen«, um mit Unsichtbarem hantieren zu können. Mit Worten der Expertin Inge Schwank: »Die Bedeutung der mathematischen Schrift darf nicht darüber hinwegtäuschen, dass diese nicht das Medium ist, in dem sich die mathematische Begriffsbildung vollzieht.«[84] Wie das Medium für Fünfjährige heißt? Zwetschken.

Kindhaft sind ihr Wollen, Fühlen, Können, Tun und Lassen. Kindhaft sind ihre Stimme, ihre Rede, ihre Fantasie. Kindhaft ist auch ihre Zuverlässigkeit: Sprunghaft! Anfangs impulsgesteuert, allmählich folgen Sinnverkettung, Folgerichtigkeit, Durchblick.

Der dreijährige Moritz meint sich hinterm Vorhang unentdeckbar, weil er selbst niemanden sehen kann. Kindhaft. Dreijährige gucken noch nicht ums »Eck«, sondern stets geradeaus. Sympathisch, nicht wahr?

Die *kindhafte Zuverlässigkeit* hält Schritt mit dem Fassungsvermögen, mit den Erfahrungen und Kräften, die erst im Kommen sind. Das ist der einzige Grund, warum für Kinder nirgendwo der Vertrauensgrundsatz gilt – auch nicht vor dem offenen Kanalgitter! Die sympathische, arglose Gradheit der Kleinen allerdings? Die hat Grenzen. Denn anfangs stürmen sie, ohne nach links oder rechts zu schauen, zielstrebig geradeaus: »Dem muss ich davon!« Bei der Haustür hinaus, direkt ins ... Unglück. Die sympathische, arglose Gradheit der Kleinen – sie hat Grenzen! Sie muss auf Grenzen achten! Investition!
Zielstrebig sind seelisch gesunde Kinder vor allem in dem, das sie noch nicht kennen. Das macht Sinn, ist oft herzig, köstlich und erfrischend naiv. Einfalt, wie wir Große das selten schaffen. Kindhaftes ist anziehend, erfrischend angenehm: Großes tritt vor uns hin, wo Kinder vor uns erscheinen. Auch dann »groß«, wenn sie trotzig oder rotzig sind: Kinder.
Kindisch? *Kindisch* sind Erwachsene. Etwa wenn sie Ahnungslosen einen Zettel auf den Rücken heften und darüber kichern; oder wenn sie Teilwahrheiten schwülstig übertreiben, was Kleine niemals tun. Ja, doch – Kinder übertreiben! Das tun sie deshalb, weil ihre »kleinen« Worte noch nicht fassen, was sie an Überdruck in sich spüren. Kleine dürfen auch herumgaukeln, weil sie eben Kinder sind. Das tun Erwachsene ja auch – aus guten Gründen;

etwa, wenn wir einen Siegestreffer bejubeln! Alle wissen, was Torschützen aufführen unter den Augen aller Welt; oder wie Sieger einander am Podest mit Sekt besprühen: Beinahe schon kindisch! Kinder dürfen am Gehsteig hüpfen oder auf Randsteinen tänzeln, denn das reizt sie. Damit trainieren und sichern sie außerdem ihr Gleichgewicht. Gaukeln, weil das lustig ist. Einfach das: lustig. Was soll an harmloser Lustigkeit schlecht oder läppisch sein? Eine Lustigkeit, die nie einen anderen ausgelacht oder verspottet. Wir reden von Kleinen! Denn die Größeren? Die sind längst infiziert mit unserer Sucht nach Eitelkeit, mit Tricks, mit Doppelbödigkeit, gezinkten Schachzügen und Notlügen.

Kinder wollen anschaffen. Das *tun* sie auch, vor allem untereinander. Doch oftmals *wollen, sollen* und *müssen* sich Kinder führen lassen. Deutlich kann das jeder sehen, sobald sie mit ihrem Latein am Ende sind oder lautlos beben vor Angst. Mit diesem Bei-der-Hand-genommen-Werden haben Kleine (zumindest solange sie nicht trotzen) meist kein Problem. Unkompliziertheit: Eine der gewinnenden Eigenheiten im Vorschulalter! Ungeniert-direkt bitten sie um Hilfe oder strecken uns ihre Arme entgegen. Ungeniert in allem, das sie überfordert.

> »Papi, duuu …!« Und schon hält der Zweijährige dem Papa seinen Traktor hin, der ein Rad verloren hat. »Paaaapiiii!« Noch ohne ein Bitte, was *noch* niemanden stört. Denn »Bitte« und »Danke« versteht der Zweijährige noch nicht. Beides muss er bloß täglich hören. Dutzendfach täglich!

Bei-der-Hand-genommen-Werden: Um Hilfe bitten und sich ungeniert helfen lassen. Da hat das Kindhafte eine seiner Türangeln. Einfalt, Vertrauen, Natürlichkeit könnten wir Große von unseren Kleinen lernen. Ihnen kommt es zu, sich führen zu lassen. Wieso und worin? Das müssen Krabbler *noch* nicht wissen, denn ein solches Wissen schaffen sie noch nicht. Sobald sie das verstehen können – *dann* ja. Vorher? Alles Blabla und sinnloser Aufwand! Der Knirps versteht ja noch kein Wort, wie wir im ersten Abschnitt mehrfach bereits festgestellt haben.

> Rechtzeitig bei der Hand nehmen und sachte am Hundedreck vorbeilenken: »Gaga!«, mag für Einjährige vollkommen reichen, weil keiner weiß, wann der Knirps dafür »offen« ist. Irgendwann *ist* er es – und dann schlüpft das »Gaga!« rein (siehe auch *Kinder wollen Auslauf*).

Erklärungen müssen Kinder für alles kriegen, sobald sie das Gesprochene verstehen können, weil sie sonst bloß Bahnhof verstehen. Vielleicht werden sie mit dem für sie Unverständlichen bloß dressiert, so wie Pferde dressiert werden, damit sie tun, was ihre Dompteure wollen. Oder wie ein Gurkensalat sein Dressing kriegt: wortlos Übergestülptes. Dressur-Dressing. Woran Eltern erkennen können, dass ein Kind Gesagtes bereits versteht? Wenn das Kleine die gleichen Worte selbst bereits richtig und angepasst verwendet.

Die *Eltern* müssen führen. Nicht umgekehrt. Erstaunlich, dass das einigen Müttern und Vätern scheinbar neu ist. Siehe Michael Winterhoff! Im Kapitel 1 seines Buches mit der Überschrift »Zwischen Supermamas und Erziehungsnotstand – Wenn aus Kindern Tyrannen werden« redet Winterhoff von TV-Sendungen mit hohen Einschaltquoten. Von diesen sagt er: »Die Sendungen führen genau jene kleinen Tyrannen vor, die zunehmend unser Leben bevölkern. Kinder, deren Erziehung vollkommen aus dem Ruder gelaufen zu sein scheint (…).«[85] Dies deshalb, weil wir glauben, dass sich die Psyche des Menschen ganz von alleine entwickle und sie »irgendwann automatisch voll ausgebildet« sei. Wie denn? Führungsloses »Wachsen« gelingt nicht einmal unseren Haaren! Wachsen vielleicht schon, nicht aber »Gepflegtheit«. Eltern müssen führen! Eltern müssen »vorangehen«! Wie sonst sollten die »ahnungslosen« Kleinen wissen, wo es langgeht? Und: Kinder müssen ihren Eltern folgen – was sie meist auch tun. Sie folgen uns in allem: auch im Richtigen. Allerdings: Sie brechen im Richtigen immer wieder aus. Warum sie immer wieder ausbrechen? Wem muss das buchstabiert werden? Sie brechen aus, weil sie – bis weit über das Vorschulalter hinaus – immer noch teilweise Impulsgesteuerte sind. Außerdem wollen Kleine die Mühe der »Ordnung« nicht und durchschauen ihren Sinn noch nicht (siehe *Kinder wollen Geborgenheit*). Führung! Vorbild! Übung! Schiene! Und: Zarte Eselsgeduld, die ohnedies oft nur Eltern gelingt. Kinder brechen auch deshalb aus den Regelbahnen immer wieder aus, weil das Falsche meist viel mehr Möglichkeiten bietet – siehe dazu unser aller Verhalten im Straßenverkehr.

Kinder müssen folgen, wie die Kutsche den Pferden folgt! Das ergibt eine sinnvolle, zugkräftige Einheit, die in dieselbe Richtung zieht. Kinder zum Kutscher machen? Stellen Sie sich einen Dreijährigen vor oben am Bock eines Fiakers am Wiener Stephansplatz. Kutscher und Eltern sitzen hinten im Fiaker (*fiacre* sagen die Franzosen zur Kutsche). Wie das jetzt weitergeht? Der Dreijährige wird herumschauen. Bald wird er am Bock herumkraxeln, in der Nase bohren, gähnen, mit seinen Fingern spielen. Dann mag er die Zügel nehmen und juchzen. Bis zur ersten Kreuzung: Dort steht die Partie. Und alle anderen vermutlich auch. Und prompt werden die Wiener poltern: »Spinnen die drei Alten!?« Dem Kleinen werden Tränen in die Augen schießen, weil er das Schlamassel riecht, in das er geraten ist.

Überforderung – kann dies das richtige Wort für den Grund von Chaos sein? Das krass Überzeichnete will Verständnis schaffen für etwas, das einigen scheinbar neu ist: den Unsinn, Kinder auf die Augenhöhe elterlicher Aufgaben zu hieven. Mit den aufgescheuchten Rössern, mit den gaffenden Wienern samt dem Schlamassel auf der ersten Kreuzung in der Rotenturmstraße sind Kinder heillos überfordert.

Überforderung ist eines der Schlüsselworte, wieso Kinder keine Berater, keine Partner für ihre Eltern sind. Wem muss das extra buchstabiert werden? Einigen offenbar schon. Siehe Michael Winterhoff.

Wer sein Achtjähriges dort hinhebt, wo zwischen Vater und Sohn, zwischen Mutter und Tochter kein Unterschied mehr ist (von Herkunft und Alter abgesehen), der meint vielleicht, damit eine Geste des »Heruntersteigens« zu setzen. Eine Geste der Gleichstellung, der Kollegialität, der Demut; vielleicht gar ein Zeichen der Gleichberechtigung, womöglich gar ein Signal der Normalität. Das tönt edelmütig, ist aber weder edelmütig noch demütig, sondern eine Einebnung, die es so ja gar nicht geben kann.

Wieso nicht? Muss das genauer kommen? Das muss es nicht, weil das jeder selbst finden kann! Findet jemand das *nicht* von selbst – mag sein, dass ihm dabei niemand helfen kann. Bloß so viel: Unterschiede machen Sinn. Unterschiede *müssen* sein, wo sie sinnvoll und zielführend sind: Tag und Nacht. Richtig und falsch. Mann und Frau. Sieger und Zweiter. Sonderbar, dass das Normale, das Richtige, das »G'scheite« manchen so schwer erkennbar ist; vielen offenbar auch schwer von der Hand geht. Sehr sonderbar.

Wenn der Sechsjährige seinen Vater mit dessen Vornamen anredet und auch seine Mutter – Irrtum! Egon oder Casimira kann ja bald jemand heißen. Doch Papa? Mama? Vielen ist das verwehrt oder bestenfalls nach endlosen Mühen schaffbar. Wer kann vom »Vater« zum »Bruder« heruntersteigen? Diese Art elterlicher »Selbsterniedrigung« wird Kleinen von verwirrten Erwachsenen umgeschnallt, ungefragt aufgebürdet. Großsprecherische Sechsjährige: Die gefallen sich freilich, wenn sie anschaffen können und Erwachsene das Angeschaffte dann auch tun. Sonderbar! Warum ist das Normale manchen nicht sichtbar, nicht machbar? Freilich machen sich Fünfjährige wichtig, hin und wieder äußern sie auch punktgenaue, tonnenschwere Wahrheiten. Kann das reichen für den Auftrag, den wir Elternschaft nennen: Partner, Teilhaber, Träger elterlicher Angelegenheiten zu sein?

Gleich an Würde – freilich. Vater, Mutter, Kind; auch das noch nicht Geborene, ist es ja Mensch: Jede Menge Gelegenheit bieten sich Eltern, voreinander und auch vor ihren Kindern Großmut und Demut, »Dien-Mut« zu zeigen (siehe auch *Eltern müssen demütig sein*). Gleich an Würde – ein großes Ding! Gleichmacherei jedoch …? Ein Kind *kann* Eltern kein Partner sein. Allerdings *können* Kinder, wie bereits mehrfach erörtert, sehr wohl Aufträge in einer Familie übernehmen. Schon Neugeborene haben einen Auftrag: Rücksichtnahme müssen sie einfordern! Rücksichtnahme von allen Älteren.

> Rücksichtnahme durch den Vater, der seiner Frau den Rücken freihalten muss, damit *sie* nachmittags ein Nickerchen machen kann. Denn die Kleine ist zwölf Wochen zu früh geboren, Startgewicht 1140 Gramm. Jetzt hat Julia knapp 2200, bravo! Vor vier Tagen ist sie entlassen worden und braucht alle vier Stunden die Mami! Er muss *ihr* gegenüber verlässlich sein, *ihr* Erholung und Spielraum verschaffen. Sonst versiegt womöglich das beste Menü, das Mütter ihren Kleinsten bieten können.
>
> Rücksichtnahme braucht es auch vom Fünfjährigen, der Schnupfen hat, aber schon versteht, dass er zum Baby jetzt nicht hingehen und ihm ein Bussi geben soll. »Sonst kriegt das Baby auch einen Schnupfen und durch seine kleine Nase keine Luft mehr!« Soll sich jeder ansehen, wie sich ein Kleines plagt, das einen ordentlichen Schnupfen hat! Manche müssen deswegen wieder zurück ins Spital, weil sie »austrocknen«, wenn sie nicht genug trinken. Sie trinken deshalb zu wenig, weil sie durch die Nase kaum Luft kriegen und dadurch ganz unrund laufen - Brust oder Flasche verweigern. Lieber hungern als ersticken. (Ähnliches war im Kapitel *Kinder wollen, was sie müssen* zu lesen.)

Ein Erlebnis einer Kindergärtnerin, die auf 41 Jahre Erfahrung (auch mit Eltern) zurückgreifen kann, soll unsere Überlegungen zum Thema *Kinder sollen Kinder sein dürfen* abschließen: In einem Supermarkt beobachtete sie, wie und was eine Mutter mit ihrem gut Zweijährigen redete: »Willst du das? Oder das? Da sind Haselnüsse drinnen. Oder das? Das schmeckt nach Vanille. Oder vielleicht das? Schmeckt nach Himbeeren!« Da dachte sie: Egal, ob die mich jetzt frisst oder mir bloß ins Gesicht springt – das muss jetzt raus! Sie sagte zur Mutter: »Weil die Mutter nicht weiß, was sie dem Kind kaufen soll, fragt sie das Kind ...« Darauf die Mutter: »Ja ... Sie haben recht!« Die Kindergärtnerin schließt ihre Erzählung mit einer harten Botschaft: »Manche Eltern haben keine Ahnung ...!«

Jeder, der das verstehen will, kann es verstehen – und schüttelt diese Botschaft nicht einfach ab, weil sie hart ist. Doch die eben erwähnte Mutter? Die hat Einsicht geschafft. Großartig! Einsicht schafft Hoffnung!

Kinder sollen keine Angst haben müssen

Das, was jetzt folgt, ist kein Spaziergang! Denn: *Was* ist das eigentlich Schlimme an arger Angst? *Was* macht sie so schrecklich »eng«? Was nehmen »ideendürre« Eltern und in der Formung ihrer Kleinen unbedarfte Mütter oder Väter gerne zu Hilfe, um ihre Kinder zu bändigen? Angst! Darf das jemand so sagen? Mag sein, dass Sie denken: »Nun ja: Hin und wieder geht unsereins schon die Fantasie aus, auch die Luft! Die Kraft sowieso! Auch geht uns bald einmal aus, was unsereins zur Hand nehmen soll, um Beharrungsvermögen und Einfallsreichtum unserer Kinder aufzufangen, auch um diese Energiebündel samt ihren Einfällen in Bahnen zu lenken … Der Einfallsreichtum, mit dem sie uns täglich durch die Gegend hetzen: Mein Lieber, das braucht einen langen Atem und irre Kraft!«

> *Was* oder *wen* entnervte Eltern gelegentlich immer noch als Erziehungshelfer vor ihr Unvermögen spannen? Den »schwarzen Mann« – zu meiner Zeit jedenfalls (siehe auch *Eltern müssen alles richtig machen*). Heute: Immer noch den Krampus! (Kürzlich hat Christoph Waltz den Krampus in einem Interview den US-Amerikanern vorgestellt – auch optisch! Hässlich und furchterregend![86]) Auch die »g'sunde Watschn« taucht immer wieder auf. Etwa in der Aussage des Salzburgers, der in rund dreißig Kilometern Höhe hat nachsehen müssen, was passiert, wenn einer von dort runterhüpft.[87]
>
> Andere Eltern fahren tonnenweise Drohungen auf: »Ich sperr dich in den Keller!« »Ich werde dem Christkind sagen, dass es dir diesmal nix bringen braucht.« »Nix wird's heute mit der Gutenachtgeschichte! Gar nix.« »Das werd ich dem Papa sagen!« Geht das würgender, grausiger, einengender? Einengend, weil das Kleine dann gar niemanden mehr hat außer seinen Teddy, dem es sein Weh klagen kann; niemanden, bei dem es Zuflucht, Schutz, Verständnis finden kann.

Finster! Schwarz! Schwarze Übermacht drückt das Kleine nieder, hält es dort fest, sperrt es ein. Kindesmisshandlung kennt grausige Seiten. Auch solche mit psychischen Glacéhandschuhen, die Dornen tragen. Grausigkeiten, die dem Richter allzu selten zu Ohren kommen.

Angst: Potenzmittel plan-, hirn- und herzloser Erwachsener. Angst und Drohung sind außerdem Methoden, mit denen Große keinem Erwachsenen kommen. Wer kommt so seinem Chef – oder watscht den gar ab? Oder einen Polizisten?

> Jahrhundertelang haben manche Eltern ihre Kleinen kaum besser behandelt als ein Ochsengespann. *Bis heute* haben es manche Kinder nicht viel besser: In einer Kinderklinik oder an einer Klinik für Kinderchirurgie sehen wir blaue Flecken bei Säuglingen, Spuren der Fremdeinwirkung, die nicht vom Nikolo stammen. Was ich selbst kürzlich mittels Ultraschall bei einem vier Monate alten Baby habe sehen müssen? Blutungen, wo immer Blutungen im Inneren eines Kopfes möglich sind. Außerdem beidseitig Rippenbrüche, weil der Vater sein Kleines verdroschen hat! Krankenschwestern und Ärzte sehen Dinge, die viele nicht sehen: ein Irrsinn, von dem viele bestenfalls in der Zeitung lesen – weit weg vom Gestank des Unvorstellbaren.

Kinder sollen vor ihren Eltern keine Angst haben müssen. Dass Kleine bisweilen auf den Nerven ihrer Eltern ganz ordentlich spazieren gehen? Dieser Seiltanz wird sich nicht ändern, weil wir die Vorgaben nicht »umschreiben« können, denen unsere Kleinen gehorchen! Wir können das ebenso wenig, wie wir nicht ändern können, dass unsere Kinder mit je fünf Fingern auf die Welt kommen. Wir ersuchen die Assistenzeltern, uns ihre Erfahrungen, ihre »Therapie«, ihre Methode zu den folgenden Fragen zu verraten (siehe Kasten rechts).

Es werden diese Antworten der Eltern wohl reichen. Auch wird reichen, was ich mittels Ultraschall und Röntgen bei dem vier Monate Alten habe sehen müssen. Kinder sollen vor uns Großen keine Angst haben müssen!

Tränen haben viele Wurzeln. Die grausigsten Gründe für Tränen? Angst und Weh! Weh: seelischer Schmerz, wegen Unverständnis, Frust oder sonstigem herbem Misserfolg. Weh wegen schwarzer Ausweglosigkeit, unverständlichem »Nein!« et cetera. Angst vor Drohungen. Angst davor, verloren zu gehen oder seine Eltern zu verlieren. Angst vor jeglicher Alleingelassenheit oder Trennung, vor jeglicher Vernichtung. Ein Zweijähriges hat »Tod« oder »sterben« dutzendfach schon gehört. Doch was das ist – davon hat es keine Ahnung. Dennoch hat es schreckliche Angst davor, »vernichtet« zu werden. Warum wohl?

• **Wenn Sie zur eben geäußerten Behauptung, dass sich dieser Seiltanz nicht ändern wird, etwas sagen möchten: Bitte!**

»Angst vor Eltern zu haben ist aus unserer Sicht ein ausgesprochenes ›No-Go‹. Wir sind auch der Meinung, dass Strafen nichts bringen. Es ist sicherlich richtig, dass Kinder zeitweise mit den Nerven ihrer Eltern einen Drahtseilakt vollziehen; aber das ist halt der Preis für das wunderbare Erlebnis, Kinder haben zu dürfen. Es wäre garantiert gelogen, dass bei Eltern immer die Nerven allen Kunststücken standhalten; man sollte sich jedoch immer wieder auf den Boden der Realität zurückholen, die eigene Kindheit nicht vergessen und die momentane Emotion mit den tatsächlichen wichtigen Dingen und Werten des Lebens in Relation setzen.« (SO und RR, Graz)

• **Eben war vom Einsperren die Rede (»Ich sperr dich in den Keller!«). Welche Methoden halten Sie für angebracht und ähnlich wirksam, bloß ohne angstbeladen zu sein?**

»Wir haben uns grundsätzlich für eine Erziehungsform mit demokratischem Hintergrund entschieden. Die Kinder sollen ihr Handeln und dessen Folgen von klein auf verstehen. Wir Eltern versuchen im Alltag mit viel Liebe und Geduld Situationen und Zusammenhänge mit ihnen zu besprechen und ihnen zu erklären.« (SO und RR, Graz)

»Die Unterscheidung zwischen Person und Sache ist uns sehr wichtig. Du bist geliebt als Sohn/Tochter, aber jetzt hast du gerade Blödsinn gebaut. Ich hab dich lieb, aber es macht mich traurig, wenn du … Bestrafung soll Kinder mit ihrem Fehlverhalten in Kontakt bringen und ihnen die Möglichkeit einer Wiedergutmachung zeigen; keine stupiden Bestrafungen, bei denen die Kinder nur lernen, die Strafen zu umgehen.« (BL und EL, Oberösterreich)

- Kinder sollen nicht Angst davor haben müssen, dass sie verloren gehen.
- Kinder sollen nicht Angst davor haben müssen, dass sie von ihren Eltern im Stich gelassen werden oder sie durch den ehelichen Rost fallen.
- Kinder sollen keine Angst davor haben müssen, dass sie in den Keller gesperrt werden, weil sie lebhaft sind, Krach machen oder wieder einmal etwas falsch gemacht haben. Egal, wieso! Keller überhaupt nicht.
- Kinder sollen keine Angst davor haben müssen, dass sie ihr Vater missbraucht (oder ihr älterer Bruder).
- Kinder sollen keine Angst davor haben müssen, dass sie »die Russen holen«, wenn sie erwischt werden, wie sie am Russendenkmal herumkraxeln!
- Kinder sollen auch keine Angst davor haben, Fehler zu machen. Gerade hier sehen sie sich in unverdrossen eifriger Gesellschaft.

Zum Russendenkmal ein paar persönliche Worte zur Verdeutlichung: Mein Geburtsort Seibersdorf an der Leitha liegt südöstlich von Wien, bis 1955 inmitten der sowjetischen Besatzungszone. Wie anderswo auch wurde am Hauptplatz des 300-Einwohner-Nestes ein »Russendenkmal« errichtet: ein gut zwei Meter hoher, simpler Obelisk aus Beton auf einem mächtigen Sockel, eingerahmt von Metallstangen, die in vier Betonstehern verankert waren. Und das alles einen Steinwurf von meinem Geburtshaus entfernt. Das Denkmal selbst war *die* Attraktion schlechthin für meinen Cousin und mich. Oft kletterten wir zwei dort herum und hatten einen Mordsspaß ... Erwachsene sahen das und sagten – sicher im Scherz: »Buam, passt's auf! Wann euch die Russen sehen, die nehmen euch mit!« Den Unernst der Rede konnte ich als Fünfjähriger nicht erkennen, doch das mit dem »Mitnehmen«? ... Bis heute haben sich Angst, Scheu, Widerwille allem jenseits des ehemaligen Eisernen Vorhangs gegenüber in mir festgefressen – und sind seither keinem Argument, keiner Einsicht, keiner Beruhigung oder gar Heilung zugänglich. Vordergründig schon, ja sicher. Doch tief drinnen?

Erwachsene müssen *vorher* bedenken, *was* sie Kindern sagen. Vorher! Denn es gibt Worte und Sager, die in Kinderherzen eine Welt von Sehnsucht in Trümmer legen können. Erwachsene müssen sich *vorher* fragen, *ob* es überhaupt »g'scheit« ist, das Gedachte rauszulassen! Vorher – ist das machbar? Zuerst also das Hirn einschalten und den geplanten Sager mit dem Fassungsvermögen, mit dem Denken und Wollen, mit den Ohren und Sehnsüchten von Kindern hören.

Viele Eltern schleppen Tonnen von Schuld hinter sich her, von denen sie anscheinend keine Ahnung haben. Dieselben Erwachsenen fragen sich aber womöglich: Wieso ist der Junge so verklemmt, so aggressiv, so unausstehlich ekelhaft? Woher die vielen Unbrauchbaren? Woher die vielen Ängstlichen, Komiker, Spinner; woher das Heer an Raunzern, Neidern, Rotzigen und Stinkern? Woher die vielen Verhaltensgestörten, Über-Schrägen, Verwahrlosten, Dreckigen, Trickser und Verlogenen? Woher? Die Antworten darauf finden sich *auch* bei dem vielen arg Falschen, das in unseren Kleinen Angst und Weh hochfahren und anstauen lässt (siehe auch *Eltern müssen normal sein*).

Kinder sollen keine Angst haben müssen – außer vor Tigern, Kobras und »depperten« Erwachsenen. Erst recht sollen sie nicht Angst haben müssen vor jenen, die ihnen am liebsten, am nächsten und am wichtigsten sind. Wohin soll ein Kleines, wenn es am ganzen Leib zittert? Angst zählt zum Schlimmsten, das nicht nur einem Kind ins Herz fahren kann. Doch wie soll sich das Wehrlose dagegen wehren? Was soll es seiner Angst entgegenhalten? Wie soll es ihr entkommen können? Angst, die auch für jedes Kleine nach Vernichtung riecht. Was können Wehr- und Kraftlose tun, um drohender Vernichtung zu entgehen? Von Vernichtung ist die Rede – just also davon, was jeder Angst zugrunde liegt, diese gar zur Panik hochfahren kann.

Arge, vor allem aber wiederholt arge Angst – was die kann? Die kann zu einer handfesten Angststörung hochfahren, also eine arg krankhafte Form annehmen. Bei Kindern und Jugendlichen sei, so Sabine Völkl-Kernstock, die Trennungsangst sehr häufig anzutreffen: Warum wohl just Trennungsangst? Spektrum und Verlauf von Angststörungen seien im Kindesalter oft unterschiedlich: »Das reicht von unerwarteten Panikattacken über lang anhaltende Angst, ohne zu wissen wovor; bis hin zur Angst vor bestimmten Dingen oder Situationen. Es ist daher wichtig, eine Angststörung möglichst frühzeitig zu erkennen und angemessen zu behandeln.« Um den »Teufelskreis« von Angststörungen zu durchbrechen, sei es wichtig zu verstehen, wie diese funktionieren. »Oft fallen Kinder mit Angststörungen in der Schule durch eine vermeintliche Schulangst auf. Pädagogen und Schulärzte sind dann gefordert, rasch zu reagieren und die Betroffenen zu einschlägigen Einrichtungen zu schicken. (...) Bevor eine Diagnose feststeht und eine Behandlung beginnen kann, äußert sich die Angstneurose oft verdeckt, etwa mit psychosomatischen Beschwerden: Bauchweh, Kopfweh, Einnässen.«[88] Um ein organisches Leiden auszuschließen, seien Voruntersuchungen nötig.

Bei Kleinen kommt hinzu, dass ihnen ohnehin alles Unbekannte Angst einjagen kann – und das auch tut: Jede Blindschleiche, die einem Dreijährigen das erste Mal unvermutet begegnet, kann das überraschte Kleine in Panik geraten lassen. Warum? Große müssen das wissen und beherzigen, weil sie sonst keine Ahnung davon haben, wie leicht sie einem Kleinen schrecklich arge Angst einjagen können. Ist eine solche seichte Ahnungslosigkeit ein Klacks? Unbedacht, unbemerkt mag Ahnungslosigkeit sein, nicht aber schuldlos. Elternbildung!
Was sonst noch Angst in einem Kleinen lostreten kann? Drohende Übermacht! Übermacht von Größeren, denen Kleine ausgeliefert, von denen sie abhängig sind. Übermacht und Abhängigkeit – ein fataler Mix, der ein Kind erst recht in die Enge treibt. Wohin soll ein solches Kind? Arge Angst reißt tiefe Wunden, von denen niemand sagen kann, ob und wann sie heilen – und was in der Zwischenzeit passiert.

Apropos Heilung: Jede Angst – auch jede Trennungsangst – kann am ehesten durch sichere Bindung »aufgefangen«, abgefedert werden. Das ist zeigbar an dem, was Experten *Deprivation* nennen. Das sehen wir uns kurz an – auch deshalb, weil Deprivation vermeidbar ist!

Hinter dem Wort *Deprivation* steckt eine grausige Schwärze: Deprivation könnte mit »Mangel, Entbehrung, Vorenthaltung« übersetzt werden. Spätestens ab sechs Wochen nach der Geburt braucht jedes Baby eine fixe Bezugsperson, zu der es in den folgenden sechs Monaten eine »Phase stärkster Prägung durchläuft«. In dieser entwickle das Kind, so John Bowlby (1907–1990), der Gründungsvater der Bindungstheorie, eine zunehmend festere Bindung zu einer oder mehreren Personen – Mutter, Vater, Geschwister oder Pflegemutter. Üblicherweise ist es die Bindung an die eigene Mutter. Bindung ist »das emotionale Band eines Kindes zu seiner Mutter«.[89]

Wird ihm diese von Geburt weg »vorenthalten« (etwa in einem Waisenheim oder durch einen monatelangen Spitalsaufenthalt ohne fast täglichen, ausgedehnten, liebevollen Elternbesuch), zeigt das Kleine zunehmend seltsame, eintönige, wiederkehrende Bewegungen: Kopfwackeln, flatternde, zupfende, wischende Bewegungen mit Händen und Armen, ruckartige Verwindungen des ganzen Körpers. Oft wirkt das Baby dabei in sich gekehrt, als würde es in einer anderen Welt leben. Blickkontakt schafft es nicht oder es meidet ihn (siehe zum Thema Blickkontakt *Kinder wollen Güte*). Seinem flüchtigen Augenkontakt folgt oft ein Ausdruck scheinbar neuerlicher Enttäuschung: »Kenn dich nicht!« Hin und wieder grinst es wie »schwachsinnig« in sich hinein. Freudlos, farblos, lustlos wirkt das Kleine. Die Mahlzeit kommt oft wieder retour, wobei schwer zu sagen ist, warum: Von »Ich bin zum Kotzen einsam!« bis hin zu versuchtem Erzwingen von Zuwendung wird jede plausible Erklärung gelten dürfen. Mit körperlicher Nähe scheint ein solches Kind nichts anfangen zu können: Es wirkt dabei unglücklich, als wollte es in Ruhe gelassen werden. Das liegt vermutlich daran, dass es mit diesen Eindrücken nicht zurande kommt, weil es Vertrautheit mit dieser Nähe nicht hat aufbauen können. Vertrautheit! Denn unter den Dutzenden Betreuerinnen hat jede ihre eigene Art, ein so Kleines hochzuheben, anzureden oder gar nicht mit ihm zu reden. Das Kleine findet also keinen vertrauenswürdigen »Brückenkopf«, an den es andocken, wo es sich niederlassen kann, wo es sich gesichert weiß – wo es sich gesichert *fühlt*!

Kann es sein, dass Vertrautheit der Schlüssel für das Werden einer tauglichen Mutter-Kind-Bindung – jeglicher Bindung – ist? Vertrautheit deshalb, weil Kleine wiederkehrend Gleiches erfassen können. Auf diese Weise lernen sie beispielsweise die Muttersprache. Erinnern wir uns daran, dass ein Neugeborenes vor der Geburt oftmals Vorgelesenes »wiedererkennt«.[90] Wenn das wiederkehrend Gleiche etwas Angenehmes ist, das Kind sich wohlfühlt, bedeutet das: Mutter! Eltern! Familie! Heimat!

Umgekehrt: Kann es sein, dass wiederholt erfahrene »Angst vor Vernichtung« ein Kind für immer verbittert macht, es entwurzelt, es an seiner Umgebung zweifeln lässt, sie gar hassen lehrt? Ahnungslosigkeit kann schuldhaft sein!

Was ein gesundes Neugeborenes tut, um mit seiner völlig neuen Situation auf gleich zu kommen? Jede Mutter kann uns das erklären: Es fängt ein, was ihm seine »Antennen« zutragen. Das ist mit ein Grund, wieso Haut, Ohren, Nase und Mund jedem Neugeborenen bereits zuverlässig melden, was um das Ahnungslose herum vorgeht – und ob das Menü passt, das ihm kredenzt wird. Falls nicht, verzieht es das Gesicht. Hinschauen! Damit haben wir uns unter anderem im Kapitel *Kinder wollen wahrgenommen werden* bereits beschäftigt.

Geht es uns Großen mit Vertrautem anders? Vertrautes Personal im Spital: »Super, die kennen mich und meine Wünsche schon!« Mit 91 sagte unsere Mutter: »Am liebsten schlafe ich zu Hause!« Heimat.

Noch einmal zurück zum Thema Deprivation: Diese zeigten die Kinder in den rumänischen Waisenhäusern auch jenen britischen Eltern, die sie (nach dem Zusammenbruch des Sowjet-Kommunismus 1989) adoptierten (siehe auch *Kinder wollen, was sie müssen*). Selbst die im ersten Lebenshalbjahr Adoptierten mussten vier Jahre »nachsitzen«, um mit normal Aufgewachsenen punkto körperlicher und geistiger Entwicklung gleichzuziehen. Vier Jahre! Nicole Strüber und Gerhard Roth schildern in ihrem Text zur *Neurobiopsychologie des Säuglings* auch, dass Kinder, die später adoptiert worden waren, »erhebliche kognitive Defizite« aufwiesen – insbesondere jene, die erst mit zwei Jahren oder später untergebracht worden waren. »Diese Beeinträchtigungen lagen auch im Alter von 11 Jahren noch vor, nachdem die Kinder viele Jahre in ihrer neuen Familie verbracht hatten. Dies legt ein Zeitfenster für die geistige Entwicklung nahe, während dessen sich bestimmte Eigenschaften verfestigen (...)«[91] Diese seien dann relativ resistent gegen spätere Einflüsse. Heilung kann also Jahre dauern, falls es überhaupt eine Chance dafür gibt.

Lässt sich erahnen, woran wir rühren, wenn wir an ein Kleines rühren? Ist sichtbar, dass wir *zuerst* unser Kleines fragen müssen, *was es wann wie* braucht (und nicht unseren Kontoauszug)? Ein Kind stellt ziemlich alles auf den Kopf, sobald es gelandet ist.

Doch unter allen Familienmitgliedern ist es das »anspruchsloseste«: Mama, Windeln, Ruhe und frische Luft. Und immer dieselbe Mama! Sonst kennt es sich nicht aus. Von wegen Haut, Nase, Ohren, oval und so.

Angst hat mit der Ahnung von Vernichtung zu tun. Vernichtung tut weh! Was also ist das eigentlich Schlimme an arger Angst? Was macht diese Angst so schrecklich »eng«?

Schmerz und Seele hängen untrennbar zusammen: »Viele Beschwerden und Schmerzen sind aber nicht technisch zu lösen, sondern fordern den Blick auf die Beziehung zum eigenen Körper, auf die eigene Geschichte, auf die Bindungen zu sich und zu anderen.«[92] So beschreibt es Marcus Schiltenwolf, Leiter der Nicht-operativen Orthopädie und des Fachbereichs Schmerztherapie am Universitätsklinikum in Heidelberg. »Technisch« dürfte hier sagen: Schmerzmittel! Michael Bach, Psychiater und Leiter von »pro mente Reha Salzburg« betont: »Psychische Komponenten spielen in der Schmerzwahrnehmung und Schmerzverarbeitung eine entscheidende Rolle. Körper und Seele sind in der Ursachenforschung des Schmerzes nicht zu trennen. Das wird in Fachkreisen immer mehr erkannt. Ebenso, dass ›sozialer Schmerz‹ – etwa durch Zurückweisung oder Mobbing – im Gehirn praktisch idente Schmerzen auslösen kann wie ein Schmerz durch körperliche Ursachen. Denn Schmerz- und Emotionsverarbeitung hängen zusammen.«[93] Außerdem erinnere Schmerz an die Verwundbarkeit des Menschen und löse Fürsorgeverhalten aus. »Wo das Fürsorgeverhalten wegfällt, gehen auch hohe moralische Kompetenzen verloren«, so Clemens Sedmak, Sozialethiker, Theologe und Philosoph an der Universität Salzburg. Er fordert von Ärzten mehr »Schmerzfreundlichkeit«: Ärzte sollten den Patienten dabei helfen, Worte und eine Sprache für den eigenen Schmerz zu finden.[94]

Von welchem Gewicht dieses Erlernen eines Umgangs mit Schmerz ist, zeigt sich naturgemäß besonders bei dramatischen Ereignissen: Walter Spiel, Begründer der Kinder- und Jugendpsychiatrie in Österreich, beschrieb 1974 das »Psychogene Schocksyndrom« infolge extrem traumatisierender Ereignisse. Er untersuchte sieben Kinder, die einen Tötungsversuch überlebt hatten: Auf die prompte Panikreaktion mit Fluchttendenzen folgte starke Angst bis hin zur Apathie (Apathie: »Fühllosigkeit«, eine Art seelischer Schockstarre, vielleicht ein »schreiendes« Zeichen völliger Hilflosigkeit). Auf die lähmende Angst folgte eine Phase der aktiven Verdrängung: Gleichsam ein »Nein! Das kann nicht sein!«, das sich gegen das Unfassbare stemmte. Dem folgten – oft erst nach einem Jahr – Symptome wie Leistungsabfall, Angst, Kontaktprobleme, Rückzug, psychosomatische Störungen. Erst in einer vierten Phase wurde die Bearbeitung in der Realität machbar.[95]

Worte finden *und* ein »Mund auf!« für den eigenen Schmerz schaffen – ist das wichtig? Das müssen besonders Buben lernen. Denn sonst bringen sie den Mund auch später nicht auf, wenn sie Arges zwickt und ihre Frau schon beim »Grüß dich!« riecht, dass etwas nicht stimmt. Wenn die Arme dann im Kreis läuft, weil sie der Stumme mit ihren Fragen im Regen stehen lässt, ist das öd! Sehr öd! Widersinnig! Unsinnig! Was soll sich in einsamer Stummheit zum Besseren wenden? Mund auf!

Zart lockernd den verkrampften Mund auftun: Das müssen Eltern besonders ihre Buben üben lassen. Denn »Mund auf!« meint freilich mehr, als bloß hohles Zeug zu schwätzen und anderen damit die Zeit stehlen. Eltern wissen oder ahnen, dass dadurch endlos viel Elend entschärft oder gar vermieden werden kann. Rechtzeitig den Mund an der rechten Stelle auftun: Ist das einfach? Geht es da um Einfachheit? Doch andersrum ist es schmerzhaft, unsinnig, widersinnig, weil unberechtigtes Schweigen keine Probleme löst! Bitter schmerzhaft, wie auch jene Elternpaare zu erzählen wissen, die sich schließlich getrennt haben. Mund auf! Rechtzeitig Mund auf!

Kinder sollen Faxen machen dürfen

Kinder sollen Faschingskostüme basteln und ausführen dürfen. Sticker sollen sie überall hinkleben dürfen. Sich maskieren oder anpinseln, auf allen vieren sollen sie kriechen dürfen, wo das nichts und niemanden stört und ihnen kein Weh einträgt. Ja, sicher! Auf Randsteinen sollen sie tänzeln – was ja eh kein Kleines auslässt. Alles, was ihnen einfällt – wo das nicht stört und keinem ein Weh einträgt. Denn all das ist spannend und förderlich für Geschicklichkeit, Erfahrung, Fantasie … Was sitzen muss, braucht Übung.
»Und was, falls sie abrutschen und sich die Haut abschürfen?«
Tja, da wird nur mehr der Glassturz helfen: Den über das ganze Kleine drüber, wenigstens über die Knöchel. Und ab die Post.
»Witzig!«

> Ein Beispiel aus meiner Familie: Unser Vater befestigte als Bub (vermutlich zusammen mit anderen Buben im Volksschulalter) am südlichen Stadtrand von Zwettl, Niederösterreich, einen frisch ausgelösten, rohen Knochen am Griff einer Ziehglocke. Den Knochen just dort, wo sie wussten, dass der Hund vom Nachbarn oft vorbeistreunte. Sie montierten den Knochen so hoch, dass der Hund danach hüpfen musste. Den Rest kann sich jeder ausmalen.
> Harmlos, clever und eine »Mordshetz« für Kinder. Sein Leben lang hat sich unser Vater darüber amüsiert. Harmlos, ohne Leid zuzufügen, ohne jemandem wehzutun. Ärger gab es vielleicht – doch dazu braucht es zwei.

Die Späße der Kleinen? Sie sind allesamt harmlos im Vergleich mit Spitzbuben, wie unser Vater damals einer war. Die Großen ärgern? Das wollen die Kleinen nicht: Denn so tief ins Du blicken Vierjährige noch nicht. Es reicht ihnen die Reichweite ihrer harmlosen, kichernden Freude. Sie freuen sich vermutlich deshalb, weil Erwachsene auf maskierte Kinder zugehen, auf sie eingehen, auf ihre simplen Späße reinfallen, und die Kleinen sich plötzlich als »stärker« meinen. Eine heikle Gratwanderung! Vor allem dürften sie wollen, dass wir sie wahrnehmen: »Mami, ich bin wer! Ich bin nimmer ein Loch am Gehsteig!« (Mehr dazu wurde im Kapitel *Kinder wollen Eigenständigkeit* bereits besprochen.)

Kleine »faxeln« oft herum. Sie tun das scheinbar mit Lust. Faxen machen ist offensichtlich lustig – wie am Piraten Moritz (siehe Foto S. 187) alle sehen können. Es fördert die Geschicklichkeit (siehe Randstein) und außerdem den Einfallsreichtum (siehe den Piraten; siehe die Sache mit dem Knochen, der Ziehglocke und dem Hund). Faxen machen schafft Gesellschaft, Gemeinschaft – beides ebenfalls von Nutzen, sich darin rechtzeitig zu üben.

Das Problem dabei? *Nicht* die Kleinen sind das Problem, denn die brauchen dazu bloß unsere Nähe. *Da* mag das Problem liegen: Nähe. Zeit. Verständnis. Hingabe. Einmal mehr müssen *alle* Eltern ihre Kinder auch in derart »kleinen Unnötigkeiten« verstehen und ihrem Sollen Spielraum lassen. Alle Eltern! Tun das alle? Beäugten, begleiteten Spielraum, damit sie üben können, was sie üben müssen, ohne dabei abzustürzen.

Freilich schaffen es *auch* Kleine, andere gehörig an den Nerven zu kitzeln. Ja, und? Wir Großen tun das immer noch: Schlagen wir die Zeitung auf!

Allerdings gibt es einen Ernstfall: *Wie* sollen Eltern *was wann* tun, wenn das zornige Kleine erstmals auf seine Mama hintritt oder hinschlägt? Oder auf seinen Vater, die Schwester oder den Bruder? Diese Frage landet wieder bei Ihnen, geschätzte Leser. *Wie* sollte die elterliche Reaktion Ihrer Meinung nach ablaufen? Sollen Mutter, Vater oder beide – falls sie beide zeitgleich das haben miterleben können – darauf *sofort* reagieren oder erst später? Oder sollen sie darauf *gar nicht* reagieren – etwa nach dem Motto »Einmal ist keinmal«?

Der erste Fußtritt: Obacht bitte, von welcher Größenordnung da die Rede ist! Das zornige Kleine tritt erstmals auf seine Mutter hin. Das ist weder ein Klacks, noch ist das etwas Niedliches oder gar Bedeutungsloses. Auch nicht: »Ist doch keine Affäre! Versteht das ja noch nicht.« Das erste Mal! Von wegen Größenordnung – alles klar? Mag ja gut sein, dass es bei *einem* Fußtritt nicht bleibt! *Was* also *wie* und *wann* tun? Kinder sollen Faxen machen dürfen. Es mag aber sinnvoll sein, »Grenzpflöcke« aufzustellen. Es folgen Antworten unserer Assistenzeltern zum Vorfall »Der erste Fußtritt«.

• Sollen Mutter, Vater oder beide – falls beide zeitgleich das haben miterleben können – auf den Fußtritt sofort reagieren?

»Wenn es angemessen ist.« (WL und AL, Steiermark)

»Kinder müssen die Grenzen ausloten. Welche Folgen hat ihr Tun? Vielleicht wollen sie Anerkennung und Wohlwollen; in den Arm genommen werden.« (JW und JW, Steiermark)

• Sollten sie darauf nicht reagieren – etwa nach dem Motto »Einmal ist keinmal«?

»Wer nicht zurechtgewiesen wird, kann daraus auch nichts lernen.« (WL und AL, Steiermark)

»Manches kann man das erste Mal ignorieren, es als nicht so wichtig hinstellen – in der Hoffnung, dass es kein zweites Mal passiert.« (JW und JW, Steiermark)

• Wie sollte das Ihrer Meinung nach ablaufen?

»Unpassendes Verhalten sollte immer eine Konsequenz haben.« (WL und AL, Steiermark)

»Also: Immer darüber reden, reden, reden.« (JW und JW, Steiermark)

Formung unser Kinder: Vieles machen alle Eltern da goldrichtig! Ja doch, viel machen *alle* Eltern richtig – und das aus gutem Grund. Zum Beispiel weil wir sie gernhaben, unsere kleinen Fratzen. Denn *das* können sie auch sein (siehe *Kinder wollen ernst genommen werden*). Doch Krabbler sind noch keine Fratzen. Denn Fratzen machen mit Absicht, was andere zur Weißglut bringt: Fratzen planen und vollstrecken mit Absicht und diebischer Freude, was andere ärgert. »Gfraster«, sagen viele Wiener.

Warum werden Kinder, wenn sie älter werden, manchmal zu Fratzen? Weil es ihnen scheinbar Spaß macht, Erwachsene an den Rand ihrer Fassung zu jagen – oder darüber hinaus! Spaß, eine anspruchslose, minderwertige Lustigkeit, weil Spaß oft auf Kosten anderer geht. Minderwertig auch deswegen, weil solche Lustigkeit oft keinen Wert für andere hat, sie eher blamiert. Minderwertig wohl auch deshalb, weil Spaß sich oft zu Übermut steigert – und Übermut gelegentlich zu einem handfesten Minus abstürzt. Nein, Kinder dürfen nicht alles, worauf sie Lust haben.

Schüler gehören zu jenen »Berufsgruppen«, die für Späße jederzeit zu haben sind: Sie sind ein unerschöpfliches Reservoir für jede Art meist harmloser, oft geistreicher, wenigstens aber einfallsreicher Dummheiten, wie das folgende Beispiel aus meiner eigenen Mittelschulzeit vielleicht zeigt: In einem Maikäferjahr – bekanntlich alle vier Jahre – brüteten wir für den gütigsten unserer Lehrer wieder einmal einen Spaß aus. In der großen Pause stopften wir gut zwei Dutzend solcher krabbelnder Viecher in eine Tüte und drehten diese samt Inhalt ordentlich. Das machte die Brummer schwindlig, sodass sie eine Weile im Sack stillhielten. Diese »Zeitbombe« steckten wir in den Papierkorb rechts vorne neben der Tafel. Jeder kann sich die Spannung vorstellen, mit der wir – am ahnungslosen, gütigen Französischlehrer vorbei – auf den Papierkorbrand starrten ... Harmlos – zumindest für uns, auch für die meisten Maikäfer.

Fratzenhaftigkeit hat für Kinder offenbar Prickelndes an sich. Mit ein Grund, warum just Spitzbuben sich gerne zusammentun, um andere zum Narren zu halten. Dennoch: Kinder dürfen nicht alles, worauf sie Lust haben! Denn sonst kann es passieren, dass sie »Appetit« darauf kriegen, ihre Eltern immer wieder zur Raserei zu bringen.

Apropos »Appetit«: Dazu hat sich der kleine Alexander eine exquisite Blödheit einfallen lassen: Mit Absicht hat er sich den Kopf am Boden, an Kästen, an Mauer- und Steinkanten angeschlagen. Das hat mir seine Mutter zugetragen, denn beide kenne ich seit seiner Geburt. Was ich darauf geantwortet habe? Das weiß ich nicht mehr. Heute jedenfalls arbeitet der damals völlig Durchgeknallte in einer Rechtsanwaltskanzlei. Also – Oberstübchen offenbar tipptopp.[96]
Wie könnte da der Hergang gewesen sein? Meine Vermutung: Alexander ist einmal mit dem Kopf ordentlich auf den Boden gekracht. Völlig klar, dass die Mutter hinrennt, ihn aufhebt, tröstend den Schmerz wegbläst, wie alle Mütter das hundertfach tun: Ein Weh-Weh wegblasen! Mag sich der Kerl »gedacht« haben: Das sichert Zu-

wendung! Freilich erkennt die Mutter bereits beim zweiten Mal, dass nicht die Schwerkraft *allein* hier Auslöser ist: Riecht nach Trick! Also dürfte es schon beim zweiten Mal klug sein, die Sache ordentlich, aber unauffällig runterzuspielen. Je unauffälliger, desto ärgerlicher für den Rabauken, der die Mama »grundlos« in die Pflicht nehmen möchte; deshalb grundlos, weil Alexander das einzige Kind und die Mutter ständig zu Hause ist. Beim dritten Mal? Ein flüchtiger diagnostischer Blick aus der Ferne mag durchaus reichen. Und das war es dann. Denn das Theater tut sicher mehr weh, als der »Aufwand« es wert ist. Ja, doch, so weit kann ein Knirps mit neunzehn Monaten offenbar schon »rechnen«: »Abgeblitzt! Verdammt! Rechnet sich nicht. Mami hat nicht reagiert, hat weitertelefoniert! Was mach ich jetzt? Also, noch einmal!« Wummmm! »War da was?!« Die Mama guckt (vom Telefon her!) flüchtig auf die Birne, dreht sich um – und telefoniert weiter. Vielleicht mag der flüchtige Diagnoseblick schon zu viel an »Zuwendung« sein; er *muss* aber sein, freilich. Beinhart ignorieren, falls nicht tatsächlich Blut fließt. Geflossen ist Blut bei Alexander erstaunlicherweise nie. Kann es sein, dass der Kerl das so genau hat dosieren können?

Es folgt ein arg lückenhafter Abstecher zum Thema Strafe. Strafe, wie sie Juristen verstehen, ist ein auferlegter »Schmerz«, der seinen Grund in schuldhaftem Fehlverhalten hat – so jedenfalls darf Strafe jemand sehen und verstehen. Schuldig in diesem Sinn kann nur ein Mensch sein, ein zurechnungsfähiger Mensch: Sein Verstand muss ihn den Zusammenhang zwischen seinem Tun und den Folgen seines Tuns wenigstens erahnen lassen. Außerdem muss er diesem Tun frei zustimmen. Schuld in diesem Sinn setzt somit Zurechnungsfähigkeit voraus. Dies auch, falls der Typ sich vorher vollrinnen lässt: Voll schuldig – no na! Jeder, der durch einen Betrunkenen zu Schaden kommt, wird das ähnlich sehen. Diese Art von Strafe könnten wir »aktive« Strafe nennen. Wer dem zustimmen kann, der kann sagen, welche Voraussetzungen es braucht, damit Strafe überhaupt ein Thema ist. Schuld ist eine heikle, verhängnisschwangere Sache. Schuld in diesem Sinn ist bei einem Krabbler freilich noch kein Thema, auch bei einem Dreijährigen dürfte schuldhaftes Fehlverhalten noch nicht nachweisbar sein. Ab welchem Alter ist ein Fehlverhalten schuldhaft? Mühsam, wenn wir etwa an unser Beispiel mit dem Fußtritt denken.

Allerdings gibt es auch eine »passive« Strafe: Schmerz als *natürliche Folge* von Falschem und jeglicher Dummheit. Wer – bloß mit einem Hemd bekleidet – bei satten Minusgraden von der Disco nach Hause geht, ist am Ende womöglich tot. Natürliche Folge! Und wenn ein Kleines in eine Kerzenflamme greift: Weh! Auch das ist eine natürliche Folge und keine aktive Strafe. Manche Erwachsene wissen, dass gar vieles keine Strafe, sondern bloß die natürliche Folge grässlicher, vielleicht auch absichtlicher Blödheit ist. Bei der »passiven« Strafe treffen wir also Krabbler und alle Kinder, die schon mobil sind und auf Gefahren »eigenmächtig« zugehen können. Eltern wissen deshalb, warum drei Kleinkinder auf einem Spielplatz oder gar auf einem Bauernhof eine halbe Kompanie Schutzengel brauchen, wenn ihre Umtriebe gut ausgehen sollen.

Zurechnungsfähige wissen oder ahnen wenigstens, was sowohl die aktive als auch die passive Strafe soll: Strafe soll eine Hemmschwelle errichten, Falsches noch einmal oder überhaupt zu tun. Geistig und psychisch gesunde Jugendliche wissen, dass alles Falsche wehtut. Krabbler, alle Kleinen, auch alle sonst wie Ahnungslosen müssen das erst spürend lernen. Bei Kleinen, die erst allmählich bei ihrem Tun und Lassen das Denken mitlaufen lassen, kann Einsicht in den Zusammenhang von »Falsch und Weh« *ebenfalls* erst allmählich erwartet werden. Sie verstehen diesen Zusammenhang vermutlich erstmals bei der blöden Lade, in der einer ihrer Finger … Zumindest »spüren« sie diesen Zusammenhang. In der Folge von erfahrenem »Falsch und Weh« können Eltern erkennen, ob ihr Kleines clever ist und sein Verhalten anpasst; ob es etwa seinen Umgang mit der Lade dem eben Erlebten anpasst. Oder ob es das nicht schafft. Eine Anpassung verdient Applaus! Ob beim unermüdlichen Treiben eines Krabblers das »Denken« schon mitredet? Jedenfalls ändert ein cleveres Kleines seinen Umgang mit der Lade.

Allerdings können Eltern nicht in jedem Einzelfall sagen, ob es diesen Zusammenhang bereits verstanden hat. Umsichtige Vorsicht ist also geboten bei unserer Reaktion auf Falsches, das Kleine liefern. Vorsicht auch deshalb, weil aktive Strafe in Form von Gepolter, Wegzerren von der Stiege oder von dem, das ein Kleines mächtig interessiert, dieses in Verwirrung stürzen kann. Die Schwierigkeit seitens der Eltern? Wann verstehen Kleine den

Zusammenhang? Wann nicht? Das können Mütter und Väter oft erst im Nachhinein klären, wenn sie die Änderung des Verhaltens sehen oder noch nicht sehen. In jedem Fall dürfte gelten: Weder Gepolter noch Grobheiten taugen, um das Kleine ans Richtige heranzuführen. Denn Gepolter und Grobheiten verwirren das Kleine, das ja tun muss, was es soll! Ist – auf diesen Seiten – davon schon einmal die Rede gewesen?

Bei Pubertierenden und Erwachsenen darf Strafe durchaus »wehtun«. Denn manche verstehen es offenbar nicht anders. Auf welchem Weg wir zum Richtigen finden? Kinder wie Erwachsene müssen zur Einsicht kommen, warum das Falsche falsch ist und wie unsereins dem Falschen entkommen kann. Kleine brauchen dabei eine Art »Schienung«: entweder durch ihre Eltern oder durch eigene Erfahrung. Heiß ist tatsächlich heiß! Tut auch so: tut weh!

Der Umgang mit dem Spürbaren ist allerdings heikel! Heikel, weil Weh »Einsicht« bahnen, fördern, beschleunigen soll. Gleichzeitig riskieren Eltern dabei aber auch ein Weh, das sich nicht rechnet. Angst kann im Gefolge von Falschem zu wenig sein! Das deshalb, weil Angst just das blockieren könnte, worauf Strafe eigentlich abzielt: Einsicht. Wenn der Knilch in eine Kerzenflamme greift? Weh und Angst sind dann abgehakt – selbst schuld. Das Weh bahnt prompt auch »Einsicht« bei jenen, die nicht ganz dumm oder bockig sind.

Dennoch bleiben Fragen stehen: Wie viel Weh und welches Weh darf einem Kleinen »zugemutet« werden, damit dieses Weh weder schadet, noch Angst erzeugt – und trotzdem nachhaltig wirkt? Und: *Können* oder *müssen* Eltern immer alles Weh verhindern? Großes Weh – no na. Kleines Weh? Das wird niemand *immer* verhindern können. Denn blitzschnell sind sie, die Kleinen. Eltern haben einen Riecher, doch Augen am Hinterkopf …? (War davon schon einmal die Rede? Außerdem: Sorry, dass derart Selbstverständliches überhaupt erwähnt werden muss.) Wiederum liegt der Ball bei jenen, die das eben Skizzierte auf die Situation ihres Kindes anwenden müssen: Ein Weh, das weder ernsthaft wehtut noch Angst erzeugt und trotzdem das Kleine zum Richtigen lotst? Ein derart »kleines Weh« wird nicht immer zu verhindern sein. Es mag vielmehr von »Nutzen« sein. Denn Kleine lernen vor allem »fühlend«. Schwierig!

Aus der unaufgeregten, verantwortungsfreien diagnostischen Distanz zu einem Kind, das nicht das eigene ist, darf jeder »g'scheit« reden. Na gut. Jedenfalls: Mühsam, was Alexanders Mutter durchgestanden haben muss! Die Lösung? Sicher ebenfalls mühsam, denn Elternschaft ist kein Klacks! Aus der unaufgeregten Distanz lassen sich solche Probleme locker zu einem »klaren Konzept« zusammenquasseln. Hat jemand von Ihnen dazu einen besseren Vorschlag, geschätzte Leser?

Kinder sollen Faxen machen dürfen. Das ist klar. Aber dürfen Kinder alles, wonach ihnen ist?

Kinder sollen üben und Fehler machen dürfen

Kinder sollen alles »G'scheite« dürfen, was sie für das spätere Leben üben müssen. Dabei sollen sie Fehler machen dürfen. Üben! Das braucht, wovon bereits mehrfach die Rede war: Geleitetes, begleitetes Üben braucht Nähe!

Und mit dem Blick auf uns Große? Da kann es »g'scheit« sein, sich bei seinem Kind zu entschuldigen, wenn unsereins Mist gebaut hat, den das Kleine mitbekommen hat oder jetzt auslöffeln muss. Große *schaffen* das »Sorry« vor ihren Kindern! Große schaffen das mit sympathischer, angepasster Eleganz – und wachsen dabei in den Augen ihrer Kinder. Es hat seine Gründe, warum Große sind, was sie sind. Könnte es sein, dass auch wir Alte im Umgang mit Kleinen etwas üben müssen? (Siehe *Eltern müssen Größe wagen*.)

Zur Nähe: Darf hier *bloß eine* Wiederholung folgen? Nicht bellen! Auch »Heiß!« ist niemals heiß, was weder heiß ist, noch heiß sein kann. Ein solches »Heiß!« ist etwas anderes, siehe *Kinder wollen Auslauf*. Größe ist auch vor den Fehlern unserer Kleinen vonnöten: Größe, lächelnde Langmut und Geduld, die auf Zeit setzen. Große schaffen lächelnde Geduld. Meistens.

Was die Allerkleinsten ganz besonders lernen und üben müssen? Und was von den Eltern bisweilen viel Geduld und Ausdauer erfordert? Das Schlafen – um die acht Stunden in einem Stück!

> Wir hören dazu Oskar Jenni, einen Experten aus Zürich, und Caroline Benz: »In den ersten Lebensjahren sind vom Kind erhebliche Anpassungsleistungen bezüglich des Schlafverhaltens gefordert: Seine Schlaf-Wach-Phasen werden dem Tag-Nacht-Wechsel angepasst und gestalten sich immer regelmäßiger; es lernt mehrere Stunden am Stück zu schlafen und zeigt zunehmend Autonomie-Bestrebungen durch selbständiges Einschlafen.« Auch in diesem Bereich bestehe eine große Vielfalt zwischen Kindern, wobei viele diese Entwicklungsaufgaben nicht problemlos meistern könnten. Schlafstörungen seien eine häufige Verhaltensauffälligkeit im Kleinkindalter - jedes dritte Kind sei betroffen. »Durch die Vielzahl unterschiedlicher Erziehungsratgeber werden die Eltern in vielen Fällen verunsichert und häufig überfordert.

Das primäre Anliegen in einer fachlichen Beratung sollte sein, den Eltern zu helfen, die Eigenheiten ihres Kindes kennen zu lernen und es bei seinen Entwicklungsaufgaben zu unterstützen.«[97] Eltern und andere Betreuer sollten sich möglichst unvoreingenommen auf die Bedürfnisse des Kindes einstellen, damit dieses seine individuellen Eigenheiten entsprechend entwickeln könne. Deshalb seien Kenntnisse über die Entwicklung des Schlafs besonders vorteilhaft.

Unsere »innere Uhr« wird mit den vielgestaltigen äußeren Einflüssen synchronisiert, worauf Jenni und Benz in der Folge genauer eingehen. Zum besseren Verständnis sollen einige Aspekte dazu in der hier gebotenen Kürze erwähnt werden. Melatonin ist ein körpereigener »schlafanstoßender« Botenstoff, der im Zwischenhirn (in der Zirbeldrüse) produziert wird. In derselben Hirnregion finden sich die Steuerungszentren für Körpertemperatur, Atmung, Blutdruck, Herztätigkeit, Harnausscheidung, Aufmerksamkeit et cetera. Im Zwischenhirn sitzt also unsere »innere biologische Uhr«, die all die eben erwähnten Zentren steuert. Die individuellen Merkmale der inneren Uhr bestimmen im Wesentlichen, ob unsereins ein »Morgen-« oder ein »Abendtyp« ist. Dies ist genetisch vorgegeben, kann bereits im Kindesalter zuverlässig erfasst werden und bleibt ein Leben lang erhalten.

Der wichtigste äußere Zeitgeber für den nächtlichen Schlaf ist das Tageslicht. Eine eigene Nervenbahn zweigt dazu vom Sehnerv zum Zwischenhirn ab. Andere Zeitgeber können Tagesaktivitäten, Alltagsgeräusche, soziale Kontakte et cetera sein. Die Steuerungsprozesse der inneren Uhr sind für gewöhnlich so eingestellt, dass die Wachheit morgens am geringsten und in den Abendstunden am stärksten ist. Je wacher wir sind, desto höher ist auch unsere Körpertemperatur. Wer aber in den frühen Abendstunden für eine kurze Zeit schläft, kann den Einschlafzeitpunkt weit in die Nacht hinein verlagern – und damit seinen Schlaf-Wach-Rhythmus durcheinanderbringen.[98]

Eine Ergänzung: »Verschiedene Studien bei Primaten und Menschen haben gezeigt, dass Herzfrequenz, Körpertemperatur und Hormonausschüttung schon intra-uterin einem 24-Stunden-Rhythmus unterliegen, der durch die mütterlichen Zeitgeber synchronisiert wird.«[99] Kann es sein, dass hier (bereits vor der Geburt!) »Ordnung« angelegt wird – oder Chaos? Immer wieder ist von sogenannten Schreibabys die Rede; erinnern wir uns auch an die »explosive Reaktion« der sieben Tage alten Kleinen, die im Hörsaal in ihrer Mittagsruhe gestört wurde (siehe *Kinder sollen, was sie müssen*). Wenn der Schlaf-Wach-Rhythmus bereits vom »mütterlichen Zeitgeber« synchronisiert wird, kann es dann Sinn machen, schwangere

Ärztinnen und Krankenschwestern von Nachtdiensten zu entbinden? Kann es auch Sinn machen, dass Schwangere sich in allem an einen Rhythmus halten, der auch dem Heranwachsenden guttut? Kann es sein, dass ein Schreibaby zu diesem Rhythmus nicht hat finden können?

Eine allerletzte Ergänzung, die von praktischem Gewicht ist, wie die oben bereits zitierten Experten festhalten: »Viele Säuglinge haben durch den Einfluss ihrer inneren Uhr einen starken Drang zur Regelmäßigkeit beim Trinken, Einschlafen und Aufwachen. Anderen hingegen bereiten die Übergänge zwischen Schlafen und Wachen Mühe, oder es gelingt ihnen nicht ohne die Hilfe der Eltern, eine Konstanz in ihr Schlaf-Wach-Verhalten zu bringen: Sie melden ihre Hunger- und Schlafbedürfnisse über Monate zu immer anderen Tages- und Nachtzeiten an.«[100] Damit seien oft hartnäckige Durchschlafprobleme im ersten Lebensjahr verbunden. Kindliches Schreien hat also auch hier immer seinen Grund.

Dem eben Skizzierten ist zu entnehmen, was die allermeisten Eltern ohnedies wissen: Kleine haben einen Rhythmus – oder sie müssen ihn erst finden, müssen ihn erst üben. Wer da stört, tut seinem Kind keinen guten Dienst. Rhythmus, wenigstens aber eine gewisse Regelmäßigkeit, ist »naturgemäß«. Denn selten ticken wir wie ein Sekundenzeiger. Dieser Regelmäßigkeit muss sich der Tageslauf samt dessen Ereignissen anpassen. Regelmäßigkeit muss den »natürlichen Chaoten« spüren lassen, wo die »Schienen« liegen, auf die ihn die Eltern hinführen und wo sie ihn auch halten müssen.

Eltern müssen also Voraussetzungen schaffen, die den Vorgaben des Kindes in die Segel blasen, anstatt es einem ständig wechselnden Gegenwind auszusetzen. Mehr dazu folgt im dritten Abschnitt des Buches. Und Kinder sollen – wie bereits mehrfach festgestellt – Fehler machen dürfen. Warum sollte Fehlerhaftes das ausschließliche Vorrecht von uns Großen sein? Wir sollten da bloß einen, nein zwei Fehler *nicht* machen. Wieder liegt der Ball bei Ihnen, geschätzte Leser. Nein: *Viele* Fehler dürfen wir Große nicht machen, falls Kleine danebenhauen!

- Wir dürfen sie nicht schimpfen oder anschreien, sie womöglich gar niederbrüllen – und das vor der ganzen Familie, im Supermarkt oder am Parkplatz. Auch dürfen wir ihnen nicht sagen: »Sei doch nicht so blöd!« Wer redet so mit seinem Chef? Sollten Kinder mit ihren Eltern so reden, dann ist klar, woher sie diese Redeweise haben.

• Wir dürfen Kindern keine Angst einjagen (siehe *Kinder sollen keine Angst haben müssen*), geht Formung doch auch ernsthaft freundlich, ernsthaft positiv. Ist Ernst ohne Knurren machbar?

• Wir müssen nicht jede lächerliche Kleinigkeit an ihrem Fehlverhalten kritisieren, unters Mikroskop legen, darauf überhaupt reagieren. Großes hingegen womöglich herunterspielen aus Faulheit, aus Müdigkeit oder weil gerade ein Krimi läuft!

• Wir dürfen nichts verschlafen – quasi nach dem Motto: Einmal, fünfmal, zehnmal ist keinmal. Auch dürfen wir nicht so tun, als könnte uns als Eltern, als Lehrer, als Polizisten, als … Gleiches nicht ebenso passieren. Wir dürfen nicht so tun, als wäre uns das alles noch nie passiert.

• Und: Wir alle müssen endlich aufhören, uns selbst und unseren Kleinen vorzulügen, wie brav wir Große immer gewesen seien. War von alldem hier schon einmal die Rede?

Kinder sollen Fehler machen dürfen – die machen sie ja sowieso. Sind wir Erwachsenen darauf eingestellt? Haben wir ein Konzept, das wir, das Eltern und auch Großeltern, abgesprochen haben – etwa wie bei uns zu Hause der Umgangston sein soll?

> Wie zum Beispiel jemand reagieren soll, falls er unvorhergesehen für einen anderen einspringen muss: Klappe dicht, net raunzen oder sonst wie meckern. Lautlos einspringen, ohne Stricherlliste. Kann ja gut sein, dass auch für den Einspringer einmal einer einspringen muss.

Kann es außerdem »g'scheit« sein, dass sich Eltern zusammentun, um ihre Sorgen, ihre Erfahrungen, ihre Überlegungen, ihre Erfolge, ihre Fehler auszutauschen? Elternbildung! (Siehe *Eltern müssen an einem Strang ziehen*.)

> Kinder sollen, was sie müssen: Kinder sollen üben dürfen, was sie üben müssen. Sonst entstehen in ihnen Löcher. Dazu brauchen sie Begleitung, denn sie wissen ja noch nicht, welches Sollen ihnen nützt, welches Lassen ihnen schadet. Begleitung, die führt. Begleitung, die formt. Begleitung, die sie mit Inhalt füllt, damit Form auch halten kann: Form und Oberfläche verraten dann jedem, was innen drinnen los ist. Ja, sicher: Kinder sollen Fehler machen dürfen. Doch sollen sie ihren Ausrutschern hinten etwas dranhängen, sobald sie das schaffen.

Kinder sollen Krach machen dürfen

Was ich im Umkreis meiner Wohngegend in Graz seit gut fünfzehn Jahren nicht mehr höre? Kinderlärm kann ich da nicht mehr hören. Kinder sind gewöhnlich weithin zu hören. Ich höre sie nicht. Auch andere hören sie nicht mehr. Kinderstimmen kann ich hier nur mehr hören, wenn die Nachbarn von ihren Enkelkindern Besuch bekommen.

Wieso Kinder Lärm machen dürfen, sie Krach machen sollen? Weil berstende Freude raus muss! Ganz ähnlich, wie bei Fußballfans, die über den Führungstreffer jubeln, hüpfen, einander um den Hals fallen …

> Warum Kinder oft unerträglich laut sind? Alle Eltern können das erklären, alle! Weil manche Kinder nicht dazu angehalten werden, hin und wieder Rücksicht zu nehmen, sich einzubremsen und leise zu sein oder ihre Klappe zu halten, wenn das »g'scheit« ist. Daran müssen Kleine in jeder Minute wenigstens dreimal erinnert werden, denn sie leben im Jetzt. Jede Minute hat beinahe an die sechzig »Jetzts«. Kleine müssen außerdem dazu angehalten werden, die Klappe bei passender Gelegenheit auf passende Weise aufzutun. Kinder tun, was wir ihnen sagen. Kinder tun aber auch, was wir ihnen nicht sagen. Entstehen Fratzen im Alleingang?

Wenn der Krach besonders anstrengend wird, sprechen Eltern heute rasch von ADHS, der Aufmerksamkeitsdefizit-Hyperaktivitätsstörung (siehe auch *Kinder wollen ernst genommen werden*). Eine leichte Diagnose? Nein, vielmehr Ernstes, Krankhaftes, dem wir uns skizzenhaft genauer widmen müssen. Denn in Österreich mit seinen knapp 8,7 Millionen Einwohnern[101] sind laut Studien schätzungsweise 50.000 Kinder und Jugendliche von ADHS betroffen. Die Erklärungsmodelle für ADHS gehen davon aus, dass es sich dabei um eine »multifaktoriell bedingte Störung« handelt, die neurobiologisch nachweisbar und häufig vererbt ist. Genetische Faktoren und Umweltfaktoren sind wesentliche Einflüsse.[102] ADHS hat also viele Gründe: Im Gehirn der Patienten sind Fehlfunktionen nachweisbar, mit denen diese Kinder oft bereits geboren werden, weil sie in hohem Maß vererbt werden. Die Gründe für ADHS liegen also teils im Mitgebrachten, teils in Zugetragenem – etwa in chemischen Schadstoffen oder/und in Schädlichem, das der »Seele« wehtut. Das fehlerhaft Angeborene erlaubt dem Gehirn nicht zu tun, was es soll: Gewisse Abläufe im Nervennetzwerk zu dämpfen, Tun und Lassen der Wirklichkeit und dem Geforderten anzupassen oder Handlungsplanung zu schaffen, die in der Unterseite des Stirnhirns erfolgt. Das fehlerhaft Angeborene erklärt auch, warum ADHS-Patienten im Alter oft einen Psychiater brauchen: weil sie »gesellschaftsunfähige« Personen sind oder weil sie von Angststörungen, Drogenabhängigkeit, Depressionen geplagt werden. ADHS, die bis ins hohe Alter besteht, ist in achtzig Prozent von solchen Krankheiten begleitet.[103]

»Aus dem inneren Chaos folgt das äußere Chaos«, fasst Wolfgang Kaschnitz, Leiter der Ambulanz für Psychosomatik an der Universitätsklinik für Kinder- und Jugendheilkunde in Graz, zusammen (siehe auch *Kinder wollen nicht müssen*).[104] Dem Beobachter zeigt sich ADHS vor allem durch die typischen Drei: hochgradige Unaufmerksamkeit, hochgradige »unangepasste« Bewegungsunruhe sowie unangepasste »explosive« Impulsivität und Getriebenheit. Die Aufmerksamkeitsspanne von ADHS-Patienten beträgt bloß wenige Minuten, oft auch weniger. Einjährige? Die sind »Getriebene«, die ziemlich ausschließlich im Jetzt leben. Davon ist auf diesen Seiten oftmals die Rede. Doch gesunde Einjährige können sich mit »Spannendem« einige Minuten lang sinnvoll, zielstrebig, geordnet befassen: Augen, Hände, Mund »saugen dabei kostend und abtastend« ein, was sie vor sich finden; an unterschiedliche Hirnregionen wird das Wahrgenommene weitergeleitet und dort dann auch gespeichert. Zweijährige tun so mit Würfeln, Bällen, Bilderbüchern, Puppen, Autos … Dreijährige sind für einfache gemeinsame Spiele zu haben. Sie halten sich (zumindest anfangs) auch lautlos an Spielregeln. ADHS-Kinder hingegen? Die tun sich mit alldem schwer – oder schaffen das gar nicht.

> Das eben Gesagte zeigt sich auch – teils abgewandelt – in den folgenden Jahren. Deshalb bitte ich Sie, mir neuerlich einen Ausblick auf ältere Kinder zu gestatten. Grundschüler mit ADHS laufen lärmend he-

rum. Bestenfalls sind sie für ein, zwei Minuten dafür zu haben, sitzen zu bleiben, wo sie eigentlich hingehören. Jedes Geräusch fangen sie ein, oft wirft es sie völlig aus der »Konzentration«. Krachend platzen sie ungefragt mit ihren Einfällen anderen ins Wort oder finden in ihrem turbulenten Taten- oder Redeschwall kein Ende. Zusätzlich Auffallendes: Ticks (unwillkürliches, nervöses Zucken, Räuspern oder sonstige oftmals wiederkehrend grundlose Äußerungen), überzogenes trotziges »Dagegen-Sein« et cetera. Ihr unorganisiertes, aufdrängendes, rücksichtslos dazwischenfahrendes Verhalten geht schon nach wenigen Minuten vielen Gesunden arg auf die Nerven.

Oft werden milde Formen von ADHS als »Konzentrationsstörung« abgetan. Doch das ist keine Diagnose! Konzentrationsstörung ist ein Symptom, ein Krankheitszeichen. Ein arges »Krankheitszeichen«, wie Fieber keine Krankheit, sondern bloß ein Hinweis auf eine Krankheit ist. Konzentrationsschwächen haben Ursachen – auch bei Gesunden! –, wie auch Fieber immer eine Ursache hat. ADHS-Kinder stören, wollen das aber nicht: Sie können nicht anders. Das schafft Spannungen, Ablehnung, Ausgrenzung: Allesamt verständliche Reaktionen – trotzdem sind sie falsch!

Die zehn- bis vierzehnjährigen ADHS-Patienten werden teils anders, mehrheitlich aber noch kräftiger durcheinandergebeutelt. Das liegt im erweiterten Blick und in den erweiterten Möglichkeiten dieser Altersstufe. Teils liegt das vermutlich auch in der zusätzlichen »Chaotisierung«, die mit der Pubertät oft einhergeht und selbst gesunde Kinder vorübergehend bisweilen kurz, aber heftig erwischt. Die äußere Unruhe wandelt sich bei älteren ADHS-Patienten mehrheitlich in eine innere, was laut Experten mit Nachreifungsprozessen in bestimmten Hirnregionen zusammenhängt. »Die gestörte Planung, Steuerung und Priorisierung von Aufgaben sowie die Störungen von Dauer-Aufmerksamkeit und Arbeitsgedächtnis stellen die Betroffenen vor große Alltagsprobleme und sind mit einem hohen Leidensdruck verbunden.«[105]
Die gestörte Impulskontrolle samt der Neigung zu unüberlegten, riskanten Aktionen macht das Zusammenleben mit solchen Jugendlichen oder jungen Erwachsenen bisweilen unerträglich. Dies wird dadurch verstärkt, dass sie ihr oft aggressives, unfreundliches Verhalten weder eingestehen noch sich dafür entschuldigen. Vierzig Prozent aller jugendlichen ADHS-Patienten sind aggressiv. Jetzt erst recht geraten sie ins Out. Dort trösten sie sich womöglich mit »Süßem«, das sie von dort nicht mehr herauslässt: Drogen.

Die Therapie? Zunächst muss die Diagnose stehen! Das ist Sache von Experten, die beispielsweise an Kliniken zu finden, in Kinder- und Jugendpsychiatrie ausgebildet und darin erfahren sind. Ob Heilung machbar ist? Bitte die Experten fragen. Und auf Mühsal gefasst sein.

Entscheidend? Dass die Gründe für ADHS sowohl im Erbgut, also im Mitgebrachten, als auch in Zugetragenem zu finden sind. Zugetragenes – muss das sein? Werden Kleine im Alleingang zu Hektikern, Chaoten, Krawalltanten?
Umso wichtiger ist es daher, noch einmal auf das eingangs Erwähnte zurückzukommen: Kinder sollen Krach machen dürfen, wo der Krach niemanden stört oder wo er Sinn macht. Eltern müssen ihre Sprösslinge bloß daran erinnern, dass sie anderen damit manchmal ordentlich auf den Wecker gehen. *Oft* müssen sie das in Erinnerung rufen, denn viele Kinder leben jahrelang im Jetzt. Gesunde Kinder schaffen jedoch allmählich, was wir »angepasstes Verhalten« nennen. Dennoch – mühsam.

Im eingangs erwähnten Wohngebiet stehen teils neunstöckige Gebäudekomplexe, die zusammen mit anderen hohen Häusern ein geräumiges Rechteck umrahmen. Unter den Bewohnern gibt es einige, die gelegentlich bis zum Morgengrauen ganz ordentlich feiern. Passt schon. Was nicht passt? Dass sie mit ihrem nächtlichen Krawall die gesamte Siedlung verköstigen. Wer bloß bis zum eigenen Nabel sieht, der versäumt, zu hören, was anderen auf die Nerven geht. Kann es sein, dass schon deren Eltern etwas versäumt haben?

Kinder sollen streiten dürfen

Geschwister sollen streiten dürfen – das muss ihnen niemand ausdrücklich erlauben. Außerdem haben Kinder im Streiten Vorbilder. Profis haben sie zu Vorbildern, nicht nur in manchem Elternhaus: Regelmäßig liefern Fernsehübertragungen aus dem Parlament derart unappetitlich-rotzige Szenen frei Haus. Bissig schreien die in der Opposition jene an, die längst die Last ihrer Taten spüren. Warum sie gelegentlich in diesen ehrwürdigen Hallen die Fäuste sprechen lassen? Offenbar deshalb, weil ihnen die Ideen und die Argumente abhandenkommen. Oder ihnen diese gar nicht kommen ...

Es gibt einen noblen Grund, warum alle Kinder streiten dürfen: Weil die Jungen damit üben, was wir Alte vielfach vermissen lassen: Streitkultur! Wie Streit zum Kulturgut werden kann – wem muss das buchstabiert werden? Geschätzter Leser, wieder sind Sie am Wort. Für ein verregnetes Wochenende liefert das allen im Haus ausreichend Gesprächsstoff. (Siehe *Kinder wollen nicht müssen*.)
Streitkultur: Der *Redende* muss ausreden dürfen! Jeder kann erklären, warum. Der Redende muss keine Dummheiten sagen, auch schreien muss er nicht. Er muss in einem Streitgespräch nicht länger als zwei Minuten reden. Er soll nur von dem reden, wovon er was versteht – andernfalls soll er nicht so reden, als würde er verstehen, wovon er redet. Der Redende muss die Wahrheit sagen, auch wenn er darin keine Übung hat. Er muss (ungefragt!) nicht immer alles sagen, was er weiß. Doch das, was er sagt – was das sein muss? Der *Zuhörende* – der muss zuhören. Dazu muss seine Klappe *zu* sein, damit der Hörende hören kann, was der Redende redet. (Davon wird noch einmal die Rede sein, wo von Größe die Rede ist. Größe ist kein Job für Zwerge, siehe *Eltern müssen Größe wagen*.) Der Hörende muss wissen, dass auch andere Gescheites sagen könnten, falls sie jemand zu Wort kommen lässt.
Was der Hörende und der Redende zeitgleich müssen? Beide müssen wissen, dass immer nur der andere sich irrt und Unverständliches missverstanden hat. Beide müssen außerdem den anderen dort lassen, wo er ist, anstatt ihn über den Tisch zu ziehen. Auch die Hose sollen sie ihm anlassen. Übung ist hier einmal mehr gefragt – deshalb sollen Kinder streiten dürfen. Kann das für heute reichen?

Eltern müssen ...

Eltern müssen

Eltern müssen wissen: Kinder sind der Fingerabdruck ihrer Eltern. Eltern wissen das. Sie wissen auch, warum sie ihr Fingerabdruck sind. Eltern müssen außerdem wissen: Kinder stapfen in ihren Fußspuren. Eltern wissen, dass Fingerabdruck und Fußspuren zurückverfolgt werden können. Sie wissen, dass zurückkommt, was sie in ihre Kinder investieren. Auch jedes Nichts kommt zurück. Alles kommt zurück.

Genauer: Eltern wissen, dass die Talente ihrer Kinder »Futter« brauchen. Futter, das ihren »Kopfumfang« wachsen lässt, das ihren »Horizont«, ihren Weitblick, ihre Sehschärfe, ihren Einblick in Sinn und Auftrag ihres Daseins auftut, um sich darin zu verankern. Sonst wirft sie jedes Schicksal um oder sie stellen sich selbst ins Out: »Leider, Herr/Frau …, wir können Sie nicht brauchen, weil Sie mehr plappern, als Sie können!«

Der elterliche Weitblick muss Kindern Appetit auf Visionen machen: Eltern müssen ihre Kinder sehen lassen, dass Visionen Sinn machen, dass sie erreichbar sind und uns Sinn und Wertvolles vor Augen halten.

Eltern müssen ihre Kinder sehen lassen, wie Dauerhaftes werden kann: Was sie beispielsweise tun müssen, um in Beruf und Firma sesshaft zu werden – sesshaft, weil brauchbar. Und dass Sesshaftigkeit auch anderswo Sache ist, etwa Sesshaftigkeit im Selbstwert, der tatsächlich einer ist: Wert! Sesshaftigkeit in einer Firma, in einer Freundschaft, in der Ehe. Kinder brauchen für ihre Sesshaftigkeit ein Nest. Sesshaftigkeit im Wir, das wir Familie oder Heimat nennen. Sesshaftigkeit auch darin, dass unsere Kinder ihr »Nein!« zu Nutzlosem und Widersinnigem begründen und dieses Nein dann auch durchstehen. Eltern wissen, dass ihre Kinder liebenswert sein müssen, weil sie sonst niemand mag und Sesshaftigkeit sonst weder werden noch dauern kann. Liebenswürdigkeit allerdings? Die braucht Gepflegtheit, die ohne Aufwand, ohne Mühe aber nicht wird. Mühe, die ja sowieso niemandem erspart bleibt – auch dem Faulsack nicht. Den holt die Mühsal in der Gosse ein: Abstieg, Triple Zero. Wem ist das neu?

Eltern müssen Visionen wagen (siehe Foto S. 188): Weitblick, Tiefblick, Einblick darin, dass unsere Worte an unseren Taten gemessen werden. Qualität! Auf Arbeitsämtern ist davon seit Langem wieder emsig die Rede. Warum wohl? Weitblick, Tiefblick, Einblick: Eltern müssen ihre Kinder sehen lassen, dass »Oberfläche« wichtig ist – gepflegte Oberfläche. Oberfläche allein aber zu wenig ist, vor allem dann, wenn diese »Falten« kriegt und darunter ein »Loch« zum Vorschein kommt, das dort seit der Kindheit existiert. Warum dieses Loch? Das wissen Eltern ohnedies. Es kann auch sein, dass Verletzbarkeit oder Gebrechlichkeit anderswo im Ich plötzlich ein Loch reißt: ein Kinderwunsch nicht in Erfüllung geht oder in Erfüllung geht, aber in Behinderung kracht oder mit einem »goldenen Drogenschuss« plötzlich absalutiert.

Brauchbarkeit. Eltern wissen, dass sie ihre Kinder zu brauchbaren Menschen formen müssen. Warum? Weil »Unbrauchbare« niemand braucht. Unbrauchbar, weil sie mehr reden, als sie leisten; und selbst das Dahergeplapperte ist selten wahr. Unbrauchbar, weil sie unverlässlich sind: Sie sagen »Ja!«, tun aber »Nein«. Und sie müssen immer recht haben. Unbrauchbar, weil sie tricksen, blenden, andere ausrichten und damit sozialen Gestank verbreiten. Unbrauchbar, weil sie für jeden Furz an Leistung ihre Hand aufhalten, aber weder mitdenken noch am selben Strang ziehen. Eine Firma aber kann solche »Spaltpilze« nicht brauchen. Unbrauchbar auch, weil ihre große Klappe ausschließlich vom Kleinhirn gesteuert wird. Und schließlich unbrauchbar, weil sie nicht tun, was sie sollen. Weil sie auch nichts annehmen und aus diesem Grund nichts in ihrer Birne haben – außer Ramsch.

Nicht nur Eltern müssen Kinder zur Wahrheit führen. Brauchbare müssen mit der Wahrheit außerdem umgehen können. Sie müssen Wahrheit ertragen, aushalten, durchstehen können.

Warum Dreijährige nicht lügen (siehe auch *Kinder wollen nicht müssen*)? Das fragen wir nun unsere Assistenzeltern auf der nächsten Seite. Es folgen punktartige Ergänzungen. Dreijährige »gaukeln« mit der Wirklichkeit. Sie spielen mit dem, was sie sehen, hören, spüren. Doch gewichten oder zuordnen können sie noch nicht, womit sie gaukelnd spielen. Dabei aber haben sie

• **Wieso können Zwei- oder Dreijährige unmöglich lügen?**

»Sie wissen ja noch nicht, was lügen ist.« (WL und AL, Steiermark)

»Es ist eigentlich wissenschaftlich getestet, dass Kinder bis zu einem gewissen Alter nicht lügen können. Es kann ja auch Fantasie sein. Wenn es aber im täglichen Bereich liegt und nur etwas verheimlicht wird, dann beginnt die Grenze.« (JW und JW, Steiermark)

• **Wieso plappern Dreijährige oft das »Blaue vom Himmel herunter«?**

»Sie haben eine lebhafte Fantasie.« (WL und AL, Steiermark)

»Kinder beginnen aus dem Erlernten zu sprechen, Sätze zu formulieren und kleine Geschichten zu erzählen. Das kann mit Fantasie vermischt sein. Fördert auch die Ausdrucksweise.« (JW und JW, Steiermark)

• **Welches Tun oder Lassen sollten Eltern beachten, wenn sie ihre Kleinen zu Ehrlichkeit hinführen möchten?**

»Kinder lernen durch Abschauen und Verhalten der Erwachsenen am meisten.« (WL und AL, Steiermark)

»Wir sollten Kleinkinder schon lehren, dass sie Fehler laut sagen und eingestehen – ohne mit Strafe und Konsequenzen zu drohen, vielleicht mit Wiedergutmachung. Wir dürfen Kindern nie sagen: ›Sag's nicht dem Papa‹, oder umgekehrt. Also das Beispiel der Eltern, wie sie mit Ehrlichkeit umgehen.« (JW und JW, Steiermark)

»Die Hinführung zur Wahrhaftigkeit ist unverzichtbar: Nur so gibt es ein glückliches Miteinander in Familie, Schule, Arbeitsplatz. Ein frohes Leben!« (JW und JW, Steiermark)

Nahkontakt damit, womit sie später ernsthaft zu tun kriegen: Wahrheit. Ihr Tun und Lassen ist außerdem immer noch stark impulsgesteuert: Geplantes reicht vom Jetzt bis zum nächsten Einfall. Ihre Fantasie ist sprunghaft, unverbindlich, oft stürmisch und scheinbar mehr in der »Un-Wirklichkeit« als beim Richtigen oder beim Falschen. Just *das* aber macht die Lüge aus: bewusst und mit Absicht das Falsche sagen. Falls Kleine Falsches sagen, dann irren sie sich oder die Fantasie geht mit ihnen durch. Ob und wann sie Falsch oder Richtig sicher auseinanderhalten: Wer will das sagen können? Am wenigsten dürften das die Kleinen selbst sagen können. Auch ihr »Ja« oder »Nein« ist scheinbar oftmals bloß Dahergegaukeltes. Wie wir ihnen helfen können, zur Wahrheit zu stehen? Muss das buchstabiert werden? Spätestens beim Kauf der Schultasche … (siehe *Eltern müssen Größe wagen*). Außerdem: Nicht nur Eltern müssen ihre Kinder Ehrlichkeit und Echtheit riechen lassen.

Nochmals zurück zum Thema Brauchbarkeit: Schon die Kleinen dürften das mit der Brauchbarkeit ahnen, weshalb sie unermüdlich von ihren Eltern etwas wollen. *Warum* wollen Kleine fortwährend etwas von uns Großen? *Wozu* lassen sie endlos Fragen auf ihre Mama los? Das Warum ist geklärt. Das Wozu? Weil sie »wachsen« wollen. Mit ein Grund, warum Termingeborene mit spätestens fünfzehn Monaten ihre ersten freien Schritte machen – wackelig, aber doch! Sie könnten das auch sein lassen, tun es aber nicht. Jetzt müssen die Eltern ihnen bloß noch zeigen, »wo es langgeht«. Anfangs wortlos – wie bereits erwähnt. Spätestens ab achtzehn Monaten müssen Eltern ihnen mit jenen Worten das Richtige erklären, die die Kleinen selbst bereits verwenden oder wenigstens schon hundertmal haben hören können. Diese Worte also ihren passiven Wortschatz bilden. Auch müssen sie an ihren Eltern »riechen«, dass das Richtige oft mühsam, dafür aber immer richtig ist. Deshalb fragen sie unentwegt: »Mami, warum?!« Wer sich über dieses uferlose, oft kritische »Warum?« bloß ärgert, statt eine verständliche Antwort darauf zu geben, der hat ein Loch in sein fragendes Kind gestanzt. Ein Loch, das bleibt, weil es auf eine Frage keine Antwort bekommen hat.
Eltern müssen also vieles, beispielsweise ihre Kinder ernst nehmen. Müssen das nur Mutter und Vater?

Die Kleinen müssen wir immer anhören wie einen Chef, der plötzlich auftaucht: Warum? Weil der Chef eher versteht, dass unsereins ihm grad jetzt kein Ohr schenken kann, weil wir eben ein Telefonat mit einem Kollegen in Sydney führen. Die Kleine mit zweieinhalb Jahren aber sieht niemanden, mit dem der Papa redet. Und das Rad vom Auto ist ab. Eine ernste Sache für die Kleine, ähnlich ernst, wie wenn das unsereins in einer Kurve passiert. Kleine ernst nehmen! Auch Chefs müssen die Kinder ihrer Mitarbeiter ernst nehmen. *Wieso* sie das müssen? *Wozu* sie das müssen? Mag gut sein, dass zwanzig Jahre später jeder Chef beides selbst erklären kann.

Eltern müssen die Welt ihrer Kinder mit deren Augen sehen. Müssen das nur die Eltern? Die Welt der Kleinen samt ihren momentanen Nöten müssen auch jene mit Kinderaugen sehen, die diese noch immer nicht verstehen. Sie verstehen Kleine deshalb nicht, weil sie deren Not noch immer nicht mit deren Möglichkeiten und von der kindlichen Warte aus sehen. Die Rede ist von jenen Nöten, die Kleine weder durchschauen noch überwinden können. Und dies, obwohl schon alle Krabbler unermüdlich alles selbst meistern wollen (siehe *Kinder wollen Eigenständigkeit*). Wenn die Kleinen anstehen mit ihren Möglichkeiten, brauchen sie Hilfe – sofort und auf der Stelle, nicht erst nach Dienstschluss. Sofort, denn sie wollen ja weiterkommen!

Sydney mag kein Thema sein. Doch vor dem Chef am Telefon? »Augenblick, bitte, meine Tochter hat ein arges Problem!« Die Kleine ist verwirrt, weil sie immer noch keinen sieht, mit dem der Papa redet, und sie deshalb nicht versteht, warum er jetzt keine Zeit hat. Mit den Augen des Kindes sehen, was da nicht zu sehen ist: »Mit wem mein Papa redet!«
Wenn der Chef oder ein Gast leibhaftig anwesend ist? Da wird der Papa sagen dürfen: »Martina, warte ein bisschen, bitte, denn ich rede jetzt mit jemandem. Setz dich zu uns ...« Was die Ungeduldige vermutlich ohnedies nicht tun wird, aber wenigstens wird sie nicht weggeschickt.
Doch was, wenn sie stattdessen hört: »Geh weg, hab jetzt keine Zeit!« Die Kleine klappt in sich zusammen, guckt wortlos auf ihre verknoteten Finger und verduftet. (Siehe *Kinder wollen.*) »Geh weg da!« Wie nett! Wie väterlich, wie höflich, aufmunternd, nützlich! *Oft* muss das niemand wiederholen und die Kleine kommt halt nicht mehr. Auch dann nicht, wenn ihr der Papa zwölf Jahre später sagt: »Mit allem kannst du jederzeit zu mir kommen!« Mit allem. Jederzeit. Lügner! »Du hast mich niemals ernst genommen!« So mag die seinerzeit oft Weggeschickte,

mittlerweile Pubertierende zwölf, vierzehn Jahre später bissig zurückschnauzen – völlig egal, ob sie damit die ganze Wahrheit sagt oder bloß ihren angestauten Frust rauslässt. »Ihr habt mich niemals ernst genommen!«

Der gesamte Abschnitt *Eltern müssen* will Mütter und Väter an etwas erinnern, was sie sowieso wissen: dass sie ihre Kinder ernst nehmen müssen. Braucht es das? Muss ein Lehrer daran erinnert werden, seine Schüler ernst zu nehmen? Muss jemand einem Politiker ausdrücklich sagen, dass er jeden seiner Landsleute ernst zu nehmen hat? Ja, doch! Alle, vor denen ein Kleines aufkreuzt, müssen daran erinnert werden, dieses ernst zu nehmen. Denn Großes tut sich auf, wenn ein Kind vor uns erscheint. Großes! Zukunft!

Angenehm sind Kleine, falls sie nicht gerade trotzig oder krank sind – köstlich, herzlich, angenehm! Mit ihrer angenehmen, köstlichen Herzlichkeit »bezahlen« sie die Mühen, die sie von uns Großen fordern. Auch geradeheraus ehrlich sind sie (siehe *Kinder wollen Erfolge*), was Wichtigtuer niemals schaffen. Ehrlich, weil da echte Not auf eine Lösung wartet. Wichtig, weil dieses Kleine schon an seiner Zukunft, an der Zukunft unseres ganzen Volkes baut – und dabei Hilfe braucht. Wichtig!

> Apropos: Die Anliegen der Kleinen sind wichtiger als das hohle Getue aller Wichtigtuer! Etwa das wortreiche Streiten und Übertreiben jener, die einstmals verliebt gewesen sind: Überdehnte Unwahrheit werfen sie einander an den Kopf und vermehren dadurch, was an Falschem bereits hinter ihnen liegt.

Deshalb also tut sich Großes auf, wenn ein Kind vor uns erscheint: Es bedeutet Zukunft, die längst schon am Entstehen ist. Es ist also *nicht* wenig, wer und was vor uns erscheint, wenn ein Kind vor uns erscheint: Es ist unsere Zukunft. Und auch hier wissen Eltern, dass Kinder ihr Fingerabdruck sind.

Im Kapitel *Kinder müssen, was sie sollen* haben wir uns mit deren »Vorgaben« beschäftigt, mit denen die Kleinen ausgestattet sind. Angelegtes, das darauf wartet, wachgeküsst, gefüttert, geformt zu werden: Sprachentalent, Klaviertalent, Bastlertalent, Verhandlungsgeschick … Formung muss von außen kommen, ähnlich, wie kein Klavier von selbst spielt. Von den Vorgaben, die uns die Kleinen hinhalten, wurde einiges bereits skizziert. Im Folgenden wird punkthaft ergänzt, *was* Eltern *wann* und *wie* müssen, um den rechten Zeitpunkt zu erwischen, um das Angelegte wachzuküssen. Denn es macht keinen Sinn, einem Neugeborenen eine Zeitung in die Hand zu drücken oder es zu bitten, seinen Eltern einen »Guten Morgen« zu wünschen – noch dazu auf Altgriechisch.

Das im dritten Abschnitt Erläuterte wird Einblicke darin auftun, wie kindliche »Vorgaben« mit dem zusammengehen, was Kindern von außen zugetragen wird. Auch wird Thema sein, was ihnen besser erspart werden sollte – etwa Nikotin. Anhand der Vorgaben, die uns die Kleinen hinhalten, müssen wir diese sehen, riechen, spüren lassen, wo es langgeht. Das geht anfangs meist tonlos, weil ein Krabbler Worte ja noch nicht versteht. Das Kleine muss das »Gespürte« außerdem schon schaffen: Das Gesollte muss – so sei einmal mehr betont – mit dem Können zusammengehen, sonst kann Frust, Chaos oder Zerrissenheit werden.

Können Eltern fehlerfrei sein? Können sie nicht, trotzdem sind sie Eltern! *Altern* wurden sie im Mittelhochdeutschen genannt (zwischen 1050 und 1350), so sagt es mein Wörterbuch. Allerdings sind Eltern nicht einfach älter als ihre Kinder – das ginge ja gar nicht anders. Älter kann außerdem bald jemand sein; doch Mutter, Vater, Großmutter, Großvater? Kann jede Frau Mutter werden? Kann jeder Vater werden? Selbst wenn alle das könnten, sind beide damit automatisch schon *Eltern*? *So* Eltern, wie ihre Kinder das brauchen?

Eltern, die vom Urknall weg voll zu ihren Kindern stehen, auch dann, wenn sie ihnen die Gelbe oder gar die Rote Karte hinhalten müssen. Die Rote, wenn Eltern – *gemeinsam* mit Lehrern oder Polizisten – ihren Fratzen die Leviten lesen müssen, weil diese etwas ausgefressen haben, das einen solche Aufwand lohnt. Ein arges »Rot« verpflichtet Eltern zu einem solchen Aufwand. Eltern, die ihre Kinder gegenüber Lehrern im Unrecht decken, sie verteidigen, sie da rausschlagen – was diese Eltern sind? *Eltern* sind die jedenfalls nicht. Nicht einmal älter sind sie, sondern ähnliche Kindsköpfe wie ihre Fratzen, weil sie Falsches aus falschen Gründen decken. Ist solches schon einmal passiert?

Eltern stehen zum Richtigen, das sie ihren Kindern vorzeigen und beibringen. Das sie ihnen täglich x-mal vorzeigen, erklären, begründen und immer wieder vorleben, damit die Kleinen sehen: Das geht! Das x-mal erklärte Mühsame – es funktioniert! »Das schafft sogar mein Papa!«

Die Mehrheit der Eltern schafft ein Kunststück: Immer stehen sie zueinander, immer auch zu ihren Fratzen. Nicht immer zu deren Schnapsideen. Doch Eltern können ihren Rotzigen und Bockigen alles verzeihen. Spätestens wenn sie den Schlafenden die Decke über die nackten Füße ziehen, ist alles wieder gut. Dem Blasbalg elterlicher Gewogenheit geht scheinbar nie die Luft aus. Unfassbar.

Eltern dienen ihren Kindern (siehe *Eltern müssen demütig sein*). Doch niemals reden sie davon – jedenfalls hab ich nicht in Erinnerung, das jemals so gehört zu haben. Sie tun das einfach, ohne darum Wind zu machen. Eltern trocknen Tränen, putzen die Nase und anderes, selbst wenn es ihnen dabei den Magen verdreht. Sie tun es dennoch – Hunderte Male.

> »Hasi«, Sohn von Nachbarn unserer Eltern, ist heuer 52 geworden. Aufgrund seiner schweren epileptischen Anfälle lebt er in einem gut gepolsterten, geschützten Bereich – seit dem elften Monat. »Ihr Hasi!« ist der Lebensinhalt dieser Eltern, das habe ich so von diesen beiden hören können. Leise und mit einem leisen Lächeln – Worte, die unsereins wohl hören, aber nicht »verstehen« kann. Auch mir bekannte Eltern aus der Steiermark haben Ähnliches bei ihrem Philipp bis vor Kurzem getan. Philipp ist immer noch ihr Lebensinhalt, obwohl er vor wenigen Tagen verstorben ist. Lebensinhalt. Eltern sind verliebte Giganten. Gigantisch Verliebte.

Eltern wissen, dass Kinder den Fingerabdruck ihrer Eltern tragen. Manche geben das zwar nicht freiwillig zu; auch die Diskussion darüber, was Kinder von ihrer Mutter und was sie vom Vater haben, kommt selten zu einem einstimmigen Ergebnis. Aber es ist *trotzdem* so: Fingerabdruck! Denn spätestens im Trotzalter kommt das ungeschönt zum Vorschein. Gäbe es im *Guinness Buch der Rekorde* einen Eintrag zu jenen Kindern, die das Trotzalter ausgelassen haben – es wären dort wohl keine Namen zu finden.

Mütter *und* Väter sind großartig. Doch wer von uns Männern ist abends ziemlich regelmäßig annähernd geschlaucht, wie das eine Mutter mit einem Kleinkind ist – oder gar mit dreien? »Bin ich froh, dass ich am Montag wieder in die Kanzlei gehen kann!« So der stämmige Mittdreißiger. Ein einziges Wochenende haben er und sein Dreijähriger ohne die Mama überleben müssen. Haben sie. Knapp. Eltern sind großartig!

Eltern müssen ihren Auftrag ernst nehmen

Eltern müssen ihren elterlichen Auftrag ernst nehmen. Dazu müssen sie ihre Augen weit herumwandern lassen: Eltern müssen ihre Augen an die volle Wirklichkeit ranlassen und dem Richtigen und »G'scheiten« den Vortritt lassen! Einmal mehr geht es darum, was – nach der Zeugung – der Kernauftrag elterlichen Tuns ist: Formung!

> »Ja, ja – kennen wir schon! Wir Eltern müssen immer alles! Wir müssen Kinder kriegen und wir müssen diese rund um die Uhr erhalten und ertragen. Wir müssen unseren Auftrag als Eltern ernst nehmen – just das muss uns einer sagen, der selbst keine Kinder hat, der nicht einmal verheiratet ist. Und wir Eltern müssen auch Jahrzehnte lang dranbleiben, unsere Erben aushalten, sie mit zinsenlosen Krediten über Wasser halten – und unseren Lebensabend womöglich trotzdem allein verbringen. Wir Eltern sind die Trottel der Nation!«

Sind Eltern das? Kommt nicht zurück, was Eltern in ihre Kinder investiert haben? Sind Eltern deshalb die Trottel der Nation, weil sie großzügig, großartig sind? Weil sie ihren Kindern alles gratis tun – nicht umsonst, aber gratis? Weil sie auch für ihre Kindeskinder fast immer da sind? Eltern würden allesamt mehr Anerkennung, mehr Dankbarkeit verdienen – und mehr Know-how: Denn Eltern sind die eigentlichen Erhalter eines Volkes.

Wir bitten zunächst wieder unsere Assistenzeltern um Stellungnahmen. Und auch Sie, lieber Leser, sind eingeladen, selbst Antworten auf die folgenden Fragen zu finden.

Was Eltern sagen ...

• Welche elterlichen Aufgabenbereiche zählen zu den wichtigsten im Vorschulalter? Nennen Sie bitte zwei und reihen Sie diese der Wichtigkeit nach. Begründen Sie Ihre Reihung.

»Wenn ein Kind das Glück hat, in einem liebevollen, stabilen und verantwortungsvollen Elternhaus aufzuwachsen,

dann hat es alle Voraussetzungen für ein gutes Vorschulalter, für eine gute Schulzeit, für ein gutes Leben!«
Begründung: »Ohne Liebe geht gar nix! Ohne Stabilität
wackelt alles! Ohne Verantwortung der Eltern ist es sehr
schwer!« (MK und CK, Graz)

»Für Kinder da sein und möglichst oft ein offenes Ohr für
sie haben. Ein Kind in seinem Selbstbewusstsein stärken.«
Begründung: »Bei der Beschäftigung erkennt man Freuden
und Sorgen und kann so sich mitfreuen oder andererseits
gut helfen.« (SM und KM, Graz)

»Kindern Geborgenheit vermitteln. Kindern ein geregeltes und sicheres Umfeld gewähren, in dem sie sich innerhalb von definierten Grenzen frei entfalten können. Sich
als Ehepaar sehr gerne haben – nur dann schafft man Geborgenheit. Kinder durch die verschiedenen Prägephasen
(Ordnung, Musikalität etc.) begleiten und dabei mit der
natürlichen Entwicklung mitwirken.«
Begründung: »Geborgenheit schafft Urvertrauen als Basis
für ein gesundes Verständnis von Freiheit. Ein geregeltes,
sicheres Umfeld ermöglicht die Schaffung von Geborgenheit (s. o.). Die Prägephasen sind unterstützend in der Entwicklung von Gewohnheiten für die Kinder, die sich später
als Grundlage eines selbstbestimmten Lebens entwickeln
können.« (MS und AS, Wien)

»Vorausschicken möchte ich, dass eine liebevolle, gewalt-
freie Erziehung, gesunde Ernährung, medizinische Versor-
gung, Schutz vor Gefahren oder aber eine altersentspre-
chende Förderung des Kindes Grundvoraussetzungen sind,
die ich hier nicht extra erwähne. In der ersten Lebenspha-
se wächst ein Kind in erster Linie durch Nachahmung in
die bestehende Welt hinein und braucht dafür glaubhafte
Vorbilder. Vorbildsein ist eine Haltung, die für Erwachsene
auch anstrengend werden kann. Dafür müssen manchmal
auch eigene liebgewonnene und eingeschliffene Verhaltensweisen aufgegeben werden – und das kostet Kraft!
Beispiele: Wer Pünktlichkeit verlangt, muss auch selbst
pünktlich sein. Wer Ordnung einfordert, muss auch selbst

Ordnung halten. Wer Respekt vor Menschen und Tieren erwartet, sollte auch selbst Respekt davor haben. Wer Verlässlichkeit einfordert, muss selbst verlässlich sein ...
Die wichtigste Aufgabe für uns Eltern ist es meiner Meinung nach, ein glaubwürdiges Vorbild zu sein. Nicht ›Wasser zu predigen und selbst Wein zu trinken‹. Die zweitwichtigste Aufgabe sehe ich darin, dem Kind Vertrauen und Anerkennung zu schenken. Wer weiß, dass jemand da ist, der an einen glaubt und einen unterstützt, wird sich in schwierigen oder neuen Situationen (wie eben beim Schuleintritt) sicher viel leichter tun. Liebevolle Unterstützung und zuversichtliche Worte bringen viel mehr als Schimpfen oder gar Strafen. Weiters sehe ich es als wichtige Aufgabe, dem Kind genügend Zeit zum Austoben und Spielen zur Verfügung zu stellen. ›Einfach Kind sein zu dürfen‹, Langeweile zu erleben, auch ohne vorgefertigtes Spielzeug und ohne Medien aus eigenen Fähigkeiten heraus lustvolle und befriedigende Erlebnisse erzielen zu können. Spielen bedeutet die Möglichkeit, der leistungsfordernden Realität zu entkommen. Und die besteht spätestens mit Schuleintritt. Damit ich nicht falsch verstanden werde: Kinder gehören sehr wohl gefördert! Aber eben mit Maß und Ziel und nicht um jeden Preis! Und manchmal ist weniger eben mehr.«
(EP und BP, Graz)

Am eben Gesagten ist vieles bereits erkennbar. Im Folgenden holen wir noch weiter aus. Denn es lohnt sich, den Blick neuerlich vor die eigene Haustür zu wagen – Stichwort Gemeinschaft! Außerdem gucken wir wieder einmal unter die »Motorhaube« unserer Kleinen und versuchen zu verstehen, warum sie so funktionieren und was wir ihnen von außen her *zeitgerecht* zutragen müssen: Die Wichtigkeit der »Zeitfenster« ist uns ja bereits bekannt, Ergänzungen folgen.

Zunächst wieder einige Denkanstöße für Sie, geschätzte Leser:
1. *Wann* muss Formung starten, damit »Form« und »Inhalt« zusammenpassen, einander stützen und wenigstens neunzig Jahre halten?

Eltern müssen Größe wagen ...

Eltern müssen Größe wagen, sonst werden wir Zwerge. Hässliche.

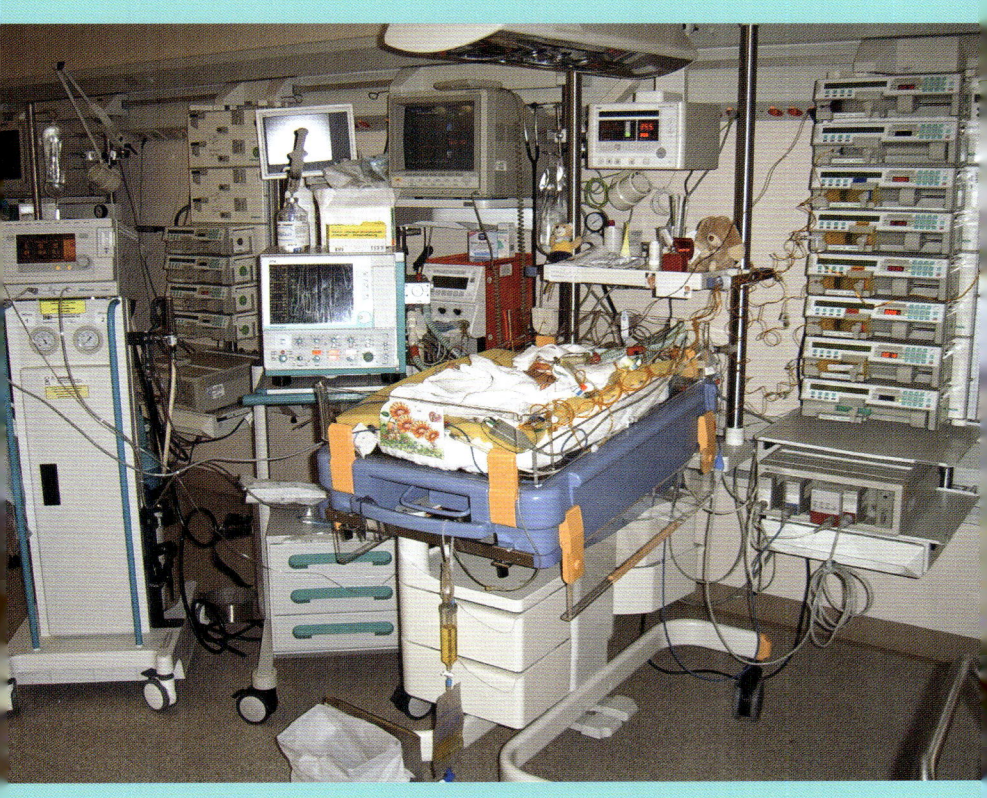

Eltern müssen loslassen können. Loslassen – ab wann bereits?
Bei der Abnabelung erstmals. Wann das nächste Mal?
Wie oft noch ein nächstes Mal?

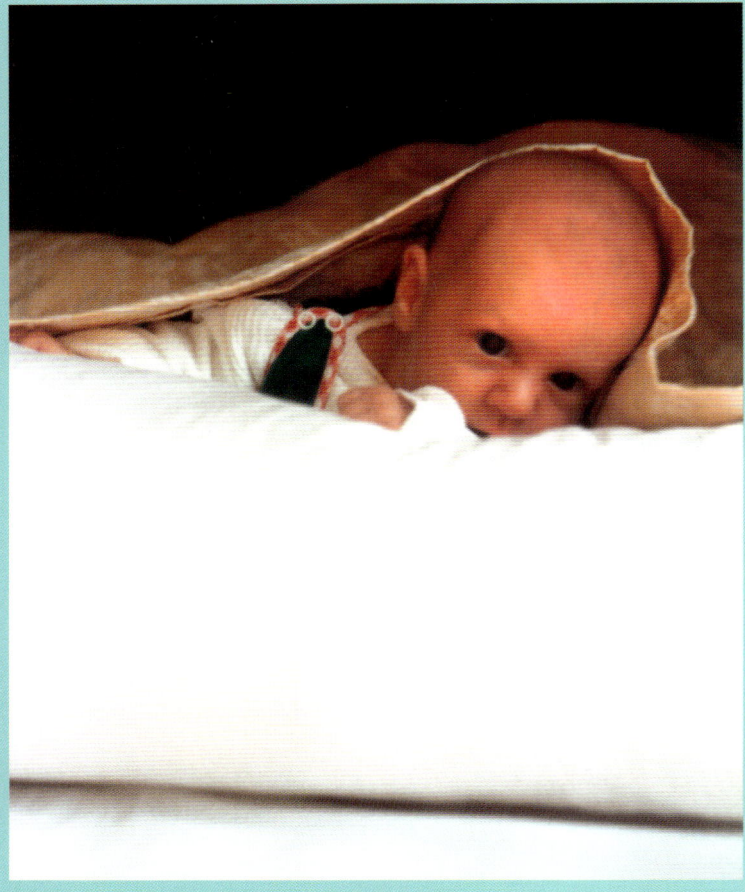

Vom Kreissaal weg haben Eltern liebenswerte, unerbittliche Erzieher, die ziemlich alles sehen, hören oder »riechen«. Kann es sein, dass unsere Kleinen mehr mitkriegen, als uns Großen lieb ist?

2. *Wo* muss Formung starten, damit Form und Inhalt einander stützen können? *Wann* muss Formung starten, damit das Ich ein Du tragen kann und jedes Du mit anpackt, um ein Ich mitzuschleppen, das sich selbst nicht mehr helfen kann?

3. *Wie* muss Form oder Inhalt sein, damit Gemeinschaft entstehen, halten, blühen und auch leisten kann, was sie leisten muss? Gemeinschaft: Freundschaft, Ehe, Familie, Nachbarschaft, Firma, Bundesland, Staat, EU, Globalisierung.

4. Kann es sein, dass Eltern am Werdegang von Großem Anteil haben? Kann es sein, dass manche aber auch am Werdegang von Zwergen, Raunzern, Miesmachern et cetera Anteil haben?

5. Kann es reichen, dass manche Eltern nur bis zur Innenansicht ihrer Haustür schauen – und da die großen Lücken übersehen, die sie in ihre Kinder stanzen? Lücken, weil sie Gemeinschaftsfähigkeit samt *dem* außer Acht lassen, wovon jede Gemeinschaft lebt: Fairness, Wahrheit, Loyalität?

Gemeinschaft beginnt für Kinder in der Familie: Eheleute müssen sich bekanntlich *zuerst* umeinander kümmern. Er sich um sie, sie sich um ihn. Doch *er* sich immer zuerst um *sie*, solange ihr das recht ist. Denn *sie* ist zwar nicht in allem, aber oft auf ihn angewiesen (umgekehrt freilich auch). Sich umeinander zu kümmern, das ist besonders in den ersten Tagen nach einer Geburt ein Thema! Denn manche Jungmutter überfällt in den ersten ein, zwei Wochen eine »unerwartete« Traurigkeit, Weinerlichkeit, Angerührtheit. Das müssen Jungväter wissen, beherzigen und mit warmer, tatenreicher Nähe auffangen. Sager wie »Reiß dich doch zusammen!« oder »Das haben andere ja auch geschafft!« müssen sich nicht nur Ehemänner verkneifen: Hilft nicht, weil es nicht am Wollen liegt, sondern am Noch-nicht-Können (Hormone und so). Falls sich dieser unvertraute Zustand nicht nach etwa zwei, drei Wochen eindeutig und anhaltend bessert, muss kompetente Hilfe geholt werden. Derartige seelische »Schleudereien« können übrigens auch Jungväter ereilen, denn die Hormone alleine dürften es nicht sein. Vielmehr können überspannte Erwartungen, fehlende Unterstützung (keine Großeltern weit und breit) oder verkümmerter Hausverstand Jungeltern bald einmal überfordern. Rechtzeitig Hilfe holen, solange Hilfe noch möglich ist.

In der »personalen Rangordnung« einer Familie haben also *immer* die Eltern Vorrang. Immer die Eheleute. Irgendwie jedenfalls immer! Immer! Selbst wenn es noch so drunter und drüber geht: Die elterliche Achse muss die Karre tragen! Falls ein Rad nach links zerrt, das andere bremst. blockiert oder gar zurück will? Die Kinder fallen auf den Asphalt. Und die Alten auf die Nase. Die Eltern müssen also das Lenkrad in der Hand halten. Erst recht, wenn ihnen wieder einmal die Luft und die Ideen ausgehen. Nobody is perfect. Doch was elterliche Unvollkommenheiten betrifft? Da gibt es Unterschiede, sehen wir uns um! Einheit! Achse. Eltern-Achse. *Deshalb* haben Eltern voreinander und gegenüber ihren Kindern immer Vorrang. Allerdings: Jeder mag das halten, wie er es für »g'scheit« hält. Es mag sich zeigen, wie das ausgeht.

An zweiter Stelle sind es immer die Kranken, die in der Familie bevorzugte Beachtung genießen und beanspruchen dürfen. Bei Behinderten ist diese »Balance« heikel!

Alle wissen freilich, dass es die Kinder sind, die immer in die Poleposition drängeln, besonders die Kleinen. Das hat seine guten Gründe, aber dennoch: Die »Pole« gehört den Eltern! Sie sind der Kopf, die Achse. Die Kleinen sind die Beine. Sie machen ihren Eltern auch Beine. Doch lenken? Das tut noch immer der Kopf! Das *Ausmaß* an zeitlicher Widmung liegt freilich bei den Kindern. Die *Rangordnung* jedoch nicht.

> Wer muss dem Traktor wieder den Auspuff aufsetzen? Wer muss solche Bitten prompt ernst nehmen? Wieso? Wer muss regeln, schlichten, klären, wer als Nächster auf die Schaukel darf? Muss *da* jemand prompt einspringen, das Geforderte ernst und in die Hand nehmen? Und wieso? Wer muss den Älteren beim Kindergarten anmelden, ihn dort täglich hinbringen, dort wieder abholen?

Die Eltern sind das Fahrgestell, der Motor, der vollgepackte Kofferraum, der volle Tank. Die Kleinen? Die sind die Fahrgäste, die oft »mitreden«, wohin die Reise geht, zum Beispiel ins Spital. Eltern sind auch das Taxi, weil sie die Talente ihrer Kinder fördern wollen und ihnen das diesen Aufwand wert ist. Viele Eltern sehen diese Dienste als ihren Auftrag. Sie nehmen ihr Dienen also ernst – und überfrachten ihre Kleinen damit womöglich. Das ist nicht gut! Überfrachtung fördert Oberflächlichkeit und Hektik.

Überfrachtung erschwert auch vielen Grundschülern die Orientierung darin, was wichtig ist. Menge auf Kosten von Qualität – wo hat sich das jemals bewährt?

Von der Hinführung zur Gemeinschaftsfähigkeit war die Rede im Kapitel *Kinder wollen Eigenständigkeit.* Hier folgt eine ernste Ergänzung: Ein Ernst, der auch weit vor die eigene Haustür blicken muss. In der Familie können Kinder und Erwachsene Gemeinschaft üben. Doch wie soll Gemeinschaft klappen können, wenn jeder seinen eigenen Regeln gehorcht? Regeln, die heute anders tönen, als sie morgen gelten? Kann Gemeinschaft klappen, wo bloß gilt, was Stärkere sagen, wollen, tun? Wo sich bloß die Mehrheit oder der Vorteil durchsetzt? Kann es sein, dass Demokratie mehr braucht als bloß Mehrheiten? »Verhaltensgesunde« brauchen eine Gemeinschaft, in der sie sich wohlfühlen können, damit sich auch Traurige, Leidende, Fremde in einem solchen »Wir« geborgen, gut aufgehoben wissen: Wo sich alle Verhaltensgesunden genauso wohlfühlen wie Traurige, Leidende, Fremde! Geschätzte Leser, der Ball liegt wieder einmal bei Ihnen mit der Frage, wozu wir Gemeinschaft überhaupt brauchen.

Bei alldem werden Formung und Bildung in dem hilfreich sein, worauf wir alle Wert legen: Fairness, Anerkennung, Wertschätzung ... Formung durch Bildung: Das muss uns mit Brauchbarem füllen und dadurch in uns Charakter schaffen, der diesen Titel tatsächlich verdient. Wem sollte das neu sein? Bildung muss aus uns *Brauchbare* machen, die sich selbst tragen und die andere mittragen, ertragen können: Kinder, Hilflose, Kranke oder sonst wie in arge Not Geratene. Not, wie wir sie im Mittelmeer, auf Lampedusa, am Ostbahnhof in Budapest, aber auch mitten in Deutschland und Österreich gesehen haben. Eine Not, die wir dort teils immer noch sehen – oder die wir dort erwarten.

Bildung und Inhalte, die nach außen leuchten – oder eben nicht. Inhalte prägen unsere »Form«, gestalten unsere »Oberfläche«, an der unser Inneres sichtbar, ablesbar wird. An unserer Oberfläche werden Liebenswürdigkeit und Angenehmes jedem erkennbar: Von unserer Oberfläche aus ist jedes Du zu erreichen; etwa wenn wir anderen Freude machen, ihnen dienen oder ihnen wenigstens nicht auf die Nerven gehen. »Reingestopftes« jedoch macht uns bloß fett, unförmig, »unanziehend«: ekelhafte Oberfläche.

Durch Bildung kann werden, worauf jeder von uns steht: Friede, Zufriedenheit. Beide sind ja nicht wenig, nicht läppisch. So kann Dauerhaftes entstehen, von dem jede Ehe, jedes Zuhause, jede Firma, jede Freundschaft, jedes Volk, der ganze Globus lebt ...

Wir schlagen den Bogen zurück zu den zuvor gestellten Fragen: Wann also muss Bildung, wann muss Formung starten?

Experten liefern dazu Antworten. Denn es gibt – wie bereits mehrfach erwähnt – Zeitfenster, die unsere Entwicklung sichern: »Zu keiner Zeit im Leben ist das Gehirn so sehr durch Erfahrungen (Erlebtes, Zugetragenes) formbar wie im Säuglings- und frühen Kindesalter. Von großer Bedeutung sind hierbei Zeitfenster besonderer Empfänglichkeit. (...) In diesen Zeitfenstern haben Erlebtes und Zugetragenes einen großen Einfluss auf die Verknüpfung von Nervenzellen.«[106] Diese Zeitfenster wollen genützt sein – wie Nicole Strüber und Gerhard Roth am Beispiel der Sehleistung zeigen (siehe *Kinder wollen, was sie müssen*). Das Zeitfenster für die normale Entwicklung menschlicher Sehleistung liegt etwa zwischen dem zehnten Tag nach der Geburt und dem fünften, sechsten Lebensjahr. Fehlt der Lichteinfall in dieser Zeit (etwa wegen einer beidseitig angeborenen Linsentrübung), so fehlt dem bereits angelegten »Netzwerk« von Nervenzellen der »Anstoß«, diese Verbindungen zu aktivieren. Es fehlt auch der Anstoß, sie zu benützen, sie dadurch zu »stabilisieren«, zu festigen und somit für alle Zukunft zu erhalten – und damit den vollen Umfang des Angelegten zu nutzen.[107]

Ähnlich wie für die volle Ausreifung des Sehvermögens dürften sich Zeitfenster für die Entwicklung unseres Erkennens, unserer Sprache, unserer sozialen Fähigkeiten, unseres emotionalen Verhaltens, unseres ganzen Menschseins auftun.

Es folgt Lesens- und Bedenkenswertes: Wie sehr Kinder unter schlechten Bedingungen in ihren ersten Lebensmonaten und -jahren leiden können, hat sich bei jenen Kleinen gezeigt, die nach 1989 von Eltern westlicher Länder aus rumänischen Waisenhäusern heraus adoptiert wurden. In den Waisenhäusern waren nur ihre körperlichen Grundbedürfnisse befriedigt worden. Sie hatten aber kaum individuelle Aufmerksamkeit erhalten, weshalb sie zum Zeitpunkt der Adoption körperlich, verstandesmäßig und in ihrem Verhalten erheblich zurückgeblieben waren.

Einige Jahre später hatten sich viele trotzdem gut erholt, besonders jene, die besonders früh adoptiert worden waren. Davon war im Kapitel *Kinder sollen keine Angst haben müssen* bereits die Rede.[108]

Diese Beobachtung lässt vermuten: Das Zeitfenster für die geistige, emotionale und soziale Entwicklung öffnet sich gegen die Mitte des ersten Lebensjahres! Kinder, die nach dem zweiten Lebensjahr adoptiert worden waren, entwickelten mit wesentlich größerer Wahrscheinlichkeit Depressionen, Angststörungen, Störungen des Sozialverhaltens oder ADHS (siehe *Kinder sollen Krach machen dürfen*).

> Studien konnten einen verringerten Glukosestoffwechsel in den Gehirnen dieser adoptierten Kinder feststellen. Deshalb kommen die Experten zum Schluss: »Es könnte sein, dass eine Fehlfunktion dieser Bereiche ihren Ursprung im Stress der frühen sozialen Deprivation hat und an den langfristigen kognitiven, sozio-emotionalen und Verhaltensdefiziten beteiligt ist: Auffälligkeiten, die bei Kindern mit schwerer früher sozio-emotionaler Deprivation häufig beobachtet werden.«[109] Deprivation – auch davon war bereits die Rede.

Neben der Berücksichtigung der Zeitfenster ist – auch jenseits dieses extremen Beispiels der Waisenkinder aus Rumänien – die *Qualität* elterlicher Fürsorge entscheidend. Denn sie hat Einfluss auf das »Stress-System des Säuglings«, wie Strüber und Roth es nennen.[110] Fehlende oder unzureichende mütterliche oder väterliche Betreuung und Bindung können bekanntlich zu Distress und somit zu einer Änderung des Stress-Systems führen. Untersucht wurde dies an den Reaktionen der Kleinen auf ärztliche Kontrolluntersuchungen, Impfungen et cetera. Je höher die Qualität mütterlichen Pflegeverhaltens war, desto geringer war die Konzentration des Stresshormons Cortisol bei den Kindern. Dies lässt den Schluss zu, dass Säuglinge und Kleinkinder »sensible Betreuung« benötigen, »um eine sichere Bindung aufzubauen und um das sich entwickelnde Gehirn vor dem Einfluss einer übermäßigen Aktivität des Stress-Systems zu schützen«.[111] Ist das überraschend? Wofür ist das von Gewicht? Ziemlich alle Eltern wissen das: Die Qualität der elterlichen Betreuung ist von unverzichtbarer Bedeutung für das Kind! An dieser elterlichen »Kunst« ist vieles lehrbar und erlernbar: Elternbildung!

Stress spielt in unserem Leben bekanntlich eine entscheidende Rolle: »*Stress is salt of life!*« Diesen Ausspruch von Hans Selye (1907–1982) konnte ich bei einem Kongress für Pathologen 1970 oder 1971 in Graz hören. Selye, in Wien geborener Austro-Kanadier ungarischer Abstammung, war ab den 1930er-Jahren *der* Stressforscher der ersten Stunde. Mit *Stress is salt of life!* wollte der Hagere, in seinem grauen Anzug stets Eilige, scheinbar etwas zurechtrücken: Er wollte vermutlich Ordnung schaffen im verwirrenden Gerede, das zum Thema »Stress« breitflächig zu hören und auch in seriösen Veröffentlichungen reihum zu finden ist. Die »Un-Ordnung«, dass viele von *Stress* reden, aber *Distress*, also krankmachende Überbelastung, meinen.

Stress is salt of life bedeutet also, dass angepasste Last, angepasste Belastung, angepasste Anforderung nottut. Just *das* also nottut, was jeder Knochen braucht, damit er leisten kann, was er leisten muss: Er muss Lasten tragen können.

> Kinder, die wegen Muskelschwund seit Jahren bettlägerig sind – wie deren Knochen am Röntgenbild aussehen? Deren Knochen sind dünner, zarter und beinahe »glasartig« für Röntgenstrahlen durchlässig, weil sie nur mehr wenig »Kalk« enthalten. Wer solche Kinder zur Seitenlage wendet, läuft Gefahr, ihnen dabei einen Knochen zu brechen – aller Behutsamkeit zum Trotz. Auch unsere Muskeln müssen gefordert werden, sonst schwinden sie dahin. »Muskelschwund« infolge mangelnder Anforderungen tut zudem unserer Wirbelsäule keinen guten Dienst: Denn da müssen dann Knochen, Bandscheiben und Bänder übernehmen, was eigentlich Sache der Muskulatur wäre.

Auf diesen Seiten hier reden wir daher von Stress und meinen den »notwendigen«, den förderlichen, den »gesunden« Stress. Oder wir meinen Überlastung, Überforderung, Überbelastung … und sagen dazu *Distress*.

Schon den Alten war bekannt: Schwangeren tut Distress weh! Arge, vor allem aber lang dauernde Unterdrückung, Knechtung, Depressionen, Angst et cetera tun einer Schwangeren weh. Auch ihrem Kleinen tut das weh. Heute wissen wir das genauer:

> Unsere fünf »Antennen«, unsere Sinne, melden dem Gehirn: Vorsicht! Ganoven! Offener Schacht! Löwe! Fahrprüfung! Diese Informationen löst im Gehirn (im Hypothalamus) die Bildung eines Botenstoffes, des Hormons *Corticotropin-releasing Hormone* (CRH), aus. CRH aktiviert

den Sympathikus und – unter zeitgleicher Zwischenschaltung der Hirnanhangdrüse – die Cortisol-Ausschüttung aus der Nebennierenrinde. Die Hirnanhangdrüse ist ein bohnenähnliches Gebilde, das an einem dünnen Stiel an der Hirnunterseite hängt und in einer sattelförmigen Vertiefung der Schädelbasis aufliegt.

Der Sympathikus (das in uns »mitleidende« Nervennetzwerk) wirkt auf unsere Schweißdrüsen (Hände!), auf die Herzleistung (Herzklopfen bis zum Hals hinauf), auf die Blutgefäße (Blässe, Röte, rote Flecken), auf unsere Aufmerksamkeit und »Sprungbereitschaft« (Zittern). Der Sympathikus versetzt also unsere inneren Möglichkeiten in »Alarmbereitschaft«. Im Mark der Nebennieren finden sich Nervenzellen, die kreislaufwirksame Botenstoffe bilden und diese im Alarmfall ans Blut abgeben. Alle diese Botenstoffe (CRH, Cortisol, Katecholamine wie beispielsweise Adrenalin ...) werden als Stresshormone bezeichnet. Sie sind im Blut, im Harn und im Speichel messbar.[112]

Dauert Distress überlang fort – was da sein kann? Das andauernd überhöhte Cortisol kann bewirken, was Automechaniker als »Heißlaufen«, als »Durchbrennen«, als »Überdrehen« bezeichnen. Dauernd stark erhöhtes Cortisol kann die »Vernetzung« zwischen Nervenzellen zurückfahren! Das ist just in jener Hirnregion nachgewiesen worden, die für Lernen, Gedächtnis, Emotion zuständig ist (Hippocampus).

Steht eine Schwangere unter Distress, so erhöht sich auch der Cortisolspiegel des Fetus, wodurch dieser scheinbar »programmiert wird«. Es wird also festgelegt, wie der Körper des Kleinen nach der Geburt mit Stress umgeht. Es konnte nachgewiesen werden, dass zwei Monate alte Babys, deren Mütter in der 25. Schwangerschaftswoche eine niedrige CRH-Konzentration im Blut aufwiesen, weniger ängstlich-verzweifeltes Verhalten als andere Gleichaltrige zeigten. Sowohl Stress als auch Depressionen und Angststörungen werdender Mütter können jedoch umgekehrt zu erhöhten Cortisolwerten im Säuglingsalter und in der frühen Kindheit führen. Dies kann manchmal Verhaltensstörungen oder psychiatrische Störungen des Kindes zur Folge haben; etwa depressive Symptome, ADHS, Drogenmissbrauch und affektive Störungen. Pränataler Distress scheint somit Entwicklungsprozesse im Fetus zu beeinflussen und dadurch Auswirkungen auf den Umgang mit Stress beziehungsweise Distress, auf das emotionale Erleben und auf das Verhalten im Kindes- und Erwachsenenalter zu haben.[113] Woran das neuerlich denken lässt: Schreibaby?!

Ist das neuerlich Gesagte von Gewicht? Lässt es erahnen, warum depressive Symptome, ADHS, Drogenmissbrauch, affektive Störungen im Kindes- und Jugendalter zunehmen? Es muss vermutet werden, dass die Langzeitwirkung erhöhter Stresshormone auf das Gehirn eines Kleinen von *enormer* Wichtigkeit ist! Das Gehirn ist die Steuerungszentrale unseres ganzen Ichs. Folglich kommt das ganze Ich durcheinander, wenn Lernen, Gedächtnis, Handlungsplanung, situationsgerechte Steuerung unseres Gemüts mit »angezogener Handbremse« fahren oder gar nicht ineinandergreifen!

Eltern müssen ihren Auftrag ernst nehmen. Wem sollte das neu sein?! Eltern müssen Form und Inhalt zusammenbringen, Gemeinschaft bilden, Formung schaffen – nicht zuletzt durch ein sensibles Bewusstsein für Bindung, Stress und Distress. Ist eingangs vom Ernst die Rede gewesen? Sind Eltern die Trottel der Nation? Sind sie das? Kommt nicht zurück, was Eltern in ihre Kinder investiert haben? Allerdings müssen Eltern wissen, was ihnen und ihren Kleinen gut bekommt. Elternbildung!

Die drei wichtigsten elterlichen Aufgabenbereiche im Vorschulalter?
- In den Kleinen die *Grundmauern ihrer menschlichen Brauchbarkeit* zu legen: begleitete, angstfreie Offenheit gegenüber allem Richtigen. Grundmauern!
- Ihre Kleinen diese menschliche Brauchbarkeit riechen lassen, sie am Reden, Tun und Lassen der Eltern »riechen« lassen, *was warum wie* sein soll. Riechen! Denn das Richtige jetzt schon voll verstehen?
- Eltern müssen außerdem in ihren Kleinen die *Ansätze sozialer Brauchbarkeit* herausformen, üben, festigen: etwa den freundlichen Du-Blick, der lautlos angepasst zupackt, wo das nottut.

Investition! Alle wissen, was das heißt: ankleiden, ausstatten, einkleiden! Wozu? Damit wir nicht »nackt und barfuß« herumrennen, uns Glasscherben eintreten oder erfrieren.

Ein Nachsatz zum Thema Elternbildung: Die Ausbildung zur Kindergärtnerin (seit Langem hierzulande Kindergartenpädagogin/ Kinderpädagoge genannt) beginnt gewöhnlich im Alter von vierzehn Jahren und endet nach fünf Jahren mit der Reifeprüfung. Später folgen jede Menge Schulungen, Workshops, Seminare. Warum und wozu all der Aufwand? Weil nicht allen eingegeben ist, was Dreijährige noch nicht können müssen, Vierjährige aber bereits können sollten. Und weil es eine ernste Sache ist, Vorschulkinder in ihrer umfassenden menschlichen Tüchtigkeit kindgerecht, sachgerecht und gekonnt zu führen und zu formen, damit der Start ins »öffentliche« Leben ein guter wird. Damit unsere Kleinen also wissen, wie sie sich auf dem Schulweg, in der Schule und in jeglicher Gemeinschaft zu verhalten haben – und warum. All das Kindern zu vermitteln, ist naturgemäß in erster Linie Sache der Eltern. Doch kann es nur Vorteile haben, Gemeinschaft in einem kind- und sachgerechten Wir von acht oder zwölf Gleichaltrigen zu üben: Denn spätestens in der ersten Klasse sitzen dort lauter Gleichaltrige, mit denen sie gütlich auskommen müssen.

Lässt sich also erahnen, was Eltern an »pädagogischer Kompetenz« gewinnen könnten, wenn ihnen ein Bruchteil von alldem ebenfalls geläufig wäre, was unseren Kindergartenpädagogen geläufig ist? Das tiefere Verstehen dessen, was unsere Kleinen *wann wie warum* brauchen: Welche Eltern sollte das nicht interessieren? Welchen Eltern sollte eine solche Bildung nicht nützen? Elternbildung! Qualitativ herausragende und optimal organisierte Investition für jene, die eine der wichtigsten Aufgaben in einem Volk zu besorgen haben: Zukunft.

Eltern müssen alles richtig machen

»Na super – das hat uns noch gefehlt!«

Natürlich wissen Eltern, dass sie alles richtig machen müssen! Trotzdem dürfen wir Eltern die Frage stellen, wieso es tolle Kinder gibt, die meist auch tolle Erwachsene werden? Und wieso es andere gibt – Kinder wie Erwachsene? Leser, sind Sie auf Ernstes, auf Klartext eingestellt?

Warum gibt es Zuverlässige, Sympathische, Gepflegte, rundum Gepflegte? Und warum gibt es etliche, die das nicht oder selten sind? Warum gibt es jede Menge ehrliche, aufmerksame, angenehme, feinfühlige, freundliche Kinder, Jugendliche und Erwachsene? Und warum solche, mit denen kaum jemand auskommen kann? Warum gibt es so viele normale Kinder, Jugendliche, Erwachsene? Warum aber auch derart viele Komiker, Spinner, Ekelhafte, Tölpel, Lügner, Raunzer, Trickser, Querulanten, Neider und anderes Gesindel, mit dem Gemeinschaft schlicht nicht möglich ist?

Schuld? Diese Frage wird uns hier nicht weiterhelfen. Doch Schuld gibt es! Wer mit grob fahrlässig Versäumtem fertig werden muss? Nicht nur Kinder. Grobe Fahrlässigkeit ist eine Fehlerhaftigkeit, die alle Gesunden vermeiden können, wenn sie darum wissen. Alle! Auch jene »Kranken«, die das Richtige noch *könnten*, das Machbare aber weder *sehen* noch *können wollen*. Die Schuld, von der hier die Rede ist, ist ein aktiv versäumtes Wollen. »Ich hätte das Richtige wissen und tun können! Doch beides hab ich nicht wollen.« Schuld sorgt für Dauer-Distress. Den Begriff haben wir bereits im letzten Kapitel kennengelernt. Distress – darf davon nun ausführlicher die Rede sein?

Im Einleitungskapitel des *Handbuch der Kleinkindforschung* geht die Herausgeberin Heidi Keller auf Verhaltenstests mit Kleinkindern ein. Es sei erwiesen, dass schädigende Einflüsse von drei Monate alten Säuglingen bereits nach wenigen Einwirkungen gespeichert werden. Wiederholte schädigende Einflüsse würden abweichendes Verhalten produzieren. Dieses bestehe auch weiter, wenn die Einwirkungen aufgehört haben.[114]

Wenn drei Monate alte Säuglinge *wiederholt* argem Unbehagen, Angst, Trauer, Frust oder anderem Distress ausgesetzt werden oder wenn gar die eigene Mutter der Grund solchen Unbehagens ist (etwa weil sie das Kind in die Kinderkrippe trägt und weggeht) – was da sein kann? Da kann es sein, dass die noch so Kleinen diese täglichen unangenehmen Eindrücke speichern – ähnlich, wie sie bereits im Mutterschoß wiederholt Gehörtes, Gerochenes oder Gespürtes gespeichert haben (siehe *Kinder wollen wahrgenommen werden*).

Kleine speichern wiederholt Angenehmes ähnlich prompt wie wiederholt Unangenehmes. Im Alter von zwei Monaten zeigen sie dann *weniger ängstlich-verzweifeltes Verhalten*, wenn sie in einer Distress-freien Mutter haben heranwachsen können (siehe die Stresshormonwerte, von denen im letzten Kapitel die Rede war). Folglich zeigen sie *abweichendes Verhalten*, falls sie täglich arg Unangenehmes haben erfahren müssen, zum Beispiel Angst. Der »Beziehungsaspekt« ist dabei besonders entscheidend, wenn die negativen emotionalen Empfindlichkeiten mit der primären Bezugsperson – meist der Mutter – in Zusammenhang stehen. Mit »abweichendem Verhalten« ist hier das Gleiche gemeint, was britische Eltern an den adoptierten rumänischen Waisenkindern haben sehen können: in ihrer Entwicklung »Eingebremste«, gar Verhaltensgestörte. Derart »Gestörte«, dass später selbst optimale Entwicklungsbedingungen einiges davon nicht mehr ins Lot haben bringen können.

Kann es sein, dass es nottut, das eben Gesagte zur Kenntnis zu nehmen, es zu beherzigen und dem Erkannten ehest Nachbesserungen folgen zu lassen in der Betreuung unserer Allerkleinsten? Auch in den folgenden Kapiteln wird mehrfach davon die Rede sein, dass psychosomatische Krankheiten, Aggression, ADHS und andere Verhaltensstörungen im Kindesalter zunehmen. Auch davon, dass in Kindergarten und Grundschule Tätige feststellen: Manche ihrer Schützlinge bringen zunehmend weniger mit, was sie zu Hause längst hätten lernen und üben sollen: Umsicht, Rücksicht, Nachsicht, Vereinbarungskultur. Manche haben zunehmend weniger Plan, was im Kindergarten oder in der Schule nun Sache ist.

Frühkindliche Verhaltensstörungen: Warum? Woher? Kann es sein, dass manche Eltern manches falsch machen bei der Betreuung ihrer Allerkleinsten? Dass sie schon in den ersten Monaten nach der Geburt die Weichen in Richtung späterer »Verhaltensstörungen« stellen? Vielleicht stellen sie die Weichen deshalb in Richtung Störung, weil sie ihrem erst drei Monate Alten täglich arges Unbehagen dadurch bereiten, dass sie es abgeben, wo das Kind seine Mutter weder hören noch riechen noch sehen kann. Das Kleine muss sich dort »verlassen« fühlen. Distress pur!?

Das eben Gesagte müssen Sie, geschätzte Leser, liebe Eltern, aus der Sicht des Kindes sehen, nicht aus der Sicht und mit der Begründung von Erwachsenen. Was uns die rumänischen Waisenkinder zeigen, zeigten auch jene Kinder, die René A. Spitz in Wien hat erleben müssen. Mit dem von ihm beschriebenen psychischen Hospitalismus haben wir uns im Kapitel *Kinder wollen Geborgenheit* bereits beschäftigt. Das Thema Angst haben wir ebenfalls schon näher beleuchtet (siehe *Kinder sollen keine Angst haben müssen*), an dieser Stelle lohnt sich aber ein genauerer Blick:

• Unter *Angst* verstehen wir eine Gefühlsregung, die (angesichts einer Bedrohung) Besorgnis und Unlust hochfahren lässt. Arge Bedrohung schafft neben Besorgnis und Unlust auch Unsicherheit, die tief und wuchtig in uns hineinfahren und alle »Saiten« unseres Ichs in Alarmzustand versetzen kann: Distress. Angst kann sich bekanntlich zu Panik steigern.

• Falls Bedrohung durch einen Rottweiler, einen tobenden Vater oder ein arges Gewitter entsteht, nennen wir das *Furcht*: Ein sich Fürchtender hat Angst vor etwas Bestimmten. Unter dem Eindruck schwerer Bedrohung ist es fürs Erste jedoch egal, durch welche Bedrohung sich jemand in Gefahr sieht: Der von arger Angst Gepackte macht jedenfalls keinen Unterschied zwischen Angst und Furcht. Er zittert!

• *Ängstlichkeit:* Ängstlichkeit ist eine dauernde seelische Haltung, herausfordernde Situationen so gut wie immer als Bedrohung zu empfinden. Ängstliche haben Angst vor Neuem, solange sie dessen Harmlosigkeit nicht einsehen können.

Beispiele, die zu denken geben: »Die Eltern haben ihr Bestes gegeben!« So formulierte das der Richter. Nach einer kurzen Stille fügte er an: »Diese Eltern haben gedacht, ihr Bestes zu geben.« Der Unterschied ist hörbar. Für wen mag der Unterschied von Gewicht sein?

»Der 16-Jährige in Tallinn, Estland, hat seine Lehrerin erschossen – vor den Augen anderer Schüler. Mit dem Revolver seines Vaters.«[115] Seltsam! Manches an dieser knappen Notiz ist mehr als seltsam.

Die grobe Skizze lässt erahnen: Zwischen Angst, Furcht, Ängstlichkeit gibt es Übergänge. Und den dreien ist etwas gemeinsam: Angst müssen jene ernst nehmen, denen es zukommt, Bedrohungen samt Ängsten und anderem Distress zuvorzukommen: Bedrohungen abzuwehren, Angsterfüllte aufzufangen. Das umso mehr, wenn die von Angst Gepackten sich darin selbst nicht helfen können: Wehrlose, Machtlose, Ratlose, »irgendwo« Abgegebene, Ausgelagerte. Die Sicht des *Kindes* ist hier entscheidend! Denn es ist ja das Kind, das Angst hat und daran womöglich Schaden nimmt.

Die »ungesicherten« Kleinen brauchen Rückenwind, Rückenstärkung, Flankenschutz! Erst recht brauchen diese Gesichertheit scheue, schüchterne, ängstliche Kleine! Schutz, Zuflucht und Umarmung – statt Auslagerung oder ähnlich rauem Wind. Oder gar die »Therapie« mit dem Stoß ins kalte Wasser bei ängstlichem Verhalten: Kann absaufen! Das Kleine soll selbst entscheiden, *ob, wann* und *wie* es ins »kalte Wasser« geht, es sich in wachsamer Nähe seiner Eltern allmählich selbst »abnabelt«. Jede Menge »kalter Gewässer« kommen ungefragt auf Kleine zu. Darunter auch Gescheites, Gutes, oft leider Unumgängliches: Pflegeplatz, Kinderkrippe, Tagesmutter. Das nicht gefragte Kleine: Ob es damit fertig wird? Wer hat sein Kleines jemals danach gefragt?
Da tut sich die Frage auf: Wann und wieso wird einer, was nicht nur die Wiener einen Komiker oder einen Spinner nennen? Wird er das bereits wegen der Kinderkrippe? Wird er das im Kindergarten, in der Grundschule, in der Pubertät oder doch erst unter einem »spinnenden Chef«? Muss jede Fehlentwicklung Schuld der Chromosomen sein? Ist denkbar, dass einzig und allein der offene Schacht daran schuld ist, dass dort einer hineinfällt?
Klartext: Ist etwa der Kindergarten oder die Schule am Werden eines Spinners schuld? Ist es nicht die Schule, die endlich die Nase von dem Ekelhaften voll hat und den Stacheligen feuert? Ist es nicht der Spinner, der auf seinem selbstgezimmerten Schleudersitz hockt, sodass es nur mehr einen letzten Funken braucht,

damit es allen anderen reicht? Raus! Verdächtig, wenn einer damit prahlt, dass er von der Schule geflogen ist. Ebenso verdächtig, wenn es jemand bei keiner Firma aushält …

Was Spinner von Komikern unterscheidet? *Komiker* sind harmlose, aber auffallend eigenartige Typen. Komiker sind »Mini-Narren«, die keinem etwas zuleide tun. Trotzdem sind sie Komiker, weil sie tun, was normalerweise kein Normaler tut (oder nur mit Absicht). Manche Komiker lachen, wo es nichts zu lachen gibt – ziemlich bei jedem Anlass tun sie so. Manche Komiker liefern ungefragt unpassende Kommentare: Zu allem und zu jedem klatschen sie ihren Senf jenen auf die Nase, die darauf gar nicht erpicht sind. Manche Komiker spielen stets auf schüchtern oder auf verlegen, sodass es jedem Gegenüber peinlich ist. Manche machen täglich seltsame, dutzendfach wiederkehrende Bewegungen, für die Außenstehende keinen Grund sehen … Komiker sind komisch, bisweilen lästig, aber bösartig sind sie nicht. Regelmäßig tun sie Unangepasstes. Theaterhaftes haben Komiker an sich, das bestenfalls auf die Bühne gehört, dort vielleicht Sinn macht.

Die Spinner, von denen hier die Rede ist, sind keine Patienten. Dennoch leiden sie an einer Krankheit. *Social disease* heißt das in der *West Side Story*. Was wir unter Krankheit verstehen? Unordnung im Menschen, die für Schmerzen sorgt – egal wo: Schmerzen *im* Kranken, etwa Migräne, schuldloses Geisteschaos, auch Chaos im Gemüt … Oder Schmerzen, die der Gestörte seiner *Umgebung* aufs Auge drückt. Krank! Jedenfalls Schmerzen, die jeder Spinner seinem Gegenüber locker ersparen könnte – was er aber nicht tut. Wer mit Spinnern Erfahrung hat, der weiß, von welchen Schmerzen jetzt die Rede ist.

Wen die Wiener einen *Spinner* nennen? Sozial Verhaltensgestörte nennen sie Spinner. Ordentlich Gestörte. Gestört in ihrem sozialen Verhalten. Kranke, die frei herumlaufen; die außerdem nicht grundsätzlich, also nicht immer spinnen, sondern nur, wenn sie der Hafer sticht. Jede Spinnerei könnten sie auch sein lassen. Unter Spinnern finden sich aggressive, eingebildete, eitle Pfröpfe; oft auch innerlich vorgespannte Typen, die stachelig gegen jene angehen, die ihre Eitelkeit entdecken, ihre Schwächen freilegen und den jetzt Nackten ihre elende Maske vors Gesicht halten. Andere Spinner sind gewalttätig Mächtige, die mit ihrer Macht jene niederhalten oder ausrotten, die dem Selbstherrlichen widersprechen.

Saddam Hussein ist ein solcher »sozialer Giftzahn« gewesen: ein sittlich durchgeknallter, intelligenter Rohling, der alle kaltgemacht hat, die ihm hätten gefährlich werden können. Er hat Schwiegersöhne ähnlich über die Klinge springen lassen wie politische Gegner. Schwächere hat der Grausame mit Giftgas niedergehalten, verstummen lassen. Tausende Friedfertige, Harmlose: Jetzt sind sie für immer stumm. Saddam Hussein ließ sich *al-qaid ad-daruri* (unersetzlicher Führer) nennen: eine charakterliche Fieberzacke, die deutlich macht, wo der Rohling einen mächtigen »Eiterherd« warmgehalten hat.[116] Beispiele für solche Despoten gibt es in Geschichte und Gegenwart genug. Was überrascht? Dass heute viele sinngemäß sagen: Damals hat im Irak und auch in Libyen einigermaßen Ruhe geherrscht. Seltsam, was manche brauchen, um Ruhe zu geben. Welches Niveau!

Spinner: Es gibt sie zuhauf, selten so blutig, aber Despoten gibt es zuhauf in Büros und Werkstätten: Peitscher, Aussauger. Man findet sie in Parlamenten und Regierungen; auf Lehrstühlen, in Spitälern, in Wettbüros, in Fußballklubs. Überall laufen sie herum, auch in Internaten, Heimen, Klöstern: Sozial arg Kranke, die frei herumlaufen in Sakko, Ornat oder mit glitzernden Manschettenknöpfen.

Wann und wieso sind diese alle derart krank geworden? Kann es sein, dass Abweichungen sozialen Verhaltens längst schon vor dem Schuleintritt beginnen? Es wird so sein! Wie denn sonst wären »Symptome« an Schulanfängern erkennbar, von denen längst auch Grundschullehrer berichten? Kinder haben immer schon gerauft; doch die humorlose, ich-verwurzelte, explosive Bissigkeit, die manche heute schon im Kindergarten erkennen lassen, gibt Anlass zur Sorge und beschäftigt die Wissenschaft.

Beate Zündel bestätigte 2013 in ihrem Artikel *Seelische Auffälligkeiten im Kindes- und Jugendalter*, dass Pädagogen, Psychologen und Mediziner »eine alarmierende Zunahme von Verhaltensstörungen bei Kindern und Jugendlichen« erkennen. »Eng verbunden mit den kindlichen Symptombildern ist ein eklatanter Erziehungsnotstand in den Familien: Burnout der Eltern, Rückzug aus dem Erziehungsgeschehen und Abdankung der Eltern aus Hilflosigkeit sind oft die Folge.« Studien hätten ergeben, dass jedes 7. Kind psychisch auffällig sei. Bei jedem zehnten Bub zwischen elf und siebzehn Jahren werde ADHS diagnostiziert. 80 Prozent der Gymnasiasten leiden zudem an Störungen wie Kopf-, Rücken- oder Bauchschmerzen. Zu den Gründen sagt Beate Zündel: »Die Entstehung psychischer Auffälligkeiten wird durch die Genetik, die die Verletzbarkeit bestimmt, durch den Erziehungsstil und durch die Umwelt (gesellschaftlicher Wandel, Medien) beeinflusst.«[117]

Es hat also seine Gründe, warum Österreichs Bundesministerium für Unterricht, Kunst und Kultur[118] die Initiative »Weiße Feder« zur Gewaltprävention an Schulen und in der Gesellschaft gegründet hat. Im Zwischenbericht vom November 2013 steht: »Vereinbarungskultur zu entwickeln bedeutet, gemeinsam faire und leicht verständlich formulierte Regeln für den respektvollen Umgang miteinander im Schultag zu erarbeiten. Das beinhaltet auch, diese Regeln verbindlich zu machen, sich daran zu halten und regelmäßig zu überprüfen, ob die Vereinbarungen noch zu den handelnden Personen passen.«[119]

Wann bereits hätten Schüler lernen müssen, was Vereinbarungskultur oder Umgangskultur bedeutet oder was jede Art zwischenmenschlichen Umgangs braucht: Kultur!? Die Grundmauern für Störungen sozialen Verhaltens werden offenbar schon vor dem Schulbeginn gelegt. Kann es sein, dass diese Abirrungen dort bereits beginnen, wo Kleine »soziale Grobheit« erstmals aus nächster Nähe haben erfahren, erstmals haben spüren müssen? Etwa wenn sie schon im ersten Lebensjahr mit »Auslagerung« oder mit anderen Grobheiten konfrontiert waren? Wenn sie dort »seelisch wehrlos zerschellt« sind oder sich jedenfalls sattes »Nasenbluten« geholt haben? Kleine haben also *da* bereits durch Engstellen müssen, um nicht unterzugehen.

Auslagerung: Was, wenn die Allerkleinsten in Kinderkrippen, Krabbelstuben oder bei Tagesmüttern ausgelagert werden, wo sie gar nicht hinwollen? Kleine können dieser Nötigung kein anderes »Nein!« entgegenhalten als Tränen.

Experten der Stadtgemeinde Graz ersetzen morsche Bäume durch Jungpflanzen. Diese brauchen eine Art von Nest, ein angepasst großes Nest mit passendem Erdreich und einen Wall herum, damit das Wasser sich nicht verlaufen kann. Denn Wasser benötigen junge Bäume in den ersten Monaten in rauen Mengen: »Jeden Tag einen Kübel Wasser!«, so hat mir unser Vater das schon eingetrichtert. Die Frischgepflanzten werden deshalb notfalls extra gegossen. Eine Manschette aus durchlöchertem, festem Blech schont die unteren zwanzig Zentimeter vor dem »schneidenden« Kabel des Trimmers, das die ohnedies verletzliche Rinde arg beschädigen könnte. Umsicht! Voraussicht! Aufwand! Sorgfalt! Dann wird was. Meistens. Drei Meter hohe Jungkastanien brauchen außerdem drei, vier Jahre lang einen festen Halt. Jeder weiß, wieso und wozu sie ihn brauchen: den geschmeidig-entschlossenen festen Halt, der mit zarter Hand den noch Schwachen festhält, ihn auf Kurs hält, aufrecht!

Dieses Beispiel von den Jungpflanzen zeigt jedem Interessierten noch etwas: Eine Wunde – gleich nach der Pflanzung oder gar schon vorher – hinterlässt eine Narbe. Fehlender Halt lässt den Baum krumm werden oder schief heranwachsen. So mag dann auch bei Kindern aufgrund von Verwundungen oder fehlendem Halt prompt nach außen krachen, was innen drinnen anders nicht hat werden können; etwa, wenn Überleben angesagt ist: Ellbogen! Stolz erzählt ein Vater im Kindergarten davon, dass sein Kleines einen Selbstverteidigungskurs besucht ... Lügen und andere Tricks – noch irgendwie spielerisch – lassen »Ellbogen« erkennen, sind auch längst beinahe alltäglich. Schulschwänzer etwa: Tonnenweise tragen sie Lügen vor, die von ihren Eltern womöglich gedeckt und gegengezeichnet werden! *Vorteil* wird zur Kernidee allen Denkens, allen Planens, allen Wollens. Ich! Jetzt braucht das Ego nur mehr die Kraft, um all das durchzusetzen. Ab jetzt fliegen überall die Fetzen, wo sich Egos tummeln. Ist all das übertrieben? Siehe Syrien.

Eltern müssen alles richtig machen. Ist das machbar? Was nun folgt, ist weniger als eine Skizze. Den Rest kann jeder anfügen, wenn er das möchte. Ist es einem Lokführer machbar, immer auf jene Signale zu achten, die für ihn wichtig sind? Ist Gleiches einem Busfahrer möglich? Gibt es Chauffeure, die niemals samt ihrer Kiste im Straßengraben gelandet sind? Gibt es Piloten, die niemals abgestürzt sind? Vielleicht Ihr Einwand: »Der hat ja immer einen Copiloten!« Verstehe. Copilot. Germanwings, 24. März 2015. Auch Piloten müssen sich ihren Co vorher gut ansehen. Allen ist geläufig: Arges passiert, weil Schicksal – leider. Uns allen ist allerdings ebenso geläufig: Nicht jedes Schicksal ist schicksalhaft! Arg viel Eigenbau ist da oft mit dabei. Eigenbau, der passiert, aber nicht hätte passieren müssen.

Was jeder Lokführer, jeder Busfahrer sagen wird, der ohne argen Crash seine Karriere beendet? Was jene blutjunge Krankenschwester sagen wird, die nach zwölf Stunden Nachtdienst die Neo-Intensiv verlässt? »Danke, alles gut gelaufen heute Nacht.« Lokführer, Busfahrer und die müde Krankenschwester sagen das aus gutem Grund: Mühsal hat sie durch diese Nacht begleitet, vielleicht sogar gejagt, gehetzt. Die jetzt Geschlauchte hat x-mal kontrolliert, ob sie das Komma am Infusionsgerät wohl richtig gesetzt hat! Diese Sorgfalt deshalb, weil sonst die Kalium-Chlorid-Infusion für das 680 Gramm Kleine in fünf Minuten alle ist statt in fünfzig: Womöglich Herzstillstand! Das muss dann einer den Eltern erklären. Oft habe ich hören können, dass etliche Minuten nach Schichtwechsel eine aus dem Nachtdienst Gegangene ihre Nachfolgerin angerufen hat: »Bitte schau nach, ob ich ...!«

Eltern ist nicht alles machbar. Machbar jedoch ist, sein Kind nicht anzulügen. Machbar ist, sein Kind nicht zu verdreschen. Machbar ist, sein Kind nicht im Stich zu lassen. Machbar ist, die Tränen eines Kleinen ernst zu nehmen – auch wenn das Badezimmer oder der Außenputz halt erst in zwei Jahren fertig werden. Ja und? Was ist ein fertiger Außenputz oder das spiegelnde Badezimmer gegen ein Kleines, das innerlich ähnlich glitzert und funkelt wie ein neues Badezimmer!? Das Kleine glänzt deshalb, weil es keine »Narben« hat! Es hat deshalb keine Narben, weil es nicht in die Krabbelstube oder zur Tagesmutter musste. Andere aber müssen, auch wenn sie nicht wollen. Tränen! Diese Tränen müssen wir Große sehen *wollen*. Das dabei Gesehene müssen wir uns eingestehen *wollen*. Das Eingestandene müssen wir berücksichtigen: Sehen, eingestehen, wollen, tun. Auch müssen wir zugeben wollen, dass manches *Müssen* von uns Großen bloß ein *Wollen* ist, ein »Wohlstands-Müssen«. Siehe Außenputz.

Das eben Skizzierte will nicht übersehen, dass nicht nur Eltern den Großteil ihrer Aufträge bestens »erledigen«: Wir alle machen richtig, was wir anpacken: mehrheitlich richtig. Ja, sicher! Wie sonst wäre ein Pfingstreiseverkehr denkbar, wie die Bauchoperation an einem 680-Gramm-Kleinchen? Doch, doch – das Richtige ist machbar. Geschieht mehrheitlich. Bravo! Großartig! Eltern sind großartig!

Doch keinem, der den Ernst dieser Klage erkennt, kann entgehen: *Nobody is perfect!* Doch da gibt es Unterschiede. Siehe Lokführer, siehe Busfahrer, siehe die junge Krankenschwester, die morgens zufrieden nach Hause wankt. Bei *entscheidend* Wichtigem? Da darf niemand einen argen Fehler machen. Dann geht es uns allen gut. Wenigstens *so* gut, dass wir zufrieden sein können. Wie die geschlauchte Junge, die morgens müde die Intensivstation verlässt. Zufrieden müde.

Eltern wollen alles richtig machen! Die allermeisten schaffen das. Jeder kann sagen, wieso sie das schaffen. Dennoch gibt es einige, die … die Tränen der Kleinen scheinbar irgendwie überspringen. Vielleicht überspringen sie ihre Tränen deshalb so locker, weil diese bei den Kleinen häufig fließen. Doch warum sitzen bei den Kleinen die Tränen so locker? Weil sie ein Nein anders noch nicht schaffen. Ist auf diesen Seiten davon schon einmal die

Rede gewesen? Vermutlich haben ihre Tränen nicht viele Gründe – diese aber sind von Gewicht! Warum bei den Kleinen die Tränen so locker sitzen? Weil ihnen etwas wehtut. Weh – vermutlich nicht bloß Schmerz, sondern auch Angst, die scheinbar oft nur ihre Spitze zeigt. Das Allermeiste an würgender Enge ist aber weder dem Kind noch uns Großen sichtbar. Angst schreit nach Nähe – nach Nähe, die etwas taugt, die Schutz schafft. Angst muss prompt Nähe spüren, nicht erst nach Dienstschluss. Angst, verloren zu gehen. Angst, durch den Rost zu fallen. Angst, weil Kleine das Gefühl der Gesichertheit nicht fühlen, sondern bloß weinen. *Bloß* das – Tränen!

Gegen Ängstlichkeit vorbeugen – wie das gelingen könnte? Sicherheit geben! Sicherheit auf zweierlei Weise: durch Schutz und durch Nähe. Spürbare, taugliche, warme Nähe. Ständige Nähe. Nicht bloß »stundenweise«. Ständig. Vom Start weg. Denn was soll Sicherheit, die mal da, mal nicht da ist? Das Kleine schafft da keinen Durchblick, warum das so ist. Durchblick, der es trösten würde.

> Selbst wenn ein Kind sich erklären könnte: »Na gut, die Mami muss zum Doktor: Mir doch egal! Ich habe Angst, wenn meine Mami nicht da ist. Mami! Nicht Omi! Nicht mein Opa. Oder gar der Bürgermeister mit seinem Schützenpanzer. Mami! Oder wenigstens mein Papi!« Wer will Angst dem Kleinen verübeln? Angst!

Kann Ungesichertheit eine Sicherheit vermitteln, die an Fremde weitergereicht ist – Fremde, die das Kleine nicht kennt? Kann Unbrauchbarkeit aus Angst entstehen? Außerdem: Hat ein Kleines je nach dem Wieso seiner Angst gefragt? Hat uns ein heulendes Zweijähriges jemals erklärt, wieso es Angst hat? Das weiß es vermutlich selbst nicht. Aber es spürt, dass es Angst hat. Immer wieder dieses simple »Spüren«, das wir Große bei *anderen* gerne unterschätzen, gar belächeln.

Kinder müssen warme Gesichertheit spüren, weil sie diese für sich selbst nicht herstellen können! Kann es sein, dass wir Große uns in ein solches Grundbedürfnis nicht mehr hineinversetzen können? Sicherheit muss sicher sein. Sonst sorgt sie für Unsicherheit. Und diese mag für etwas sorgen, das schwer wieder loszukriegen ist: Ängstlichkeit! Oder es wachsen dem Kleinen Ellbogen, »Ego-Ellbogen«!

Gegen Ängstlichkeit vorbeugen – wie das gelingen könnte? Prompte, warme Sicherheit geben! Und dort, wo Angst bereits festsitzt? Der Angst die Maske nehmen – in kleinen Schritten! Sachte! Äußerst sachte! So sachte, dass das ängstliche Kleine selbst die Schritte tut, um der Angst die Maske vom Gesicht zu nehmen. *Von selbst* dürfte da entscheidend sein! Ob das vor dem Alter von zwei oder drei schon machbar ist?

Ein Beispiel aus der Klinik: Wenn so Kleine Angst vor dem weißen Kittel oder vor unserem »Hör-Dings« haben: Was wir da gelegentlich tun? Wir halten das Stethoskop der Mutter auf den Unterarm oder auf die Wange und achten darauf, was das Kleine tut. Unter zwei Jahren? Falls des Doktors Vorhaben vom Kind nicht auf Anhieb akzeptiert wird, ist der Doktor chancenlos! Warum? Weil das Zweijährige über seine Angst offenbar nicht drüber kann: Allzu direkt steht ihm die Bedrohung vor Augen, hinter der es weder Harmlosigkeit noch Sinn sehen kann. Das reicht, um alles abzuwehren, was dem Kleinen nach Bedrohung riecht, obwohl seine Eltern anwesend sind: Denn da fühlen sie sich offenbar »unterstützt« oder »geschützt«. Das ist freilich schön, hilft aber niemandem weiter. Notfalls bitten wir die Eltern, für die Dauer der Untersuchung oder des Eingriffs den Raum zu verlassen: Das ist für niemanden eine einfache Sache. Aber es führt dazu, dass die Kleinen binnen weniger Augenblicke klein beigeben ... Sie alle kriegen dann viele »Streicheleinheiten« und ein buntes Wundpflaster. Wobei vermutlich auch die Zuwendung dabei tröstet! Nähe!

Angstabbau! Besser ist aber, arge Angst gar nicht erst hochkommen lassen. Und wie? Mag sein, dass eine offene Begleitung des Kindes, eine »lange Leine« in ständiger Sicherheit dem Kleinen erlaubt, jedes Mal weitere Ausflüge zu wagen. Ja, doch, solche Kinder mit fünfzehn Monaten gibt es: Offen, keck, keinesfalls scheu und mit einem Hauch von Neugierde gucken sie den Fremden an, der sich ihnen lächelnd nähert. »Begluckte« Kinder aber, die nirgendwo begleitet ran dürfen, die überall zurückgebellt werden, die nichts alleine machen dürfen? Wie sollen bei ihnen Selbstwert und Selbstsicherheit wachsen können? Wie sollen sich »Begluckte« sicher fühlen, falls es ernst wird? Sie haben das ja niemals üben dürfen! Doch Selbstvertrauen und grundlegendes Vertrauen in die »Welt« sind als Entwicklungsziele in den ersten beiden Lebensjahren entscheidend. Da ist sich auch die Wissenschaft einig: Vertrauen, basierend auf eine sichere Bindung zu einer verlässlichen Bezugsperson, meist der Mutter.[120] Seltsam, dass Sicherheit nicht unter einem Glassturz wachsen kann, sondern nur am offenen Gelände, wo das Kleine seine Mutter in der Nähe weiß. Denn wenn es ernst wird – da muss die Mama her! Doch offenes Gelände im Alleingang? Hyänen lauern überall. Da fühlt sich das Kleine nicht bloß allein, sondern verloren. Angst. Ein Glassturz? Der schützt da auch nicht: Glassturz – ein Gefängnis mit Sicht auf das Mögliche, an das das Kleine aber nicht rankommt. Frust!

Was, wenn die Angst nun einmal da ist? Es folgt eine Ergänzung: Mag sein, dass Abbau von Ängsten erst machbar ist, wenn Kleine »hinter die Maske blicken können« (siehe Stethoskop). Wenn sie bereits schaffen, eigenständig auf die »Maske« zuzugehen, sie anzugreifen und sie wegzunehmen – was immer der Grund sein mag für die Angst: Finsternis, Schmetterlinge, Spinnen, Schlangen, Tiger … Aufzählung und Reihenfolge lassen erkennen: Angst darf ihre Gründe haben. Angst kann Sinn machen! Doch gibt es jede Menge Ängste, die weder Grund noch Sinn schaffen: Bis in die 1960er-Jahre hinein hat zum Beispiel der »schwarze Mann« plan- und hilflosen Erziehern das pädagogische Rückgrat gestärkt.

Der »schwarze Mann« (siehe *Kinder sollen keine Angst haben müssen*) ist ein gutes Beispiel dafür, was Beate Zündel in ihrem bereits zitierten Artikel in Hinblick auf die Geschichte der Erziehung zeigt, die den »Zeitgeist einer Gesellschaft« widerspiegle: Über Generationen sei die traditionelle Form autoritärer Erziehung gewachsen. »Die erstarrte Form dieser Erziehungshaltung, geprägt von Lieblosigkeit und Machtmissbrauch, wird ›schwarze Pädagogik‹ genannt.« Auf diese sei der »Ego-Kult der 1968-Generation mit der antiautoritären Bewegung« gefolgt: »Dass uneingeschränkte Freiheit des Kindes per se zur Entwicklung eines sozialen, lebenstüchtigen, selbstgesteuerten, gestaltungswilligen Menschen führte, ist der ehrgeizigste Traum in der Geschichte der Pädagogik. Daraus entwickelte sich der heute in der Kindererziehung vorrangige Erziehungsliberalismus der Postmoderne.«[121]

Eltern müssen alles richtig machen. Jedenfalls dürfen Eltern *nicht* machen, was offensichtlich falsch ist: die Tränen der Kleinen unterschätzen oder Angst als Erziehungstrick einsetzen. Falsch! Falsch – wieso? Die Frage richtet sich an Sie, geschätzte Leser. Niemand liest oder blättert weiter, bevor diese Frage nicht beantwortet ist.

Die »braven« Kinder? Die gehorchen aus Angst. Welchen
Wert hat ein solcher Gehorsam für den Ängstlichen? Welchen Wert für eine Freundschaft? Welchen Wert vor dem
Chef? Vor einem Ehepartner? Vernunft ist da gefragt, die
Einsicht schafft in den Sinn des Richtigen, in den Widersinn
des Falschen. Einsicht darin, dass sich das Falsche bestenfalls vorübergehend rechnet, aber immer wehtut. Einsicht ist
von einem Zweijährigen noch nicht zu erwarten: Den muss
die Hand führen. Zart. Freundlich. Wortlos. Hin und wieder
wird die zarte Hand auslassen dürfen, damit der Eigensinni-
ge sich »Erfahrung« verschafft – Kerzenflamme und so.

Im Alter des intensivsten Erforschens sämtlicher Wirklichkeiten –
also ab dem Krabbelalter –, was da hilft, den unermüdlichen Forscher von Gefahrvollem wegzukriegen? Da hilft den Eltern eine
Eigenheit, die uns scheinbar niemals wieder loslässt: Neugierde.
Also von der Stiege, von der Steckdose … mit »viel Spannenderem« ablenken, wegführen. Klappt nicht immer, aber oft. Wieso
das klappt? Weil das Einjährige voll im »Jetzt« lebt. Und jedem
spannenderen Jetzt prompt nachrennt. Falls das nicht klappt? Da
muss die Mama halt in der Nähe bleiben! Einem Buch von Leopold Boder zu *Entwicklungspsychologie und Entwicklungslehre* ent-
nehme ich einen Ausspruch von J. Paul Richter: »Alles Erste ist
dem Kind ewig!«[122]
Mit Spannenderem locken. Was das braucht? Nerven aus Titan.
Und falls die Rechnung nicht aufgeht? Dann eben Nähe! Zarte,
wortlose Nähe, die rechtzeitig vom Stromschlag wegführt. Vorher.
Zart! Rechtzeitig! Dann kommt ohnehin schon bald das Trotzalter
– etwa ab drei Jahren: Das »Ich!« reibt sich an seiner Umgebung.
Kann es sein, dass es da nun ordentliche Wunden setzt?

> Boder schlägt zum Umgang mit dem Trotzalter vor: »Wer durch diploma-
> tisches Hinlenken zum Richtigen sein Kind erzieht: Der kann sicher sein,
> dass die Periode des ›Kontra‹ nach wenigen Wochen überwunden ist.«[123]

Die Selbstfindung am Reibebaum des familiären Wir dauert immer zu lange – und wird hoffentlich durch das »Frage-Alter«
abgemildert: »Mami, warum?« (Siehe *Kinder wollen ernst genommen werden*.) Bei allen steilen Herausforderungen, mit denen das
»Warum-Alter« auf Eltern zurennt: Die öde, pausenlose, oft irr

anstrengende Fragerei hat eine Hoffnung mit an Bord: die Hoffnung, dass Einsicht naht am aufreizenden »Warum-Horizont« des Ich-Wesens. Das Frage-Alter schafft die (theoretische) Vorlaufstrecke für das, was die Fragerei soll: Den Durchblick auf Sinn! »Mami, warum?« Den endlos Fragenden in die Welt des Sinnhaften einzuführen: Da lohnt sich Aufwand!

Es dauert knappe sechs Jahre, um mit der Fragerei dem Sinnhaften die Fundamente zu legen und dabei das Ich-Wesen zum Wir-Wesen anwachsen zu lassen. Satte sechs Jahre, in denen der Kindergarten kräftig mitziehen kann. Kindergarten: das einzige Vorschul-Wir, in dem sich das Ich an einem Dutzend Gleichaltriger unter speziell geschulter Führung messen, reiben, formen kann, sobald das Kleine dafür reif ist. Sprich: Das Kleine, das auch will! Denn solange Tränen spritzen?! ... Einsicht – der Blick hinein in das Warum. Einsicht – der Blick hinein ins Wozu.

»Erziehung? Eine selbstlos-dienende Hilfe.« So sagte das der große Schweizer Johann Heinrich Pestalozzi (1746–1827): ein Pädagoge, Menschenfreund, Schul- und Sozialreformer. Er wird mir gestatten, lieber von *Formung* zu reden statt von Erziehung. Formung, die Werte einsenkt in den noch Wachsenden – und diese dann in seinem Inneren reiht. Ist Reihung da wichtig? Werte ihrem Gewicht nach reihen: Ja doch, wichtig! Reihung, die sich manchmal dem Augenblick anpassen muss, denn was heute unaufschiebbar wichtig ist, das mag morgen schon von selbst laufen – Führung etwa! In zwanzig Jahren kann vieles ohne diese nahe Nähe klappen. Klappt.

> Formung: Im Alter von dreißig Monaten werden Planung, Vorschau sichtbar. Bei der Führung unserer Kinder sei, so betont auch Boder, die »Einheitlichkeit der Sprache und des Vorbilds wichtig« (siehe das folgende Kapitel sowie *Kinder wollen wahrgenommen werden*). »Ein Kind, das gelernt hat, an selbst gesetzten Zielen festzuhalten: Ein solches Kind ist reif geworden für das ›Du sollst‹.«[124] Am »Handlauf« des selbst Gewollten wird dem Kind spürbar: So schaffe ich, was ich will ... Elterliche Hingabe ist einmal mehr ein Thema: Nähe!

Einen möglichen Ansatzpunkt von wegen »Handlauf« bietet das »Positive Parenting Program« (nach M. Saunders, University of Queensland).[125] Dieses beruht auf fünf Prinzipien, die auf Förderung der kindlichen Entwicklung, Gesundheit und sozialer Kompetenz im Rahmen eines konstruktiven, nicht verletzenden Umgangs mit dem Kind:

- Für eine sichere und interessante Umgebung sorgen.
- Eine anregende Lernatmosphäre schaffen.
- Sich als Eltern konsequent verhalten (mehr dazu folgt im nächsten Kapitel).
- Als Eltern realistische Erwartungen entwickeln.
- Als Eltern auch auf die eigenen Bedürfnisse achten (davon war die Rede im Kapitel *Eltern müssen ihren Auftrag ernst nehmen*).

Diese Ansatzpunkte scheinen vielen noch nicht geläufig zu sein – sonst würden Pädagogen, Psychologen und Mediziner nicht, wie weiter oben erwähnt, eine derartige Zunahme von Verhaltensstörungen und psychischen Problemen bei Kindern und einen »eklatanten Erziehungsnotstand in den Familien« feststellen. Kann es sein, dass immer noch nicht sichtbar ist, wo wir Heutige ansetzen müssen? Elternbildung! Werteordnung! Auch hinsichtlich tätiger Wertschätzung der Elternschaft seitens der Dienstgeber! Worauf wollen Dienstgeber noch warten? Sind es doch just sie selbst, die ebenfalls unter Unbrauchbaren, unter Unzuverlässigen und beruflichen Zeitabsitzern leiden. Oder wollen auch Dienstgeber nicht sehen, dass wir in der Sorge um das Heute die *nachhaltige* Sorge um unsere Morgigen übersehen? Folglich müssen nicht nur Eltern wissen, dass sie alles richtig machen müssen. Neben den Eltern müssen sich auch die Gestalter der Arbeitswelt die Frage gefallen lassen: Wieso gibt es tolle Kinder, die meist tolle Erwachsene werden? Und wieso gibt es solche, die kein Dienstgeber haben will?

Zurück in die Wärme familiärer Geborgenheit: Kleine müssen sich bei ihren Eltern sicher *fühlen*! Wie aber können sie das schaffen, wo doch auch Mütter und Väter Fehler machen? Eine satte Frage! Allerdings kennen Eltern eine »Brücke«, die elterliche »Lücken« überbrücken und beinahe ungeschehen machen kann, was diese nicht immer schaffen. Lieber Leser, wollen Sie das vorerst selbst ergänzen? Eine Antwort folgt im Kapitel *Eltern müssen Größe wagen*.

Eltern müssen an einem Strang ziehen

… und außerdem in dieselbe Richtung. Das ist niemandem neu, selbst wenn das in der Praxis vielfach anders ist. Die Kleinen? Vielleicht sind *die* dann die Zerrissenen. Diese Befürchtung sehen manche längst bestätigt: Kindergarten, Schule, Polizisten, Chefs – davon ist im letzten Kapitel die Rede. Immer mehr Zerrissene, Planlose, Chaoten oder sonst wie Ziel- und Orientierungslose rennen auf uns zu … Dennoch ist manchen Eltern scheinbar neu, dass sie ihre elterliche Geschlossenheit *unmerklich* dadurch untergraben, dass ihr Blabla anders tönt als ihr Tun. Ihre Kinder müssen diesen »Spalt« täglich sehen oder hören! Mag gut sein, dass Kinder dann die Zerspaltenen, die Zerrissenen sind. Elterliches Vorbild geht dann nicht mit dem zusammen, was Eltern von ihren Kleinen oftmals fordern. Vorbild!

Beispiele dazu gefällig, wie Kleinkinder mit »Spalten« konfrontiert werden? »Spalten«, Diskrepanzen deshalb, weil die Mama beispielsweise das mit der Pünktlichkeit anders hält als der Papa. Der Papa anders als die Oma. Die Oma anders als die Tagesmutter. Und der Opa von Pünktlichkeit gleich überhaupt nichts hält. Kann es sein, dass Kleine an einer solchen Uneinheitlichkeit scheitern und Zerrissene werden?
Oder: Die Mama hat für das verlängerte Wochenende Köstliches im Kühlschrank eingelagert. Sie rechnet damit, dass sie morgen dort wiederfindet, was sie heute eingekauft hat. Kühlschrank und familiäre Geschlossenheit beim Thema Naschen – sehen wir uns das genauer an? Der Opa, eh längst kugelrund, ist stets für ein lautloses Häppchen aus dem Kühlschrank zu haben: Den schert das Thema Naschen nicht. Folglich unterstützt er seine Frau nicht, wenn die Oma dem Maxi sagt: »Naschen tut man nicht.« Also, was jetzt? »Der Opi hält ja sonst immer zu mir«, wird sich der Kleine denken. Und die Oma? »Auch auf meine Oma halt ich viel.« Zu Hause tönt das wieder anders: »Wenn die Mami Nein sagt, heißt das Nein!« Den Unterschied zwischen der Mama, dem stummen Opa und der Oma hört der Maxi. Doch ob er die Botschaft versteht? Die Verwirrung wird komplettiert, wenn nach Dienstschluss sein Vater meint: »Nun, weißt du, Maxi, einmal ist keinmal.« – und fest zulangt. Der Maxi ist 27 oder erst achtzehn Monate und hat keine Ah-

nung, was »einmal« von »keinmal« unterscheidet. Aber *sehen* kann er, was der Papa tut: Er sieht, was die Mama anders sagt. Wenn sie Nein sagt, heißt das Nein. Denn das kennt der Maxi schon – seit der Steckdose kennt er dieses öde »Nein!«. Bei der Tagesmutter klingt das wieder anders: »Na gut, ausnahmsweise – einmal okay!«

Kann es sein, dass der Maxi verwirrt glotzt, weil er zum Thema »Naschen« von allen Beteiligten Unterschiedliches sieht oder hört? Fünf verschiedene Methoden, das Richtige an jenen rüberzubringen, der jetzt nicht weiß, was er soll. Verwirrung ist leicht zu stiften und kann lange halten. Zudem kann die Frage auftauchen: »Warum darf der Papi, was *ich* nicht darf?« Verwirrung, die sich oft zu Zerrissenheit, Wankelmut, Unentschlossenheit oder gar zu »Wurschtigkeit« steigert: »Mir doch egal, weil sowieso jeder tut, wie und was ihm passt.«

Außerdem: Was versteht der Kleine mit achtzehn Monaten? Einen Mix von bekannten und unbekannten Worten wird er hören, darunter solche, die er schon einmal gehört hat, deren Botschaft aber ...? Armer Kleiner, ein Wortsalat samt Getöse und Fragezeichen prasselt auf sein Trommelfell ein. Ein Mix von Bekanntem, Gehörtem, aber noch nicht Verstandenem, von Unverständlichem. Armer Kleiner! Verwirrung ist leicht zu stiften. Kein Wunder, dass er dann macht, was ihm gerade einfällt oder zusagt. Jetzt erst recht hagelt es Getöse, das er ebenfalls nicht entziffern kann.

Das eben Skizzierte ist simpel. Die Botschaft?

Wer jemals versucht hat, japanische Schriftzeichen zu erlernen (siehe Kapitel *Kinder wollen wahrgenommen werden*), der weiß das Gleiche wie jeder Japaner, der die hebräischen Buchstaben erlernen will: Haargenau muss der Ahnungslose einen Buchstaben nach dem anderen laut »Ideal-Muster« einsaugen und so auch x-fach üben. Soll einer mit dem »Aleph« א beginnen. Auf Wikipedia kann jeder sehen, wie sich »Aleph« schreibt. Vergleicht er aber das dort Gesehene mit dem, was er anderswo findet? Er wird verzweifeln wegen der vielen winzigen Unterschiede, die er in den unterschiedlichen Büchern antreffen wird. Verwirrung! Was gilt?

Der Vergleich mit dem Erlernen fremder Schriftzeichen mag erahnen lassen, in welche Verwirrung Kleine geraten. Sie geraten in Verwirrung, weil jeder seine Erklärungen, seine Bitten, sein eigenes Verhalten, seine Ermahnungen und Anordnungen anders »schreibt«. Und weil wir oft auch Worte auf Kleine niederprasseln lassen, die ihnen noch nichts sagen. Doch was Kleine *sehen* können? Sie müssen sehen, was bei jedem anders aussieht: Chaos! Fremde Schriftzeichen überall: beim Naschen, bei der Pünktlichkeit, bei der Reaktion auf den mütterlichen Rundruf »Bitte, zu Tisch!« (jeder kommt, wann es ihm passt). Pünktlichkeit, Dankbarkeit, Zähneputzen, Zuverlässigkeit, Grüßen … jeder schreibt das anders. Verwirrung!

> Wie soll ein Kleines das Richtige treffen, wenn es zum selben Thema täglich drei, vier, fünf unterschiedliche »Schriftzeichen« sieht, riecht, hört? Kinder krachen hier auf Verwirrung, weil ihnen das »Alphabet des Gesollten« noch unbekannt, in ihnen wenigstens noch nicht gefestigt ist. In allem Neuen stoßen sie auf diese Schwierigkeiten. Erwachsenen hingegen ist längst vertraut, was Kleine noch *nie* oder *immer anders* erlebt haben. Verwirrung! Chaoten, Zerrissene, Ungefestigte, Unbrauchbare entstehen so. Könnte das so sein?

Wir Große übersehen leicht, dass wir für selbstverständlich halten, was für Kleine noch ein »japanischer Aleph« ist. Verwirrung entsteht und hält sich lange. An einem Strang ziehen – das rechnet sich.

> Die Oma feiert heute ihren 60. Geburtstag. Ihre fünf Kinder finden sich ein, die beiden ältesten mit ihren Kindern. Insgesamt sind das sieben Enkelkinder. Die vier Kleinen ihres ältesten Sohnes fallen bald unangenehm auf: Sie machen ständig Krach, rennen überall herum, steigen mit den Straßenschuhen auf Sofas und Stühle. Besonders arg treiben es die Zwillinge; 26 Monate sind sie alt. Der Jüngste ist sechs Monate und noch am ruhigsten. Die Sechsjährige aber lässt sich leicht von den Zwillingen »anzünden«. Bald beherrschen sie die Szene – und gehen allen Anwesenden auf die Nerven. Was sich der Opa dazu denkt? »Das Zweite, was Kinder spüren müssen?«

Was das ist? Geschätzter Leser, auch Sie sind wieder einmal an der Reihe!
Das Erste, das Kinder spüren müssen: *Berechenbare Wärme*. Berechenbar, weil Wärme nicht alles erlauben darf. Kleine müssen die Miene, die Gesten, die Worte ihrer Eltern berechnen können.

Berechenbarkeit hält sich ans Richtige. Die elterliche »Geschlossenheit« ebenso. Auf diese Weise kennen sich die Kleinen dann aus, denn auf Bestimmtes folgt immer das Gleiche! Vom »Bitte!« übers »Danke!« bis hin zum Zähneputzen: Immer das Gleiche. Auf diese Weise kommen die natürlichen Chaoten allmählich auf Schiene. Trotzdem mühsam.

Das Zweite, was Kinder spüren müssen? Das dürfte *Gesichertheit* sein. Umfassende, geschiente, ständig präsente, warme Gesichertheit – und das bereits vor der Geburt (siehe Stresshormonspiegel in der 25. Woche und dessen Wirkung auf das Ungeborene, Kapitel *Kinder wollen ernst genommen werden*).

Ungesichertheit lässt einem Kleinen leicht den Kragen platzen (Schreibaby!?). Auch dort lassen Kinder alle ihre Rösser los, wo sie noch nicht jeden Winkel kennen, sie sich folglich nicht zurechtfinden und sich dort nicht gesichert fühlen können (siehe die viere beim 60. Geburtstag der Oma). Stattdessen wirbeln sie! Könnte das so sein? Allerdings: Zu Hause geht's ähnlich zu. Ungewohnte Umgebung dürfte die Ungesichertheit bloß verstärken. Vermutlich liegt es also nicht an der Geografie, sondern daran, dass sich die viere bei der Oma scheinbar nicht auf Schiene spüren: Schiene, Vertrautes, Grenzen, Gewohntes. Ergotherapeuten kennen das – sie kennen Chaoten (siehe *Kinder wollen gehätschelt werden*)!

> Wie Gesichertheit werden kann? Auch dadurch, dass Eltern an einem Strang ziehen. Dann kennen sich die Kleinen aus. Elterliche Einheit braucht keine Ergotherapeuten, sondern bloß Absprache! Einheit muss abgesprochen sein und durchgezogen werden. Das Abgesprochene wird jenen erklärt, die das schon verstehen können. Das Erklärte gilt, solange das Ausgemachte Sinn macht.

Wie das in der Praxis funktionieren könnte? Einen unruhigen Kleinen werden Mutter, Vater – oder die älteren Geschwister – wortlos und zart bei der Hand nehmen und dorthin lenken, wo der Zwerg hingehört. Wortlos. Und immer, wo das *notwendig* ist; nicht einfach: »Ich will das so!« Warum das wichtig ist? Davon war im Kapitel *Kinder wollen Auslauf* bereits die Rede: Das Kleine braucht Auslauf und Grenzen, sonst weiß es nicht, wo es zu Hause ist. Was Kleine und auch wir Alte dazu brauchen? Orientierung! Orientiertheit muss der Zwerg spüren, denn Erklärungen prallen an seinen Trommelfellen noch ab. Die etwas Älteren? Die müssen Orientierung spüren *und* erklärt bekommen. Beides, denn Worte? Die haften noch nicht so fest wie Gespürtes. Arg mühsam. Warum aber so wichtig? Muss das noch einmal buchstabiert werden? Anfangs sind wir Impulsgesteuerte (bei manchen hält sich das bis in die Pension!). Bis Denken und Erfahrung mächtig genug sind, um unsere Impulsivität fruchtbringend zu kanalisieren, benötigen Eltern Nerven aus Titan. Dafür hält das die nächsten rund hundert Jahre. Investition!

Wärme. Gesichertheit. Orientiertheit. Gesicherte, stabile, abgesprochene warme Orientiertheit. Einheitliche Investition. Am selben Strang. In dieselbe Richtung. Sonst entstehen weitere Heerscharen von Chaoten oder Zerrissenen!

Eltern müssen Familie schaffen

Kinder werden in ihrer Mutter durch ihren Vater. Das ist eine Vorgabe. Zusammen ergeben die drei eine Familie. Familie *werden*? Üblicherweise ist das also leicht zu schaffen. Üblicherweise. Familie *sein*? *So* Familie sein, dass es dort alle aushalten?

Der rote Faden für die folgenden Seiten beginnt wiederum bei dem, was wir finden, wenn wir hinschauen auf das, wovon die Rede ist. Wieder machen wir außerdem einen weiten Landeanflug zum Thema hin: Leser, sind Sie auf Steiles eingestellt?

Wieder reden wir davon, dass wir Vorgaben an uns finden: An diesen Vorgaben (siehe Einleitung) sehen wir, *wie* wir funktionieren und *was* wir dazu brauchen, um zu werden, was wir ohnedies schon sind: Mensch! Wieder schauen wir auf das, was wir – schon bei der Geburt – in uns entdecken: Dass wir mit Talenten, mit Anlagen ausgestattet sind, nach denen wir funktionieren. Etwa, dass wir tief Luft holen, sobald die Nabelklemme die mütterliche Sauerstoffzufuhr zudreht, und wir mit Überzeugung unser erstes »Hier!« verkünden.

Wieder achten wir darauf, *wie* unser Fühlen, unser Üben, unser Denken und Wollen in uns *Erfahrung* herstellt; wie sich Talente, Erfahrung und Fähigkeiten an Erlebtem »hochranken«, um zu schaffen, was die nächsten hundert Jahre von uns fordern werden: Muttersprache, Bleistift, iPhone, Fußball. Das alles entsteht durch das Ineinandergreifen unserer Vorgaben mit dem, was von außen auf uns zugeht. Wer lernt seine Muttersprache ohne seine Mutter? Fähigkeiten reifen in uns durch Teamwork: Durch das Teamwork von Talenten mit dem, was uns von außen zugetragen wird. Mit ein Grund, wieso und wozu wir in die Schule gehen, zum Beispiel in die Fahrschule.

Wieder schauen wir uns also an, was die Personen um uns herum (Eltern, Geschwister, Lehrer, Freunde, Chefs, Kollegen, Kunden …) tun müssen, um unsere Talente und alle anderen Vorgaben optimal zu bedienen. Dies auch deshalb, damit »Familie« werden kann – auch außerhalb der eigenen vier Wände. *Familie*, wenigstens aber Heimat. Denn jeder ist auf den anderen angewiesen. Kann es sein, dass einige das bislang übersehen haben – zum Beispiel einige in der EU?

Bei Strüber und Roth treffen wir neuerlich auf eine wissenschaftlich abgestützte »Entdeckung«, die niemanden überrascht: »Mütter mit einer eigenen belasteten Kindheit, mit Misshandlungserfahrungen oder mit einer vorgeburtlichen Belastung haben häufig eine auf die Bedürfnisse des Kindes wenig abgestimmte Kompetenz (Papoušek, 2004).«[126]

Wozu ich das beinahe Selbstverständliche dennoch erwähne? Um Unsichere im Richtigen zu festigen. Und um Gelegenheit zu geben, wieder mal über Falsch und Richtig nachzudenken: Darüber nachzudenken, woran sich Falsch und Richtig bei der Formung unserer Kinder orientiert und wo jeder das Richtige für unsere Kinder ablesen kann: Vorgaben, Zeitfenster. Vorgaben und Zeitfenster geben allerdings nur ein beschränktes Sollen vor, schaffen ein »moralisches« Sollen also nur zum Teil. Zum umfassend »normalen« Verhalten kommen wir im Kapitel *Eltern müssen normal sein*. Darf das als eine erste Andeutung so stehen bleiben?

Vorgegebenes dient als Leitlinie für das, was wir unter gesund verstehen, was wir als »normal« bezeichnen: normaler Blutdruck, normaler Augeninnendruck, normaler Nüchtern-Blutzucker-Wert, normale Blutfette ... Allesamt Vorgegebenes.

> Zehn Finger sind vorgegeben, daher normal. Neun sind nicht normal. Elf auch nicht. Außerdem sollten es Finger sein – nicht Zehen oder sonst wie Verkrüppeltes an den Händen. Arg, falls ein Neugeborenes statt Fingern »Zehen« hat: Amniotische Schnürfurchen und so.
> Vorgabe: Wer ein Talent zum Möbeltischler hat, aber kein Blut sehen kann – muss der Medizin studieren? Der muss bloß auf seine Finger achten.

Wieso das Gesunde und Normale überall wichtig sind? Welchem Heutigen kann das entgehen? *Wozu* das Gesunde und Normale überall wichtig sind? Wem muss das buchstabiert werden?

> Spannend, was die soeben genannten Autoren dem zitierten Selbstverständlichen anfügen: »Für ein Kind, das unter ungünstigen Umweltbedingungen aufwächst, könnte es von Vorteil oder gar überlebenswichtig sein, ein hochreaktives Stress-System zu haben: um Gefahren sofort zu entdecken und beantworten zu können.« In ähnlicher Weise könne auch ängstliches Verhalten vorteilhaft sein (etwa in den bereits mehrfach erwähnten rumänischen Waisenhäusern oder in einem kriminellen Umfeld): »Das Gehirn eines Kindes, das in dieser Umgebung aufwächst, würde sich in einer erfahrungsabhängigen Weise entwickeln; und ein entsprechendes Verhalten hervorbringen, das der jeweiligen

Umwelt angepasst ist.« Damit sei aber nicht gesagt, »(...) dass eine solche generationsübergreifende Weitergabe der Stress-Aktivität bzw. entsprechendes Verhalten oder Erleben für den Betreffenden oder seine Mitmenschen angenehm sein muss«.[127]

Von Stress und Distress war unter anderem in *Eltern müssen ihren Auftrag ernst nehmen* bereits die Rede. Dazu darf ergänzt werden: Stress müssen Eltern ihren Kindern nicht ersparen. Distress schon. Familie liefert Stress genug. Distress gelegentlich ebenso. Im letzten eben zitierten Satz liefern die Autoren für unser Thema Familie mit »angenehm« ein Stichwort, das auf einen heiklen Punkt hin abgeklopft werden darf. Denn Angenehmes ist uns allen wichtig! *Deshalb muss* unser Verhalten auch *angenehm* sein. Andernfalls fliegen – auch in der Familie – so lange die Fetzen, bis der Stärkere Sieger ist.

> Samstag, 14. Juni 2014, Ost-Ukraine: Aufständische schießen eine Transportmaschine der ukrainischen Armee ab. Alle 49 Luftlande-Soldaten samt Piloten finden dabei den Tod. Was Leser, Hörer, Seher solcher Meldungen sollen? Wir sollten die Angehörigen der Toten fragen, was sie davon halten: Deren Eltern, Frauen, Kinder, Geschwister sollten wir fragen, was sie davon halten, dass Menschen einander so behandeln!
> Drei Wochen vorher: Ein Scharfschütze der Armee tötet den Lenker eines Busses, in dem ähnlich viele Aufständische sitzen, die in der Folge von Armeeangehörigen gänzlich aufgerieben werden. Auch deren Familienangehörige könnten wir fragen, was sie davon halten, dass Menschen so miteinander umgehen!
> Angenehmes ist uns allen angenehm – egal, auf welcher Seite unsereins steht.

Angenehm muss unser Verhalten sein. Ist es das? Meine Familie – angenehm? Bin ich in meiner Familie ein angenehmer, liebenswerter Zeitgenosse? Weder sind Tun und Lassen der Kleinen immer angenehm oder leicht zu parieren, noch schaffen es diese, uns Große immer zu verstehen. Das kann auf beiden Seiten Distress schaffen, was alle sehen, hören, »riechen« können. Angenehm sein und zugleich Widerspruch parieren? Auch daran lässt sich messen, ob und wie Eltern ihr Geschäft verstehen – und in Kindergarten oder Schule Tätige ebenso. Den Widerspruch der Kleinen parieren: Daran mag sich messen lassen, ob alle, denen Kinder anvertraut sind, für diesen Auftrag taugen, und ob sie können, was Kinder brauchen: Kompetenz, gekonnte Zuständigkeit.

Und Polizisten? Dürfen Polizisten arg Widerspenstige verdreschen? Verständlich, falls sie das gelegentlich tun, trotzdem falsch, weil nicht Aufgabe von Polizisten. Wessen Aufgabe?

Menschen-Formung, Widerspruch parieren et cetera – was das muss? Das muss das Richtige treffen, nicht bloß recht haben oder Widerredende anschreien, niederschreien, niederknebeln, ausradieren wollen. Denken wir an Saddam Hussein und an andere Despoten!
Wer mit Kleinen zu tun hat, was der sich oft fragt? Was tut sich hinter den stummen, rätselhaften Augen meines Kleinen? Eine Frage, die wir uns bereits am Beginn dieses Buches gestellt haben.

Schwestern und Ärzte, die 800-Gramm-Frühgeborene betreuen und diesen Ultra-Kleinen oft eilig helfen müssen, haben wenigstens Befunde in der Hand: Gesehenes, Getastetes, Gehörtes, Blutbild, Ultraschall, notfalls Röntgenbilder. »Trittsteine« also, die uns verraten, wohin das Kleine geht. Oder erfreulicherweise doch nicht geht, weil es etwa doch keine Hirnblutung hat. »Ultraschallbefund tipptopp!«, hat unlängst mein Kollege Wolfgang Raith einem Vater zugerufen. Bravo, Julia! Gut gemacht. Wenigstens mal bis hierher. Bravo! Weiter so, 890-Gramm-Kleinchen!

Was Kleine sich »denken«? Dafür gibt es kein Mikroskop, kein Hörrohr; kein Röntgenapparat legt frei, was sie wollen, was sie fühlen: Fragezeichen, Rätsel! Was Kleine fühlen? Das wissen sie oft selbst nicht. Dazu können sie deshalb auch nichts sagen. Kleine drücken uns oft Stummheit auf die Augen und in die Ohren. Warum das hier neuerlich wiederholt wird? Das kommt jetzt deutlicher.

Wer ein Vierjähriges mit Verdacht auf Blinddarmentzündung fragt: »Wo tut er dir denn weh, der Bauch?« Was der zur Antwort kriegt? Was der immer zur Antwort kriegt, falls er überhaupt eine kriegt? Das ratlose Kind zeigt wortlos leise auf den Nabel. Immer. Immer auf den Nabel. Diese stumme Information hilft nicht!

Was Kleine fühlen? Das wissen sie oft selbst nicht – Stummheit. Doch sie *spüren*, dass etwas nicht passt! War auch *das* eine Wiederholung? Schade und oft verhängnisvoll ist, dass wir Große

Gespürtes oft so grässlich unterschätzen, gar belächeln, anstatt Weinende »aufzufangen«: Hier ist Familie gefragt! Gespürtes, das *andere* spüren, das wir bei anderen locker unterschätzen, bespötteln, belächeln. Heimweh. Zahnweh. Liebeskummer … Auffangen! Familie!

Warum Zweijährige uns gelegentlich wortlos angucken, statt zu tun, was wir ihnen sagen? Warum sie still glotzen, ihre Ohren einziehen und davontrippeln, statt zu tun, worum wir sie bitten? Warum Kleine oft plärrend um sich schlagen oder trotzig das Weite suchen, statt zu tun, was sie sollten (fertig essen oder das gestohlene Auto zurückgeben)? Warum sie bloß plärren, wortlos gucken, große Augen machen oder flüchten? Aus dem gleichen Grund, aus dem auch wir Große gelegentlich glotzen, wenn wir »die Welt nicht verstehen«! Oder wir sie *nicht mehr* verstehen. Und die Kleinen sie *noch nicht* verstehen.

> Was Kleine da brauchen? Sie brauchen, wovon jetzt die Rede ist: ein »Nest«, in dem sie sich aufgehoben fühlen, in dem sie sich trotz aller Schwachstellen samt Fragezeichen wohlfühlen. Familie. *Nobody is perfect.* Familie ist das auch nicht. Doch wer kann besser, was Familie nicht hinkriegt? Familie kann nicht alle Fragezeichen lösen. Aber sie kann uns alle auffangen – samt den vielen Fragezeichen. Familie, die Familie ist, die kann das.

Vier gemeinsame Wände samt dichtem Dach? Familie braucht (vorübergehend) nicht einmal das. Viele hausen in prächtigen Villen, Wohnungen, Gehöften; nicht aber wohnt dort Familie. Auch wir Großen brauchen Familie, weil wir ansonsten verdorren und in Einsamkeit womöglich gar zu Sonderlingen schrumpfen.

Eltern müssen Familie schaffen, indem sie die Truppe beim Futterplatz zusammenführen (»Bitte zu Tisch!«) oder sie dort zusammenhalten. Beides ist bekanntlich mühsam. Doch *das* ist eher zu schaffen, als Familie auch *dann* noch zu sein – *nach* dem Futtern.

> Als Beispiele für das Familie-Sein darf ich das Folgende anführen:
> »(...) Mit seinem Bruder Alex bildet Benni ein harmonisches, einander ergänzendes Team. Man hat das Gefühl, die zwei Brüder mögen einander einfach – was gibt es Schöneres? Mit lieben Grüßen, Robert und Uschi und Benni und Alex T.« (Steiermark, Weihnachten 2013)

Fabienne hat am 16. Dezember einen Bruder gekriegt. Doch Dennis liegt auf Neo-Intensiv und wird maschinell beatmet, weil er mächtig viel »Wasser« zwischen beiden Lungen und dem Brustkorb hat. Schon vor der Geburt ist das festgestellt worden. Gleich nach der Geburt ist dem Kleinen zu beiden Seiten ein bleistiftminendicker, weicher Schlauch (zwischen den Rippen hindurch) in den Brustkorb gelegt worden, damit das »Wasser« abrinnen kann. Wenige Tage vor dem Heiligen Abend fragt die Neunjährige ihre Mutter: »Mama, bei welchem Fenster kommt das Christkind herein?« »Bei dem großen im Wohnzimmer!« Als Fabienne schläft, sieht die Mutter nach – und findet einen Brief, den ich habe kopieren dürfen.

> Liebes Christkind!!
>
> Achtung Es ist ein Notfall. Du musst den Zettel nicht heute abholen. Bitte hilf mir Dennis muss Gesund werden!!!!!!
>
> Ein bisschen hast du ihn ja schon erhellt. Du siehst ja rechts. Doch es muss links auch auf hören zu rinnen.
>
> BITTE hilf mir. In großer Bitte deine

Der eingangs erwähnte rote Faden hat bei dem begonnen, was wir finden, falls wir hinschauen auf das, wovon die Rede ist. Das bisher Gesagte ist es wert, nochmals zusammengefasst und zugleich ein wenig erweitert zu werden:

- Wir funktionieren nach Vorgaben. Wer sich selbst richtig behandeln will, muss sich an diese Vorgaben halten. Wer sich täglich »vollrinnen« lässt, hält sich an Spaß, hält sich an sein Wollen, nicht aber an das, was ihm guttut. Spaß und Wollen reichen nicht einmal für das Ich – auch nicht für Familie.
- Auch Kinder werden von Vorgaben getragen und gelenkt. Eltern müssen die Vorgaben ihrer Kinder kennen, wenn sie diese nach deren Bedürfnissen, Talenten und Vorgaben formen wollen. Das braucht außerdem Wärme.
- Vorgabe: Kinder können weder ohne Mutter noch ohne Vater werden. Allerdings hat auch Familie ihre Vorgaben, weil sie sonst nicht Familie sein kann: Einheit! Dauerhafte Einheit. Freundli-

che, warme, wohlige Einheit, die ohne Freundlichkeit sowieso nicht machbar ist. Wärme, Wohliges, Angenehmes, das Familie auf Temperatur halten kann. Ist das einfach? Ist das »Einfache«, das Mühelose im Familienleben das eigentlich Wichtige?

• Einfacher ist scheinbar vieles andere. Gibt es Besseres als das, was Familie bieten kann – bieten könnte? Jede Menge Notbehelfe gibt es. Gut, dass es sie für den Notfall gibt. »Ewige Not« – wer will daraus täglich trinken? Zeltlager, Waisenheime, Kinderdörfer: Gut! Patchwork – na, wenigstens das. Warum nennen Angloamerikaner so, was bei uns »Flickwerk« heißt? Warum haben wir noch keinen wärmeren Namen dafür gefunden?

Familie meint zuvorderst *Nähe*. Nähe, die warm ist, weil Wärme ohnehin nur aus der Nähe wärmt: »Komm her, mein Kind!« Auch wortlos kann Nähe wärmen.

> Ein Beispiel zu den Notbehelfen: Krabbelstube. »Bussi, mein Schatz!« Und fort ist die Mami. War das ehrlich mit dem Schatz? Wird sein, falls das wirklich nicht anders geht. Kann da Täuschung mitreden – Täuschung, *dass es nicht anders geht*? Einfacher, direkter, unkorrekter: Ist *immer* Not, was wir Große für »notwendig« halten? Ist die Not der Eltern die einzige Not, die in einer Familie Beachtung, Rücksicht, Verstehen, Einstellung, Taten verdient?
>
> »Essen steht im Kühlschrank!« *Warm* ist das nicht. Kühl. Kalt. Eiskasten! Einsam futtert das Kind sein Futter rein. Kann es sein, dass Kinder hier bereits Einsamkeit lernen, üben, »über-leben« müssen. Einsamkeit, die sie später dann an andere weiterreichen, anderen dann ähnlich umschnallen – uns Alten zum Beispiel? Familie!

In jedem Alter können Kinder verstehen, was sie in diesem Alter bereits verstehen *müssen*, um zu überleben (siehe *Kinder wollen, was sie müssen*). Ein Krabbler muss verstehen können, dass die blöde Lade wehtut, falls er das falsch angeht. Und er schafft das auch.

> Es folgt ein Bericht, der staunen lässt, was Krabbler bereits verstehen können: die Versuchsanordnung zur sogenannten »visuellen Klippe« von Eleanor J. Gibson und Richard Walk aus dem Jahr 1960. Wie der Versuch auf einem speziellen Tisch mit Glasplatte funktioniert, erklären Bianca Jovanovic und Gudrun Schwarzer im *Handbuch der Kleinkindforschung:* »An der Unterseite der einen Hälfte der Glasplatte ist ein Schachbrettmuster angeklebt worden. Unter der anderen Hälfte lag das Schachbrettmuster am Boden, also deutlich tiefer als die andere Hälfte. Von oben her

betrachtet zeigt dieser Höhen-Unterschied eine optische Klippe (Stufe) zwischen den beiden Schachbrett-Hälften; diese wird durch die Glasplatte aber gleichsam nur vorgetäuscht. Die Kinder wurden nun auf die Glasplatte gesetzt, dicht ran an die simulierte Klippe; und von ihrer Mutter, die sich auf der gegenüberliegenden Seite befand, aufgefordert, zu ihr zu kommen. Die Kinder aber weigerten sich, über diese visuelle Klippe hinweg zu krabbeln. Dies zeigt sehr eindrücklich, dass sie den Abgrund und damit die Anordnung im Raum erkannt hatten.«[128]

»Warum funktioniert das bei unserer Kellerstiege nicht?«, wird möglicherweise Ihr Einwand sein. Vielleicht, weil der Kontrast zwischen der obersten und der nächsten Stufe nicht scharf, nicht »alarmierend« genug ist. Der Kontrast also nicht annähernd so »durchschlagend« ist wie ein knalliges, grobes Schwarz-Weiß-Muster. Wir erinnern uns daran, dass die unreife Netzhaut bis zum Alter von achtzehn Monaten scharfe Kontraste braucht (siehe *Kinder wollen, was sie müssen*). Allerdings kann das jeder zu Hause ausprobieren: Bringen Sie auf den zwei obersten Stufen (über die ganze Fläche) ein rutsch- und reißfestes, grobes schwarz-weißes Schachbrettmuster an und locken Sie (von den Stufen her) den Krabbler. Notfalls landet er in Ihren Händen! Dabei mag sich das Kleine schrecken: Kann das heilsam sein?

Sollten Sie im Heimversuch dasselbe herausfinden, was Gibson und Walk entdeckt haben, dann haben Sie bestätigen können, wovon eben die Rede gewesen ist: Kinder können verstehen, was sie (ihrem Alter angepasst) bereits verstehen müssen, um einem Weh zuvorzukommen. Angepasst! Offene Schächte haben kein Schachbrettmuster, sie sind Kleinen also nicht »angepasst«.

Einander angepasst verstehen: Kann Familie auf dieses Verstehen verzichten? Allerdings: Bis zum Krabbelalter können Kinder nichts von dem verstehen, was wir ihnen mit Worten sagen. Sie dürften jedoch »riechen«, was Miene, Lautstärke, Hektik transportieren. Das mag sie oft ordentlich ängstigen. Angst – ein böses Ding!

Jedes wache, gesunde vier Tage Alte wendet sich zur Stimme, die es anredet. Seine Augen scheinen dabei zu leuchten, falls Hunger mit im Spiel ist: »Futter naht von links.« Das sagt ihnen die linke Wange, falls die Brust das Kleine dort berührt. Linksum!

Später werfen sie oft einen kurzen Blick zur Mama, wenn sie neuerlich einen Anlauf auf die Steckdose nehmen: Als dürften sie ahnen, dass die Mama etwas dagegen hat. Stört da wer? Stört das den Forscher? Bremst das den von »Neugierde« Getriebenen? Ein oftmals grimmig drohender

Blick: Könnte Ängstlichkeit da bereits starten? Die Summe entscheidet! Davon war schon die Rede! Von wiederholt Traurigem, von wiederholt Bösem, Weh oder Drohendem war die Rede – und von dessen Wirkung. Wie oft muss einem Einjährigen gezeigt werden, damit es sich merkt, was es mit einem Kochlöffel und einem Deckel machen kann?! Summe! (Siehe *Kinder wollen, was sie müssen* und *Kinder funktionieren nach Vorgaben.*)

Familie: Bis zum Krabbelalter müssen Eltern oder Geschwister mehr agieren als »re-agieren«. Aus dem täglichen Erfahrungsbereich von Eltern folgt jetzt teils Bekanntes und Interessantes.
Auf das Aufweinen eines elf Tage alten Babys müssen Eltern reagieren: Futter? Oder nasse Hose? Oder: »Wo seid ihr denn alle!?« Anwesenheitsbestätigung fordern die Kleinen, falls sie sich »alleine spüren«! Du bist nicht allein, mein Kind. Familie! Alles Weitere ist Sache der Eltern: Futter, Hose, Ruhe, Ordnung, Rhythmus, Ausflug, Wespen …
Mit drei Monaten? Längst sind die Kleinen dabei, das eigene »Ich« zu entdecken: Sie müssen ihre Finger sehen – bloß einmal das: Sehen! Zählen müssen sie die Zehne noch nicht, denn die stimmen ja sowieso. Die eigenen Hände *sehen*, denn die nächste Etappe scharrt bereits in den Startlöchern: Hindreschen auf das bunte Zeug, das die Mama quer übers Bett spannt. Denn entdeckt hat das Kleine die bunten, lockenden Dinger schon lange.

»Nach dem Gesicht meiner Mami war das bunte Zeug ziemlich das Zweite, das mich gejuckt hat. Das war ähnlich nahe, wie das liebste Oval mir zeitweise nahe ist, und das daher mein erstes Lächeln kriegt! Kann mich nicht sattsehen an diesem tollen Oval. Der Papi? Der ist auch oval – und noch immer unrasiert!« *Nobody is perfect.* Auch nicht in einer Familie.

Die Zehen? Noch kein Thema – zu weit weg! Wird kommen, wenn dafür Not ist. Not für die Zehen? Frühestens, wenn das Kleine wissen muss, woran es notfalls knabbern kann, falls es Hunger kriegt – was es im Alter von acht Monaten auch problemlos schafft. Seitengleich. Womit die Eltern übrigens Gewissheit kriegen: Also – eine *schwere* Bewegungsstörung? Die ist mit acht Monaten sicher vom Tisch, falls das Kleine seitengleich an den eigenen Zehen knabbern kann (am leichtesten in Rückenlage). Auch das freie Gehen ist in drei, vier Monaten mit satter Wahrscheinlichkeit zu erwarten. Für manche Eltern ist diese Information von Wichtigkeit: Es ist enorm tröstlich, das *sicher* und außerdem *selbst* zu diagnostizieren.

Während der Geburt hat sich die Plazenta vorzeitig abgelöst, arger Sauerstoffmangel ... Fast halb tot ist das Kleine durch den Kaiserschnitt geholt worden. Die ganze Familie jubelt über das einstmalige Sorgenkind: »Mario hat in den letzten vier Tagen alle seine Zehen verspeist! Halleluja! Juhu!«

Mit sechs Monaten müssen Kleine weder »Bitte!« sagen noch »Sorry!«: Sie können das noch nicht. Vermutlich können sie just deshalb in diesem Alter noch kein Wort reden, weil es dafür keine Notwendigkeit gibt. Plärren reicht, damit die Großen checken: Da ist Not, aus der sich das Kleine selbst nicht retten kann! Familie! Und von wegen »Sorry«: Mit sechs Monaten machen Kleine nichts falsch (jedenfalls speiben sie der Mama nicht absichtlich den Pullover voll). Familie! Mit neun oder zehn Monaten? Da nun wird's heftig: Es beginnt das gefürchtete Forscheralter. Gefürchtet, weil Herr Sohnemann oder Frau Tochter überall dran ist, sobald sie ihre Gucker auftun.

Zurück zum roten Faden: Ist der erkennbar? Eltern müssen *Familie* schaffen, um sich selbst und ihre Kleinen samt deren Bedürfnissen zu tragen. Und um sich aneinander zu freuen und sich aneinander zu amüsieren. Außerdem: Wer kann schneller und sicherer treffen, welche Einfälle die Kleinen als Nächstes produzieren? Wer hat deshalb am ehesten mit uns Geduld? Eltern wissen ja, von wem ihre Thronfolger Jähzorn, Faulheit, Chaos, Schlampigkeit, Pingeligkeit, Langsamkeit, Lästigkeit, Hektik, Sturheit und alle sonstigen Kronjuwelen haben. Alle Eltern wissen das. Allerdings: Werden sich Eltern darüber tatsächlich jemals einig? Egal – Familie! Trotz haufenweise täglicher Pannen – Familie! Wer bietet Besseres?

> Apropos Pannen – Obacht: Kleine spüren, dass etwas nicht passt, auch wenn sie darüber *noch* nicht reden. Oder nicht mehr reden, sondern darunter bloß leiden. Spüren Große, dass etwas in der Familie nicht passt? Leiden auch Eltern unter dem, was sie spüren, woran sich aber trotzdem nichts ändert?

Nachschlag: Fragt jemand in einer Runde von Redseligen: »Welche sind die drei Worte, mit denen wir es eher schaffen könnten, Familie zu werden, Familie zu sein, Familie zu bleiben, Familie blühen zu lassen?« Drei bekannte, alltägliche Worte, eines davon in Englisch. Sechs Silben insgesamt.

Eltern müssen Größe wagen

Großes: Güte. Fairness. Wasserdichte Wahrhaftigkeit. Ehrlichkeit. Treue. Sinn! Sinn muss machen, was wir denken, planen, tun. Sinn – das vielleicht Größte, das Kinder von Großen übernehmen können. Auch Demut.

Eltern müssen Größe zeigen. Voreinander und vor ihren Kindern. Größe müssen sie auch wagen. Eltern müssen ihre Kinder Größe riechen, sie Größe üben lassen, wenn sie aus ihren Kleinen Große machen wollen. Größe muss Kleinen glaubhaft vor Augen stehen – so wie sie uns in einem der Fotos vor Augen steht (siehe S. 253). Nicht nur am Muttertag. Auf dem Gezeigten, dem Geübten, auf dem Machbaren, auf dem Lebbaren müssen Eltern dann auch bestehen. Geschmeidig bestehen, charmant. Und das endlich Geschaffte müssen Mütter und Väter sehen, anerkennen, dafür Danke sagen. Sehen! Anerkennung! Danke! Große Eltern schaffen das. Eltern sind groß! Eltern dürfen stolz sein auf solche Kinder. Eltern sind die ziemlich Einzigen, die stolz sein dürfen: Stolz auf ihre Kinder. Denn elterlicher Stolz ist Dankbarkeit!

Eltern müssen Größe *haben* und Große *sein*. Sonst schaffen sie nicht, was sie müssen. In der Folge bleiben ihre Kinder womöglich »Zwerge«: Raunzer, Neider, Besserwisser, die bloß ein lautes Mundwerk, nichts aber in ihren Händen, nichts in ihrer Birne haben. Mütter und Väter müssen ihre Kinder Großes in Bild und Ton lehren, damit in ihren Kindern Größe werden kann. Ist das jemandem fremd – oder gar zu blöd?

Wie Größe werden kann? Größe mag damit starten, alles Nörgeln, Raunzen, Besserwissen, auch alles Unpassende und endlos Schräge endlich sein zu lassen.

Größe: Güte.

War auf diesen Seiten von Güte bereits die Rede? Eltern müssen ihre Kleinen Güte lehren, damit Friedfertige und Freundliche die Mehrheit stellen, wenigstens eine Vier-Drittel-Mehrheit schaffen.

Oder ist es ein Muss, dass immer die Gütigen zurückstecken oder den Mund halten müssen? Ist es ein Muss, dass immer das Richtige geduldig warten muss? Ist es ein Muss, dass immer der »G'scheitere«, der Leise, der Unauffällige, der Schwächere nachgeben muss? Ist es ein Muss, dass immer das Fiese, Falsche, Blöde und Verkehrte auf nichts und auf niemanden Rücksicht nehmen müssen? Wieso ist das so? Starre, Sture, Bockige, Stärkere, die ewig Gierigen: Wozu sind die alle gut, welchen Mehrwert schaffen sie? Friedfertigkeit und Freundlichkeit haben scheinbar eine gemeinsame Wurzel: Geschätzte Leser, will jemand von Ihnen sagen, wie wir diese gemeinsame Wurzel nennen? Jedenfalls müssen Friedfertigkeit und Freundlichkeit von dort kommen, wo Güte wohnt: Von innen drinnen, aus unserer Mitte – denn hier wohnt Gewogenheit. Grant kommt auch von dort.

Güte – wieso? Weil Güte jedem guttut, jedem angenehm ist. Von Güte ist die Rede – wie schon im Kapitel *Kinder wollen Güte*! Gutmütigkeit? Andere Baustelle. Und Güte – wozu? Damit unsere Kinder sich wohlfühlen. Sie bewegen sich im Duft von Güte frei, unbekümmert! Jeder kann ja sehen, wie sie juchzend durch den Garten, durch die Wohnung hüpfen – oder sie eben nicht hüpfen. Güte auch deshalb, weil Kinder das Richtige eher schlucken, wenn es ihnen appetitlich hingehalten wird. Sie tun das Richtige dann eher richtig. Sie können das Richtige erklären und notfalls auch verteidigen. Güte! Denn Strenge setzt auf Angst (siehe *Kinder sollen keine Angst haben dürfen*). Wo ein »strenges Regiment« herrscht? Dort werden Kleine eher zu »Braven« erzogen, zu Braven womöglich hinverbogen: Zu klaglosen Schweigern, die sich nicht trauen, das Richtige zu sagen, es charmant zu sagen. Die sich nicht trauen, das Richtige zu erklären, in Schutz zu nehmen. Schweiger, die sich gar nichts trauen: Nullmeldung.

> Doch *das* mag kommen, wenn dem Niedergehaltenen Galle und Frust bis zum Stehkragen stehen: Dann können die Fetzen fliegen. Hirnlos wird aller Widerspruch dem Erdboden gleichgemacht. Ist das schon einmal passiert, 1789 in Frankreich etwa? Oder bei Spartacus' Sklavenaufstand im alten Rom? Niedergebeugten ist der Kragen geplatzt, ihre Galle hat sich rot gefärbt. Woher rekrutieren die Taliban ihre Schergen? Woher der IS? Menschenverachtung hat grausige Folgen ...

Güte stützt sich auf das Richtige, auf gewogene Festigkeit im Richtigen. Festigkeit – eine geschmeidige Sache. Steifheit und Strenge? Sie sind nicht geschmeidig. Sturheit: Die ist obendrein bockig. Und im schlimmsten Fall klebt Blut an den Hörnern von Bockigen, längst eingetrocknetes und noch frisch-warmes, tropfendes Blut.

Größe: Gerechtigkeit.
Eltern müssen ihre Kinder Fairness atmen, Fairness sehen, Fairness üben lassen.

> Von vier Söhnen bin ich der Älteste. Das hatte Vorteile, wenn ich Stellung und Vorsprung genützt habe, um … und es Tränen, Streit, Rauferei, Watschen gesetzt hat. Unsere Mutter hat da etwas äußerst Unangenehmes getan: Wenn sie herausgefunden hat, dass ich der Bösling gewesen bin, hat sie mir mit Entschlossenheit gesagt: »Geh jetzt und entschuldige dich. Laut und deutlich will ich hören: ›Pauli, es tut mir leid! Ich will das nicht mehr tun!‹ Laut und deutlich!« Peinlichkeit hat jedes ihrer Worte begleitet und das Befohlene beinahe zur Unmöglichkeit aufgeblasen. Die Therapie samt triefender Peinlichkeit hat nicht lange gehalten, doch die Langzeitwirkung mag erkennbar sein.

Wie soll Gemeinschaft halten können, wenn bloß der Stärkere, der Schnellere, der Hellere das Sagen hat, nicht aber das Richtige, das Rechte, das Gerechte? Eltern müssen ihre Kinder Gerechtigkeit spüren lassen, sie Fairness atmen und sehen lassen, ihnen Fairness beibringen. Vom *Spüren*-Lassen ist da wieder mal die Rede. Denn was bedeutet das für ein Zweijähriges? Mit Haut, Ohren, Zunge, Nase, Augen: *Spürend* ertasten die Kleinen ihre Welt. Sie speichern alles Gespürte. Wie sonst sollten sie in der Lage sein, die blöde Lade spätestens nach dem zweiten Anlauf so zu schließen, dass die Finger …? Das Gespürte und so Gespeicherte? Das sitzt! Erfahrung schafft das festeste Wissen, das sicherste Können.
Gerechtigkeit ist tragend in jedem Wir! Sonst fliegen dort bloß die Fetzen, spritzt Blut oder fließen Tränen. Wer von uns will, dass *seine* Fetzen fliegen, dass *sein* Blut oder *seine* Tränen spritzen? Schade, wenn Kinder Gerechtigkeit nicht üben können, weil da nur ein einziges Kleines ist, das mit keinem anderen Kleinen streiten kann. Das auch nicht teilen muss, Gerechtigkeit und Streitkultur nicht unter »Aufsicht« üben kann. Das einsame Ich kann sozial Wichtiges also nicht üben. Reden wir von Größe? Ob, wann, wie viele Kinder jemand hat? Davon war jetzt nicht die Rede. Von »schade« war die Rede und vom Üben. Allerdings: Ob, wann, wie viele Kinder jemand hat? Das ist ausschließlich Sache der Eltern, sofern das überhaupt in ihrer Macht und ihrem Wollen liegt.

Mag sein, dass der Finanzminister dazu einen Einwand hat und Millionen andere ebenso. Wieso ein Einwand? Weil sie nicht zurückerhalten, was sie – dereinst – ihr Leben lang eingezahlt haben. Sie erhalten es deshalb nicht voll zurück, weil heute jene nicht da sind, die morgen dafür aufkommen. Größe blickt nach vorne!

Wann Kleine Gerechtigkeit lernen können? Sobald ein Kind »mein« und »dein« auseinanderhalten kann. Spätestens mit zwei Jahren müssen Eltern vom Ego-Rabauken Fairness fordern. Das ist ein Muss, solange die »Grundmauern« im Werden sind. Geschmeidig müssen Eltern Gerechtigkeit fordern, denn noch steht das »Dein« auf zarten Beinen. Notfalls auf Kosten der älteren Geschwister? Fairness kann schwierig sein. Doch sie lohnt sich – bitte umsehen! »Der G'scheitere gibt nach!« Das hat mich als Kind nicht überzeugt, noch weniger begeistert. Es wird auch andere Kinder geben, die das ähnlich sehen. Dennoch: Der Klügere gibt nach – im Unwichtigen.

Eltern müssen ihre Kleinen sehen und hören lassen, wie sich jemand verhält, der mit anderen redet: Er muss die Klappe halten und seine Lauscher spannen, weil er sonst nicht hören kann, was der andere redet. *Zu*hören. Zu, weil die Klappe zu sein muss, sobald ein Gegenüber sie aus guten Gründen geziemend auftut, sie zur rechten Zeit auftut. Geziemend – ist dieses Wort bekannt? *Hin*hören. Weil ein Zuhörender *hin*schauen muss auf den, der Auskunft will.

Was muss jemand tun, der den Fragen eines Umherirrenden entkommen möchte? Er muss sich in den verwinkelten Gängen eines Spitals oder in den endlos langen Korridoren von Ministerien umsehen und beobachten, wie manche dort Beschäftigte da tun: Sie schauen weg. Nicht aber schauen sie dem Umherirrenden in die Augen! Ihr eiliger, beschäftigter »Wegschau-Blick« sagt den suchenden, bittenden Augen: »Lass mich in Ruh! Ich hab zu tun! Ich hab es eilig und für dich jetzt keine Zeit.« Haben solche Typen jemals Zeit – für andere? Aber endlos darüber maulen, dass es heute keine »Kinderstube« mehr gibt! *Wer* hat da *was* versäumt? Und *wann*?

Größe: Wahrheit.
Eltern müssen ihre Kinder zur Wahrhaftigkeit führen, zur Wahrheit anhalten, sie an der Wahrheit sich anhalten lassen. Sie werden dabei bedenken, dass Dreijährige nicht lügen, sondern sich

irren. Doch spätestens beim Kauf der Schultasche …! Kann es sein, dass Eltern bei der Hinführung zur Wahrhaftigkeit etwas übersehen oder unterlassen? Ihre Kleinen stattdessen Falsches haben »riechen« lassen, Falsches ihnen vorgezeigt, Falsches sie haben üben lassen? Eine Notlüge etwa? Schon unsere Allerkleinsten müssen »riechen«, *dass* Wahrheit duftet, *wie* und *warum* sie duftet. Schon unsere Allerkleinsten müssen auf diese Weise lernen, dass Wahrheit oft nicht einfach, immer aber wahr ist. Duft kann niemals stinken! Duft kann »teuer« sein, teuer zu stehen kommen. Doch stinken kann er nicht.

> Spätestens beim gemeinsamen Kaufen der Schultasche werden Eltern ihrem Kleinen eintrichtern: »Hör mal, mein Schatz! Wenn du einmal lügst – *einmal* nur den Papi anlügst oder deinen Bruder oder den Herrn Lehrer oder deinen Freund … Was dann ist, mein Kind?« Die Antwort muss das Kleine *selbst* finden. Selbstgefundenes haftet besser – siehe die Erfahrungen mit der blöden Lade oder mit dem Schwanz der Katze. Fünf-, Sechsjährige können schon sagen, was Lüge ist. Wir Große müssen notfalls anfügen: »Absicht macht Unwahres zur Lüge.« Irrtum ist keine Lüge. Wahrheit muss folglich auch dort sein, wo sie ein Nachteil ist. Das braucht Größe! Die Antwort selbst finden lassen: Da mag die Mutter ihrem Kleinen sagen: »Na, was denkst du dir, wenn dein Sitznachbar in der Schule sagt: ›Ich hab zu Hause ein tolles Fahrrad!‹, er aber keines hat? Was denkst du dir von einem solchen Freund?«

Alles lernen Kinder anfangs von ihren Eltern – von wem denn sonst? Alles. Auch die Muttersprache, weshalb sie Muttersprache heißt. Lange hören Kleine wortlos hin, bis das erste gezielte »Mama« kommt. Hurra! Muttersprache. Kleine reden, *was* und *wie* sie das zu Hause hören: Das »Alphabet« lernen sie hier. Anhand dieses Alphabets kann jeder eine Diagnose stellen, ob, was und wie zu Hause geredet wird. Der Rest folgt im Kindergarten und in der Schule: Da kommt einiges dazu – auch solches, das Sinn macht. Doch seine Wurzeln hat das Alphabet immer zu Hause. Apropos, ob und was zu Hause geredet wird: Erstaunlich wortlos sind manche Jugendliche, wenn es beispielsweise darum geht, ein »Sorry!« loszuschicken, besonders männliche. Erstaunlich! Wer hat da *wann was warum* versäumt? Wortlos auch, wenn sie einen sinnvollen Satz so sagen sollen, dass Hörtüchtige den so verstehen können, wie er gemeint ist. Jugendliche – wie lange dieses Alter dauert? Gelegentlich bis weit über die achtzig. Reden und Kommunikation brauchen Übung. Blabla braucht diesen Aufwand nicht. Bitte umhören!

Größe, Zartes, Edles, alltäglich Nützliches, Brauchbares, Nötiges: Dafür werden zu Hause die Grundmauern gelegt, sonst bleiben wir klein. Klein, weil da ein Loch ist, auf dem andere nicht weiterbauen können: eine Ruine schon bald nach dem Start. »Zwerge« werden nicht geboren. Zwerge sind eingebremste Frustrierte. Doch Heerscharen von Zwergen rennen überall herum: in Lehrwerkstätten, Konferenzzimmern und Hörsälen nicht anders als in Ministerien, Shops, Ordinationen oder Polizeiwachstuben. Zwerge: Miesmacher, Kleingeister, Schwerenöter, die scheinbar ausschließlich mit dem Kleinhirn denken. *Klein* vor allem! Zwerge nicht im Äußeren, wie jener auf dem Foto (siehe S. 254): Zwerg im Inneren.

Alles lernen Kinder anfangs von ihren Eltern, denn dort fangen wir alle an. Alles: Das Richtige, das Angenehme, das Falsche. Auch das, was sie nicht lernen – das lernen die Kleinen dann halt nicht, stattdessen entstehen dort Löcher. Fundamente: Wer will diese Lücken auffüllen, nachbessern können? Wer will Fundamente umstellen oder ergänzen, wenn der Rohbau samt Dach längst steht? Eltern müssen also ihre Größe unverkleinert weitergeben, damit ihre Kinder Größe dann unverkleinert annehmen, üben, weitergeben können. Sonst passiert, was gelegentlich passiert: Zeitgleich mit dem Gründer stirbt die Firma.

Fundamente und Wurzeln: Beide können alle an den Früchten erkennen, obwohl beide stets verborgen sind. Auch *fehlende* Fundamente können wir sehen, wenigstens können wir sehen, was dort zu sehen ist: Löcher in den Fundamenten. Fundamentale Löcher.

> Pech, wenn so jemand um eine Arbeitsstelle ansucht, aber nur Dürftiges auf dem Kasten hat. Pech, wenn so jemand in einer Firma hockt, dem sie erst nach Jahren auf die Schliche kommen. Pech, wer sich solchen Nachtlichtern anvertraut, doch schon am Abend desselben Tages alle Welt zu hören kriegt, was der Vertrauensselige dem Nachtlicht vertraulich ins Ohr gesagt hat. Vertraulich! Pech!

Größe: Konsens.

Auch *Konsens* müssen Kleine von ihren Eltern lernen. Das setzt voraus, dass Eltern Konsens schaffen. Konsens: Ein Herz und eine

Seele sein. Treue! Kann es sein, dass Mütter und Väter da manchmal etwas übersehen? Dass sie die »Rangordnung« in einer Familie übersehen oder falsch anlegen? Die Ersten in der Familie? Die Kinder sind nicht die Ersten in der Familie! Die drängen sich bloß aus guten Gründen vor. Die Ersten und die Wichtigsten? Die sind längst dagewesen, bevor die Kleinen erstmals »Hier!« geschrien haben. Konsens: Die Eltern müssen sich darüber einigen, wie sie nicht nur die Fundamente ihrer Kinder legen, sondern wie sie die Fundamente der ganzen Familie gestalten! Konsens auch darin, wie sie das Grundgelegte mit ihren Kleinen üben, es festigen. Sie etwa mit ihren Kleinen üben müssen, dass Kinder manchmal warten müssen! Und warum sie das müssen. Konsens üben in allem, was die Truppe zusammenhalten kann: Eintracht! Eintracht – ein ausgestorbenes Wort, nicht bloß ein altes; dennoch ein gutes Wort. Auf Einigkeit achten, nach Einigkeit trachten: Lateinisch *trahere,* ziehen, wie ein Traktor Tonnen durch die Gegend schleppt. Eintracht.

Die muss friedlich, friedfertig, heiter gelingen. Heiter wegen einer Streitkultur, die *Kultur* ist. Ja, doch – auch streiten müssen Kleine üben, damit Streit einen Fortschritt bringt, nicht bloß Tränen, Wut, Verbitterung oder Schlimmeres (siehe *Kinder sollen streiten dürfen*). Streitkultur.

> Wahrheit, Demut, Streitkultur: Müssen Eltern sich entschuldigen, wenn sie ihren Kindern unrecht tun? Diese Frage beantwortet sich von selbst. Wir reden ja von Größe und von Konsens: Übereinstimmung im »G'scheiten«.

Konsens muss in der Familie auch über den »Zieleinlauf« herrschen. Also darüber, was das Gastspiel hier denn überhaupt soll. Sonst ist für jeden etwas anderes richtig, im Teilen der Güter etwa: Im selben unterschiedliche Richtigkeit? Seltsam. Wohl einer der Gründe, wieso beinahe überall die Fetzen fliegen: Weil jeder etwas anderes für richtig hält, für *zielführend*. Konsens kann mit dem »Sprit von Eigensinn« aber nicht entstehen. Wozu bin ich auf der Welt? Woher bin ich? Wohin soll ich? Das mit dem Ziel, mit dem Konsens und mit der Einheit: Ist das also wichtig? Und was jetzt, außer Streitkultur ernst nehmen und diese üben? Ziel!

Kann es sein, dass uns just beim Thema Zieleinlauf die Wurzeln angrinsen, aus denen Zwietracht hochfährt? Bis zu einem eigenen Badezimmer oder Auto? Bis dorthin schafft das bald jemand. Doch das sind nur Etappensiege, die für einige der Gesamtsieg sind, die ab dem – endlich fertigen – Badezimmer nur mehr die Pension erwarten. Überdruss: Kann der im steten Zuwenig eine seiner Wurzeln haben? Kann im chronisch »Null-Sinnigen« Grant, Streitsucht, Stumpfsinn werden?

Streitkultur ist nötig, denn auch Depressionen können bekanntlich dadurch ausgelöst werden, dass jemand unentwegt zusammenkracht mit dem bockigen Widerspruch von Unwilligen. Widerspruch gegen das, was Sinn machen würde, während Sinnvolles aber mit Absicht nicht passiert (etwa die Aussöhnung mit der Schwiegermutter oder dem Nachbarn). War da eben gerade von Streitkultur die Rede? Überhaupt von Größe?

> Von wegen Zieleinlauf: Paris! Bei jeder *Tour de France* ist dort das Ziel. Wer nach Madrid abzweigt – auch schön, nicht aber das Ziel der *Tour de France*.

Ein Ziel ist »Sprit«, um Sinn zu sehen. Sinn jedoch muss wissen, wonach er Ausschau halten kann: Deshalb braucht es ein Ziel.

Sinn ist vielleicht das Größte, das Eltern ihren Kindern einsehbar, das sie ihnen hör- und verstehbar machen müssen; das Mütter und Väter ihren Kindern auch spürbar vorleben müssen. Sehen, hören, spüren. Wie sollten Kinder nachdenken über etwas, das sie gar nicht sehen, von dem sie auch nichts hören? Sinn! Ziel! Wie sollten Kinder nachdenken über Gehörtes, das sie deshalb nicht hören, weil da niemand ist, der mit ihnen darüber redet? Sinn!

Wie sollten wir Alte wissen, was rau, glatt, samtig, sandig, heiß oder stachelig ist, wenn wir all das damals nicht hätten antapsen können? Wie sollten Kinder nachdenken über etwas, an dem sie weder Sinn noch Nutzen sehen? Vor dem sie womöglich bloß Angst haben? (»Heiß!« Mehr dazu im Kapitel *Kinder wollen Auslauf*.)

> Beispiel: Wie sollten sich Großgewordene an Neues wagen, wenn da niemand ist, der uns Sinn und Nutzen von etwas Neuem verklickert? Wenn uns niemand sagt, was an der Nutzung von Erdwärme Sinn macht, längst bereits Routine ist? Wie sollten sich Altgewordene über

eine längst fällige Hüftoperation »drübertrauen«, sich dazu endlich anmelden, weil außer Angst nichts dagegen spricht? Traurig, wenn stattdessen Schmerzen das ganze Gestell bereits verzogen haben und die Wirbelsäule von dieser Schrägheit kaum wieder loskommen wird. Wirbelsäule – um etliches wichtiger und komplizierter als sieben Hüftgelenke. Angst – der Turbo für vieles, das im Stillstand stecken bleibt.

Sinn: *Wieso* sinnvoll? Nutzen: *Wozu* Nutzen? Sinn und Nutzen: Beide halten Ausschau nach einem Ziel. Ziel – bekanntlich das Allererste, das jemand sieht, bevor er sein Hirn und seinen Hinteren bewegt. Das Ziel: Eltern müssen Größe zeigen, Größe fordern. Alle Eltern wissen das. Doch einige unter diesen endlos Gütigen und wahrlich Großen – was die zulassen? Sie lassen sich von Schwätzern beschwatzen: Von »Ich-Schwätzern«, die unserem Ego auf eine Weise den Rücken stärken, die niemandem guttut: die weder dem Ich noch dem Du guttut. Dem Wir? Dem auch nicht. Der rechte Umgang mit dem Ich, dem Du und dem Wir: Alle haben wir damit unsere liebe Not wegen des Ego-Wollens unseres Ichs. Kugelrund-vollgestopft ist dieses Ich bei vielen. Vielfach mit Klump vollgestopft, das schon morgen niemanden mehr interessiert. Dort bleibt ein Loch zurück. Das Ego ist vollgestopft mit Löchern. Lieber ein neues Auto als ein Kind. Beide werden es lohnen – jedes auf seine Weise. Größe?

Ein Wort ins Ohr meiner Landsleute: Könnten wir »größer« sein? Größer, weil wir mehr geben? Mehr *geben*, nicht mehr tun! Etwa mehr Kindern das Leben geben. Ihnen wenigstens das Leben nicht wieder nehmen. Ihnen mehr Zeit schenken. Geben macht »seliger« als nehmen: Kann das der Grund sein, warum manche Alte derart grantig sind? Ein Kind verhindern ist oft leichter als eines kriegen. Auch leichter, als es zu einem Brillanten zu formen.

Schwätzer. Weihrauch streuen Ich-Schwätzer unserem Ego und vernebeln ihm damit die Sicht auf das Ich! Auf das, was dem Ich tatsächlich guttäte. Und sie vernebeln die Sicht auf das Du. So kümmern »Egos« heran: Mickrige, zerknitterte, kümmerliche Engerlinge, in sich gekrümmte Egoisten, die es ihren beschwatzten Eltern bloß nachmachen. Hordenweise Egos!

Warum geht es so sperrig-stachelig zu in einer solchen Truppe, die anderswo Familie heißt? »Essen steht im Kühlschrank! Falls du zu wenig hast: Im Tiefkühlfach liegt eine Pizza.« Kühlschrank. Fast Food. Tiefgefrorenes. Das hatten wir bereits im Kapitel *Kinder wollen Geborgenheit*. Frostig, sperrig, karg geht es zu in allen Ego-Hütten: Jeder muss dort für sich selbst sorgen, weil er sonst womöglich nicht überlebt. Denn die Mitte – die fehlt in solchen Häusern oder rackert sich zu einem Krüppel. Wem zum Guten?

Eltern müssen Größe wagen, Größe zeigen, Größe in ihren Kindern formen, Größe von ihnen fordern. Wie sie da tun könnten? Eltern sollten ihrer Nase folgen, ihrem Instinkt. Ist Größe schwer? Nun ja – da gibt es Leichteres. Außerdem stellt sich die erste Frage anders: *Will* ich Größe?

Größe dürfte bei der Wertschätzung beginnen: Bei der Wertschätzung des eigenen Ichs! Denn die Wertschätzung meiner selbst kann die meines Gegenübers leichter auf Schiene bringen, weil jedes Du bekanntlich nicht viel anders ist als mein Ich. Jedes Du hat weitaus mehr Gleiches, auch mehr Ähnlichkeiten mit jedem Ich als Unterschiede.

Darf das etwas ausführlicher kommen? Wir alle haben eine Milz (wenigstens eine), zwei Ohren und zehn Finger (ursprünglich jedenfalls). Auch mögen es alle bequem. Und in ernsten Dingen setzt jeder auf das Richtige – etwa, dass mir mein Hausarzt die richtige Diagnose sagt oder dass in der Zapfsäule drinnen ist, was außen draufsteht. Außerdem will keiner angelogen werden. (Andersrum schon eher. Geschieht auch: Wirtschaftstüchtige belügen einander scheinbar routinemäßig. Notlüge: »Wer hat noch niemals ›notgelogen‹ – ein bisserl wenigstens?«) Wir alle wollen Anerkennung, Dankbarkeit und eine angemessene Entlohnung für erbrachte Leistungen. Die meisten wollen lieber auf Urlaub fahren, als unterbezahlte Überstunden machen. Niemand will ungerecht behandelt werden oder länger als sieben Minuten auf den verspäteten Kollegen warten. Jeder von uns nimmt enorm viel auf sich, um Wertvolles ehest zu erreichen. Auch gibt jeder das Geld lieber aus, als dass er weniger für das Bezahlte erhalten möchte. Et cetera. Et ceterorum.

Weitaus mehr Gemeinsames haben wir als Trennendes. Wo das deutlich wird? Im Ernstfall. Nepal: Am 25. April 2015 hat ein Erdbeben Tausende unter Schutt und Schnee vergraben – etwa 8600 werden es schließlich sein. Dort wird das uns Gemeinsame deutlich! Dort, wo Helfer aus aller Welt zusammenrennen, um Fassungslosen beizustehen. Die fremde Sprache? Eigentlich kein Problem: Ausgestreckte, kraftlose Arme, Hände – diese Sprache ist international. Die andere Währung? Ebenfalls kein Problem, falls da überhaupt etwas ist, das es zu verteilen oder zu kaufen gibt. Auch der Blick, der ein stummes »Bitte!« sagt, was diese Augen sagen möchten.

Das Du ist nicht viel anders als mein Ich: Von »Blutsverwandten« sind wir alle ständig umgeben. Ständig! Überall! Doch diese Gleichheit müssen wir sehen wollen. Die Größe des Ich und die Größe des Du sehen wollen – damit dürfte Wertschätzung beginnen. Auch Großes muss jemand wollen, dann kann dort Größe unauffällig entstehen. Ja, Größe kann unauffällig sein. Sie darf unauffällig leisetreten. Mickrig darf sie nicht sein. Neidisch auch nicht. Aufgedunsen? Auch verstellen muss sich Größe nicht oder sich gar verleugnen. Klappe halten reicht. Unauffällig dichthalten – scheinbar schwerer, als nur dicht zu sein.

Eltern müssen noch etwas: Neidlos müssen sie anerkennen, dass ihr Kind größer ist als sie selbst. Oder nicht größer! Dennoch ihr Kind! Das mag auch heißen, dass Eltern ihrem 65-jährigen Goldkind sagen dürfen: »Hör mal, deine Schuhe haben seit Langem keine Schuhcreme gesehen. Und die grindige Jeans? Darin will ich dich nie wieder sehen.«

Größe ist der Richtigkeit verpflichtet, dem Angepassten. Und der Hoferbe, der dazu weder Zeug noch Lust hat? Lass den in Ruh und hab ihn lieb! Jedes Kind ist zuallererst Kind, dann erst Hoferbe – vielleicht. Ja, doch – weiterhin gilt: Es irrt der Mensch, solang er lebt. Auch Große haben Lücken, die ansprechen darf, wer dazu irgendwie befugt ist. Kinder dürfen ihrer Mutter sagen: »Mama, das war ungerecht.« Oder: »Papa, bitte, *so* nicht …« Auch Eltern irren, solang sie leben. Ja, und?

Im Kapitel *Eltern müssen alles richtig machen* ist das Ende offen geblieben. Dort ist die Rede davon, dass Kleine sich sicher fühlen müssen bei ihren Eltern. Wie aber können sich Kinder sicher fühlen, wo doch Mütter und Väter Fehler machen? Eltern kennen eine »Brücke«, die elterliche »Fehler« überbrücken kann. Eine Brücke, die beinahe ungeschehen macht, was auch Mama und Papa nicht immer schaffen: Fehlerlosigkeit! Welche Brücke also? Es gibt zwei Brücken: Eine Brücke ist die Geborgenheit – die warme, oft lautlose, zarte Umarmung. Die zweite Brücke? »Entschuldige, mein Kind! Deine Mami/Mama/Mutter hat etwas falsch gemacht. Entschuldige bitte!« Oder: »Entschuldige, mein Kind! Dein Papi/Papa/Vater hat etwas vermurkst. Entschuldige bitte!« Eltern müssen Größe zeigen: Mag sein, dass sie dann *erst recht* Größe zeigen, wenn sie Fehler eingestehen und um Entschuldigung bitten. Seltsames wird passieren: Schwäche wird irgendwie »duften«. Seltsam! Denn Fehler stinken normalerweise.

Größe. Ein Jahr vor Drucklegung bat ich ein knappes Dutzend mir bekannter Eltern, das Geschriebene auf seine Tauglichkeit hin abzuklopfen. Aus der Liste der Kapitel konnten sie jene auswählen, die sie lesen wollten. Äußerst Wertvolles wurde mir daraufhin rückgemeldet. Danke vielmals!

Ein Vater hat kommentiert: »Wir [seine Frau und er selbst, Anm.] sehen die uns überlassenen Kapitel als Darstellung des IST-Zustandes; die nachfolgenden zusätzlichen Bemerkungen gehen von einem höchsten Niveau aus.« Bei diesem Kommentar musste ich an die rund 55 Krankenschwestern auf Neo-Intensiv und daran denken, welches »Niveau« diese stillen, goldenen Hände mir dort vorgeben. *Nur* »Schwestern« dieser Kleinen. *Aber was* für Schwestern! *Was* für ein Niveau! Ich habe auch an andere denken müssen, von denen ich ähnlich viel habe abschauen können: Eltern! *Was* für ein Niveau!

Lieber Leser, wollen Sie das genauer wissen? Also gut – eine Kostprobe. Mit dieser verbinde ich eine Bitte, die Sie nicht bloß fest in Ihrer Mitte verankern mögen, sondern auch weitertragen *müssen*: Weitertragen – wozu? Um jenen Augen und Mitte zu weiten, die solche Größe niemals haben riechen können: In den gut dreißig Jahren, die mich an das Krankenbett von zumeist schwerstkranken Kindern aller Altersstufen geführt haben (Zigtausende Kinder und deren Eltern sind es gewesen), was mir da nur ein einziges Mal passiert ist? Dass mich Eltern gebeten haben, ihr Kind sterben zu lassen. In diesem einen Fall musste ich dem Vater eines Frühgeborenen am vierten Tag nach der Geburt sagen: »Gregor hat eine Hirnblutung.« Eine solche Nachricht – wen hätte die nicht aus seiner Verankerung geworfen? »Lassen Sie unser Kind sterben!« Geschweige denn, dass sie mich um Ärgeres gebeten hätten ...

Auch bei meinen Kollegen habe ich mich umgehört. Nur *einem* hat eine Traurige gesagt: »Wenn mein Kind nicht leben kann, dann lasst es sterben!« Es hat sich um ein Kleines gehandelt, das gute sechzehn Wochen zu früh hatte kommen wollen: an der unteren Grenze dessen, was Kind und Helfer (damals, es dürfte 2008 gewesen sein) haben schaffen können.

Zwei unter Zigtausenden! Was für ein Niveau! Welche Größe. Welche Großmut! Welche Verliebtheit! Und selbst diese »Einzigen« haben in einem Moment innerer »Lichtung« plötzlich ihre Mitte aufgetan – und Gregors Mutter hat zu ihrem Mann gesagt: »Wir dürfen unser Kind nicht im Stich lassen!« Gregor ist vor wenigen Wochen dreißig geworden. Er ist Lkw-Fahrer – unfallfreier Lkw-Fahrer! ... Eltern müssen Größe wagen. Eltern schaffen das. Eltern sind Giganten.

Größe – ein letztes Beispiel. Eine Mutter hat uns Folgendes erleben lassen: Als Kind hat sie sich die Augen verätzt, seither ist sie blind. Ihr Neugeborenes ist bei uns im Krankenhaus gelandet – warum, das weiß ich nicht mehr. Ein ausnehmend hübsches, entzückend herziges Mäderl. Da hat sich in mir die Frage aufgetan: Soll ich der Blinden sagen, dass sie ein so entzückend hübsches Kind hat – wo sie das ja gar nicht selbst sehen kann? Geschätzter Leser, was hätten Sie an meiner Stelle getan? ... Sie hätten die »toten Augen« leuchten sehen müssen! Warum sie geleuchtet haben? Weil dieser Mutter offenbar wichtiger ist, dass ihr Kleines ein hübschen Mädchen ist – egal, ob sie das selbst sehen kann oder nicht. Größe!

Eltern müssen loslassen können

Niemand muss das einer Mutter, einem Vater erklären. Soll, darf, muss davon trotzdem die Rede sein? Ob uns das Schicksal danach fragt? Ob sich just auch jener darum schert, der niemals anklopft, wenn er eintritt?

Loslassen – ab wann bereits? Bei der Abnabelung spätestens. Wann das nächste Mal? Wie oft noch ein nächstes Mal? Verliebte können loslassen: Manchmal schwer. Irre schwer. Immer irre schwer. Aber in ihre Kinder Verliebte – die schaffen das. Warum sie das schaffen?

> Wenn wir Eltern sagen müssen: »Julia kann nicht mehr! Und wir … wir auch nicht. Denn alles haben wir aufgeboten, versucht, noch einmal versucht …« Julia ist sechs Tage alt oder drei Wochen. Oder vorgestern vierzehn geworden. Sollte eine solche Nachricht raus müssen, was Eltern da hilft loszulassen? Was da Eltern immer noch geholfen hat zu schaffen, was keine Mutter, kein Vater freiwillig schafft? Wenn wir ihnen haben sagen müssen: »Wir bieten alles auf, damit Julia keine Schmerzen hat. Doch ob sie wirklich keine hat? …« *Da* jetzt haben alle loslassen können. Offenbar deshalb, weil sie – oft auch hörbar – sagen: »Nein, leiden soll unser Kind nicht.« Größe, die offenbar nur Verliebte schaffen!

Loslassen. Eltern schaffen das, weil sie Verliebte sind. In ihre Kinder Verliebte. Verliebte respektieren jede Entscheidung ihrer Kinder, solange diese dabei bloß glücklich sind; echt glücklich, oder wenigstens zufrieden. Oder wenn sie zumindest keine Schmerzen mehr haben müssen. Solche Entscheidungen können Eltern dann mit irrem Weh auch akzeptieren. Und sie tun das auch. Verliebtheit solcher Größe können wir auf pädiatrischen Intensivstationen trotz der vielen technischen Apparate (siehe Foto S. 255) überall fast mit Händen greifen.

> Loslassen: Loslösung, von der hier die Rede ist? Lange Leine! Wie lang? Bis der Tod sie kappt? Nein, länger! Da hat der fiese Hund nicht mehr mitzureden: Leine über den Tod hinaus? Hören wir, wovon viele Weinende just in einer Not reden, die leere Worte nicht erlaubt; hören wir, worauf sie vertrauen: »Wir sehen uns wieder, mein Kind! Wir sehen uns wieder. Lebe wohl!«

Verliebtheit ist unüberbietbar groß. Oft aber muss sie leiden. Verliebtheit muss viel leiden. Eltern leiden viel – nebst all dem bunten, herzigen, einzigartig köstlichen Sonnenschein, den ihnen ihre Kinder tonnenweise zutragen. Jedes auf seine Weise. Oft erstaunlich unterschiedlich, obwohl vom selben Stamm ... Oft auch unfassbar Schmerzhaftes tragen Kinder ihren Eltern zu. Seltsam, dass uns überall Gegenwind begegnet. Seltsam.
Eltern müssen Unschaffbares schaffen. Sie schaffen das, weil sie Verliebte sind. In ihre Kinder Verliebte! Kann das oft genug gesagt, kann das oft genug wiederholt, oft genug gewürdigt werden? Eltern!
Wer kein Kind hat, weiß von keinem Leid. Wer kein Kind hat, weiß von keiner Freud.

Eltern müssen normal sein

Wer normal ist, *was* an unserem Verhalten normal ist: Wer das punktgenau sagen kann? Psychiater können das klären und erklären. Auch jene können das sagen, die unter sozial Verhaltensgestörten zu leiden haben.

> Kostproben zu Verhaltensgestörten gefällig, wie sich die bei einem echten Wiener anhören?
>
> »Der Typ ist voll gestört! Ein Spinner, wie er ins Buch der Rekorde gehört!«
>
> »Was du aufführst, was du mich tagtäglich anschauen lässt – sag mal: Ist das noch im grünen Bereich?«
>
> »Bist du noch zu retten? Du bist doch voll gestört! Lass dich behandeln! Oder geh!«

Es folgt ähnlich Würziges, das polternd wiederholt wird. Vor allem geht es im Folgenden darum anzudeuten, *wie* sozial Verhaltensgestörte zu solchen werden – und *woran* sie zu erkennen sind. Drittens geht es darum, diesen eine *Alternative* hinzuhalten: »Lass dich behandeln oder geh!« Wo also auf den folgenden Seiten von Verhaltensgestörten die Rede ist, dort sind immer *sozial Verhaltensgestörte* gemeint. Damit das hier nun Folgende sicher in die »rechte Kehle« gerät – was ich dazu in Erinnerung rufen will? Dass ich mich als Sprachrohr auch für jene verstehe, die mit hartnäckig Ekelhaftem kaum oder nicht mehr zurande kommen.

Verhaltensgestörte stören, deshalb heißen sie auch so – Gestörte! Gestörte bereiten ihrem Gegenüber bisweilen arg viel Kummer (siehe auch *Eltern müssen alles richtig machen*). Sie könnten ihre Faxen locker sein lassen, tun das aber nicht. Wie und warum Verhaltensgestörte zu solchen werden? Es darf vermutet werden, dass diese oftmals von ihren Eltern als »Erbe« mitgekriegt haben, worunter jetzt alle leiden – auch der Gestörte selbst. Ebenso darf vermutet werden, dass gesund Geborene durch spinnende Eltern oder »Freunde« umgepolt werden, sodass sie durch Anerzogenes oder Aufgepfropftes zu Spinnern werden! Könnte das so sein? Sehen Sie sich um! Auch über Europas Grenzen hinaus, sehen wir uns um! Welcher Heutige, der sehen kann und sehen will, kann das viele Irre übersehen? Irres, das locker vermeidbar wäre, nicht aber vermieden wird. Verhaltensgestörte: Überall rennen sie herum und lassen Schuldlose arg viel leiden. Umsehen! Gesunde können Verhaltensgestörte »riechen«, sie auch ziemlich sicher diagnostizieren. Etwa daran, dass sich sozial Gestörte für ihre argen Lästigkeiten nie entschuldigen. Welcher Terrorist hat sich jemals für seinen Dreck entschuldigt, falls er seinen selbst inszenierten Irrsinn überlebt hat? Riechen! Dazu allerdings muss der Riechende nahe genug ran! Und er muss diese Typen eher »hinter den Kulissen« beschnuppern als in der »Auslage«, denn dort spielen manche Gestörte die tollsten Kerle!

Wie eingangs erwähnt: Ich mache mich hier zum Sprachrohr für jene, die oft unsagbar unter sozial Gestörten leiden. Die derart leiden, dass sie als Gesunde schließlich selbst »kippen«. Doch zuvor fünf Klarstellungen, damit alle vom selben reden: Es folgt eine Skizze zu einem Thema, das vorwiegend Psychiater, Psychologen, Soziologen beschäftigt. Skizzenhaftes, das aber auch Staatenlenker und alle angeht, die mit Menschen »Hautkontakt« haben. Zunächst also fünf Fragen, die Sie, geschätzte Leser, einladen, selbstständig eine Antwort zu finden, bevor Sie weiterlesen:
1. Was nennen wir Verhalten?
2. Sind uns Verhaltensweisen angeboren oder sind sie anerzogen?
3. Was formt unser Verhalten? Wann, wo, wie, warum wird Verhalten?
4. Sind Verhaltensweisen frei »wählbar«? Darf jeder in seiner Firma, in seiner Familie, in einer Freundschaft, bei Real Madrid … tun, wonach ihm ist?
5. Wer ist ein sozial Verhaltensgestörter, wer bloß ein Komiker?

Verhalten nennen wir, was an unserer »Oberfläche« sichtbar, hörbar, spürbar wird, an ihr nach außen tritt. Manches an unserem Verhalten ist uns angeboren (Frage 2): Worte wie Temperament, Überlebenswille, Mutterinstinkt zeugen davon. Verhaltensweisen sind uns offenbar angeboren, um uns dienlich zu sein. Deshalb sind sie auch bei allen zu finden, bei allen Gesunden und Normalen. Andererseits stellen wir ebenso fest: Manches, was an unserer Oberfläche irgendwann erscheint, ist »Re-Aktion«! Reaktion auf Erlebtes, das oft Jahrzehnte zurückliegt – Kinderstube,

Ausbildung, Güte, Missbrauch, Krieg –, oder Reaktion auf eben Erlebtes – taumelnde Freude über den Führungstreffer auf der einen Seite des Stadions, schweigende Starre auf der anderen. Reaktion, die aus unserem Innern rausplatzt.

Was formt unser Verhalten (siehe Frage 3)? Wann, wo, wie, warum wird Verhalten? Diese Fragen werden im Verlauf des Kapitels näher beleuchtet. Hier soll lediglich beantwortet werden, wo unser Verhalten geformt wird: Es wird an der Schnittstelle geformt, wo Erlebtes, Gewolltes, Gedachtes, Gefühltes … aufeinandertreffen. Herz sagen wir oft dazu; dasselbe könnten wir unsere »Mitte« nennen. Diese Mitte ist dann voll mit Nützlichem, mit Schönem – oder mit Galle, Aggression …

Was ein Komiker ist (siehe Frage 5)? Davon ist im Kapitel *Eltern müssen alles richtig machen* die Rede. Und die Verhaltensgestörten? Diesen ist das ganze Kapitel gewidmet.

Fehlt noch die Antwort auf Frage 4: Sind Verhaltensweisen frei »wählbar«? Darf jeder in seiner Firma, in seiner Familie, in einer Freundschaft, bei Real Madrid, bei der Feuerwehr, wonach ihm ist? Dürfen? Diese Frage hilft da nicht weiter, weil jedem klar ist, dass unangepasstes Verhalten keine Zukunft hat. Schon eher: Woher *könnten* wir wissen, wie wir uns verhalten sollen? Ziemlich alle wissen, dass niemand weit gehen muss, um darauf eine Antwort zu finden, die was taugt. Trotzdem lügen wir, schreien Schwächere nieder, ziehen Ahnungslose über den Tisch. Allerdings: Wer will angelogen, angeschrien, über den Tisch gezogen werden? Das wollen just auch jene nicht, die das gewerbsmäßig tun: die Ewig-Gierigen, die Trickser, die Egos … Niemand will ständig kritisiert werden, ohne je ein Lob zu hören. Wo also finden wir den Maßstab, mit dem jeder messen kann, was an unserem Verhalten richtig oder falsch ist?

Nach diesem Maßstab kann dann werden, was Eltern, Pädagogen, Lehrer, Chefs, Polizisten vorgeben: wie wir uns verhalten sollen. Seltsamerweise wissen das auch jene, die in den Sicherheitsrat der UNO entsandt sind. Denn prompt bringen sie Edles und Richtiges vor, sobald ihnen das zum Vorteil gereicht. Seltsam! Also doch ähnlich angeboren, wie wir alle zehn Finger und zwei Ohren haben? Das uns allen *innerlich* Angeborene sagt jedem: Was du nicht willst, dass man dir tu, das füg auch keinem andren zu. Gut 2400 Jahre alt ist dieser Spruch des Isokrates, den wir im Kapitel *Kinder wollen Erfolge* bereits bemüht haben. Ein Wort, dem niemand widerspricht. Komisch: Vieles hat sich in diesen 2400 Jahren geändert. Sehr viel. Warum nicht auch das, wovon Isokrates redet?

Sozial Verhaltensgestörte, von denen hier die Rede ist? Die sind auf der Psychiatrie selten zu finden. Doch dort gehörten sie hin, denn sie sind krank! In ihrem Verhalten arg Gestörte sind in einer Familie, in einer Firma schwer zu ertragen, oft sind sie unerträglich. Typen, die normal, angenehm, nützlich sein könnten, das aber nicht sind. Genauer: Die nur dann genießbar sind, wenn sie es wollen. Wo und wann sie das aber *nicht* wollen, dort verpesten sie die »soziale Luft«: Quertreiber, Lügner, stachelige Rechthaber, Fallensteller … Auch Gewalttätige, die Schwächere abhängig machen, sie oft körperlich, immer aber seelisch malträtieren. Sämtliche Egos! Hordenweise Gestörte!

Viele leiden auch unter solchen, die mit ihrer grantigen, zwanghaften Pingeligkeit jedem das Leben zur Hölle machen, oder unter dominanten, tyrannischen Vätern. In allem sehen diese an ihren Kindern zuerst und vor allem das Mangelhafte. Deshalb nörgeln sie endlos an ihnen herum. Selbst steif bis ins Rückenmark formen sie aus ihren Kleinen eingeschüchterte, ungesicherte Pedanten: Komplexler, die aus ihrer »Watschenkammer« nicht mehr rausfinden, die das bis zum Grab oder bis zum Strick hin nicht mehr schaffen, dafür aber ihr Leben lang andere ähnlich anrempelnd maßregeln. Es sind Väter, die es meist gut meinen, aber falsch tun! Das Richtige muss richtig getan werden! Ihren Kindern ist das Lachen vergangen – was jeder selbst sehen kann: Die chronisch Eingebremsten verziehen bloß ihr Gesicht maskenartig-eintönig, doch sie schaffen es nicht, herzlich-schallend zu lachen. Herzlich und schallend lachen können: Auch das ist ein Symptom, das manches verrät, falls jemand das nicht kann.

> »Watschenkammer«: Eine, die offenbar von ihren leiblichen Eltern oft verdroschen worden ist, sagt eines Tages zu ihren Pflegeeltern: »Warum schlagt ihr mich nicht? Habt ihr mich nimmer lieb?« Lässt sich erahnen, wie weit dieses Mädchen vom Normalen abgerückt ist? Krank!

Krankheit nennen wir die Unordnung im Menschen, die für Weh sorgt. Weh, egal wo: Weh *im* Kranken – Nierenkolik, Fieberkrampf, schuldloses Chaos in Geist oder Gemüt, etwa bei Manisch-Depressiven oder Autisten: Alles arme, schuldlose Kerle. Schuldlos! Oft unvermeidbar. Leider!

Oder deshalb krank, weil sie vermeidbare Schmerzen anderen grund- und zwecklos auf die Augen drücken. Krank! Jedenfalls Schmerzen in *anderen*, die sozial Gestörte in Ruhe lassen könnten – was sie aber nicht tun.

Wann und wieso entpuppt sich ein bislang unauffälliges Kind als »gestört«? Im Kindergarten womöglich schon; oder in der Grundschule, spätestens in der Pubertät.

Ver-rückt, *ab*-gerückt von der Norm sind Verhaltensgestörte. Doch, doch – das Normale existiert! Daran zweifeln bloß jene, die das Normale nicht mehr klar und sicher sehen wollen. Psychiater könnten jedem das Normale erklären. Doch um diese machen sozial Verhaltensgestörte einen weiten Bogen! Auch jene laufen Gefahr, am Fortbestand des Normalen zu zweifeln, die Tag für Tag auf dieselben Verhaltensabnormalen krachen. Normalität ist riechbar. Normalität duftet. Verhaltensgestörte duften nicht: sie spinnen.

> Ein von Verhaltensgestörten Fertiggemachter wird ermuntert, sich einem Psychiater zu stellen. Schon bei der ersten Sitzung sagt der »Angeklagte«: »Meiner Einschätzung nach ist knapp die Hälfte unserer Zeitgenossen psychisch gesund ...« Daraufhin der Experte: »Soooo viele?!«

Ist vorstellbar, dass gestörte Eltern normale Kinder schaffen? Ja, das ist vorstellbar. Ist es wahrscheinlich, dass gestörte Mütter und Väter gestörte Kinder schaffen? Sehen Sie sich um: Warum sollten Kinder von ihren Eltern nur Brauchbares übernehmen? Warum springen manche grantig an, falls jemand von Normverhalten redet? Normalität ist für manche offenbar ein Reizwort. Verdächtig!

Allerdings wissen auch Normale: Nun, ja – die Grenze zum Unerträglichen, zum Ekelhaften, zur Spinnerei? Dieser Grenzverlauf ist oftmals unscharf, sein Zaun ist niedrig und leicht zu überspringen. Oft ist der Zaun gut getarnt, also viele Jahre lang leicht zu übersehen. Im Nachhinein sagen die Nachbarn: »Nein, er war stets unauffällig, oft freundlich ...!« War eingangs nicht von »Auslage« die Rede?

Verrücktes kann jeden von uns überfallen, flott sogar. Deshalb sind auch Eltern immer zu zweit, um einander darauf aufmerksam zu machen, wenn es so weit ist, dass einer von ihnen »kippt«. Auch deshalb zu zweit, falls etwa bei ihren Kleinen seltsame Krankheitssymptome auftreten und sie sich fragen: Ist das noch im »grünen Bereich«, was die Mittlere uns zunehmend deutlicher bietet?

»Hinter psychosomatisch erkrankten Kindern und Jugendlichen stehen oft hoch belastete Familien und Eltern. Plötzlich ist da das Kind, das diffuse Schmerzen hat, nichts mehr isst, vor Schwindel taumelt, und die Eltern von Arzt zu Arzt treibt, ohne dass dies zu einem Befund führen würde.«[129] So Daniela Grote, klinische und Gesundheitspsychologin sowie Psychotherapeutin am Wiener Wilhelminenspital. Das Zitat stammt aus einem Vortrag zum Thema »Oft steckt etwas dahinter – Psychosomatik für Säuglinge, Kinder und Jugendliche« (25. Oktober 2013). Aus diesem Zitat sticht ein Wort heraus – und wirft zusätzliche Sorgenfalten auf.
Auch Arnold Pollak, langjähriger Vorstand der Universitätsklinik für Kinder- und Jugendheilkunde in Wien sagt in ORF-Abendnachrichten: »Psychosomatische Krankheiten unter Kindern nehmen zu (...)«[130]

Psychosomatik. Die von Grote genannten Symptome zeigen: Seele und Leib befinden sich in Schieflage. Zuerst die Seele, dann der Leib. Oder umgekehrt. Dass die beiden zusammenhängen – das ist ziemlich allen mittlerweile bekannt. Warum es auch schon bei Säuglingen zu einer solchen Schieflage kommen kann? Weil diese Kleinen weit weniger Möglichkeiten haben, arg Lästiges, mächtig Angestautes, Unverdautes loszuwerden. Folglich zeigen sie ihren ratlosen Eltern *scheinbar* grundlose Unruhe, *scheinbar* grundloses, untröstliches Schreien sowie abwehrendes Getue beim Stillen – trotz Hunger. Das dürfte signalisieren: Das Kleine ist völlig durch den Wind! Wirbel, Chaos, Hektik, fehlender Rhythmus fallen über das Kleine her, stopfen es voll. Und – wohin jetzt damit? Wohin mit dem, womit das Kleine nicht fertig wird?

Säuglingsschwestern an der Geburtshilflichen Abteilung des Krankenhauses in Deutschlandsberg, Steiermark, haben mir berichtet, dass sie manchmal Folgendes beobachten: Sie beobachten, dass die erst wenige Tage Alten am Samstag in der Früh und gegen Mittag »wie die Einser« trinken – an der Brust oder notfalls an der Flasche. »Wie die Einser.« Am späteren Nachmittag und am Abend? »Wie die letzten Menschen.« Sonntags in der Früh und gegen Mittag? Wieder wie die Einser. Nachmittags und abends? Wieder wie die »letzten Menschen«. Wieso? Was ist in der Zwischenzeit passiert?

Besuchszeit! Im gepflegten, freundlich eingerichteten Besucherraum versammelt sich oft ein gutes Dutzend Erwachsene samt Geschwistern der Neugeborenen. Da geht's rund! Passt schon, denn Freude und Anteilnahme müssen raus. Die drei, vier Tage Alten? Die sind da meist mittendrin, denn dort gehören sie auch hin. *Irgendwie* gehören die Kleinen dort hin. Freilich! Juchzen, Lachen, Krawall der vielen Frohen, der älteren Geschwister: »Das Kleine – es schläft ja eh!«

Das ist der erste Irrtum. Muss einer dem Kleinen bloß auf die geschlossenen Lider schauen: Hinter den Lidern rollen die Augen – von wegen Schlaf. Auch rühren die Kleinen hin und wieder ihre Finger oder rekeln sich. Schlafen? Bloß die Lider haben sie runtergefahren, wie sie das in den ersten Tagen fast durchwegs tun. Vielfach dösen sie nicht einmal. Wie denn auch bei solchem Wirbel? In diesem Wirbel bringen Mütter und Kleine manchmal Stunden zu. Das ist der zweite Fehler: Beide brauchen Ruhe! Denn beide haben eine Geburt hinter sich. Immerhin eine Geburt, womöglich gar einen Kaiserschnitt. Der dritte Irrtum: Die Lider kann das Kleine runterfahren. Die Ohren? Zuhalten kann es die noch nicht. Freie Bahn also für alles, was für das Trommelfell bestimmt ist. Und das in voller Lautstärke, oft in knalliger Buntheit.

Damit vollgestopft soll das Kleine jetzt noch Speicherplätze freihaben fürs Trinken? Es muss ja riechen, fühlen, kosten, wo es andocken soll. Atmen, Saugen und Schlucken muss es erfolgreich koordinieren – hintereinander statt zeitgleich. Denn falls zwei Röhren gleichzeitig offen sind – jeder kann sich ausmalen, wohin die Milch da rinnt! Doch es brummt dem Kleinen vermutlich der Schädel. Denn eine derart satte Ladung an Lärm? Die ist ihm in dieser ungedämpften bunten Knalligkeit völlig neu – und sichtlich auch zu viel. Was der Magen des Kleinen dazu sagt? Keine Ahnung. Doch der mag das Gleiche sagen, wie er uns allen sagt, falls wir bis über die Ohren vollgestopft sind mit Hektik, mit argen Sorgen, Distress, Unverdautem. Das Kleine wird nicht verhungern. Doch wird niemand übersehen, dass … Na, das schauen wir uns genauer an: Welche Fertigkeiten muss ein gesundes Neugeborenes vom ersten Schrei an beherrschen? Geschätzter Leser, Sie sind dran!

Jene Fertigkeiten muss jedes Neugeborene beherrschen, die es am Leben halten (siehe *Kinder wollen, was sie müssen*). Eben! Lässt sich erahnen, wie tief stundenlanger Wirbel in das wehrlose Kleine reinfährt? So tief und wuchtig, dass es nicht einmal mehr trinken kann? Lässt sich also erahnen, was der Wirbel im Kleinen unbemerkt auslöst (von wegen »eh nur Lärm«)? Tags darauf hat das wehrlose Kleine womöglich noch Schnupfen. Na, super. Schnupfen, weil der Onkel Pepi »ja eh nur an Schnupfen hat« und trotzdem zu Besuch gekommen ist. Als »Baby-Tourismus« hat Professor Wilhelm Müller das bezeichnet, mein langjähriger Chef an der Universitätsklinik für Kinder- und Jugendheilkunde am 1500-Betten-Krankenhaus in Graz. Scheinbar umsonst. *Was* am Schnupfen ist bei einem noch so Kleinen arg? Gib dir das, Onkel Pepi!

Richtiges muss richtig und rechtzeitig geschehen. Sonst ist das Richtige womöglich falsch oder kommt zu spät! Von entscheidender Bedeutung sind psychosoziale Einflussfaktoren in den »hoch belasteten Familien«, wie Daniela Grote sie bezeichnet – entscheidend im Hinblick auf die Entstehung von Störungen des Sozialverhaltens. Wissenschaftlich ist belegt, dass Eltern normalerweise keine verhaltensgestörten Kinder aufziehen, wenn sie ihnen Zuneigung entgegenbringen und moralische Grundsätze klar vermitteln. »Bestrafung« sollte gerecht und gut begründet sein. Vor allem sollten Eltern richtiges Verhalten altersgemäß erklären und begründen.[131] All das sind Themen, die uns auch in den vorangehenden Kapiteln immer wieder begegnet sind.
Der weite Landeanflug zum Thema »Normalität«, der uns bis nach Deutschlandsberg geführt hat, bringt uns damit der Landung näher: Eltern müssen normal sein. Normale Eltern treffen eher das Richtige. Sind sie das *nicht,* dann ist gut möglich, dass auch ihre Kinder spinnen. Sehen Sie sich um!

Daniela Grote spricht von »*hoch belasteten* Familien und Eltern«. Sie spricht von jenen, die andere jahrelang unter mutwilligem Irrsinn leiden lassen – wie wir an den Wiener Wortmeldungen am Beginn des Kapitels hören konnten. Allerdings: Eltern, auch Pflegeeltern, die in ihre Abgeirrten verliebt sind? Die können sich nicht anfreunden damit, dass ihre Kinder als »Spinner« bezeichnet werden. Dennoch sind sie Verhaltensgestörte. Eine Gestörtheit, die niemandem guttut: Den Gestörten nicht, aber auch jenen nicht, die darunter leiden. Sozial Verhaltensgestörte produzieren Irres – ungebeten Irres, das keinen Zweck hat, sondern bloß wehtut und stört. Ist das neu?

Belastungen können zu Überlastung führen, zu Distress (siehe unter anderem *Eltern müssen ihren Auftrag ernst nehmen*). Distress macht krank, falls er lang, arg und bissig genug zubeißt: Burnout ... Weiterhin nimmt die Zahl der Burnout-Fälle zu.[132] Überarge, oft auch plötzliche Überbelastungen können dazu führen, was Laien Nervenzusammenbruch, Experten posttraumatische Belastungsreaktion nennen.

Im Hinblick auf auslösende Belastungen dürfte es wenigstens vier Gruppen von Eltern geben:

• Es gibt die *gesunden Eltern*. Allen Gesunden brennen hin und wieder die Sicherungen durch, auch jenen, die noch keine Eltern sind. Ja, und? Besser so, als es kommt zu einem »Kabelbrand«, der um 2:15 Uhr lautlos irgendwo anhebt. Wer noch nie gesponnen, noch nie einen ordentlichen Bock geschossen hat – was der soll? Der soll sich beim Psychiater melden. Denn solche Exoten haben selbst erfahrene Psychiater noch nicht gesehen.

• Dann gibt es – zweitens – die Überlasteten. Die knallig Überlasteten? Die völlig Müden, die am Zahnfleisch daherkommen? Die brauchen frische Luft, einen Spaziergang, ein nobles Abendessen (wenigstens aber eines, das ihnen serviert wird) und ein Ohr, das ihnen täglich zuhört. Täglich! Das täglich überhaupt da ist. Zwei Ohren. Stereo.

• *Durchgebrannte Eltern?* Die gibt es nicht. Denn die werden rechtzeitig ausgemacht, entschärft und mit allem Angebrachten und Köstlichen wiederbelebt, damit auf Kurs gehalten.

• Also drittens: Die wirklich *psychisch kranken Eltern*? Lieb sein! Sehr lieb sein zu ihnen! Und ihnen maximal die Hälfte von dem zumuten, was sie *locker* tragen können. Warum nur die Hälfte? Damit die andere frei ist für die Freude an ihrem Kleinen. Und für Erholung.

• Viertens: *Spinner.* Den schick in den Wald und lass ihn erst wieder herein, wenn er nicht mehr spinnt. Woran jeder einen Spinner ziemlich treffsicher diagnostizieren kann? Es folgt eine Wiederholung: Spinner spinnen und kotzen ihrem Gegenüber jede Art von Ekelhaftem, von arg Widersinnigem ins Gesicht. Aber sie entschuldigen sich nicht, sondern kotzen unverdrossen weiter. Kranke entschuldigen sich, Spinner entschuldigen sich nicht! Spinner könnten normal sein, wollen das aber nicht. Raus! Ohne Proviant in den Wald! Es gibt auch »Spinnerinnen«. Gewaltige! Vogelspinne, Speikobra und Tarantel unter demselben Lippenstift. Unfassbar. Woran diese zu erkennen sind? Auch sie lassen sich nicht behandeln!

Wiederholt haben wir bereits festgestellt: Unser Verhalten muss angenehm sein, sonst fehlt etwas im menschlichen Netzwerk oder spießt sich. Arges Leid tragen Verhaltensgestörte manchmal Harmlosen, Ahnungslosen oder völlig Unschuldigen zu – deren Beispiele gibt es viele.

Tunesien, 26. Juni 2015: Am Strand von Port El-Kantaoui, etwa zehn Kilometer nördlich der Stadt Sousse, erschießt ein 23-jähriger Student 38 Urlauber und verletzt weitere 39 teils auch mit Handgranaten. 35 Minuten lang kann der Entgleiste ungehindert wüten. Ist vorstellbar, dass dessen Eltern an diesem Wahn völlig unbeteiligt sind? Ja, vorstellbar, aber nur schwer ...

Viel verbreiteter als derart unvorstellbar Krasses: Die »Mimosen«! Überempfindliche, die jeder Windhauch aus der Fassung bringt! Woher kommen die vielen Angespannten, Vorgespannten, Reizbaren, die unerträglich Ekelhaften, Grantigen? Woher die vielen, die endlos an ihren Fingernägeln knabbern? Woher die vielen, die wegen jeder Winzigkeit eingeschnappt sind, monatelang mit einem Du nimmer reden – oder gar nimmer reden? Woher die vielen, die das Schlagen einer Turmuhr schon aus der Bahn wirft, die bei der Arbeit aber womöglich ständig das Radio anhaben? Woher das Heer an Komplexlern, die sich mit ihrer lautstarken Besserwisserei sozial über Wasser halten müssen, um wenigstens bemerkt zu werden? Woher die vielen Unbrauchbaren, Wankelmütigen, Ängstlichen, Zwanghaften? Woher die vielen, die eine »Watsch'n« nach der anderen kassieren, die aber immer noch nicht kapieren, dass sie endlich einlenken müssen?

Was an unserer Oberfläche hörbar, sichtbar, riechbar, spürbar wird – woher das kommt? Das kommt von dort, wo sich Erlebtes, Gespürtes ... in uns eingebrannt hat. Eingebranntes kann von dort nicht mehr raus. Dort drinnen müssen Geborgenheit, Gesichertheit, Güte, Richtiges ... für Harmonie sorgen. Sonst entsteht eben keine Harmonie, sondern Gestörtheit. Verhaltensgestörte sind oftmals »Angesteckte«, etwa von spinnenden Eltern oder von sonst wie arg Entgleisten Angesteckte – siehe Tunesien im Juni 2015.

Obacht, bitte: Es gibt Verhaltenskranke, für deren Krankheit niemand etwas kann – siehe oben! Diese verhalten sich sonderbar, doch selten treten sie Unschuldigen auf jene Weise nahe, wie das Spinner tun. Verhaltensgestörte, von denen hier die Rede ist? In Scharen torkeln sie überall herum – oftmals lange unentdeckt, grundlos oder nutzlos geduldet, bis sie »durchknallen« oder Gesunde neben diesen ekelhaften Typen krank werden. Einstmals Gesunde werden im Dauer-Nahbereich arg Gestörter häufig depressiv, sind an Leib und Seele erschöpft, ausgebrannt, werden beinahe selbst irr. Horror!

Spinner, eingefleischte Egoisten oder Zwangsgestörte schaffen kaum mehr Änderung: Zu tief ausgetreten sind die Spurrillen ihrer eingeübten Verhaltensmuster. So tief, dass ihnen das Abnormale längst zur Gewohnheit, oft ein Muss geworden ist: Zwang! Oft sehen sie gar nicht, was sie anderen unentwegt in Gesicht, Aug und Ohren stechen: Für das Angenehme und Normale sind sie längst blind geworden. Blindheit kann arg sein. Schwer kann es auch sein, eine solche gewollte, gezüchtete, anerzogene Blindheit zu ertragen. Horror!

> Eltern müssen normal sein. Schlimm, wenn sie das nicht sind, sondern endlos »granteln«, nörgeln, schreien, poltern, drohen. Wenn sie endlos herumzupfen an ihren Kleinen. Auch Erwachsene können es diesen Schwerenötern nicht recht machen. Sehr blöd! Was soll aus deren Kindern werden, außer Zerzupfte, Planlose, Ungesicherte? Was, falls ihre Kinder nicht einmal eine Ahnung davon mitkriegen, wo sie das Richtige wenigstens finden könnten?

Kann es sein, dass manche von Ihnen, liebe Leser, nach diesem Gepolter jetzt womöglich meinen: Da ist vieles übertrieben!? Dann bitte: Schauen Sie hinein in die Familien; hören Sie mit Tarnkappe zu, wie es dort oftmals zugeht. Lesen Sie in den Zeitungen, was undenkbar ist und trotzdem passiert. Und was täglich nicht nur Kindern passiert!

> Irres: Der arbeitslose 22-Jährige wird verdächtigt, seine Mutter erstochen und in einer Bettlade versteckt zu haben.[133] Oder was in der Silvesternacht zum Jahreswechsel 2015/2016 da und dort und anderswo passierte: Gehören soziale Entgleisungen zu Entspannung und zu Feierlichkeit?

Fundamente können alle »sehen«, obwohl sie stets verborgen sind: Anhand der Früchte, die allen sichtbar sind, lassen sich die Fundamente wenigstens erahnen. Auch *fehlende* Fundamente können wir sehen. Wenigstens können wir sehen, was dort zu sehen ist: Löcher in den Fundamenten. Fundamentale Löcher.

Ist also vorstellbar, dass *ausschließlich* die Kinderstube für alles Gute, »G'scheite«, Edle verantwortlich ist, das Jugendliche oder Erwachsene tun? Ist all das Richtige oder Falsche ausschließlich Verdienst oder Schuld der Kinderstube? Oder ist – umgekehrt – vorstellbar, dass just die Kinderstube *keinerlei* Einfluss darauf hat, was wir später tun oder nicht tun? Ist also vorstellbar, dass die Kinderstube völlig »unbeteiligt« ist an alldem, was Jugendliche oder Erwachsene tun?

Ehepaare, die Zweijährige, Fünfjährige, Zwölfjährige aus »belasteten Familien« zur Pflege übernehmen – was die berichten? Sie berichten, wem das Gepolter der letzten Seiten dienen will: Eltern müssen alles richtig machen. Tun sie das nicht, egal aus welchen Gründen, dann ist arg »Schräges« kaum mehr korrigierbar. Elternbildung ist wieder einmal ein Thema! Elternbildung, die solchen Abirrungen vorbeugen kann, könnte, muss.

Die Erfahrung von Eltern, die Kinder aus sozial oder psychisch »entgleisten« Familienverhältnissen übernommen haben – woran deren Erfahrungen erinnern? Sie erinnern an das, was jene britischen Eltern haben feststellen müssen, die 1989 Säuglinge oder Kleinkinder aus rumänischen Waisenhäusern adoptiert haben: Fundamentale Löcher haben die damals Zwei-, Drei-, Vierjährigen geboten. Auch Einjährige bereits – wie wir in den Kapiteln *Kinder sollen keine Angst haben müssen* und *Eltern müssen ihren Auftrag ernst nehmen* gesehen haben. Bei Kindern, die ihre ersten Lebensjahre in oft wechselnden Pflegefamilien verbringen mussten – was bei diesen öfter zu beobachten war? Es war zu beobachten, dass bei ihnen die Verhaltensprobleme nicht abgenommen, sondern zugenommen haben.[134] An dieser »Verschlimmerung« dürften nicht die Pflegeeltern Schuld tragen, sondern eher die jeweils ganz neue, unvertraute »Umgebung«, in die just jene kommen, die ohnehin längst vollen Schleuderkurs fahren. Diese haben folglich *noch* mehr Schwierigkeiten, zu einer »Linie« zu finden. Kinder brauchen Stabilität, an der sie sich festhalten können!

Pflegeeltern haben mir zugetragen: »Nachdem er uns verlassen hat, ist er Alkoholiker geworden: Tief ist er gesunken, sehr tief. Aus eigener Kraft hat er sich wieder erfangen, nach Jahren!« Gut möglich, dass dies das Verdienst jener gewesen ist, die im damals 12-Jährigen doch noch Brauchbares haben verankern können. Gratulation solchen Pflegeeltern! Anerkennung und Dank gebührt auch jenen, denen solche Erfolge nicht beschieden sind: Sie sind nicht weniger großartig! Danke!

Andere Pflegeeltern erzählten: »Wir haben zwei in Pflege genommen – beide jeweils im Alter von etwa fünf Jahren, aber um vier Jahre zeitversetzt. Wir haben alles getan, was uns möglich war: Von kompetenten Seiten haben wir uns beraten und unterstützen lassen. Wir haben Kurse besucht und einschlägige Bücher gelesen. Wir sind ihnen ›nachgelaufen‹, bis sie uns per SMS die Drohung hingehalten haben, uns wegen Stalkings anzuzeigen. Eine unserer Weihnachtskarten ist uns zerrissen wieder zurückgeschickt worden. (...) Dieses Kind kommt aus einer Umgebung, die durch und durch instabil ist: Beziehungen werden schnell eingegangen und gelöst. Herzlichkeit und Brutalität liegen nah beieinander. Es hat kein stabiles Selbst, woraus eine Abhängigkeit wird – je nachdem, wer ihm momentan am nächsten ist ... Doch ganz fruchtlos war all unser Bemühen nicht: Es hat Umgangsformen angenommen. Es hat sich entschuldigen können. Es war liebevoll zur pflegebedürftigen Oma!« Kinder brauchen Stabilität im Richtigen und Gescheiten. Stabilität.

Dem bisher Gesagten mag zu entnehmen sein, dass vier »Kaliber« von sozial Verhaltensgestörten existieren:

- Zunächst sind da jene, die in psychisch normalem, familiärem Milieu Ansätze zu sympathischem, zu normalem Verhalten entwickeln. Sie sind aber zu schwach, um ein angepasstes Normalverhalten durchzustehen – warum auch immer. (Sind Normale immer normal, immer leicht auch zu ertragen?)
- Zweitens sind da die vielen Instabilen, Haltlosen und Unberechenbaren. Kann es sein, dass sie deshalb instabil, haltlos oder unberechenbar sind, weil das viele Vergebliche, die vielen Enttäuschungen, die endlosen Demütigungen gar nicht haben keimen lassen, was wir alle brauchen: Orientierung, Gesichertheit und festen Halt? Kann es sein, dass diese den »Schleuderkurs« nun fortsetzen, der im ersten Lebensjahr begonnen hat – oder schon in der Schwangerschaft (Stichwort Schreibaby)?
- Drittens: Jene Gestörten, die nicht anders konnten, als »*ver*rückt« zu sein – »*ab*gerückt« von sozial tragendem Verhalten, das jeder von Erwachsenen erwartet: Zwanghafte, Egos, Hektiker, Süchtige, Querulanten, ständig Grantige ... Die deshalb nicht freundlich, konstruktiv, offen, verlässlich, vertrauenswür-

dig oder hilfsbereit haben werden können, weil sie Eltern haben, die nicht anders sind, als ihre Kinder dann geworden sind. Warum sind deren Eltern geworden, was jetzt auch ihre Kinder sind: Gestörte?

• Viertens – das ekelhafteste Kaliber: Verhaltensgestörte, die ein Normalverhalten schaffen würden, dieses in der »Auslage« auch beweisen, die aber abseits des Applauses und der Bewunderung Normalverhalten nicht wollen. Unter diese Typen finden sich Haustyrannen, Mörder, Selbstmordirre … Die Liste der Entgleisungen dieser völlig Abgeirrten ist zur Gosse hin gähnend weit offen. Siehe Tunesien, 26. Juni 2015. Siehe Paris und Saint Denis, 13. November 2015. Siehe die Übergriffe beim Kölner Hauptbahnhof in der Silvesternacht 2015/2016 …

Eltern müssen normal sein. Ihre Normalität würde uns viele Gestörte ersparen. Nebst anderem bleibt allerdings eine Frage: Wann werden sozial Verhaltensgestörte endlich ernst genommen, endlich ehest diagnostiziert, endlich prompt behandelt?

Viertes Zwischenwort

Was ich auf diesen Seiten tue, ich wenigstens tun will? Ich will niemanden beschimpfen oder kränken! Das will ich auch deshalb nicht, weil es hier um anderes geht. Allerdings tue ich das Gleiche, das ich seit Jahrzehnten an der Seite von Kranken tue: Ich höre, taste und sehe, was es da zu hören, zu tasten und zu sehen gibt. Ich höre und speichere die Vorgeschichte der Leidenden. Ich hole Befunde ein und bringe sie mit dem selbst Erhobenen zu einem stimmigen Ganzen: Diagnose.

Wann ist eine Diagnose jemals eine Beschimpfung gewesen? Manchmal ist sie eine Schande: »Sie haben in meiner Firma manches gut gemacht, das meiste aber verhaut. Sie haben oft getrickst und tonnenweise gelogen. Sie haben andere ausgenützt, nach Strich und Faden haben Sie Machtlose und Ahnungslose ausgenommen, gar ruiniert: Deshalb sind Sie jetzt verachtet. Raus!«

Ist eine Diagnose ein Urteil? Ja, leider – manchmal ein Todesurteil: Metastasen ziemlich überall! In diesem Fall muss der Doktor laufen lassen, was er nicht mehr ändern kann. Bestenfalls kann er Linderung schaffen und vielleicht in der Nähe bleiben – falls er das schafft … Offenbar gibt es auch soziale Metastasen.

Auf den letzten Seiten ist arg viel gepoltert worden. Ging es da ums Poltern? Was also soll das Poltern? Es will das Gleiche, was Einsatzfahrzeuge tun: Unüberhörbar zeigen sie an, dass Eile geboten ist!

Eltern müssen Kinder wollen

Alle Großen müssen Kinder mögen. Wir dürfen Kinder nicht nur haben wollen als zukünftige Steuerzahler, als Spielzeug, als Trophäe oder gar bloß als Hoferben. Wir Große müssen alle Kinder lieb haben.

> »Kinder sind interessant, wenn wir an ihnen verdienen können«, diagnostizierte die Psychotherapeutin Martina Leibovici-Mühlberger vor Kurzem. Der Anlass, die Erfahrene zu Wort zu bitten? Die Leiter eines Viersternehotels in der Oststeiermark nehmen seit Anfang November 2015 keine Gäste unter sechzehn Jahren auf. Leibovici-Mühlberger hält in diesem Zusammenhang fest, dass unsere Gesellschaft bereits kinderfeindlich sei: »Wir zwingen Kinder möglichst schnell in unser Alltagsleben hinein. Wir wären kinderfreundlich, wenn wir Kinder nicht mit modernen Medien zuschütten würden (...)« Wo etwa mit fett- und zuckerhaltigen Lebensmitteln geworben werde – Ursache für viele chronische Erkrankungen. Kinderfreundlichkeit sei »eine Haltungssache«. Und wie entwickeln sich Kinder in einer Gesellschaft, die so tickt? »Kinder spüren, dass sie in Wirklichkeit nicht erwünscht sind und sie instrumentalisiert werden. Was ich in den letzten 30 Jahren gesehen habe? Dass aus diesen Kindern Tyrannen werden (...)« Diese würden sich später auch nicht für die Alten zuständig fühlen. Dafür hätten sie eine innige Beziehung gebraucht: »Doch das bekommen heute viele Kinder nicht.«[135]

In *Kinder wollen wahrgenommen werden* haben Jugendliche diese Frage ihren Eltern hingehalten: »Bin ich gewollt?« Kann es allerdings sein, dass sich auch Kinder an Spielregeln halten müssen, um »gewollt«, um geliebt, um wenigstens geduldet zu werden? Falls sie sich nicht daran halten: Hat da jemand etwas verabsäumt? Kinder sind, wie wir Große sie formen: Gepflegte. Oder wie wir sie nicht formen: Wildwuchs.

Eltern *müssen* ihren Kindern Vortritt lassen: Vortritt vor einem Zweitauto, dem Außenputz, dem fertigen Badezimmer – Vortritt vor allem, das schadlos warten kann. Warum? Weil es sonst sein kann, dass die Rangordnung in uns Großen nicht stimmt. Diese Rangordnung, von der da die Rede ist, muss dem Richtigen und dessen Wichtigkeit gehorchen. Eltern müssen Größe wagen – und dabei dem »G'scheiten« folgen.

Eltern »müssen« Kinder zeugen, falls sie das können und das außerdem angstfrei wollen: Zeugung – wer sonst sollte Eltern das abnehmen? Und Mütter wie Väter müssen *alle* ihre Kinder lieb haben. Auch jene, die keine Wunschkinder sind. Was ist ein Kind, das kein Wunschkind ist? Ein solches Kind ist traurig, endlos traurig, wenn es erfährt oder spürt, dass es nicht gewünscht ist. »Sagt mir bitte: Bin ich gewollt?« Woher just diese Frage? Riecht das nach Unsicherheit? Wir alle müssen Kinder haben wollen – oder sie zumindest mögen. Alle Kinder.

> »24 Monate«, sagt mir die Mutter auf die Frage, wie alt ihre Tochter sei. Warum die Kleine just jetzt ins Scheinwerferlicht rückt? Leser, sind Sie auf etwas Seltenes gefasst?
>
> Stundenlang fadisiert sich eine Kleine im Vorraum zur Neugeborenen-Intensivstation. Denn vor sechs Wochen hat sie einen Bruder gekriegt, der viel zu früh geschlüpft ist und jetzt »nachsitzen« muss, um paktfähig zu werden – etwa bezüglich seiner Eigenatmung. Seit Wochen fadisiert sich die Kleine dort stundenlang und weiß offenbar nicht, wie sie sich die Zeit vertreiben soll. Dutzende Male sind wir beide einander dort bereits begegnet. Oft guckt sie mir stumm nach, wohin ich gehe, was ich tue. Eines Tages gehe ich – erstmals – langsam und lächelnd auf sie zu und klopfe ihr wortlos-zart auf den Scheitel, wie ich das öfters bei so Kleinen tue, um ihnen Zuwendung zu signalisieren. Daraufhin spuckt sie mich an. Warum sie das getan hat? Dazu müssen Sie wissen: Mutter und Tochter kommen ursprünglich aus Schwarzafrika, der Vater offenbar auch. Kann es sein, dass Zweijährige deshalb »unliebenswürdig« sind, weil wir sie schon in so jungen Jahren gedemütigt, gereizt, verdroschen, gefoppt, fortgejagt, ignoriert oder sonst wie haben anrennen oder stehen lassen? Und das offenbar bloß ihrer Hautfarbe wegen!

Alle Kinder müssen wir lieb haben. *Alle* Kinder. Sonst mag es sein, dass sie uns früher oder später anspucken.

Eltern müssen sein

Mütter sind großartig. Auch Väter sind aus Edelholz. Eltern sind unersetzbar. Auch unbezahlbar sind sie, nicht bloß unersetzbar! Vieles haben unsere Eltern für uns getan. Vieles haben sie uns gegeben, wofür wir ihnen wahrlich nie genug danken können, zum Beispiel Geduld, Verständnis. Beides eingebettet in schier endlose Gewogenheit. Großes haben sie uns gegeben, das wir ihnen unmöglich rückerstatten können: Leben.

Auch Fehler haben sie. Ja, und? Wer hat keine Fehler? Entscheidend ist, dass Eltern aus Edelholz sind: Das *sind* alle Mütter und Väter, die tatsächlich *Eltern* sind. Entscheidend ist das außerdem deshalb, weil Kinder auch von den Fehlern ihrer Eltern profitieren. Denn an diesen riechen sie deren ganze Wahrheit. Ein »Entschuldige, mein Kind, ich habe mich geirrt!« lässt die wahre Größe der Eltern aufleuchten. Wenn Große aus Fehlern lernen könnten – wieso nicht auch die Kleinen, falls die aus demselben Holz sind wie ihre Eltern?

> Neben den Eltern, diesen irgendwie »nachgeschaltet«? Da gibt es ebenfalls Große – denn nicht nur *Eltern müssen Größe wagen*. Wo diese ebenfalls Großen zu finden sind? Überall! Im Kindergarten, in der Schule, in Lehrwerkstätten. Selbst hinter dem Katheder von Hörsälen sind Große zu finden. In Betrieben, in Büros, bei der Feuerwehr – jede Menge Großer, die von Zwergen regelmäßig übersehen werden. Seltsam, dass Zwerge Großes und auch Große übersehen. Erst recht besonders Große sind unter diesen »Nachgeschalteten« jene, die fremde Kinder als ihre »eigenen« annehmen (wie etwa jene britischen Adoptiveltern, die Waisenkinder aus Rumänien aufgenommen haben): oft arg Deformierte, kaum mehr korrigierbare »seelische Ruinen«, obwohl sie noch ganz klein sind.
>
> Große, die uns eingeführt haben in das größere Wir. In ein Wir, das bei der eigenen Familie beginnt, sich bei den Nachbarn nahtlos fortsetzt und Heimat schafft: Heimat – Wohlfühlzone mit Stallgeruch. Heimat auch in der EU. Überall am Globus irgendwie Heimat, weil innerhalb derselben Grenzen, nur etwas weiter, global. Größe.

Eltern und andere Große, sie alle zeigen uns Großes: Sie zeigen uns, dass es überall eine Ordnung gibt und dass Ordnung überall

Sinn macht, auch wenn das im Kinderzimmer ziemlich regelmäßig anders ist. Unordnung ist dort eigentlich normal, zumindest üblich. Jedes Kinderzimmer aber zeigt, dass Ordnung nicht von selbst wird. Das ist das einzig Blöde an der Ordnung: dass sie nicht von selbst wird. Neuerlich drängt sich eine Frage an Leser und Assistenzeltern auf.

Was Eltern sagen ...

• **Wie könnten Eltern es schaffen, das Thema »Ordnung im Kinderzimmer« – ein Albtraum – erfolgreicher und nervenschonender auf Schiene zu kriegen? Es gar so hinzukriegen, dass die lieben Fratzen selbst dafür sorgen, dass der Saustall wenigstens einmal am Tag nicht bloß ein anderer wird?**

»Diese Frage kann ich nicht beantworten, ich hab es leider nie geschafft, dass die Kinder Ordnung machen, bis heute nicht. War jeden Tag viel zu müde, es war mir einfach zu unwichtig!« (MK und CK, Graz)

»Etwas Strenge vonseiten der Eltern, eine Regelmäßigkeit in Ordnungstätigkeiten; und bei Erfüllung der Vorgaben kleine, liebe Belohnungen. Humor einsetzen!« (SM und KM, Graz)

»Aus dem Aufräumen ein Spiel machen und die natürliche ›Prägephase‹ der Ordnung nutzen; den Kindern genügend Möglichkeiten zu geben, ihre Schätze zu verstauen; das eigene Zimmer in Ordnung halten.« (MS und AS, Wien)

»Für mich – und das trotz meiner vier Männer – ist das Thema ›Ordnung‹ kein Albtraum. War es eigentlich auch nie. Abgesehen davon, dass ich auch nach zwanzig Ehejahren noch nicht verstehe, warum man seine Schmutzwäsche dort liegen lässt, wo man sie gerade auszieht ... Aber auch hier spielt wohl die Vorbildfunktion eine große Rolle: Wer Ordnung einfordert, muss auch im eigenen Bereich Ordnung halten. Natürlich schaffen es die Kleinen noch nicht, ihren Bereich selbst aufzuräumen. Aber dann macht man es halt gemeinsam und mit der nötigen Motivation macht es vielleicht sogar Spaß! Wo gehobelt wird, fallen Späne. Und wo gespielt wird, entsteht Unordnung. Bei intensiven Spielen verändert sich ein Kinderzimmer meist nicht sehr vorteilhaft, wenn man es mit unseren Augen betrachtet. Aber für wen ist so ein Kinderzimmer eigentlich gemacht? Wenn ein Kind aber von Anfang an lernt, dass ›danach‹ auch aufgeräumt wird, wird es dieses Muster auch übernehmen. Zumindest scheint das bei meinen drei Kindern zu funktionieren. (Bei meinem Gatten ist es zu spät – bekanntlich ändert sich ein Mann nach der Pubertät nicht mehr.)« (EP und BP, Graz)

Kósmos haben die Alten in Athen zur Ordnung gesagt. Eine Ordnung, an die Eltern als Erste uns rühren lassen, wenn sie mit uns auf der Gartenbank sitzen und mit uns die Sterne zählen. Und … wir erstmals eine Ahnung davon bekommen: Nebst dem eigenen Nabel gibt es doch noch anderes. Weite! Großes!
Größe von der Größe unserer eigenen Eltern oder Großeltern: Mal sehen, ob wir an diese Größe herankommen. Denn manche von ihnen waren Eltern von drei, fünf, acht Kindern. Wer ist dabei verhungert? Stattdessen sind die mehreren nicht übergewichtig gewesen. Außerdem haben sie bei Tisch eher gesehen, dass beim Nebenan der Saft oder die Suppe schon alle oder das Brotkörberl längst wieder leer ist und dass nicht nur die Mutter zwei Augen, zwei Hände und zwei Beine hat. »Weitwinkel-Gucker« haben dort die Kleinen gelernt – und geübt. Oft ist ihnen gar nichts anderes übriggeblieben, als mit anzupacken. Derlei Eingeübtes, das sitzt! Oder nicht, weil gar nicht vorhanden, da Frau Mutter hinten und vorne alle bedient. Das ist falsch, Mutter! Heute – fern jeder Mutterhilfe – hat Ihr Herr Sohn keinen Dunst von Ahnung, was Hausarbeit heißt. Er hat auch keine Ahnung davon, wie er sein Badetuch aufhängen soll, damit es ehest wieder trocknet, statt lautlos vor sich hinzuschimmeln. Ziemlich hilflos ist der Ungeformte, in den die Mama (die der Papa da im Regen hat stehen lassen) keine Mühe investiert hat. Hilflos, fast unfähig, sich selbst zu erhalten, sind viele Jugendliche – geschweige denn gepflegt, natürlich, liebenswert, normal, anziehend. War von alldem schon einmal die Rede?

So kann »Abstieg« werden: Die Eltern? Edelleute, Firmengründer, *auch* nicht fehlerlos. Doch selbst an deren Mängellisten kann jeder ordentliche Unterschiede sehen. Deren Kinder? Fettgefutterte Jungreiche, in der Schickeria zu Hause, wo sie Zeit, Talente und das Geld, das andere verdient haben, vertrotteln. Seichtes investieren sie in ihre Oberfläche – und verpassen beinahe die Überfuhr: den Sprung ins kalte Wasser der Wirklichkeit und dessen, was nottut. Vielleicht geht's gut.

Doch *deren* Kinder wiederum gelegentlich, die Kinder der Fettgefutterten? Neuerlich ein Gang zurück: Schulabbrecher, Instabile, Schwätzer, Neider, rundum Unbrauchbare. Bei riskantem Übermut kriegen sie erstmals Kontakt mit der Polizei: Vorbestraft. Spätestens jetzt sind die hohlen, ungeformten Kugelrunden in der Gosse gelandet, im Straßengraben – abseits der Fahrbahn schaffbarer Größe.

Großes – Visionen etwa – und Ordnung: Zusammen schaffen sie Größe. Eltern legen in uns Kindern da immer Hand an. Eltern, die nicht bloß Mutter sind oder per Zufall Vater. Eltern sind unersetzbar. Wer hat jemals versucht, Eltern zu ersetzen – und ist damit gut gefahren? Menschenverachtung kann da wachsen. *Ist* gewachsen!

Ein Blick in die »Schwarzbücher der Geschichte« lehrt unvorstellbar Grausiges: Woher die tosende Wut vor allem gegen die Eigenen? Siehe Lenin, Stalin, Mao – auch die bis vor Kurzem befohlene Ein-Kind-Familie! Siehe die Drogen-Irren in Mexiko! Siehe Nordkorea. Auf welchen sozialen Fundamenten kann sozialer Irrsinn solchen Ausmaßes gedeihen? Wer hat da versagt, wenn nicht auch Eltern? Eltern legen die Fundamente – für alles.

Eltern müssen Eltern sein. Denn ihre Kinder? Die sind die Fingerabdrücke ihrer Eltern (siehe *Eltern müssen*). Alles kommt zurück. Firmengründer, Titel, Berühmtheit, Wohlstand ... Das alles mag zu wenig sein, um als Eltern zu taugen.

Die vermutlich Größten unter den Eltern-Giganten? Eltern von behinderten Kindern. Unvorstellbares haben sie hinter sich – und oft immer noch vor Augen. Täglich, rund um die Uhr. Giganten! Helfer auf Finanz- und Sozialämtern oder sonstige Helfer – was die müssen? Die müssen Haltung annehmen vor Eltern behinderter Kinder. Wenigstens aber sollen sie sich nicht lange bitten lassen, falls diese Hilfe brauchen. Haltung! ... Und wehe, es stirbt ihr Kind: Ahnungsloser, können wir zwei da mithalten?

Woher der Unterschied zu dem, was uns solche Giganten klaglos hinhalten und wir Gesunde beinahe übersehen? Menschenbild! Und auch Verliebtheit in ihr Kleines, das halt anders ist – trotzdem ihr Kind!

Ein Beispiel: Marco ist knapp zehn Wochen alt und bereits gut dreimal so schwer wie bei der Geburt – knapp 2000 Gramm bringt er derzeit auf die Waage. Unsagbar herzig ist der Knirps, dem niemand ansehen würde, dass er Dutzende von Löchern hat im Gehirn – teils so groß wie Erbsen. Von vorne bis hinten! Beidseits. Ohnehin nur erbsengroß, doch für den noch so Kleinen – riesig! Bloß das Trinken klappt nicht – und andere Feinheiten auch nicht, die unsere Schwestern oder Physiotherapeuten als Erste sehen, spüren, ahnen. Ob diese spürende Ahnung etwas bedeutet? »Wäre doch besser, wenn ein solches Kind sterben könnte!« Ja, auch ich habe mir das gelegentlich gedacht, sogar gewünscht, es bei der Visite manchmal halblaut vor mich hingesagt: »Armes Kind, wieso kannst du nicht sterben?« Niemand in der Runde hat mir widersprochen. Niemand! Denn sie alle kennen die Ultraschallbilder. Und schweigen.

Das sehen Eltern anders! Ganz anders! Ob unsereins das verstehen kann? Nein, das kann er nicht, solange er nicht Vater oder Mutter von Marco ist. Eltern und Verliebte – wer kann sie verstehen? Wer kann Giganten verstehen? Angaffen können wir sie. Und planlos den Kopf schütteln. Giganten!

Eltern müssen sein, weil sie unersetzbar sind. Eltern sind noch etwas: Sie sind ihren Kindern Rechenschaft schuldig. Und jene, die Eltern dabei unterstützen müssen, die auch. Ebenso jene auf den Finanz- und Sozialämtern. Eltern chronisch kranker Kinder ahnen, wovon gerade wieder die Rede gewesen ist. Alle Helfer, die Eltern helfen sollen, müssen diesen ermöglichen, ihren Kindern optimale Entfaltungsbedingungen bereitzustellen. Denn Mütter und Väter sind es, die ein Volk am Leben erhalten. Wer sonst kriegt Kinder? Wer sonst sorgt sich um sie, wie das Eltern tun: Rund um die Uhr – gratis!? Falls ein Volk nicht aussterben oder sonst wie von der Landkarte dieser Welt verschwinden will, muss dieses Volk Mütter, Väter und Kinder freundlich behandeln. Optimal freundlich. Alle drei brauchen eine vornehme Behandlung. Alle drei verdienen eine vornehme Behandlung.

Eltern müssen sein – weil sie unersetzbar sind.

Eltern müssen gütig sein

Eltern müssen gütig sein. Güte: Was ist das? Wie wirkt sie? Was unterscheidet Güte von Gutmütigkeit? Bitte, lieber Leser, Sie sind am Wort. Von Güte war bereits die Rede, wo es um jene ging, die Güte empfangen, die auf sie angewiesen sind (siehe *Kinder wollen ernst genommen werden* und *Kinder wollen Güte*). Warum im Folgenden wiederum davon die Rede ist? Weil jetzt jene angesprochen werden, die Güte ihren Kindern spenden, ihnen zutragen müssen. Allerdings: Wer muss Eltern just *das* sagen?

Güte ist Gewogenheit – ein Wohlwollen, das niemand verdienen, aber »fördern«, einem Du entlocken kann. Güte wird geschenkt, so wie Leben oder feurige Verliebtheit Geschenke sind. Güte ist ein Geschenk. Verliebte schenken einander Güte, beschenken einander *mit* Güte.

Eltern sind Verliebte: In ihre Kleinen, in alle ihre Kinder Verliebte. Für alle Zeit, vom ersten »Funken« unseres Daseins an sind Eltern in uns Verliebte. Trotz Rotz und Trotz ewig in ihre Kinder Verliebte. Eltern beschenken einander mit Gewogenheit, mit Wohlwollen. Mit endlosem Wohlwollen beschenken sie auch ihre Kinder. Um Güte kann jeder bitten. Um Barmherzigkeit kann jeder betteln. Güte oder Barmherzigkeit kaufen? Beides irgendwie begleichen, »bezahlen«? Güte, Barmherzigkeit, Nachsicht, Verzeihung verdienen? Güte, Barmherzigkeit, Nachsicht, Geduld mit uns – all das können wir einem Du erleichtern, das können wir *jedem* Gegenüber erleichtern, falls dieses Du Friedfertigkeit schafft.

Güte, Barmherzigkeit, Nachsicht, Geduld … All das mag uns zustehen, weil wir Fehler nicht immer vermeiden können. Schuld ist also nicht immer »Schuld«, sondern oft bloß Ungewolltes, Unbedachtes. Trotzdem lästig!

Hoffentlich *das* – Ungewolltes. Denn manche Blödheit könnten wir glatt sein lassen oder endlich abstellen. Zumindest könnten wir ein »Sorry« losschicken für jedes Hoppala, für jeden Ramsch, für jeden Widersinn, den wir anderen ins Gesicht werfen. Wer das nicht schafft, muss wissen, dass er Dreck am Stecken hat. Doppelten Dreck, weil er für seinen Dreck nicht um Entschuldigung bittet. Schuld bleibt also stehen, schwelt fort, eitert weiter: Spaltung kann entstehen – oder ist schon entstanden.

»Sorry! Wird nimmer vorkommen, heute nimmer!« Na, wenigstens ein Anfang, damit der Tag gut zu Ende geht. »Okay, ab morgen warte ich mit dem Suppenlöffel, bis auch du Platz genommen hast. Sorry!« Ab *wann?* »Auch die Unterhose samt den grindigen Socken landet nimmer unterm Waschtisch im Badezimmer – oder dort, wo sie mir die Schwerkraft regelmäßig jählings entreißt. Sorry!«

Ist »Schuld«, absichtlich falsches Wollen und Tun, vermeidbar? Voll vermeidbar! Gegenrede? Abgelehnt!

Mängel, Irrtum, Schwächen anderer Art, sind sie tatsächlich *immer* vermeidbar? Nun ja, *das* aber kann besser gehen. Das *geht* besser! Wollen! Taten! Damit es einem Du leichterfällt, unseren Vorsätzen zu trauen. Taten, damit es einem Du leichterfällt, uns gernzuhaben.

Güte – wie sie wirkt? Güte geht wohlwollend, offen lächelnd auf andere zu. Das Lächeln? Das darf fehlen, nicht aber das Gütige daran, das Wohlwollende. Güte: zarte, geduldige Festigkeit im Richtigen.

> Die Bodenvase ist in Trümmer gegangen, weil der Rabauke im Wohnzimmer Fußball gespielt hat: Dazu lächeln? Auch deshalb nicht, weil die Vase ein Prachtstück aus dem 18. Jahrhundert ist. Gewesen ist. Trotz kaputter Bodenvase – Güte? Wen wir das fragen müssen? Das müssen wir Eltern fragen. Verliebte Eltern.

Güte: Ein Wohlwollen, das geduldig, oft lächelnd, geschmeidig auf dem Richtigen beharrt, geduldig auf dem Richtigen besteht, es lächelnd erklärt! Tausendmal lächelnd erklärend. Und der Güte … kein einziges Mal eine »Lücke« gestatten. Denn dieses eine einzige Mal schafft zweierlei: Es schafft eine Lücke, ein Schlupfloch. Und die Lücke? Sie schafft Schlimmeres in einem Kleinen als bloß ein Schlupfloch fürs Falsche: Auch davon war bereits die Rede.

Wohlwollen: Ich will dir Gutes! Richtiges. Nicht bloß »Süßes«. Wohlwollen ist anspruchsvoll und etwas Edles, Angenehmes, Gutes: Diese alle müssen richtig sein, sonst muss das anders heißen. Edles, Angenehmes und Gutes müssen richtig sein, weshalb gelten dürfte: Güte muss Rechtes und Richtiges auch richtig tun. Ist das einfach? Was haben Eltern denn erwartet?

»Haben wir ja eh nicht! …«

Güte will dem Du Richtiges. Güte muss Richtiges richtig tun – etwa eine Zurechtweisung. *Gutmütigkeit* schafft beides nicht: Sie gibt nach, wo ein Nachgeben falsch ist. Gutmütigkeit gibt nicht aus Güte nach. *Wieso* Gutmütige nachgeben? Gründe für Gutmütigkeit? Jeder kann sie nennen: Laune, Trägheit, Erschöpfung, »Wurschtigkeit« … Kann ein Nachgeben richtig sein?

Wozu Gutmütige nachgeben? Mit welchem Ziel, zu welchem Zweck? Der Gutmütige will vielleicht angenehm sein, womöglich will er bloß glänzen oder gut dastehen. Er will vielleicht bloß ein toller Opa sein. Opa, Oma: Obacht! Apropos Nachgeben? Ja, doch – das kann »g'scheit« sein. Ziemlich jeder kann sagen, was es braucht, damit ein Nachgeben in Wahrheit »g'scheit« ist.

Güte ist zart. Rücksichtsvoll – voller Rücksicht auf die Umstände. Doch dumm ist der Gütige nicht, versteht doch Güte viel von dem, was recht, was edel, richtig oder »g'scheit« ist. Güte fällt nicht um, falls ihr jemand ins Gesicht spuckt oder sonst wie in die Quere kommt. Gütige können schweigend ziemlich jede Art von Widersinn eine Weile ertragen – nicht gerne, aber doch. Und wenn sie jemand nach der Wahrheit fragt? Dann reden sie. Oft reden Gütige ohne Erlaubnis – und stören die Dummen. Auch Fiese fühlen sich gestört, falls Gütige ihre Meinung sagen – etwa zu Völkermord. Mächtig stören Gütige die Knechte und Liebediener des vorsätzlich Falschen, Verkehrten, Blöden. Mächtig. Weshalb Rotzige gegen Gütige stets scharf angehen, diese oft grausam vernichten: Sie meinen, mit ihnen ein leichtes Spiel zu haben – was leider irgendwie stimmt.

Mahatma Gandhi war einer von jenen, die das haben erfahren müssen: Ein Fieser hat den Großen erschossen. So leicht. Wieso? Ein Zeigefinger und ein geladener Revolver reichen – wieso? Unerklärlich schwer hat es hingegen oft das Richtige, das Rechte, das »G'scheite«. Wieso hat es das Richtige oft so endlos schwer? Schlösser, Städte, Dome, Palmyra: Über Jahrhunderte wurde an manchen von ihnen gebaut, manche haben Jahrtausende überdauert. Binnen weniger Minuten werden sie zu Asche.

Ein Kind – achtzehn Jahre mit Umsicht und Aufwand geführt, geformt, gehalten, geliebt – zieht in den Dschihad. Irre! Wieso hat es das Falsche so leicht? Allerdings: Kann Falsches ansatzlos, aus dem Stand heraus werden? Überfällt uns schuldhafter Schmerz grundlos, ansatzlos? Falls ja, was soll ein schuldloser Schmerz – außer vor Bitterkeit triefen!?

Manche scheinen Güte nicht zu verdienen, weil sie mit Güte nichts anzufangen wissen, sondern stattdessen weiter mit »Wider-Sinnigem« schmusen. Dumme halten Gütige für dumm. Doch da irren sie. Was leisten Dumme sonst noch außer Dummes? Sie halten Gütige für Weicheier. Auch da irren jene, denen »G'scheiteres« dazu nicht einfällt. Dumme trampeln auf Gütigen grausig herum, verhöhnen und bespucken sie. Auch da tun Dumme das Falsche und verstehen das endlos Dämliche daran nicht. Was an Dämlichem hat Bestand – von seinem schlechten Ruf abgesehen?

Das Falsche ist immer lockend, immer verlockend, weshalb es endlos mühsam ist, zum ewig drängenden Wollen eines Kleinen Nein zu sagen oder dem Krabbler ein Nein zu verstehen zu geben. Denn Erklärungen? Worte an Krabbler? Ein zartes, klares Nein! In der gleichen Sache ein stets gleiches, klares Nein. Ist das eine Wiederholung? Nein, das ist ein Muss. In der gleichen Sache ein stets gleiches, klares Nein oder Ja: Naschen, Grüßen, Händewaschen oder Zähneputzen … Alles andere verwirrt das Kleine! Mühsam ist das *auch* für das Kind. Denn den Krabbler jagt ein Müssen, das er selbst weder lenken noch bändigen kann. Just deshalb braucht der Impulsgesteuerte zarte, gütige Führung.
Längst erkennen Zweijährige bereits bekanntes Falsches als falsch. Ja, doch! Für Eltern mag das bedeuten, dass sie die noch Ungefestigten weder überfordern dürfen, noch ihre Kleinen unterschätzen sollen. Mütter und Väter dürfen und müssen zugleich mit Vorsicht und Zutrauen auf ihre Kleinen zugehen. Vorsicht *und* Zutrauen. Bremse, Führung *und* Ansporn brauchen unsere Kleinen oft gleichzeitig – das geht nicht anders, auch wenn es mühsam ist.

> Das tönt nach »Na, eh klar!«. Ist es das? Ist der »Glassturz« tatsächlich schon entsorgt? Die einen entsorgen ihn zu früh, die anderen halten ihn warm. Zusammen mit der Nabelschnur fesseln sie ihre Kinder an den Glassturz. Zähe Sache! (Siehe *Kinder sollen Faxen machen dürfen*.)

Selbstständigkeit ist keine Frage der Jahre; schon auch, freilich, nicht aber zuvorderst! Sie ist zuvorderst eine Frage der begleiteten Übung, die in einem Kleinen Erfahrung und Fertigkeit schafft. Geführte, begleitete Übung darin, was das Kleine bereits durchschaut, was es mit seinem »Hirn« und seinem Körper schon schafft. Was ein Kind an Sinnvollem ohne Angst schon schafft, ist auch im Kapitel *Kinder sollen üben und Fehler machen dürfen* zu lesen. Freiwillig. Wer sollte das besser sagen, genauer abschätzen können als die Eltern? Begleitetes Üben des schon Schaffbaren schafft Selbstständigkeit. Festigt sie. Selbstständigkeit im »G'scheiten«.

Aber einen Anlauf ist es wert, das Falsche dennoch zu versuchen, besonders bei den Großeltern. Machen da Oma und Opa manches falsch? Gut Gemeintes – trotzdem falsch? Ja, tonnenweise tun manche Großeltern da gut gemeintes Falsches und fallen den Eltern damit in den Rücken. Und ihrem geliebten Schatzi – dem freilich auch! Denn diesem setzen Gutmütige Schlimmes unter die Haut: Verwirrung.

Schon im Alter von neun Monaten braut sich Verwirrung, »Miss-Verständnis«, Fehlverständnis zusammen, wenn Gutmütigkeit heute erlaubt, was sie morgen verbietet. Verwirrung – wieder diese öde, hässliche Kröte (siehe *Eltern müssen an einem Strang ziehen*)! Auch anderes braut sich früh zusammen, weshalb aus den süßen Fratzen ordentliche »Gfraster« werden: So nennen viele Österreicher unerträgliche, ausgefuchste Fratzen. Güte muss das Richtige immer richtig tun. Ist das einfach? Das ist einfach, wenn Eltern nicht wissen, was richtig ist: Unbekümmert tun sie das Falsche.

Alle Eltern wissen: Lügen ist falsch! *Jeder* weiß das, weil alle Angelogenen wissen, dass es ungut ist, angelogen, hintergangen, über den Tisch gezogen zu werden. Wem von uns ist das noch nie passiert? Wer von uns hat noch nie jemanden ...?

Dennoch lügen manche Eltern und auch Fremde Kinder laufend an. Täglich! Hören wir uns doch zu! Warum wir lügen? *Warum*! Nicht *wozu* – das Wozu ist leichter zu klären. Warum lügen manche Eltern ihre Kleinen nach Strich und Faden an? Warum versprechen sie, was sie nicht halten können? Warum versprechen sie, was sie niemals ernst gemeint haben, ihr Kleines aber doch? Enttäuschung, Misstrauen, Frust, Lüge! »Kann ich dem trauen, was meine Eltern mir sagen?« So denkt ein Zweijähriges nicht. Doch das Kleine riecht unsicheres, unberechenbares Terrain. Ungesichertheit, kann die hier beginnen?

Warum versprechen Eltern ihren Kleinen Belohnungen für jeden Furz an »Leistung« – und vergessen dann womöglich das Versprochene oder streiten es gar ab? Warum locken sie mit Belohnung, wo bloß ein Danke, Anerkennung oder Lob hingehört, nicht aber eine Wurstsemmel, eine Tafel Schokolade oder ein Eislutscher? *Was* und *wen* züchten Eltern damit? Güte muss das Richtige stets richtig tun. Ist das einfach? Das ist einfach, wenn Eltern nicht wissen, was richtig ist.

Wurstsemmel, Eislutscher … Um vieles einfacher, als das Richtige zu erklären, dem Richtigen die Stange zu halten und es immer auch durchzusetzen. Zart. Behutsam. Geduldig. Weitaus schwerer als Dutzende von Wurstsemmeln. Wohlwollen: Ich will dir Gutes, Richtiges. Nicht bloß eine Wurstsemmel. Das Vorteilhafte ist oft bloß eine elende Kröte, weil es nicht mehr als ein Vorteil ist, statt ein echter Fortschritt oder Vorsprung zu sein. Leistung, Qualität. Warum Kröte? Aus demselben Grund: Ich! Ego! Leistung und Qualität dienen dem Ich gleichermaßen wie dem Du.

Vorteilsdenken: Eine elende Kröte, wie sie uns manche Politiker, viele Gewerkschafter, alle Ewig-Gierigen täglich servieren. Vorteilsdenker, Handaufhalter: Oft pure Schmarotzer! Typen, die den Leistungsvorsprung eines Sozialstaates bloß aussaugen, die das Ausgesaugte oft weder verdienen noch schätzen, es oft nicht einmal brauchen. Oder die auch kaum etwas dazu beigetragen haben, damit wir heute haben, was viele gestern erarbeitet, zusammengetragen haben. Wo, wann, wieso werden Schmarotzer und andere soziale Mitesser?

Zurück zur Güte. Eine edle, eine große Sache ist Güte. Sie braucht Größe. Sie braucht Große. Sonst werden Zwerge aus unseren Kleinen: Mitesser – oder gar noch weniger.

Die sechsjährige Dunja hat das Angebot der Freiwilligen Feuerwehr von Feldkirchen (Oberösterreich, nahe Linz) dankbar angenommen: sich bei der brütenden Julihitze im Löschwasserstrahl eine Abkühlung zu holen. Das Foto des tropfnassen, erfrischt lächelnden syrischen Flüchtlingskindes ist im Internet herumgereicht worden und hat bei vielen Anklang gefunden. Ein Lehrling aus Wels (ebenso Oberösterreich) kommentiert über dasselbe Medium: »Flammenwerfer wäre da die bessere Lösung«.[136] Ist denkbar, dass ausschließlich die Kinderstube für alles verantwortlich ist, was jenseits der vierzehn jemand sagt oder tut? Oder umgekehrt: Ist denkbar, dass die Kinderstube überhaupt keinen Einfluss darauf hat? Grundmauern, sie tragen die ganze Hütte samt jenen, die zu Besuch kommen. Doch *wer* da aus und ein geht – ist das Sache der Grundmauern? Die öffentliche Entschuldigung, dass das Gepostete nicht ernst gemeint gewesen sei – wer will das dem prompt Gefeuerten abnehmen? Was an der Idee, ein Kind mit einem Flammenwerfer zu kühlen, ist unernst? Kann es sein, dass der Entgleiste jetzt außerdem Lügner heißt? Wo will er nun hin? Wo kann er hin? Das Falsche tut immer weh – oft nicht sofort, dafür aber immer. Und manchmal für den Rest des Lebens.

Güte: Ein Wohlwollen, das geduldig, geschmeidig, oft lächelnd auf dem Richtigen beharrt. Tausendmal erklärend. Geschmeidigkeit, die hoffentlich kein einziges Mal eine »Lücke« gestattet. Denn dieses eine einzige Mal schafft eine Lücke, die kaum mehr zu schließen ist: Schlupfloch. Etwas Zweites schafft eine einzige Lücke, Schlimmeres als bloß ein Schlupfloch für das Falsche: Hier startet auch Trickserei – etwa das Fangenspiel von Vorteilhaftem im gesetzesfreien Raum. Diverse Skandale, Affären und Gerichtsprozesse um Lobbyisten, die seit Jahren in den österreichischen Medien zu verfolgen sind, liefern hier peinliche Beispiele.

Verwirrtheit schafft das öde, einmalige Schlupfloch – Verwirrung in unseren Kleinen! Eine ekelige, folgenschwere Kröte. Verwirrung, weil Kinder jetzt nicht mehr sicher auseinanderhalten können, was richtig ist und was nicht. Verwirrung – eine Art innerlicher Hin-und-her-Gerissenheit, eine Art innerer Zerrissenheit. Ist das an den Haaren herbeigezogen? Erwachsene müssen Verwirrung aus dem Blickwinkel von Dreijährigen sehen, um zu verstehen und zu ermessen, wovon die Rede ist. Das eben Gesagte tut not, gesehen, erkannt und beherzigt zu werden.

Innerlich Zerrissene rennen in Scharen herum: In Kindergärten, in der Grundschule, in allen Schultypen. Lehrer sehen zunehmend mehr Zerrissene vor sich, die keinen Plan davon haben, was sie in der Schulbank sollen – und wie auszusehen hat, was da jetzt Sache ist: Vereinbarungskultur, Streitkultur, Du-Blick! Fragen wir die Dienstgeber; fragen wir die alten Hasen an der Werkbank oder stationsführende Krankenschwestern: Zunehmend mehr innerlich Verwirrte, Zerrissene, mit hohlem Zeug Vollgestopfte kommen daher. Unausgeschlafene Handaufhalter.

> Jugendliche, die sich da jetzt manchmal ihre »Watschen« holen, weil sie hören müssen: »Leider, wir können Sie nicht brauchen!« »Und wieso nicht?« »Weil Sie alles besser wissen, wenig Brauchbares aber leisten. Große Klappe, wenig Leistung. Außerdem: Ihr Wort wiegt nicht immer, was es sagt: Sie halten es mit der Wahrheit nicht, wie diese auszusehen hat. Ihre Versprechen sind selten etwas wert. Auch richten Sie andere gerne aus oder stören sie bei der Arbeit. Sie machen schlechte Stimmung. Spaltpilze können wir nicht brauchen. Dies alles steht in Ihrem Arbeitszeugnis etwas ausführlicher. Leben Sie wohl ...«

Tut innere Zerrissenheit wohl? Hat innere Zerrissenheit einen Nutzen? Nutzen nicht, aber eine Ursache. Zwei Ursachen: Mutter, Vater. Paktfähigkeit und Brauchbarkeit haben dieselben Ursachen. Eltern müssen gütig sein. Strenge langt nicht. Denn Strenge setzt auf Angst (siehe *Kinder sollen keine Angst haben müssen*). *Wer* kann das Richtige garantieren, falls Angst das Falsche nicht mehr niederhalten kann? *Was* kann das Richtige garantieren, falls Angst das Falsche nicht mehr bändigen kann? Was also nennen wir Strenge? Hier ist Raum für Ihre Antwort. Auch den Assistenzeltern legen wir diese Fragen vor.

Was Eltern sagen ...

• Was ist Strenge noch außer einer Methode, den Spielraum unseres Wollens entschlossen einzuengen? Worauf kann Strenge verzichten? Worauf kann diese nicht verzichten?

»Strenge ist Konsequenz mit sinnvoller Erklärung. Verzicht auf körperliche Züchtigung. Strenge muss vom Kind verstanden werden.« (SM und KM, Graz)

»Strenge: Wir merken, dass klare Regeln und deren unbedingte Einforderung unseren Kindern sehr guttun. Sie fühlen sich wohl, wenn sie genau wissen, woran sie sind. Regeln geben Geborgenheit und Orientierung. Für Eltern ist es heutzutage nicht einfach. Hunderte oft widersprüchliche Imperative prasseln in Bezug auf die Erziehung auf Eltern ein. Viele meinen, dass ›es ja noch Kinder‹ sind und man sie deshalb nicht zu sehr ›mit Regeln überfordern‹ sollte. Wir haben die Erfahrung gemacht, dass Kinder aber gerade ohne klare Strukturen überfordert sind, dass sie unrund, fahrig und bisweilen auch aggressiv werden, wenn die Rahmenbedingungen nicht klar sind. Eine wichtige Regel für uns ist: Wenn Mama einmal zum Essen ruft, dann müssen alle schnell kommen; oder wenn Papa sagt: ›Jetzt bitte nicht in den Garten gehen‹, dann ist klar, dass wir jetzt nicht in den Garten gehen, und es hilft keine Diskussion. Wir denken, dass Eltern genau wissen müssen, was sie wollen, und Aufgetragenes immer einfordern bzw. Angedrohtes bei weiterem Fehlverhalten immer ausführen müssen. Kinder sollen merken, dass ein Ja ein Ja und ein Nein ein Nein ist. Das erspart Kindern viele Tränen und Eltern viele Nerven. Von uns Eltern fordert es allerdings, dass wir nicht aus Faulheit oder Bequemlichkeit prinzipiell zuerst einmal ›Nein‹ sagen, sondern dass wir bei jeder der zahlreichen Äußerungen von Wünschen unserer Kinder zuerst überlegen, dann antworten und dann bei der getroffenen Entscheidung bleiben. Bei großen Familien trägt das aus unserer Sicht sehr stark zu familiärer Gelassenheit und Ruhe bei und es hilft, das Chaos, das immer nur negative Auswirkungen haben kann, zu vermeiden.« (RB und AB, Wien)

»Strenge ist ein schreckliches Wort, ich möchte nie streng sein. Konsequent ja, und das mit Liebe. Ohne Liebe geht gar nichts, und wenn man noch so ein gutes Lehrbuch hat. Die Kinder sollen sehen, woran sie sind, sie sollen es verstehen. Oft wollen sie jedoch nicht verstehen, warum sie etwas nicht dürfen: ›Die Freundin darf das aber schon!‹ Da hab ich immer gesagt: ›Frag die Eltern deiner Freundin, ob sie dich zu sich nehmen, du bist frei, du kannst gerne zu ihnen gehen. Bei denen ist das erlaubt, bei uns ist es eben anders!‹ Damit war die Diskussion meistens beendet.
Für mich ist Strenge hart, unbeugsam, unflexibel und verzichtbar. Kinder brauchen Liebe, Liebe, viel Liebe und Flexibilität (jedes Kind braucht etwas anderes). Man kann fast alles erreichen mit Einfühlsamkeit und Liebe! Das ist anstrengend und manchmal sehr schwer.« (MK und CK, Graz)

»›Strenge‹ ist für mich ein negatives Wort. Ich finde – in der heutigen Zeit – ›Bestimmtheit oder Konsequenz‹ besser. Konsequent zu sein heißt, berechenbar zu sein. Zu wissen, welche Regeln gelten und was für Folgen ein Nichtbefolgen nach sich zieht.
Streng zu sein heißt, Grenzen zu setzen. Und Kinder brauchen Grenzen, um sich zurechtzufinden. Kinder brauchen die Gewissheit, dass jemand da ist, der sie bremst. Kinder müssen lernen, ein NEIN eines Erwachsenen – wenn dieses begründet ist – zu akzeptieren. Sie sollen nicht glauben, grenzenlos Forderungen stellen zu können. Das Akzeptie-

ren von Grenzen schützt Kinder später vor Enttäuschungen, die entstehen, weil illusorische Wünsche nicht erfüllt werden können.

Bestimmt (klingt besser als streng) aufzutreten gelingt auch nur Eltern, die entschlossen, innerlich gefestigt, zuversichtlich und entspannt sind. Wichtig ist es, in bestimmten Situationen nicht nachzugeben.

Strenge kann auf Gewalt verzichten – das versteht sich hoffentlich von selbst. Ebenso auf aggressives Verhalten und verbale Entgleisungen. Strenge kann eben nicht auf Konsequenz verzichten! Wer alles Mögliche androht, letztlich aber nichts ›durchzieht‹, wird unglaubwürdig und zur Lachnummer!« (EP und BP, Graz)

»Statt Strenge würde ich eher den Begriff der Konsequenz zentral sehen. Strenge hat etwas mit Willkür und Unnachgiebigkeit zu tun; Konsequenz ist das Lernen aus den Folgen. Falls Strenge aber in dieser Hinsicht verstanden wird, warum nicht?

Es geht aus meiner Sicht nicht um Einengung, sondern um Übung des Wollens, um Übung des bewussten Wollens und des gezielten Wollens im Unterschied zu getriebenem, triebhaftem Wollen. Dabei hilft vor allem, die Konsequenz der eigenen Handlungen zu spüren und zu erleben: das Bauchweh nach zu vielen Zuckerln, keine Nachspeise nach nicht aufgegessenem Gemüse etc.

Worauf kann Strenge verzichten? Auf Gewalt – körperlich wie verbal.

Worauf kann Strenge nicht verzichten? Auf eigene Konsequenz.« (MS und AS, Wien)

Eltern müssen mit *gütiger Festigkeit* das Richtige erklären, am Richtigen festhalten. Und das Richtige selbst immer auch richtig tun. Und wenn sie einmal danebenhauen? Dann wissen Eltern, was sie jetzt ehest müssen, um ihren kleinen Zuschauern die Verwirrung wieder zu nehmen.

Eltern müssen demütig sein

Demut. In der althochdeutschen westgermanischen Sprachgruppe (in der Zeit zwischen 750 und 1050, etwa südlich vom heutigen Düsseldorf) hatte *Demut* einen edlen inhaltlichen Akzent: *Dienmuot* sagten sie damals zur Demut – *muot*, »Gesinnung«, Mut, was heute Kraft meint, überwindende Kraft. Eine Kraft, die Mühe, Schweres, Gefährliches meistert, wenigstens anpackt. So sagt es mein *Etymologisches Wörterbuch des Deutschen*.[137]

Eltern müssen ihren Kindern dienen. Das tun auch alle. Alle!? Manche schreien sie an oder nieder, zerren, zupfen, nörgeln endlos an ihnen herum. Wer von uns Großen würde sich das bieten lassen? Ja, das war jetzt eine Wiederholung und außerdem eine gallige Klage! Welche »Gestalt«, welche Form kann aus Angeschrienen, aus Niedergeschrienen werden? Menschen, die – innerlich abgewatscht – in sich blaue Flecken, Wut, Frust, Erniedrigung angesammelt haben: Was soll von dort drinnen retourkommen? Es *kommt* retour – und fragt nicht lange!

Demut ist schwer zu erklären, schwer zu verstehen – und vor allem ist es schwer, Demut *richtig* zu verstehen. Noch schwerer ist es, demütig zu werden und das zu bleiben. Wobei an der Demut seltsam ist: Der Demütige hält sich für träge, für schwerfällig, für angefault, gar für Schutt und merkt kaum Fortschritte … Lieber Leser, sind Sie auf einen knackigen inhaltlichen Ausflug eingestellt? Er lohnt sich!

Demut. Wie diese anfängt, um zu werden, was ohnehin niemand lückenlos schafft? Demut fängt damit an, der Wirklichkeit in die Augen zu schauen. Denn am »Mistigen« in uns muss Demut feilen. Wie aber soll das gehen, wenn Demut das Mistige, das Ekelhafte an uns gar nicht sieht? Demut fängt damit an, zu sehen, *was* ist, und das Gesehene zu akzeptieren. Sehen. Verstehen. Akzeptieren.
Demut sieht auch, *wie* ist, was jeder Ehrliche in sich sehen kann – Natürlichkeit zum Beispiel oder unauffällige Bescheidenheit. Demut kommt um diese zwei Schuhlöffel nicht herum: Um den klaren Blick für das, *was wie wieso* und *seit wann* ist, und um eine schonungslose Ehrlichkeit vor dem dabei Gesehenen. Eine Schonungs-

losigkeit, die durchaus zart, lautlos sein darf, trotzdem aber wehtut. Heikel. Demut schreit nicht; sie sucht vielmehr nach Gründen und Wirkungen, nicht nach Ausreden. Demut weint unauffällig.

Demut also fängt beim Ist-Zustand an und schließt ein, was ins Gestern längst entglitten, was im Gestern für immer gespeichert und jeder Umfärbung, Schwärzung, Verniedlichung entzogen ist. Gestern und Jetzt hängen eng zusammen, wie ziemlich alle wissen. Im Gestern ist »G'scheites« versammelt, Verdienstvolles, jede Menge Ehrenwertes, Dankenswertes. Aber auch Blödes, Unnötiges und allzu Schräges finden sich dort; fast jedes »Wieso« für alles Heutige ist im Gestern zu finden; fast jedes »Verhaltens-Jetzt« wurzelt tief im Gestern. Die Ausläufer des Gestrigen wachsen oft bis ins Jetzt herein, manchmal bis ins Morgen hinüber: Etwa die Fürsorge für ein außereheliches Kind, oder wenn es darum geht, ein »Ruf-Ermordeter« zu sein. Rufmord: Öd und klebrig kann das Vergangene sein – und selbst das Morgen irgendwie in Ketten legen. Manches kann das Gestrige aber auch auf Daunen betten. Der Nachteil am Gestern? Darauf hat keiner mehr Zugriff. Das »G'scheite« am Gestrigen? Es braucht diesen Zugriff nicht mehr. Das »G'scheite« soll im Gestern bloß nicht schweigen, sondern dem Jetzt Klarsicht und Mut hinhalten, falls Unsinniges oder Widersinniges droht.

Das Fiese, das Schmerzhafte, das Schräge, das sich hinter uns türmt? Kein Zugriff. Es *bleibt* fies, schmerzhaft … *Eines* allerdings können wir tun im Hinblick auf das, was im Gestern archiviert ist und ins Jetzt herübermieft: Um Nachsicht, um Vergebung kann jeder bitten, der in seiner Vergangenheit etwas entdeckt, das er anderen ins Gesicht geworfen hat. Für alles Unbrauchbare, das vom Gestern ins Jetzt herübermieft – was es dafür braucht? Das Jetzt braucht ein »scharfes Messer« und eine entschlossene Hand, um das viele Fiese auszuschneiden, das vom Gestern her noch immer wuchert und dem Jetzt Widersinniges in die Ohren säuselt.

Das Heute und das Gestern sind nicht nur für die Demut wichtig: Der Blick auf das Gestern und das Heute kann auch Eltern helfen, die volle Wirklichkeit lückenlos scharf zu sehen – fällt ja der Apfel nicht weit vom Stamm.

Wird die Sichtweise der Demut Eltern helfen, vor ihren Kleinen »ehrlich« zu sein? Ja, doch, das wird sie bei Eltern, die vor sich und vor ihren Kindern demütig sind. Das wird dieser Blick bei allen schaffen. Muss er auch! Sind Mütter und Väter ja nicht besser als jeder von uns. Und keiner von uns ist automatisch besser, als das Eltern sind. *Doch*! Eltern sind größer, sonst wären sie keine Eltern.

Eltern gehen niemals in Pension, schon gar nicht in Frühpension. Teilzeiteltern gibt es. Schade. Denn es ist gar nicht gut, den Allerkleinsten Teilzeiteltern umzuschnallen! So kann Flickwerk werden. Alle Eltern werden irgendwann dafür bezahlt und erhalten zurück, was sie in ihre Kinder investiert, aus ihnen gemacht haben. Lateinisch *investire* – ankleiden, ausstatten. Ja, doch, Eltern machen aus ihren Kindern, was die dann sind. Das tun sie rechtzeitig, gediegen. Fundamente tragen bekanntlich die ganze Hütte. Auch jede Türklinke wird von ihnen mitgetragen. Nicht aber sorgen Fundamente für die Gestalt der Türklinke oder dafür, wer da aus- und eingeht. Ist das eine Wiederholung?

Beim Zugehen auf Demut haben Eltern einen Heimvorteil – was viele zugeben: Eltern formen ihre Kinder! Und die Kinder … Vom Kreißsaal weg haben Mütter und Väter unerbittliche, liebenswerte »Erzieher«: Ihre Kinder sehen und hören alles. Notfalls riechen sie die Wahrheit (auch wenn sie noch winzig sind, wie etwa der Kleine auf dem Bild auf S. 256).

Demütige müssen demütig sein, *nicht* aber dürfen sie dumm sein: Demütige müssen ihre Schwachstellen niemandem ausdrücklich zeigen, gar spüren lassen. Auch Kindern nicht. Welchen Nutzen sollten andere davon haben? Unbeabsichtigte Vorführungen reichen. Demütige sind unauffällig, unauffällig locker, angenehm unauffällig. Demütige sind unkompliziert natürlich, müssen also nicht mit jedem über ihre Schwachstellen reden. Auch nicht mit ihren Kindern. Doch *was* Große wie Kleine von unseren Schwächen mitkriegen? … Kleine wie Große riechen die Wahrheit.

Demütige stehen zu einem »Bauchfleck«, der ihnen in aller Öffentlichkeit gelungen ist. Auch zu Schwachstellen, die ihren Kleinen nicht haben entgehen können: »Entschuldige, Mario, die Mami hat auf das Eis vergessen, das ich dir versprochen habe. Entschuldige bitte!« Wie alt Mario ist? Mario ist knapp vier.

Fast jeden Tag können wir Ärzte und Pfleger auf der Neo-Intensiv Ähnliches hören, wenn Mutter oder Vater ihrem 1200-Gramm-Kleinchen erstmals den Popo putzen oder ihm eine Haube aufsetzen und dabei ein Ohr zerknittern: »Entschuldige! Entschuldige, ich bin patschert! Tut mir leid!« Und ein Bussi garantiert und versiegelt die Echtheit einer solchen Rede.

Bei solchen Hoppalas mag sich zeigen, ob Eltern tatsächlich schon sind, was Demütigen oft nicht auffällt, ihnen oft nicht bewusst ist: Dass sie manch Ekelhaftes längst abgelegt haben oder dass ihnen auffällt, dass sie im Richtigen doch noch nicht sattelfest sind. Das war jetzt keine Wiederholung, sondern unverzichtbar, um eine seltsame Eigenart der Demut zu erfassen: Demut darf Fortschritte übersehen. Eigene. Die der andern? Die darf Demut »jubelnd übertreiben«! Wozu wohl? Können Kinder Zuspruch brauchen?

Demütige sehen prompt jeden kleinsten Dreck an ihrem Tun, entschuldigen sich sofort und schämen sich. Sich entschuldigen! Ein sicheres Zeichen wofür? Für wenigstens zweierlei. Geschätzter Leser, wieder sind Sie am Wort.

Doch reden Demütige weder klagend noch öffentlich vom Mist, den sie produzieren – außer vor jenen, die ihnen dabei helfen, ihren Stolz in die Mangel zu nehmen. Der Stolze: ein Blinder, der auf einem Haufen Kärglichkeit hockt und meint, auf dem Kilimandscharo zu thronen und ganz Afrika zu überblicken. Auch klagen Demütige nicht öffentlich, wie schwer sie es haben und wie arg sie darunter leiden. Warum nicht? Weil sie vermutlich vermeiden möchten, was manche *Fishing for Compliments* nennen. Demütige wollen auch »Tröstungen« entgehen, die ihnen keinen Trost, sondern bloß saftloses Mitleid hinhalten. Sie wollen auch Tröstungen entgehen, die gar eine Ermunterung sind, endlich den Hut draufzuhauen und Schwächen sein zu lassen, was sie eben sind: Schwächen. Unschuld tropft schwachen Schwächlingen vom Gesicht. Ehrliche Schwächlinge? Neben denen kann es jeder aushalten, weil sie Sympathisches an sich haben. Sympathisches, weil sie sich für ihren Mist prompt und unermüdlich entschuldigen und sie allmählich weniger »stinken«.

Noch einmal, weil uns das nicht leicht, nicht immer auf Anhieb »unter die Hirnhaut geht«: Demütige sehen die Wirklichkeit. Sie sehen auch, dass manches an ihrem Verhalten besser geworden ist. Das dürfen, sollen, müssen sie zur Kenntnis nehmen, sonst kann Krankhaftes entstehen: Verspannung, Verklemmung, Verbissenheit, Entmutigung wegen einer Vergeblichkeit, die es gar nicht gibt! Minderwertigkeitsgefasel kann da werden – und die Sehnsucht nach Weihrauch oder ähnlichem Getue, das wir alle sattsam kennen.

Der Demütige hält sich an das, was ist! Alles andere ist etwas anderes, nicht aber Demut. Der Demütige kann umgehen mit Erfolgen. Er kann den Mund halten, wo das nichts und niemandem schadet. Er kann seinen Mund auftun, falls das gefragt oder geboten ist. Der Demütige fasst sich normalerweise kurz und meidet Schwülstiges, Übertreibungen, Salbungsvolles. Er kann sich zurechtfinden in jeder Art von Misserfolg: Das mag schwerfallen. Das mag auch dauern, bis unsereins das schafft. Doch Demütige schaffen das mit der Zeit. Bei welchem Lernen und Üben ist Mühe nicht gefragt?

Demut ist schwer zu verstehen, noch schwerer zu erreichen. Beides aber ist – mit Lücken – machbar. Von wegen Getue: Demütige können Erfolge und Dankbarkeit charmant ertragen, locker annehmen! Demütige können Anerkennung ertragen und charmant, liebenswürdig zu einem angebrachten Ende bringen, dort hinlenken! Demut ist sympathisch. Sie duftet. Kann das mit ein Grund sein, warum es in manchen Familien duftet, in anderen aber ...? Demütige sind allesamt unauffällige, stinknormale Typen. Sind sie das nicht? Dann ist fraglich, ob sie wissen, was Demut ist – und wie diese sein muss. Eltern müssen ihre Kleinen diesen »Duft« riechen lassen. Auch den köstlichen Duft der Natürlichkeit. Plärrendes Trara bei »Bruchlandungen« – ob das Demut ist?

Noch etwas: Verliebte und Demütige schaffen es, sich über Winzigkeiten zu freuen. Sie schaffen es, Kleines, Zartes, Unauffälliges zu sehen und sich dafür oft jahrelang dankbar zu zeigen. Sie können sich an Erfolgen von anderen strahlend freuen; gleichzeitig nehmen sie Ratschläge und Zurechtweisungen lautlos und dankbar an. Verliebte und Demütige: Beide schaffen Großes, Edles, Dauerhaftes, ohne darum Wind zu machen. Sie schaffen, was wir allesamt nicht so locker schaffen. Verliebte und Demütige sind stille Giganten. Auch Verliebte sind also demütig. Wohl mit ein Grund, warum Verliebte duften.

Das soll für den Moment über eine Haltung reichen, die zu den schwierigsten zählt, mit denen wir konfrontiert sind. Eitelkeit, Hochmut und Demut – drei ewige Sparringspartner: eine endlos zähe Partie, die oft vergeblich scheint.

Geht Großes mit Demut zusammen? Ja, weil es Verliebten und Demütigen um das Große geht, nicht darum, als Große zu glänzen. Erinnern wir uns an die blinde Mutter und an ihr äußerst hübsches neugeborenes Mäderl (siehe *Eltern müssen Größe wagen*). Verliebte und Demütige sind Giganten. Was braucht es, um Verliebtheit zu schaffen und diese zu erhalten? Was braucht es, um Demut zu schaffen? Kann es sein, dass Verliebtheit und Demut einander stützen? *Dienmuot*!

Müssen Eltern also ihren Kindern dienen, anstatt sich selbst zu »verwirklichen«? Wohin kann streng angepeilte Selbstverwirklichung führen, wo kann sie hineinstolpern? Wie sieht Selbstverwirklichung bei Eltern aus? Wie sieht diese bei einem Lehrer aus? Wie bei einer Krankenschwester? Wie bei unseren Kindern? Bitte umsehen. Eltern müssen ihren Kindern dienen. Das tun auch alle. Alle! Jeder Besucher kann riechen, was in einer solchen Familie lebt … und für gute Luft sorgt: *Dienmuot*.

Eltern müssen höflich sein

Eltern müssen höflich sein. Das sind sie ohnehin. Auch mit ihren Kindern müssen Eltern höflich sein. *Sind* sie das? Ja, sicher. Alle? Im Umgang mit ihren Kindern müssen Eltern *immer* höflich sein. Wieso auch nicht? Sind Kleine zu Hause etwa weniger wert als der Nachbar, den Mama und Papa immer grüßen?

Mama und Papa grüßen die Nachbarn oder Arbeitskollegen meist *bewusst*, nicht einfach aus Gewohnheit, hirnlos: »Tag!« »Morgn!« »Moageeen!« »Grüß se!« Höflich.

Eltern sind nobel! Sie schreien ihre Kinder nicht an, auch nicht die schlimmen. »Schreit doch auch der Papi seinen Chef normalerweise nicht an oder nieder. Einen Polizisten auch nicht. Das tut mein Papi deshalb nicht, weil er höflich ist. Nein, Angst hat er weder vor seinem Chef noch vor einem Wachmann. Mein Papi ist einfach höflich – auch zu denen, die kleiner, schwächer, dümmer, leiser, voll ahnungslos sind. Fast immer. Denn mein Papi ist ein Mann – ein ›Gentle-Mann‹, kein Brüllaffe.« Und die Mama? »Die ist sowieso eine Dame, eigentlich eine Lady. Durch und durch und rundum – Lady. Nobel geht's bei uns zu Hause zu. Eigentlich eher *fein* als nobel. Beides. Zu Hause, da bin ich halt zu Hause. Nirgendwo sonst wo fühl ich mich so zu Hause wie zu Hause: Weil meine Eltern nicht nur höflich sind, sondern sie auch da sind, wenn ich sie brauche. Im Schnitt brauche ich sie jede Viertelstunde. Kann ja noch nicht alles selbst: Erst gestern wieder, die blöde Lade! Tut heute noch weh …«

Weniger »nobel« geht es dort zu, wo das Kleine in die Krabbelstube oder in die Kinderkrippe muss. »Krippe« tönt nach Krankheit, jedenfalls nach Stall. Gefällt dem Kleinen das? Wer hat es jemals danach gefragt? Oder wenn es wieder mal zur Tagesmutter muss, die ja gar nicht seine Mama ist. Mutter vielleicht. »Nicht aber meine Mami. Das macht einen Unterschied! Nicht jede kann meine Mami sein. Nicht jede schafft, was meine Mami schafft.« Die Mama trifft das für ihr Kleines Richtige normalerweise immer besser als jede andere Mutter, weil sie ihr Kleines schon lange kennt. Und das Kleine seine Mama kennt: »Wir zwei sind ein Team. Ein eingespieltes Team.« Solche Teams gewinnen; jedenfalls gewinnen sie eher als jene, die nicht eingespielt sind. »Meine Mami und ich.« Und der Papa? »Mein Papi – der auch. Allerdings hat der manchmal etwas, was meine Mami für eine ›Ausrede‹ hält. Keine Ahnung, was eine

Ausrede ist. Jedenfalls ist der Papi oft tagelang nicht zu sehen. Mag sein, dass Abwesenheit eine Ausrede ist. Oder Ausrede Abwesenheit heißt. Kompliziert. Jedenfalls hat mein Papi sicher immer was Wichtiges zu tun, wenn er nicht da ist. Papi, was heißt wichtig? Papi, was ist wichtig? Na gut, mein Papi weiß das schon. Sicher weiß er das – ist ja mein Papi kein Dummer nicht. Oder wie Große das oft sagen.«

Eltern müssen höflich sein. Sie sagen auch immer die Wahrheit – wenigstens vor den Kleinen. Das andere können diese nicht hören. Kinder verstehen vieles nicht. Aber Eltern? Die riechen nach Ehrlichkeit. Ehrlichkeit duftet!

Eltern müssen noch etwas

Eltern müssen sich Auszeiten nehmen. Eines der vielen elterlichen »Müssen«, die sonst niemandem etwas Gutes tun. Vor rund vierzig Jahren habe ich aufgeschnappt: Eheleute reden sieben Minuten. Täglich. Miteinander. Im Schnitt. Eltern – heute?
»Die sind am Abend so kaputt, dass sie einfach ihre Ruhe haben wollen …«
Und – Lösung in Sicht? Wenigstens Entschärfung?
»Hm …?!«

> Das Dienstmädchen ist schon lange abgeschossen, gleich darauf hat das Kindermädchen dran glauben müssen. Einzig das Au-pair-Mädchen hat bislang überlebt. *Au pair*, »auf Gegenleistung«. Tönt sperrig, tönt zeitgemäß.
>
> »Tja, das muss man sich leisten können!« Ja, gut …. wie soll ich sagen: Leisten können? Leisten wollen? Vielleicht sollten wir das Dienstmädchen reanimieren, es nobler behandeln. Vielleicht sollten wir es auch englisch benennen. Das klingt dann anders, meint aber dasselbe: Dienen. Dienen schmeckt nur Verliebten, Eltern, Kellnern und Krankenschwestern. Doch wir alle wollen bedient werden, etwa im Wirtshaus, beim Friseur oder auch um drei Uhr früh, wenn wir einen Herzinfarkt haben. Wie aber soll unsereins um drei Uhr früh bedient werden, wenn da niemand ist, der bedient? Komisch, dass wir von *anderen* ziemlich selbstverständlich erwarten, was *wir* ihnen nicht so selbstverständlich hinhalten. Komisch.

Eltern müssen täglich vierzehn Minuten miteinander reden. Das ist etwa ein Prozent des ganzen Tages. *Sie* davon dreizehn. Täglich. In der Pubertät – wird da eine halbe Stunde reichen? Auszeit. Vom Start weg! Täglich vom Start weg – Auszeit. Das tut sowieso niemand. Was Folgen hat. Maschinen können ständig laufen, dafür sind sie dann kaputt. Auszeit! Sonst läuft familiäre Maschine heiß. Das muss keiner mehr ausprobieren: Haufenweise Ausgebrannte. Auszeit – wie die beiden da tun müssen? Es muss beiden guttun.
Apropos reden – Eltern müssen noch etwas: Sie müssen ihren Söhnen beibringen, den Mund aufzutun, wo das nottut! Sonst läuft *sie* zwanzig Jahre später im Kreis, weil der Typ den Mund

nicht auftut, wo doch selbst der Wellensittich merkt, dass ihn etwas Arges drückt. Mund auf, wo eine Not raus muss! Klappe dicht, wo das Sinn macht. Warum machen Mannsbilder ziemlich alles verkehrt? Von *Mannsbildern* ist die Rede. Nicht von Männern!

Endlos viele Junge sind muffige, »wortdürre« Typen: Weder ein Lächeln noch ein »g'scheites«, unterhaltsames Wort kommt ihnen aus. Anziehend? Vorsicht! Und die Eltern? Sie müssen wissen, wen sie mit ihrem Dörrobst dann beglücken: Mit solchen Dürren müssen andere jahrzehntelang zurechtkommen. Wortkarge, die bloß rausbringen: »Ich will!« – »Und, was können Sie?« Siehe auch die Erfahrungen beim Arbeitsmarktservice.

Mund auf! Da muss »G'scheites«, Liebenswürdiges, Ansprechendes herausspringen, sonst verdorrt die Auszeit zu einer spröden, reizlosen, stinkfaden Angelegenheit. Mag sein, dass Investition mit den Jahren mühsamer wird ... Deshalb müssen Eltern sich *Auszeiten* nehmen. Vom Start weg! Täglich vom Start weg – Auszeit. Sonst ist die Maschine bald kaputt. Auszeit!

Eltern müssen von ihren Kindern lernen wollen

»Bitte, wie!?«

Na, das fängt ja würzig an! Was ist daran unverständlich? Das Müssen? Das Lernen? Das Wollen? Alles? Also – in Ergänzung zu dem, wovon schon mehrfach die Rede war (Stichwort Vorgaben, siehe etwa *Eltern müssen Familie schaffen*): Normalerweise kommen wir mit zehn Fingern auf die Welt. Zehn sind die Norm. Neugeborene lassen uns also sehen, was an uns normal ist – und was es nicht ist. Neugeborene kennen das Normale, sie zeigen es wenigstens. Zehn!

> Wonach Gebärende seinerzeit fast immer gefragt haben, sobald sie wieder Luft holen konnten? »Hat's alles!?« Zehn! Nicht elf. Auch keine Lippen-Kiefer-Gaumenspalte. Keinen Klumpfuß. Keinen argen Herzfehler. Überhaupt keinen Fehler – egal, welchen. Denn Fehler? Abnormal! Abnormales tut weh.
>
> Kann es sein, dass auch das Umgekehrte gilt: Dass Weh Abnormales signalisiert? Angina. Burnout. Jegliches Weh!

An gesunden Neugeborenen können wir also das Normale sehen. Was wir ebenfalls von Neugeborenen lernen können? Regelmäßiges, Rhythmus, Ordnung können wir Große von den allermeisten Kleinen lernen. Auch Genügsamkeit: Falls sie genug haben, speien sie das Zuviel einfach wieder raus. Außerdem Pünktlichkeit: Unsere Mutter hat uns Dutzende Male gesagt: »Ihr habt euch zu den Mahlzeiten pünktlich wie die Uhr gemeldet! Damals!« Rhythmus, Ordnung, Regelmäßigkeit! Ordnung: Von jenen Allerkleinsten ist die Rede, die »Rhythmus« haben lernen können. Jenen Allerkleinsten mit ihren drei- oder vierstündlichen Mahlzeiten: Fast alle haben das irgendwann einmal geschafft auf der Neo-Intensiv.

Von den drei Monaten Alten – was wir von diesen Staunenden lernen können? Ihre großen, klaren Augen sind weit offen für alles, was sich in ihrer Nähe tut: Ohne »Vorurteile« schauen wir mit drei alles und jeden an, freundlich, oft mit einem hellen Juchzen: Wirklichkeit! Ohne »Brille«: Wirklichkeit! Augen auf für die Wirklichkeit: Das könnten wir Große von allen noch so Kleinen lernen. Wirklichkeit, wie sie ist, nicht wie wir sie haben möchten. Würden wir dann weniger streiten? Würde weniger Blut spritzen? Würden auch weniger die Fetzen fliegen?

Ein halbes Jahr später – was Krabbler uns lehren? Aus der Nähe müssen sie alles sehen – selbst sehen, statt Vorgeplappertes nachzuplappern. Eigene Meinung! Begründete, selbst erprobte Meinung: Falsches tut weh – blöde Lade! Was Kleine allerdings von uns Großen lernen können, von einigen Großen? Dass auch sie nicht an allem nippen müssen.

Einjährige sind vorsichtig und vertrauensselig. Es sei denn, jemand …! Sind Kleine nachtragend? Misstrauen: Hässlich macht uns Große grundloses Misstrauen! Hässlich. Sperrig. Stachelig. Unanziehend. Der Unterschied zwischen vorsichtig und nachtragend? Der Ball liegt wieder einmal bei Ihnen, geschätzter Leser. Wenigstens ein dreifacher Unterschied ist zwischen vorsichtig und nachtragend auszumachen …

Falls ein williges Kleines überfordert oder in arger Not ist – was wir von ihm lernen können? Mund auf! Sich helfen, sich aufhelfen lassen. Mund auf! Mund rechtzeitig auf!

Dreijährige »denken« geradeaus! Der hinter dem Vorhang Versteckte sieht vor sich den Vorhang – nichts und niemanden sonst. Denn Dreijährige »denken« noch nicht ums Eck. »Einbödig« schlicht sind Kleine und deshalb so entzückend liebenswert, solange sie nicht trotzig oder verärgert sind. Durchsichtig bis auf den Grund ihrer Seele sind sie oft in dem, was sie an Späßen im Schilde führen. Wie angenehm! Einbödig. Durchsichtig.

Dreijährige können zornig, grantig, widerspenstig, oft auch hartnäckig-lästig sein. Doch bösartig sind sie nicht. Warum nicht? Wieder eine Frage für Sie, geschätzte Leser.

Vierjährige lügen nicht. Mag sein, dass sie beim »Ja« und »Nein« gelegentlich gaukeln oder sonst wie damit »spielen«. Doch bewusst Falsches sagen? Vieles wissen sie noch nicht, vieles sehen sie anders. Auch plappern sie oftmals unbekümmert Erfundenes, maßlos Überzeichnetes oder Verkehrtes daher: Darin folgen sie offenbar ihrer stürmischen, harmlosen Fantasie – oder sie irren sich. Manchmal gaukeln sie mit ihren Geschwistern oder mit uns Erwachsenen und üben das Tricksen. Doch das ist ein Spiel, keine Finte: Es ist ein Training, wie das Herumtänzeln auf Randsteinen ein Gleichgewichtstraining ist, oder ein Sich-Messen, ein mit Herausforderndem Sich-Messen.

Was Ein-, Zwei-, Drei- oder Vierjährige vermurksen? In allem sind sie irgendwie schuldlos. Denn Absicht, Durchsicht, Einsicht in ihr buntes, oft stürmisches Tun ist ihnen noch nicht hinreichend machbar. Noch nicht *so* machbar, dass Schuld daraus werden kann. Deshalb brauchen sie »lautlose« Führung. Jenseits von achtzehn Monaten mit Worten, die sie selbst schon sagen, wenigstens aber schon Hunderte Male gehört haben. Der passive Wortschatz »explodiert« in diesem Alter – wie bereits erwähnt. Einfache, wenige, trefflich führende, korrigierende Worte reichen und halten auch ... Zumindest für die nächsten drei oder vier Minuten.

Ja, doch: Wir Großen können von unseren Allerkleinsten manches lernen. Wollen Kleine »belehrend« sein? Neugeborene stehen nicht unter dem Verdacht, uns Große belehren zu wollen. Sie tun es trotzdem.

Wenigstens ein dreifacher Unterschied ist zwischen vorsichtig und nachtragend auszumachen:

- Vorsicht ist begründet. Nachtragend sein – ist das begründbar?
- Vorsicht macht also Sinn. Worin sollten Sinn und Leistung des Nachtragens bestehen?
- Vorsicht beugt Schädlichem vor. Nachtragend sein sorgt für Zwist, Spannung, Spaltung, Nationalismus, Krieg.

Vorsicht lenkt uns zur Weisheit. Wenigstens aber lenkt uns Vorsicht dazu, alte Blödheiten nicht neuerlich aufzuwärmen.

Eltern müssen, was ihre Kinder sollen

Das ist allen Eltern klar. Dazu müssen Kleine *können*, was sie müssen. Wissen Eltern, was ihre Kinder längst können? Wissen sie, was ihre Kinder müssen? Keine Sorge, diesmal wird weder von Vorgaben noch von Elternbildung die Rede sein – Letztere ist ohnedies längst auf Schiene.
»Wie bitte!?«

Der letzte Beitrag im *Handbuch der Kleinkindforschung* führt den Titel *Sinn und Unsinn früher Förderung – Im Blick der Öffentlichkeit*.[138] Einer der Schwerpunkte liegt im zweiten Teil des Textes. Dieser handelt davon, dass angepriesene Fördermaßnahmen am Müssen der Kleinen manchmal vorbeirennen, dass deren Nutzen wenig oder nicht belegt sind und dass manche »Förderung« mitunter sogar schaden kann.

> Beispielsweise das »Laufwagerl«, eine unverdrossen weitverbreitete »Lauf-Lern-Hilfe«.[139] Auch Physiotherapeuten raten davon einhellig ab. Außerdem: Wer hat jemals – weltweit – jene Kinder gezählt, die damit umgekippt, die Stiege hinuntergepoltert oder sonst wie am Erhofften vorbeigestolpert sind? Außer Tempo samt Spaß für die kleinen Flitzer ...? Wer den Kleinen zuschaut und darauf achtet, was ihre Beine und Füße dabei tun, der wird sehen, dass diese Bewegungen mit Gehen oder Laufen wenig bis nichts zu tun haben. Was also lernen sie mit dieser »Lauf-Lern-Hilfe« außer etwas, das sie gar nicht brauchen? Gar nachteilig ist diese »Hilfe« für jene, die ohnedies schon eine Spitzfußstellung haben – etwa weil sie »Spastiker« sind. Denn durch das eifrige Abstoßen verstärkt sich die Spitzfußstellung, die ein richtiges Aufsetzen der Füße erst recht vereitelt. Wenn motorisch gesunde Kinder die ersten Schritte tun, dann setzen sie die Füße »platschend«, flach und breitbasig auf. Erst allmählich spricht sich durch, was sein muss: Ferse, Abrollen über die ganze Sohle, über die Zehenballen; allenfalls auch flüchtig über die Zehenspitzen, wie das bei Balletttänzern jeder sehen kann ...

Eltern *müssen* ihren Kindern zutragen, was sie allesamt beherrschen müssen (siehe auch *Kinder wollen, was sie müssen*). Etwa, dass Kinder sich angepasst verhalten müssen, weil sie sonst mit ihrer ungesteuerten Impulsivität sich selbst oder andere stören. Wem zum Guten? Angepasst!

> Kleine müssen einhalten, was ausgemacht und Sache ist: Vereinbarungskultur. Sie müssen, was sie brauchen. Genauer: Sie müssen, was ihnen hilft, alle ihre Fähigkeiten darauf zu richten, was zu Hause, im Kindergarten, in der Schule Sache ist. Auch müssen sie alle ihre Kräfte am Gesollten so lange »anheften«, wie das nottut: Aufmerksamkeitsspanne, Konzentration.

Erstklässler sind diesbezüglich ordentlich gefordert: Gut also, wenn sie schon vorher üben, an einer Sache so lange dranzubleiben, bis sie fertig ist. Dazu brauchen Kinder eine jahrelange Führung, die sie sehen lässt, wo es langgeht, damit aus drei, fünf, neun Würfeln ein Turm wird. Oder damit später eine Zeichnung und noch später dann die Hausaufgaben fertig werden.

> Peter und Paul waren drei, Hans fünf Jahre alt: Während ich drinnen bei den Aufgaben hocken musste, spielten die drei lärmend im Garten. Jeder kann erahnen, wo meine Augen und meine Sehnsucht waren! »Du könntest schon längst fertig sein, wenn du nicht immer beim Fenster rausschaun tätest!« So dröhnen mir die täglichen monotonen Mahnungen unserer Mutter heute noch in den Ohren ...

Sinn und Unsinn früher Förderung: Es folgt Einfaches, aber Beachtenswertes! Etwa, dass ein Kleines, sobald es einfache Zusammenhänge erfassen kann, zu einer altersgerechten Aufmerksamkeitsspanne hingeführt werden muss: Es muss in kleinen, altersgemäßen Schritten üben, sorgsam eine Sache nach der anderen fertig zu machen. Gefragt ist dabei ungestörte Ruhe. Gefragt ist dabei eine »Ordnung«, die dem Kleinen zeigt, dass der erste Schritt immer vor dem zweiten kommen muss, dass auch der Traktor den Anhänger zieht, nicht umgekehrt. Sinn-Verkettung und Ordnung ... bis hin zur Ordnung am »Arbeitsplatz«: In der »Puppenküche« nicht anders als am »Bauernhof«. »Wo geht die Kuh schlafen, mein Schatz?« Wenige Jahre später: Ordnung in der Schultasche nicht anders als später am Schreibtisch. Alles Dinge, die sich leichter auf Schiene bringen lassen, wenn ...?

War das jetzt eine Prüfungsfrage? Vielleicht. Kann es sein, dass Krabbler Aufmerksamkeitsspanne und Konzentration schon entwickeln und üben können, wenn sie (in begleiteter, geführter Ruhe) dranbleiben dürfen an dem, was sie gerade *jetzt* soooo fasziniert? Erinnern wir uns zurück, was zum Thema Neuheitspräferenz bereits besprochen wurde (siehe *Kinder wollen Eigenständigkeit*).

Ist es also *vor* dem Krabbelalter bereits machbar, das Dranbleiben von Augen und Fingern an einem Kochlöffel zu »schienen«? Das Kleine muss Zeit haben, den Kochlöffel seiner ganzen Länge nach mit Augen und Fingern ordentlich »abzuschlecken«: bloß einmal mit Augen und Fingern, lautlos! Auch ohne Hintergrundkrawall! Anfangs ohne Worte, einfach schauen und spüren: Ist dem Kleinen an dem Kochlöffel doch alles neu! Nur Augen und Finger! Ruhe! Ohne andere Ablenkung im Aufmerksamkeitsbereich des Kleinen. Auf diese lautlose, schlichte Weise kann dem wortlos Staunenden die Mutter ein Küchengerät nach dem anderen hinhalten, bis der gesamte Hausrat durch ist. Ein Neues nach dem anderen. Am nächsten Tag alles noch einmal. Jetzt vielleicht auch mit Worten, bis der Kochlöffel das Kleine nicht mehr reizt, weil ein »Gedächtniseintrag« alles bereits festgehalten hat. Kochlöffel! Abgehakt! Enter! Wie oft muss einem Kind mit zwölf Monaten ein Handgriff gezeigt werden, damit es das Vorgezeigte nachmacht? Gedächtniseintrag. Synapsen!

> Konzentration und Aufmerksamkeitsspanne – sorgsam eine Sache nach der anderen fertig machen: Das ist nicht erst in der Schulbank wichtig! Schon mit sechs, sieben oder acht Monaten: Ein Neues nach dem anderen in Ruhe studieren und fertig machen. Von wegen Sinn und Unsinn früher Förderung – alles klar?

Es ist unsinnig, das Kleine in einen Haufen Spielsachen zu setzen und ihm zusätzlich den ganzen Hausrat samt Radio und Fernseher in voller Stärke zusammen mit dem Kochlöffel zu »verfüttern«. Das ist Überfrachtung! Siehe auch die vier Tage Alten im Besucherraum des Krankenhauses. Überfrachtung, fruchtloses Chaos, wenn nicht schlimmer: Das Kleine kann jetzt nicht einmal mehr trinken (siehe *Eltern müssen normal sein*).

Mutter, Vater: Das braucht bekanntlich viele Stunden, wie auch der Stoff der Fahrschule nicht an einem Vormittag erledigt ist. Zeit! Ruhe! Widmung! Führung! Übung! Das Kleine muss den Kochlöffel *mit* und *in* Ruhe einsaugen: Kochlöffel, dann Suppenlöffel, dann Schuhlöffel, dann alle Löffel, die im Mund des Kleinen nicht Platz haben. Synapsen!

Eltern müssen, was ihre Kinder müssen. Eltern müssen, was ihre Kinder später beherrschen müssen.

Eltern müssen nicht immer müssen

Wieso Eltern nicht immer *müssen* müssen? Das finden sie selbst. Auch finden alle Mütter und Väter selbst, *wo* überall sie nicht immer müssen. Oder *warum* sie ihren Mund nicht immer auftun, Tun und Lassen ihrer Kinder nicht immer kritisieren müssen. Eltern wissen, *wann* sie ihren Mund schadlos, oft mit Profit halten können, dürfen, müssen.

Schweigen: Müssen wir das üben? Üben, damit zur rechten Zeit klappt, was womöglich bloß Scherben oder Tränen schafft? Klappe dicht, wo das gefahrlos sein kann, weil Worte sonst zum Blabla, zu Nutzlosem versanden, das auch Kinder nicht mehr hören wollen. Erstaunlich viel mütterliches Blabla müssen viele Kleine täglich schlucken. Nutzen?

Eltern müssen selbst entscheiden, wieso ein Müssen gelegentlich *kein* Muss ist. Denn wer will ihnen – womöglich aus der »Entfernung« eines Buches – anschaffen, *jetzt* den Mund zu halten, nicht erst beim nächsten Mal? Jetzt! Sofort. Muss. Auch deshalb jetzt sofort, weil das ewige Genörgel ihr Kind längst nervt. Von »Erziehern«, von Dompteuren ist die Rede. Schulkinder können notfalls explodieren. Kleine sind bestenfalls trotzig. Meist aber schlucken sie das Unverdauliche offenbar hinunter oder stampfen schäumend vor sich hin.

Unverdauliches an sich vorbeilassen? Darauf sind Kleine nicht programmiert! Sie *müssen* alles auffangen, sonst lernen sie weder ihre Muttersprache noch den Unterschied zwischen Richtigem und Weh – und bleiben stumm, hohl, dumm: Löcher. Auch Unverdauliches fangen sie auf, vermutlich weil sie noch nicht wissen, was sie an sich vorbeilassen müssen und was nicht. Wo wird Unverdauliches endgelagert? Wo staut es sich? Können solche Staudämme bersten? Eltern können Unverdautes, Angestautes riechen. Könnten. Sie könnten auch bemerken, dass ihr Kleines längst die Nase voll hat von der ewigen Herumzupferei.

Eltern müssen nicht immer müssen. Prompt werden sie sehen: »Na, tut gut! Das tut uns beiden gut, nicht immer zu müssen! Tut uns allen dreien gut. Super!« Ist das heikel? Ja, und? Wer muss *das* erfahrenen, willigen Eltern sagen? Jenen, die zugeben: »Auch ich habe Schwächen! Wenig Grund also, meine Klappe allzu oft und allzu weit …« Haben Kinder mehr Schwächen als wir Große, die wir viele Schwächen *immer noch* haben? Wir tarnen bloß besser, was Kinder unzensuriert rauslassen. Wie lange noch wollen wir unsere Schwächen vor unseren Kindern abstreiten – Schnitzer, die sie ja sowieso sehen? Wie lange noch wollen wir wegreden, zudecken, worauf ein »Sorry« wartet? Wie lange noch wollen wir unseren Kindern weismachen, dass wir Große alles könnten, dass wir noch nie etwas vermurkst hätten, dass wir immer brav gewesen seien, dass wir auch in der Firma noch nie gelogen oder gestritten hätten? Et cetera, et cetera.

Das Sorry der Eltern vor ihren Kindern? Elegant muss das über die Bühne gehen! Elegant, einfach, gerade, wie Kleine das schlucken können. Tut gut! Tut allen Seiten gut!

> Das Nicht-immer-Müssen – was das schafft? Das schafft Entspannung. Auf beiden Seiten. Ausprobieren!
> Das Nicht-immer-Müssen – was das *nicht* schafft? Das schafft Elternschaft nicht ab. Das Nicht-immer-Müssen schafft weder Elternschaft noch Eltern ab. Ausprobieren!

Das dürften die 1968er übersehen haben – die »Antiautoritären«, von denen im Kapitel *Eltern müssen alles richtig machen* bereits die Rede war. Warum sie das übersehen haben? Vielleicht, weil sie Autorität für etwas gehalten haben, das diese gar nicht ist, auch niemals gewesen ist.

»Und – was ist Autorität?!« Wer das »g'scheit« anpacken möchte, der muss sagen, wie Autorität an ihren Auftrag »ranmuss«: Mit dem Richtigen muss Autorität an zu lösende Probleme herangehen, mit Angepasstem. Das Richtige ist immer richtig, weshalb es so auch heißt. Ist es das ausnahmsweise mal nicht? Dann nennen wir das anders. Das Richtige muss allerdings nicht nur sein, was es ja ohnedies immer ist: Das Richtige muss jeder auch richtig tun! Sonst passieren Rohrkrepierer – wie wir bereits wiederholt gesehen haben.

Jedenfalls ist bei Autorität keine Rede vom »Niederhalten«; auch nicht von würgenden oder gängelnden Abhängigkeiten, die allesamt weder mit Autorität noch mit dem Sollen und Wollen von Autorität zusammengehen. Auch ist da keine Rede davon, jemanden zu demütigen, anzuschreien, zur Schnecke zu machen oder sonst wie zu malträtieren. Im *Duden Fremdwörterbuch* kann das jeder nachlesen.

Die Antiautoritären in der Formung ihrer Kinder: Was wollten die eigentlich, außer die Zügel schleifen lassen? Und damit ihre Kinder – eigentlich – sich selbst überlassen, als ob diese wüssten, wo es langgeht? Ein Flieger ohne Piloten: spannend. Selbst der Autopilot muss vorher »gefüttert« werden, damit er tut, was er soll. Nicht anders ist es bei selbstfahrenden Autos: Irr viel vorausgehender Aufwand. Auch für jene ein nachträglicher Aufwand, die diesen Kurslosen dann einen Arbeitsplatz geben, diese Typen erst auf Schiene setzen, dort dann auch noch halten müssen. Spannend. Haltlose. Wirbellose. Planlose. Ziellose. Brauchbar?

> Die Antiautoritären im Kräftemessen mit ihren Vorgängern: Haben die 1968er immer getan, was sie von anderen gefordert haben? Autorität ist längst ein mit schmutzigem Nicht-Sinn beworfenes Juwel. Scheinbar von vielen Seiten her mit Schmutz beworfen: von Mächtigen, die ihren Auftrag entweder nicht erkannt oder die Möglichkeiten ihrer Macht missbraucht haben. Siehe Nordkorea. Mit Schmutz auch beworfen von jenen, die 1968 das Kind mit dem Bade ausgegossen haben.

Woraus Autorität ihre Autorität schöpft? Sie schöpft Richtung, Ansehen, Kraft vom »G'scheiten«. Weisheit haben einige dazu früher gesagt. Autorität bezieht Gewicht und Kraft ihres Rates, ihrer Bürgschaft vom »G'scheiten«! »G'scheit« ist mehr als bloß richtig: Der »G'scheite« *tut* das Wichtige und Richtige auch richtig. Autorität bürgt für das Wichtige und Richtige. Sie leistet Gewär, dass das Wichtige und Richtige richtig getan werden. Deshalb gehen wir alle zu einer »Autorität«, zu einem Könner, wenn uns arge Not in ihre Krallen kriegt.

Kann es sein, dass es leichter ist, das Richtige zu finden, als es stets richtig zu tun? Warum halten viele immer noch nichts von Autorität, die uns bei beidem helfen könnte? Weil Autorität offenbar immer noch an Rufmord leidet und von Mächtigen weiterhin missbraucht wird: Von Größeren, von Fetteren, von herzlos eigensinnigen Grobianen, für die jeweils richtig ist, was sie sich aus ihren Fingern saugen. So saugt sich jeder etwas anderes aus seinen Fingern und schießt den dooferen, schwächeren, langsameren Grobian über den Haufen.

Kann es sein, dass Grobiane keine Eltern hatten? Kann nicht sein. Anderes könnte allerdings stimmen: Dass diese Eltern nicht getan haben, was sie hätten tun müssen: Grundmauern legen! Denn »g'scheite« Grundmauern geben bekanntlich alles Weitere vor. Schräge Grundmauern auch. Ja, doch – *manches* müssen Eltern. Manches müssen Eltern *nicht*.

Und bezüglich Formung statt Erziehung: Das soll schon so bleiben. Erziehung, ja sicher. Aber mit dem zarten, bekömmlichen Duft der »Formung«, wie es jede Töpferscheibe dem zu Formenden hinhält. Formung.

Nachwort

Das Leichtere liegt nun bereits hinter uns: die Theorie. Mal sehen, was sie wert ist, die Theorie. Mal sehen, was auch unsere Vorsätze und unsere Taten taugen, die sie begleiten.

Allerdings: Kann es sein, dass die Erfahrungen der Kinder in den rumänischen Waisenhäusern uns nicht berühren, uns nicht tief genug unter die Haut gehen? Dass sie uns deshalb nicht tief unter die Haut gehen, weil unsere heutigen Kinder in Deutschland, in der Schweiz, in Österreich ja meist keine Waisenkinder sind? Ist denkbar, dass die Beobachtungen des René A. Spitz uns Heutige nicht treffen können, weil *Grief. A Peril in Infancy* (siehe *Kinder wollen Geborgenheit*) unter uns seit Langem kein Thema mehr ist? Warum aber sagen dann immer mehr Berufene, dass Verhaltensstörungen, Aggressionen oder psychosomatische Krankheiten bei Kindern und Jugendlichen zunehmen und teils schon bei Säuglingen zu beobachten sind?

Kann es also sein, dass dieses Buch – und ähnliche Wortmeldungen der jüngsten Zeit – dem Leser bloß ein *erstes Signal* hinhalten, damit wir das eigentliche Problem überhaupt erst wahrnehmen? Welches Problem das ist? Das Problem sind wir Erwachsene! Wir Erwachsene – wieso? Weil unsere Allerkleinsten nur das tun, was wir ihnen »umschnallen« oder wir zulassen.

Es scheint also, dass wir Große etwas falsch machen, wenn bereits die Allerkleinsten »aus der Spur« laufen. Wir machen deshalb da oder dort etwas falsch, weil unsere »Lebenskoordinaten« offenbar in Schräglage geraten sind und unsere Allerkleinsten das jetzt »ausbaden« müssen: Sie werden mit hineingezogen in eine Schräglage, mit der oftmals nicht einmal wir Große zurande kommen. Diese Schräglage schaffen unsere Kinder erst recht nicht. Sie zeigen uns dann ebenfalls »Krankheitssymptome«, die bloß anders heißen: Sie heißen nicht Drogenmissbrauch oder Burnout, sondern Schreibaby, Krippentod, ADHS, Konzentrationsgestörte, Verhaltensgestörte … Unbrauchbare.

Was die oft rätselhaften Gesichter unserer Allerkleinsten brauchen – dazu ist auf diesen Seiten manches gesagt worden. Auch einige freie Stellen im »Mosaik Kinderformung« sind aufgefüllt worden, wie im Vorwort versprochen. Wer jedoch oft nur andeutungsweise auf diesen Seiten behandelt worden ist? Das sind jene, die formen müssen. Genauer: Was hierzu eine Vertiefung braucht, sind Überlegungen, die näher hinschauen auf die innere Haltung, die wir Erwachsene brauchen, um »artgerechte« Erziehung überhaupt zu schaffen. In den Kapiteln *Eltern müssen normal sein* und *Eltern müssen demütig sein* ist das ansatzweise geschehen, um anzudeuten, was da noch auf Ergänzung wartet.

Doch zunächst will ich Ihnen allen ein Dankeschön sagen. Ein Danke dafür, dass Sie mich bis hierher begleitet haben. Danke! Dem Dank füge ich etwas an, das meine Dankbarkeit echt erscheinen lassen will. Denn ein hohles Dankeschön kann ja bald einer sagen. Also: Das Richtige richtig tun – davon ist auf diesen Seiten oftmals die Rede. Es lohnt, dem hier oft angesprochenen Richtigen noch etwas anzufügen. Denn das Richtige ist ja bekanntlich nicht nur für Kinder im Vorschulalter ein Thema. Deshalb lade ich Sie ein, sich auch in anderen Bereichen hin und wieder die Fragen zu stellen: Was ist wichtig? Was ist richtig? Was ist g'scheit? Dabei wird sich zeigen, dass die Frage nach dem Wichtigen, Richtigen und »G'scheiten« auch Eltern bei der Formung ihrer Kinder einen guten Dienst erweist. Einer Formung, die Eltern ihren Kindern so lange hinhalten, solange sie leben!

Was also mein Dank Ihnen allen hinhält? Im Herbst 2018 folgt eine Ergänzung zu dem, das hier nicht ausreichend hat vertieft werden können: Gemäß dem Spruch »Eltern werden ist nicht schwer – Eltern sein dagegen sehr« lautet der Titel des kommenden Buches: *… Eltern sein dagegen sehr. Die schweren Fragen unserer Kinder.* In diesem Folge-Buch werden wir Erwachsene im Vordergrund stehen. Jene also stehen darin im Vordergrund, die unseren Kindern das Richtige bekanntlich nicht nur abverlangen, sondern ihnen auch vorleben müssen.

Auf Wiedersehen!

Anhang

Anmerkungen

1 Keller, Heidi (Hg.): *Handbuch der Kleinkindforschung*. 4., vollständig überarbeitete Auflage. Huber-Verlag, Bern 2011.

2 Vgl. Keller, Heidi: *Säuglingsalter. Eine konzeptionelle Einordnung*. In: *Handbuch der Kleinkindforschung*, S. 13, Abs. 1.

3 *Kleine Zeitung*, Donnerstag, 21. Jänner 2016, S. 12.

4 Michaelis, Richard: *Motorische Entwicklung als Paradigma der kindlichen Entwicklung*. In: *Handbuch der Kleinkindforschung*, S. 135, Abs. 3.

5 Vgl. dazu auch: Jovanovic, Bianca/Schwarzer, Gudrun: *Entwicklung der Wahrnehmung*. In: *Handbuch der Kleinkindforschung*, S. 531/532.

6 *Kleine Zeitung*, Beilage, Sonntag, 1. März 2015, S. 2.

7 Vgl. *Kleine Zeitung*, Mittwoch, 25. Februar 2015, S. 11.

8 Strüber, Nicole/Roth, Gerhard: *Neurobiopsychologie des Säuglings*. In: *Handbuch der Kleinkindforschung*, S. 87, Abs. 3.

9 Stand 2011.

10 Stand 1. Jänner 2015.

11 Peter Scheer zum Thema Kinderschutz: *Vergesst den Vater nicht!* In: *Pädiatrie & Pädologie*, Heft 4, 2011, S. 29, 32.

12 Vgl. Ahnert, Lieselotte/Lamb, Michael E.: *Öffentliche Tagesbetreuung auf dem Prüfstand entwicklungspsychologischer Forschung*. In: *Handbuch der Kleinkindforschung*, S. 330 ff.: hier S. 356, Abs. 3.

13 Ebd. S. 337, Abs. 4.

14 Ebd. S. 334, Abs. 1.

15 Ebd. S. 339, Abs. 2.

16 Vgl. ebd. S. 334 f.

17 Ebd. S. 341, Abs. 4.

18 Ebd. S. 347, Abs. 2.

19 Ebd. S. 343, Abs. 2.

20 Ebd. S. 350, Abs. 2.

21 Vgl. ebd. S. 351 ff.

22 Vgl. »Plötzlicher Kindstod«, Wikipedia. https://de.wikipedia.org/wiki/Plötzlicher_Kindstod, Mai 2016.

23 Vgl. »Nikotin«, Wikipedia. https://de.wikipedia.org/wiki/Nicotin, Mai 2016.

24 Vgl. *Pro Patient & Gesundheit,* Heft 3–4, 2015, S. 9.

25 *Pädiatrie & Pädologie,* 6, 2015, S. 284 ff.

26 Vgl. »Fetales Tabaksyndrom«, Wikipedia. https://de.wikipedia.org/wiki/Fetales_Tabaksyndrom, Februar 2016.

27 Für jene, die ausführlicher nachlesen möchten: Vgl. Jovanovic, Bianca/Schwarzer, Gudrun: *Entwicklung der Wahrnehmung.* A. a. O., S. 525–528.

28 Ebd.

29 Strüber, Nicole/Roth, Gerhard: *Neurobiopsychologie des Säuglings.* A. a. O., S. 88, Abs. 3.

30 Jovanovic, Bianca/Schwarzer, Gudrun: *Entwicklung der Wahrnehmung.* A. a. O., S. 520–521.

31 Ebd. S. 521–522.

32 Vgl. Schwarzer, Gudrun/Spangler, Sibylle M./Freitag, Claudia: *Entwicklung der Verarbeitung von Gesichtern.* In: *Handbuch der Kleinkindforschung,* S. 491, Abs. 4.

33 Vgl. ebd. S. 494, Abs. 1.

34 Ebd.

35 Siehe Langlois, Ritter, Roggman 1991. Vgl. ebd. S. 495, Abs. 3.

36 Vgl. Jovanovic, Bianca/Schwarzer, Gudrun: *Entwicklung der Wahrnehmung.* A. a. O., S. 519–525.

37 Ebd. S. 522.

38 Vgl. Strüber, Nicole/Roth, Gerhard: *Neurobiopsychologie des Säuglings.* A. a. O., S. 89, Abs. 4 ff.

39 Die Bezeichnung »Synapse« wurde 1897 geprägt (vgl. C. S. Sherrington: *The integrative action of the nervous system,* Yale University Press, New Haven 1906, S. 18). Vgl. »Synapse«, Wikipedia. https://de.wikipedia.org/wiki/Synapse, Mai 2016.

40 Vgl. Strüber, Nicole/Roth, Gerhard: *Neurobiopsychologie des Säuglings.* A. a. O., S. 81, Abs. 4.

41 Vgl. ebd. S. 84, Abs. 5.

42 Vgl. ebd. S. 83, Abs. 3.

43 (Azevedo und Team, 2009). Vgl. »Synapse«, Wikipedia. https://de.wikipedia.org/wiki/Synapse, Februar 2016.

44 Vgl. Strüber, Nicole/Roth, Gerhard: *Neurobiopsychologie des Säuglings.* A. a. O., S. 84, Abs. 4.

45 Vgl. Michaelis, Richard: *Motorische Entwicklung als Paradigma der kindlichen Entwicklung.* A. a. O., S. 130, Abs. 2.

46 Vgl. ebd. S. 130/131. Ob hingesetzt oder selbst so weit gekommen, ist in Text und Tabelle nicht angegeben.

47 Bertin, Evelyn/Cacchione, Trix/Wilkening, Friedrich: *Intuitive Physik und elementare Kernkonzepte im Säuglings- und Kleinkindalter.* In: *Handbuch der Kleinkindforschung,* S. 548, Abs. 2.

48 Knopf, Monika u. a.: *Die Entwicklung des Gedächtnisses von Säuglingen.* In: *Handbuch der Kleinkindforschung,* S. 585, Abs. 3.

49 Ebd. S. 593, Abs. 3.

50 Ebd. S. 594, Abs. 2.

51 Ebd. S. 594, Abs. 4

52 Vgl. Jenni, Oskar/Benz, Caroline: *Schlaf-Wach-Regulation und Schlafstörungen im Kleinkindalter.* In: *Handbuch der Kleinkindforschung,* S. 1135, Tab. 1.

53 Weinert, Sabine: *Die Anfänge der Sprache. Sprachentwicklung im Kleinkindalter.* In: *Handbuch der Kleinkindforschung,* S. 614, Abs. 1.

54 Vgl. Thiel, Thomas: *Film- und Videotechnik in der Psychologie. Eine Entwicklungsgeschichte aus erkenntnistheoretischer Sicht.* In: *Handbuch der Kleinkindforschung,* S. 799, Abs. 2.

55 Ebd. S. 801, Abs. 2–4.

56 Ebd. S. 804, Abs. 1.

57 Schwarzer, Gudrun/Spangler, Sibylle M./Freitag, Claudia: *Entwicklung der Verarbeitung von Gesichtern.* A. a. O., S. 498, Abs. 2.

58 Weinert, Sabine: *Die Anfänge der Sprache. Sprachentwicklung im Kleinkindalter.* A. a. O., S. 620, Abs. 2.

59 Vgl. »Störung des Sozialverhaltens«, Wikipedia. https://de.wikipedia.org/wiki/Störung_des_Sozialverhaltens, Dezember 2015. Vgl. ebd. Hautzinger, Martin (Hg.) u. a.: *Klinische Psychologie.* BelzPVU, Weinheim 2002.

60 Striano, Tricia/Höhl, Stefanie: *Kontextuelle Einflüsse auf die kindliche Informationsverarbeitung.* In: *Handbuch der Kleinkindforschung,* S. 668/669.

61 Ebd.

62 Ebd.

63 Ebd. S. 666–677, besonders S. 670–675. All das ist besonders lesenswert, weil unsereins damit näher rankommt an das, was wir ohnedies erst im Ansatz verstehen.

64 Ebd.

65 Ebd. S. 673 ff., besonders S. 674, Abs. 3.

66 Vgl. Asendorpf, Jens B.: *Temperament*. In: *Handbuch der Kleinkindforschung*, S. 467, Tabelle.

67 Vgl. ORF-Abendnachrichten, Samstag, 18. April 2015.

68 Asendorpf, Jens B.: *Temperament*. A. a. O., S. 474, Abs. 4 u. 1. Interessierten kann empfohlen werden, den gesamten Artikel zu lesen: Dann sollte klar sein, welches Kind was von wem hat. Vgl. ebd. S. 466–483.

69 Vgl. Büchmann, Georg: *Geflügelte Worte*. Droemersche Verlagsanstalt, München - Zürich 1959, S. 27/28.

70 Seiffge-Krenke, Inge: *Die psychoanalytische Perspektive: Entwicklung in der frühesten Kindheit*. In: *Handbuch der Kleinkindforschung*, S. 220 ff., hier S. 224, Abs. 2. Auch die folgenden Zitate stammen aus dieser Quelle.

71 Ebd. S. 225/226.

72 Vgl. ebd. S. 238, 3. Abs.

73 Vgl. Abschnitt »Welche wesentlichen Erkenntnisse hat die Entwicklungspsychologie erbracht, die für die Psychoanalyse von Bedeutung sind?«, ebd. S. 239–241.

74 Vgl. »Embryo«, Wikipedia. https://de.wikipedia.org/wiki/Embryo, November 2015.

75 Vgl. Striano, Tricia/Höhl, Stefanie: *Kontextuelle Einflüsse auf die kindliche Informationsverarbeitung*. A. a. O., S. 671, Abs. 2.

76 Kärtner, Joscha: *Die Entwicklung des empathischen Erlebens und prosozialen Verhaltens*. In: *Handbuch der Kleinkindforschung*, S. 431, Abs. 3.

77 Vgl. ebd. S. 434, Abs. 1.

78 Ebd. S. 436, Abs. 1.

79 Die »Denver-Entwicklungsskalen« bieten auf zwei Seiten einen Überblick darüber, was Kinder im Vorschulalter wann wie können sollten. Dabei werden vier Bereiche gesondert betrachtet: sozialer Kontakt, Feinmotorik und Adaptation, Sprache, Grobmotorik.

80 Mischel, Walter: *Das Leben stellt uns auf die Probe*. Interview.
In: *Kleine Zeitung*, 30. August 2015, S. 6/7.

81 Vgl. auch »Belohnungsaufschub«, Wikipedia. https://de.wikipedia.org/wiki/Belohnungsaufschub, Februar 2016.

82 Vgl. Michaelis, Richard: *Motorische Entwicklung als Paradigma der kindlichen Entwicklung*. A. a. O., S. 137, Abs. 2.

83 Vgl. Winterhoff, Michael: *Warum unsere Kinder Tyrannen werden. Oder: Die Abschaffung der Kindheit*. Goldmann Verlag 2009.

84 Schwank, Inge: *Mathematisches Grundverständnis: Denken will erlernt werden*. In: *Handbuch der Kleinkindforschung*, S. 1156, Abs. 7.

85 Vgl. Winterhoff, Michael: *Warum unsere Kinder Tyrannen werden*, S. 12.

86 *Christoph Waltz erklärt US-Zuschauern den »Krampus«*. diepresse.com, 17.12.2014. diepresse.com/home/leben/mensch/4621584/ Christoph-Waltz-erklaert-USZuschauern-den-Krampus, 29. April 2016.

87 *Felix Baumgartner: Ohrfeige ist »angemessene Erziehungsmethode«*. diepresse.com, 24.07.2013. diepresse.com/home/bildung/ erziehung/1433977/Felix-Baumgartner-und-die-gesunde-Ohrfeige, 29. April 2016.

88 Völkl-Kernstock, Sabine: *Angstneurosen bei Kindern und Jugendlichen*. In: *ÄrzteEXKLUSIV, Thema Sozialpsychiatrie*, S. 15. Vgl. auch www.aerzte-exklusiv.at/news/article/angstneurosen-bei-kindern-und-jugendlichen.html.

89 Otto, Hiltrud: *Bindung – Theorie, Forschung und Reform*. In: *Handbuch der Kleinkindforschung*, S. 395, Abs. 2.

90 Vgl. Jovanovic, Bianca/Schwarzer, Gudrun: *Entwicklung der Wahrnehmung*. A. a. O., S. 526, Abs. 2. Vgl. auch *Kinder wollen Geborgenheit*.

91 Strüber, Nicole/Roth, Gerhard: *Neurobiopsychologie des Säuglings*. A. a. O., S. 90, Abs. 2.

92 In: *Imago hominis, Quartalschrift für Medizinische Anthropologie und Bioethik*, Bd. 22, Heft 2, 2015, S. 84. Vgl. auch www.imabe.org/index.php?id=2189.

93 Ebd.

94 Ebd. S. 85.

95 Vgl. Bogyi, Gertrude: *Traumatisierung im Kindes- und Jugendalter*. In: *Pädiatrie & Pädologie*, Heft 4, 2011, S. 34.

96 Von der Mutter habe ich die Erlaubnis erhalten, das hier festzuhalten.

97 Jenni, Oskar/Benz, Caroline: *Schlaf-Wach-Regulation und Schlafstörungen im Kleinkindalter*. A. a. O., S. 1033, Abs. 1 u. 2.

98 Vgl. ebd.

99 Ebd. S. 1038, Abs. 2.

100 Ebd. S. 1039, Abs. 3. Weitere Informationen dazu auch auf S. 1035 ff.

101 Stand Jänner 2016.

102 Vgl. im Detail: Sonderheft *CliniCum neuropsy*, 2015, S. 2.

103 Vgl. ebd. S. 5.

104 Persönliches Gespräch am 15. Oktober 2015.

105 Sonderheft *CliniCum neuropsy*, 2015, S. 5.

106 Strüber, Nicole/Roth, Gerhard: *Neurobiopsychologie des Säuglings*. A. a. O., S. 88, Abs. 1.

107 Vgl. ebd. Abs. 3 f.

108 Vgl. ebd.

109 Ebd. S. 88–91.

110 Vgl. *Einfluss der Fürsorgequalität auf das Stress-System des Säuglings*. Ebd. S. 93.

111 Ebd. S. 94, Abs. 2; siehe dazu auch S. 99, Abs. 2.

112 Vgl. Schwarzer, Gudrun/Degé, Franziska: *Entwicklung musikalischer Fähigkeiten*. A. a. O., S. 733, Abs. 2.

113 Vgl. Strüber, Nicole/ Roth, Gerhard: *Neurobiopsychologie des Säuglings*. A. a. O., S. 87, Abs. 3.

114 Vgl. Keller, Heidi: *Säuglingsalter. Eine konzeptionelle Einordnung*. A. a. O., S. 21, Abs. 2 f. Auch die folgenden Überlegungen stützen sich auf diesen Text.

115 *Kleine Zeitung*, 21. Oktober 2015, S. 12.

116 Vgl. »Saddam Hussein«, Wikipedia. https://de.wikipedia.org/wiki/Saddam_Hussein, Februar 2016.

117 Zündel, Beate: *Seelische Auffälligkeiten im Kindes- und Jugendalter*. In: *Pädiatrie & Pädologie*, 5, 2013, S. 24–27.

118 Mittlerweile Bundesministerium für Bildung und Frauen. Vgl. www.schulpsychologie.at/gewaltpraevention.

119 »*Weiße Feder*« – *Gemeinsam für Fairness und gegen Gewalt. Eine Zwischenbilanz der Initiative »Weiße Feder« zur Gewaltprävention an Schulen und in der Gesellschaft*. (Für den Text verantwortlich: Dietmar Schobel; Gesamtkoordination: Beatrix Haller.) Wien, November 2013, S. 29.

120 Vgl. dazu auch Zündel, Beate: *Seelische Auffälligkeiten im Kindes- und Jugendalter*. A. a. O. Sie bezieht sich auf die Entwicklungsstufen von Erik Erikson. Welche Entwicklungsprobleme sich für unsicher gebundene Kinder ergeben, war bereits ausführlich Thema.

121 Ebd. Siehe auch *Eltern müssen nicht immer müssen*.

122 Boder, Leopold: *Entwicklungspsychologie und Entwicklungslehre*, 4., verbesserte Auflage. Franz Deuticke Verlag, Wien 1975, S. 21.

123 Ebd. S. 23.

124 Ebd. S. 25.

125 Zündel, Beate: *Seelische Auffälligkeiten im Kindes- und Jugendalter.* A. a. O., S. 27. Siehe auch: Brunner-Hantsch, Maria/Streit, Philip (Hg.): *Das 5x5 der Elternschule.* Verlag für Kind, Jugend und Familie, Graz 2011.

126 Strüber, Nicole/Roth, Gerhard: *Neurobiopsychologie des Säuglings.* A. a. O., S. 97, Abs. 2.

127 Ebd. S. 97, Abs. 3 u. 4.

128 Jovanovic, Bianca/Schwarzer, Gudrun: *Entwicklung der Wahrnehmung.* A. a. O., S. 523, Abs. 2.

129 Grote, Daniela: *Was tun bei psychosomatischen Erkrankungen?* In: *Pädiatrie & Pädologie,* 49, 2014, S. 20.

130 ORF, Abendnachrichten, 26. 1. 2013.

131 Vgl. »Störung des Sozialverhaltens«, Wikipedia. de.wikipedia.org/wiki/Störung_des_Sozialverhaltens, September 2015. Der Artikel stützt sich u. a. auf: Hautzinger, Martin u. a. (Hg.): *Klinische Psychologie.* BelzPVU, Weinheim 2002.

132 Prof. Peter Hofmann, Universitätsklinik für Psychiatrie, Graz, Dezember 2015.

133 Österreich Heute, Dienstag, 23. 9. 2014, S. 10.

134 Vgl. Strüber, Nicole/Roth, Gerhard: *Neurobiopsychologie des Säuglings.* A. a. O., S. 90, Abs. 3.

135 *Kinder sind interessant, wenn wir an ihnen verdienen können.* In *Kleine Zeitung,* Samstag, 7. November 2015, S. 16/17. Zu diesem Thema ist vor Kurzem auch ihr Buch erschienen: Leibovici-Mühlberger, Martina: *Wenn Tyrannenkinder erwachsen werden. Warum wir nicht auf die nächste Generation zählen können.* edition a, Wien 2016.

136 *Kleine Zeitung,* Samstag, 25. Juli 2015, S. 12.

137 Pfeifer, Wolfgang (Hg.): *Etymologisches Wörterbuch des Deutschen,* 8. Auflage. München, dtv 2005, S. 213.

138 Brüser, Elke: *Sinn und Unsinn früher Förderung – Im Blick der Öffentlichkeit.* In: *Handbuch der Kleinkindforschung,* S. 1176 ff.

139 Vgl. ebd. S. 1188, Abs. 1.

Register

Diese Stichworte erleichtern das Auffinden besonders relevanter Abschnitte zu den jeweiligen Themen. Im Sinne der Übersichtlichkeit wurde jedoch auf Verweise auf jede einzelne Erwähnung der Begriffe verzichtet.

Experten

Zahlreiche Kollegen haben die Arbeit an diesem Buch durch Informationen und Feedback nachhaltig unterstützt und beeinflusst. Sie alle sind in den jeweiligen Kapiteln erwähnt oder scheinen bei den Anmerkungen auf. Ihnen allen sei an dieser Stelle herzlich gedankt, insbesondere aber:

Prof. Dr. Peter HOFMANN
Universitätsklinik für Psychiatrie, Graz (A)

Dr. Wolfgang KASCHNITZ
Universitätsklinik für Kinder und Jugendheilkunde Graz (A)

Univ.-Prof. Dr. Reinhold KERBL
LKH Leoben (A)

Bildnachweis

S. 50 o. Martin Schreiner//Pädiatrische Hämatologie/Onkologie, Universitätsklinik für Kinder- und Jugendheilkunde, Graz; S. 50 u., S. 186 o. Siegmund Gergits; S. 51 Luis Basabe; S. 117 u., 119, 186 u., 254 Ewald Ritschl; S. 118 u. Matthias Ritschl; S. 185 Bernd Köhldorfer; S. 187 Familie Ernst & Birgit Pichler; S. 188 o. Baby Smile Fotografie GmbH; S. 255 Martin Schreiner/Universitätsklinik für Kinder- und Jugendheilkunde, Graz. Alle übrigen Fotos (inkl. Coverfotos): Privat.

Der Autor bedankt sich bei allen, die Bilder für dieses Buch zur Verfügung gestellt haben. Einverständniserklärungen und Rechte wurden sorgfältig abgeklärt. Bei Rückfragen stehen Autor und Verlag gerne zur Verfügung.

Der Autor

EWALD RITSCHL, geb. 1945, war Assistenzprofessor an der Universitäts-Kinderklinik in Graz, wo er sich vornehmlich schwerstkranken Neugeborenen und deren Nachbetreuung widmete. Er ist dort immer noch tätig, um an seine Nachfolger weiterzureichen, was er den schweigsamen Kleinen hat entlocken können.

*Im Sinne der bestmöglichen Lesbarkeit schließt die Verwendung
der männlichen Form stets auch Frauen mit ein.*

ISBN 978-3-222-13538-5

sty🔊ria

Bücher aus der Verlagsgruppe Styria gibt es
in jeder Buchhandlung und im Online-Shop

styriabooks.at

Covergestaltung: Bruno Wegscheider
Buchgestaltung, Layout: Ursula Kothgasser, www.koco.at
Druck und Bindung: Finidr, s.r.o.

7 6 5 4 3 2 1

Printed in EU